人間の生態学

渡辺 知保
梅﨑 昌裕
中澤 港
大塚 柳太郎
関山 牧子
吉永 淳
門司 和彦

[著]

朝倉書店

はじめに

　本書は，人間の生態学とよぶべき学問分野の概要，方法，成果，その現在ならびに近い将来における展望を紹介するものであり，大学院レベルあるいは若手の研究者レベルの参考書として使われることを意図して執筆された．

　人間の生態学は，人間生態学・人類生態学ともよばれ，英語では human ecology という語がこれに対応する．human ecology という言葉は 1920 年代にはすでに存在していた．元来，生態学には動物生態学と植物生態学があり，普通に考えれば，人間の生態学は前者に含まれてよいはずであるが，実際には，これらの伝統的な生態学の中で，人間はいわば「外的存在」であって，時として単なる環境の破壊者・侵入者として扱われもした．人間が文化を身にまとった動物であって，従来の生態学ではいろいろな意味で扱いにくい存在であったことが，この背景にはあったのだろう．このため，人間の生態学とよぶべき分野は，社会学・人類学・地理学・医学など，生態学とは異なる背景の上に形成され，それぞれの背景や地域（国）固有の事情を反映して，国際的に統一された学問のコンセプトは存在していなかったといえよう．今でも生物学とはかなり距離をおいた human ecology が存在したり，アメリカの human ecology の多くが home economics に近かったり，という状況は続いている．標準的な人間生物学の教科書（*Human Biology* 3rd ed., 1988）には，「1960 年代に環境への適応を扱う研究を human ecology とよび始めた結果，きわめて内容の異なる研究が，ここに分類され，用語や扱うトピックについて何の合意もなかった」という指摘がみえる．

　もちろん，一方で人間の生態学を標榜する研究には共通項もみられる．第一に，生物（人間）集団とその環境とのかかわりを扱っていること，第二に，その生物学的側面と同時に文化的側面にも深い関心をもって研究を進めていることである．前者は，人間の生態学も生態学の1つであることのあらわれであり，後者は人間の生態学と動植物の生態学とが異なることのあらわれといえる．さらに，多様な集団を対象として観察し，環境との相互作用における多様性を浮かびあがら

せようという認識も共通している．集団間のみならず，集団内におけるさまざまな意味での変位も重要な研究対象となり，集団の平均値よりも，そのバラツキとバラツキの構造に関心を寄せるのも人間の生態学の特徴といえよう．近年になって注目されているさまざまな環境問題・健康問題は，人間の集団が有限な環境といかにかかわってきたかという相互作用の結果である．したがって，環境問題・健康問題について考えるには，かかわり方そのものとその多様性をよく吟味しなければならず，それは必然的に人間の生態学の守備範囲になる．

本書は4部からなり，第1部では，この学問領域で何を扱うべきなのか，それはどのような方法を用いるのかを述べ，第2部では，領域を構成し，観測や測定の対象となる諸要素を，個別に取りあげて解説する．第3部においては，これまで我々が人間の生態学として展開してきた諸研究とその成果を述べ，このようなアプローチによって生まれた知見を紹介する．第4部は，この学問領域がこれから取り組むべき課題を示す．人間のライフスタイル自体が急速な変化をとげる現在，人間の生態学自体も急速に変化せざるをえない．そうした中で，人間の生態学がどこに「定位置」を見出すのか，そのヒントが提示される．

本書を通じて，この古くて新しい分野である人間の生態学に一人でも多くの読者が興味をもっていただければ幸いである．

本書は共同執筆の形をとっているが，1，3，7，15，20の各章を渡辺，2，12，14を梅﨑，4，6を中澤，5，11，18および3部の序章を大塚，8，17を関山（17は渡辺と分担），9，13を吉永，10，16，19を門司（19は梅﨑と分担）がそれぞれ主として担当した．

最後になるが，本書の企画から執筆期間を通じ，辛抱強く見守って下さった朝倉書店編集部に厚く御礼を申し上げたい．

2011年4月 著者一同

目　　　次

第1部　人間の生態学とはいかなる科学か ……………………………………… 1

1章　人間の生態学の領域 …………………………………………………………… 3
1.1　生態学と人間の生態学 …………………………………………………… 4
1.2　適応するということ ……………………………………………………… 6
1.3　人間の生態学の特徴 ……………………………………………………… 9
1.4　人間の生態学で用いられる研究手法 ………………………………… 11
　　1.4.1　フィールドワーク…12／　1.4.2　ウェット・ラボの貢献—実験と測定…12／
　　1.4.3　シミュレーション・モデル…13
1.5　岐路に立つ人間—閉じた系から開いた系へ，そして再び閉じた系へ … 13

2章　フィールドワークについて ………………………………………………… 19
2.1　予断なき観察 …………………………………………………………… 19
2.2　具体的な方法 …………………………………………………………… 22
　　2.2.1　センサス…23／　2.2.2　家系図…23／　2.2.3　地図…24／　2.2.4　過去からの土地利用変化…25／　2.2.5　生活時間調査とGPSの活用…25
2.3　フィールドワークの科学性 …………………………………………… 27
　　2.3.1　「よく訓練された」フィールドワーカー…27／　2.3.2　母集団と実際の調査対象者の設定…28
2.4　フィールドワークの将来 ……………………………………………… 30

3章　ラボラトリーワークと実験科学の役割 ………………………………… 34
3.1　フィールドで収集した試料の測定 …………………………………… 34
　　3.1.1　生体試料の解析…35／　3.1.2　環境試料の解析…41／　3.1.3　試料分析結果の利用…42
3.2　人間の生態学への実験的アプローチ ………………………………… 43

    3.2.1　栄養条件…44／　3.2.2　飼育環境…46／　3.2.3　遺伝的多型・性…48
  3.3　ラボラトリーワークおよび実験科学とのかかわり方 …………………… 49

4章　モデルのあてはめと予測―有効性と限界 ……………………………… 52
  4.1　感染症の数理モデル ………………………………………………………… 56
  4.2　人間-環境系のモデル分析の歴史 …………………………………………… 60
  4.3　保全生態学のモデル ………………………………………………………… 61
  4.4　人類生態学のモデル ………………………………………………………… 62
  4.5　コンジョイント分析の可能性 ……………………………………………… 63

第2部　人間の生態を構成する要素 …………………………………………… 67

5章　人間活動と生業適応 ……………………………………………………… 69
  5.1　活動時間の把握 ……………………………………………………………… 70
  5.2　活動とエネルギー消費 ……………………………………………………… 72
  5.3　活動にみられる性差と年齢差 ……………………………………………… 74
  5.4　活動にみられる個人差 ……………………………………………………… 74
  5.5　活動からみた生業適応 ……………………………………………………… 78

6章　人口の再生産 ……………………………………………………………… 82
  6.1　出生と死亡のバランスからみる再生産水準とその歴史的変遷 ………… 82
  6.2　生殖としての再生産 ………………………………………………………… 85
  6.3　ヒトの再生産の生物学的特徴 ……………………………………………… 87
  6.4　配 偶 者 選 択 ……………………………………………………………… 89
  6.5　再生産のミクロな生物学的メカニズム …………………………………… 90
  6.6　出生力と妊孕力を多様にする要因 ………………………………………… 93
    6.6.1　妊孕力の遺伝的要因…94／　6.6.2　妊孕力に影響する環境要因…95
  6.7　再生産への文化人類学的な接近 …………………………………………… 97
  6.8　出生力転換はなぜ起こったか ……………………………………………… 98

7章　生態の構成要素としてみた化学物質 ……………………………… 103
- 7.1　現代生活の中の「化学物質」……………………………………… 103
- 7.2　化学物質はどのように人間の社会に浸透してきたか …………… 104
- 7.3　食生態と化学物質 ………………………………………………… 105
- 7.4　医療・公衆衛生と化学物質 ……………………………………… 107
- 7.5　石油化学製品と塩素化合物 ……………………………………… 109
- 7.6　金　　　　属 ……………………………………………………… 110
- 7.7　化学物質とどうつきあうか ……………………………………… 112
- 7.8　化学物質の利用と持続可能性 …………………………………… 115

8章　食物と栄養 ……………………………………………………………… 120
- 8.1　栄　養　と　は …………………………………………………… 120
  - 8.1.1　栄養とは何か…120／　8.1.2　栄養所要量…122／　8.1.3　ヒトの成長パターン…124／　8.1.4　栄養状態の評価…126
- 8.2　食物の利用と適応 ………………………………………………… 127
  - 8.2.1　食物の利用の歴史…127／　8.2.2　栄養に関する文化的適応…129／　8.2.3　栄養に関する生物学的適応…130
- 8.3　近代化と食の問題 ………………………………………………… 132
- 8.4　栄養素摂取量の把握 ……………………………………………… 134
  - 8.4.1　食事調査法…134／　8.4.2　人類生態学と食事調査…137

9章　生体指標からみた人間の生態 ……………………………………… 143
- 9.1　環境の調査・計測 ………………………………………………… 143
  - 9.1.1　曝露と用量…144／　9.1.2　「環境モニタリング」の限界…145
- 9.2　バイオマーカー …………………………………………………… 147
  - 9.2.1　バイオマーカーの類型…147／　9.2.2　バイオマーカーの適用例①：摂取量・曝露量調査の不確かさの評価…150／　9.2.3　バイオマーカーの適用例②：生理学的変異を考慮する…151／　9.2.4　バイオマーカーの適用例③：マルチルート曝露（化学物質）…152
- 9.3　バイオマーカー法の問題点 ……………………………………… 153
- 9.4　バイオマーカーと意識の中に投影された環境 ………………… 155

10章　健康と疾病 …………………………………………………………… 157
10.1　生態学的にみた健康と疾病 ……………………………………………… 157
10.1.1　健康の定義…157／　10.1.2　疾患・やまい・病気…158／　10.1.3　健康指標…159

10.2　人間の進化上の特徴と健康リスク ……………………………………… 163
10.2.1　難産と妊産婦死亡…163／　10.2.2　胎児の栄養状態と生涯の健康…164／　10.2.3　早産と乳幼児死亡…164／　10.2.4　大きな脳と飢饉…165／　10.2.5　言語の発達と誤嚥性肺炎…166／　10.2.6　ヒトの成長パターンと病気…166／　10.2.7　ヒトの生殖，長寿と疾病…167

10.3　農耕・牧畜の始まりと疾病 ……………………………………………… 168
10.3.1　マラリア…168／　10.3.2　農耕と動物由来感染症…169／　10.3.3　飢饉・特定栄養素不足・下痢・環境衛生の悪化…169／　10.3.4　文明の交流と疾病のグローバリゼーション…170

10.4　産業革命・健康転換と生活習慣病 ……………………………………… 171
10.4.1　結核…172／　10.4.2　コレラ…172／　10.4.3　健康転換…172／　10.4.4　近代的ライフスタイルと健康…173／　10.4.5　エイズ・新型インフルエンザ…173／　10.4.6　地域・地球環境問題と健康…174

10.5　健康への生態学的アプローチ …………………………………………… 175

第3部　人間の生態学の成果 ……………………………………………… 181

11章　個体群としての人間の適応―パプアニューギニアのギデラ人 ……… 189
11.1　ギデラ人とその遺伝特性 ………………………………………………… 190
11.2　生息地の環境の多様性 …………………………………………………… 194
11.3　弾力性のある生業適応 …………………………………………………… 195
11.4　環境の多様性と適応のダイナミズム …………………………………… 198
11.5　近代化の影響 ……………………………………………………………… 201

12章　近代化と人口増加，適応戦略の変容―パプアニューギニア高地 …… 205
12.1　問題の所在 ………………………………………………………………… 205
12.2　パプアニューギニア高地・フリの社会 ………………………………… 206

12.2.1　パプアニューギニア高地という世界…206／　12.2.2　タリ盆地の生業：サツマイモの常畑耕作…209／　12.2.3　ブタ飼養の社会機能…212／　12.2.4　「近代化」の歴史…214／　12.2.5　調査対象としたハメイギニ…215

　12.3　適応の諸側面 ……………………………………………………………………215
　　　12.3.1　植樹とサツマイモ耕作…215／　12.3.2　人口増加と土地利用変化…220／　12.3.3　天候不順への対応力…222／　12.3.4　地域内人口移動…225／　12.3.5　都市移住者の生活…227

　12.4　集団の生態史と個人のライフヒストリー研究の意味 …………………………230

13章　食と人間の安定同位体生態学 ……………………………………………………234
　13.1　生物における同位体の分布 ………………………………………………………234
　13.2　人間の「食」と同位体 ……………………………………………………………237
　13.3　ギデラ生態系の炭素窒素安定同位体分布 ………………………………………239
　13.4　食物連鎖に沿った有害化学物質の濃縮 …………………………………………242
　13.5　今後の課題 …………………………………………………………………………244

14章　市場経済化する辺縁地域の生態史—海南島・黎族社会 ………………………245
　14.1　海南島という世界 …………………………………………………………………247
　14.2　対象地域 ……………………………………………………………………………248
　14.3　水満村の事例 ………………………………………………………………………249
　　　14.3.1　1970年代までの変化…249／　14.3.2　1980年代からの変化…250／　14.3.3　観光開発の影響…253／　14.3.4　自然環境への負荷…256

　14.4　保力村の事例 ………………………………………………………………………257
　　　14.4.1　換金作物の導入…257／　14.4.2　土地利用の変化…259

　14.5　五指山地域全体の土地利用変化 …………………………………………………261
　14.6　事例の分析 …………………………………………………………………………262
　14.7　近代化がもたらしたもの …………………………………………………………263

15章　環境要因の生体影響におけるバリエーション …………………………………266
　15.1　水と人間の生活 ……………………………………………………………………267
　15.2　水の化学的汚染 ……………………………………………………………………268

15.2.1　地下水のヒ素汚染…268／　15.2.2　バングラデシュにおけるヒ素汚染の背景…269

15.3　汚染と影響の実態を調べる …………………………………………270
　15.3.1　調査の概要…270／　15.3.2　曝露量の評価，尿中ヒ素のインジケータとしての意義…272／　15.3.3　影響の定量化・性差…277／　15.3.4　小児における影響…280／　15.3.5　栄養と毒性—性差の問題点…281／　15.3.6　ヒ素はどこから来るのか…283／　15.3.7　緩和のための工夫…286

15.4　ヒ素の健康リスクとは何なのか ……………………………………288

16章　病気と健康への生態学的アプローチ—アフリカでの住血吸虫対策 ……292

16.1　住血吸虫症 ……………………………………………………………292

16.2　日本における住血吸虫症対策 ………………………………………295
　16.2.1　国民の衛生・健康意識の高さ…296／　16.2.2　環境衛生と媒介貝対策，人間以外の最終宿主対策…297／　16.2.3　川の汚染と生活様式の変化…298／　16.2.4　研究者と技師の育成と関与…298

16.3　日本以外における住血吸虫症対策 …………………………………299
　16.3.1　中国の戦後の事例…299／　16.3.2　アフリカにおける対策…299／　16.3.3　開発原病としての住血吸虫症…300／　16.3.4　1990年以降の住血吸虫症対策…301／　16.3.5　医学的アプローチの限界…301

16.4　ケニア・クワレ地方における対策研究の試み ……………………302
　16.4.1　調査地の一般的状況…303／　16.4.2　安全な水の供給における課題…305／　16.4.3　感染状況の推移…306／　16.4.4　集団治療と検診・治療参加率…307／　16.4.5　学校保健の活用…308／　16.4.6　環境保健的アプローチと住民参加…308

16.5　ビルハルツ住血吸虫症対策が成功しない理由 ……………………310

17章　アジアにおける生業の転換と化学物質の導入 ……………………312

17.1　調査のフレームワーク ………………………………………………312

17.2　生態史と生業転換の実態 ……………………………………………315
　17.2.1　生態史の復元…315／　17.2.2　西ジャワ対象集落における生態史…316／　17.2.3　インドネシアおよび西ジャワの生業転換と市場経済化—歴史的背景…317

17.3 バイオモニタリングデータの地域・集落・性差 …………………………… 324
　17.3.1 健康への影響をどうとらえるか…324／ 17.3.2 肥満・血圧の問題…325／
　17.3.3 鉄とセレン…327／ 17.3.4 どのような化学物質に曝露されているのか…329／
　17.3.5 尿中へのカドミウム排泄でわかること…331／ 17.3.6 だれが農薬に曝露されているか…333

17.4 生業転換と生体から得られた情報との関連 …………………………………… 334
　17.4.1 集落の特徴をどうまとめるか…334／ 17.4.2 集落の特徴と健康影響との関連…336／ 17.4.3 文化的適応としての生業転換…338

第4部　人間の生態学の課題 ……………………………………………………… 345

18章　環境学と人間の生態学―環境問題との接点 …………………………… 347
18.1 イースター島民の生存史 ……………………………………………………… 348
18.2 水　俣　病 …………………………………………………………………… 351
18.3 地 球 温 暖 化 ………………………………………………………………… 352
18.4 人間‒環境系の視点から ……………………………………………………… 354

19章　人間の生態学の保健学への応用 ………………………………………… 359
19.1 国際保健アプローチの多様性 ………………………………………………… 359
19.2 疾病特異的アプローチ ………………………………………………………… 360
19.3 地域保健的アプローチ ………………………………………………………… 361
19.4 統合的アプローチ：国際保健の近年の潮流 ………………………………… 362
19.5 貧困と，生きて体験する病苦 ………………………………………………… 363
19.6 熱帯医学・国際保健の限界 …………………………………………………… 364
19.7 健康改善への人類生態学的アプローチ ……………………………………… 366
19.8 生態学的健康観とエコヘルス ………………………………………………… 368

20章　都市の生態学 ……………………………………………………………… 371
20.1 ヒトの主要な生息地としての都市 …………………………………………… 371
　20.1.1 人口からみた都市の重み…371／ 20.1.2 人口増加期における都市の変化…373／ 20.1.3 都市の多様性と不均質性…375

20.2　物理化学的環境としての都市 …………………………………………377
　　20.2.1　都市のインフラと物質代謝…377／　20.2.2　都市のエコロジカル・フットプリント…379
20.3　都市における人間の生態学 ……………………………………………380
　　20.3.1　都市居住者の生存と健康…381／　20.3.2　都市の人間の行動…384／　20.3.3　個体群としての都市住民…387
20.4　人間の生態学における都市研究の方向性 ……………………………389
　　20.4.1　都市生態学…389／　20.4.2　人間生物学的側面からみた都市の機能…391

推　薦　図　書…………………………………………………………………397
索　　　　　引…………………………………………………………………403

BOX
人間の生態学の系譜 ……………………………………………………………16
鈴木継美 …………………………………………………………………………64
遺伝子文化共進化 ………………………………………………………………99
Barker 仮説 ……………………………………………………………………138
マラリア ………………………………………………………………………175
里地里山 ………………………………………………………………………231
遺伝子組換え作物 ……………………………………………………………340
人間の生態学に関する学界の動向 …………………………………………393

第 1 部

人間の生態学とはいかなる科学か

1章　人間の生態学の領域
2章　フィールドワークについて
3章　ラボラトリーワークと実験科学の役割
4章　モデルのあてはめと予測―有効性と限界

　第1部では，人間の生態学（human ecology）がどんな学問であるかについて，そのスコープと用いられているアプローチを述べることによって解説する．人間の生態学という学問領域が何をすべきかについて述べたものは，今日ではかなり多数にのぼるが，そこで述べられている内容には，相当程度の幅がある．その中で，本書の執筆者らが展開し，これから展開しようとする人間の生態学がどのようなものであるのか示すのが，この第1部の主旨である．1章では，人間の生態学で解こうとする問題とはどんなものかを述べ，この領域の重要な概念である適応についてふれたのち，この領域で用いられる3つの主要な研究手法（フィールドワーク，ラボラトリーワーク，モデルの利用）の概略を紹介する．

　2章以降は，この3つの研究手法のそれぞれについて解説する．フィールドワークは人間の生態学に必須の手法であるが，さまざまな学問分野において異なった意味合いでとらえられている．人間の生態学におけるフィールドワークがどのようなものであるのか，2章ではそのイメージを提示する．なぜ人間の生態学においては，現地における観察が重要であるのか，およびフィールドワーカーが身につけるべき科学的方法とは何かについて，フィールドで観察すべき基本的項目とともに議論される．

　フィールドワークを補完するものとして実験室の仕事があり，それらは

フィールドで得られた試料の科学的分析と，純粋な実験科学とに分けられる．3章では，こうした試料分析から何がわかるのか，また実験科学的手法が人間の生態学とどのように接点を用いうるのかを解説する．これらを通じて，もともと野外の科学である人間の生態学が，実験的手法の援用によってより立体感に富んだ視野を獲得できることが示される．

　4章では3つめの手法であるモデルの利用を，特に予測への利用を重視して議論する．複雑な系である人間-環境系を還元的手法で把握することには自ずと限界がある中で，モデルは強力なツールとなる．ここでは，感染症モデル，保全生態学モデルなどを踏まえて人間の生態学におけるモデルがどのような性質を備えるべきであるのかについて考察する．

1章

人間の生態学の領域

　人口問題，食糧問題，そして温暖化をはじめとする地球規模の問題は，現在の人類が直面するさまざまな問題の中でも，最も重要な課題群であることは間違いない．これらの問題は，政治的あるいは経済的な見地から語られることが多いが，その背後には産み育てる，死ぬ，あるいは食べるといった生物としての人間のあり方，生物としての人間と環境との相互作用が深くかかわっている．人口問題も食糧問題も人間の集団と環境とのバランスの問題であることは間違いないが，なぜ人間はそうしたバランスを維持できないのだろうか．温暖化が何をもたらし，どのようにしたら影響を軽減できるかについては多くの議論があるが，なぜ人間はここまで大量の化石燃料を燃焼し，大量の資源を消費かつ廃棄するようになったのだろうかといった疑問に答えるには，人間集団が環境とどのようにつきあってきたのか，つきあっているのかをよく調べてみなければならない．

　これらの問題の解決は人間の生態学の応用的な側面である．人間がどんな生物であるかという問いに答えるのが，人間の生態学の基礎科学的側面ということになるだろう．生理学・解剖学などは，人間を分解することによって同じ問いに答える．人間の生態学は，環境とのかかわり方によって人間という生物を記述し，その広がりとともに，そこに共通して潜むルールによって，この問いに答えようとしているのである．Michael Begon らが著した生態学の教科書において，生態学の目的は「生物とその環境とを対象とするが，目指すところは両者の関係を理解すること」であると述べられている．この生物を人間に置き換えたものが人間の生態学であるならば，現代の人類の直面する大きな問題群の解決にあたっては，それは有力な，というより必須のアプローチなのである．

1.1 生態学と人間の生態学

　仕事中の生態学者といったらどんな姿が思い浮かぶだろうか．湿原の植物群落を丹念に調べる姿であろうか，花に飛来するチョウの数を数える姿であろうか，あるいは，ボスザルを取り巻く「人間関係」をノートに記録する姿であろうか．そうしたイメージがあたっているかどうかは別として，多くの生態学者のやっていることは，生き物をその生息場所において観察することであろう．無論，生態学者はただ漫然と眺めているわけではなく，記録し，解析する．解析するからには何か目的がなければならない（実際には，観察する段階ですでに目的が決まっていることが大部分であろうが）．先の Begon らに従えば，この目的は「生物と環境，両者の関係を理解すること」になるのだが，「関係を理解する」というのはわかりにくい．同じ教科書には「生物の分布と密度を規定している相互作用を解明する科学」という Charles Krebs による定義が，「生態学が何を明らかにするかを正確に示したもの」として紹介されている．つまり，生態学者の行っている観察の最終的な目標は，生物の分布や密度を決めるような要素を見出し，その要素がどのように分布や密度を決めているのかを解明することにある．例えば，環境からどのようにして食物を調達するのか，配偶の相手を含むほかの個体や個体群とどのように接しているかが観察の対象となるし，観察された事項を整理・解析して，例えば湖の深さの違う場所にどんな水草が生育しているのか，環境 A に棲む鳥がなぜ環境 B ではみられないのか，サルの群れ A では個体数が増えていくのに B では増えないのはなぜか，といった疑問に答えていくのが生態学だということになる．

　Krebs の定義で「生物」を「人間」に置き換えれば，それが人間の生態学になるのだろうか．人間の生態学の「目指すところは両者の関係を理解することである」という表現は問題がなさそうであるが，「人間の分布と密度を規定している相互作用を解明する科学」という定義には異論もあるかもしれない．人間の生態にとって重要なのは人口の分布や人口密度だけではないと思う人も多いはずである．ここでは，この点に結論を急いで出さずに，人間が営む活動の多くは直接・間接に，人間の生存（すなわち，その分布と密度）にかかわるというにとどめよう．

人間の生態学者の働く姿は想像しにくいかもしれない．無論普段は研究室にいて1日中コンピュータにむかっている普通の研究者であるが，年に何度かアジアやオセアニアの農村に出かけ，長い場合は数ヵ月，民家に泊まりこみ，人びとが畑で働き，家事を行い，子どもの世話をし，食事をするのを観察する．GPSや加速度計を携帯してもらい，人びとがその日，どこでどれだけ激しい活動を行ったのかを調べる．必要に応じて，彼らが働いている田畑に行って，土地利用の様子を丹念に記録したりもする．朝から台所に陣どって，食材はどこからきたか，その家の人びとが何をどれくらい食べるのか（時には盛りつけた皿の重さを計ることさえある）毎食記録する．昔のできごとなど観察しえないことについては，村の事情に詳しい人をみつけて聴き取りを行う．飲み水や食べ物を収集し，あるいは村の人びとから血液・尿・毛髪・唾液などを提供してもらい，これを実験室にもち帰って，栄養素や有害物質を化学的に分析することもある．

　こうした調査が行われるのは，そこに生活する人びとにとって自分の住居と自分の食物を確保するための土地が主たる生活の場であり，その場の中を自力で移動し，場の中で入手できるモノだけを用いて食糧を生産し，消費するような場所である．人びとが活動をともにする集団は，基本的に家族あるいは親族を中心としたコミュニティのメンバーであって，多くの場合，両者には若干の重複がある．食物生産のための肉体的な労働に応じて見返りとしての食物が収穫される．作物の種類，土地の所有状況，耕作・収穫の場所・方法・時期，収穫や分配におけるメンバー同士の関係などの違いが，対象とする集落のあるいは世帯の経済的な状況だけではなく，労働負荷・栄養状態・免疫能などを介して，出生（再生産）・死亡や健康状態とも結びつくことが想像されよう．

　人間の生態学がこれまで調査で明らかにしてきた上記のような人びとの生活は，平均的な都市生活者の平凡な1日とはかなり異なる．後者は近隣のスーパーで購入した食品で構成された朝食を，家族とともに食べることから始まるだろう．室内にはテレビがあって世界のニュースや天気予報を伝えているだろう．電車や車で通勤あるいは通学し，職場についた後は，職場の同僚とともに行動する．昼食も近くのレストランで同僚たちととるだろう．そして再び電車か車で家路を急いで，家族の団らんに合流する．こうして都会人は，自分の肉体的能力では移動しえない距離を隔てた（通勤電車の車内も含めて）複数の屋内環境で，まったくつながりのない複数の集団（これも自分にとっては環境でもある）とともに活動

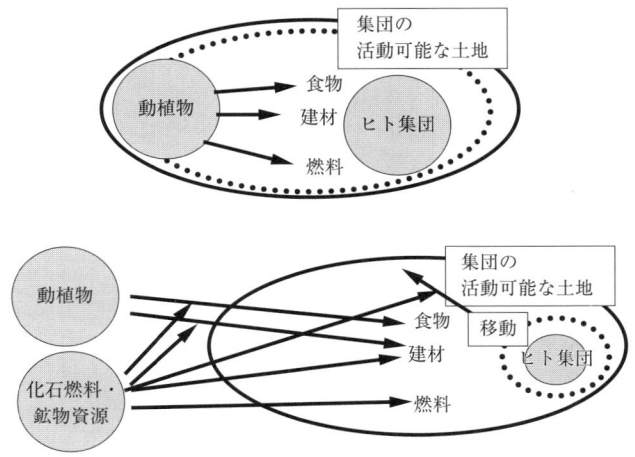

図 1.1 ヒト集団と環境との関係
仮想的な伝統的集団（上）と都市住民（下）における資源と空間：伝統的集団においては，活動可能な土地の範囲で資源を入手し，消費が行われる．都市住民の生活は，日常活動を遙かに超える範囲から資源を入手して成立する．情報の流れについても同様のことがいえるであろう．

し，それらの環境で生産されたわけではない食品を摂取し，空間をはるかに隔てた環境と情報をやりとりしつつ生きている（図1.1）．これらは動植物の生態学者ではまず遭遇しないであろう状況であり，人間においては，技術や社会制度の発達が「環境とのやりとり」の姿を大きく変えたことを意味している．スーパーやレストランの食品がどこで生産され，どのように配送されてきたのか，電車を動かす電気はどこでいかなる方法で生産されたのかなどを調べていくと，こうした人びとは，実際の観察でみえる環境とのやりとり以外にも，広範な環境と間接的にやりとりを行っていることがわかる．環境とのやりとりが生存とどうかかわるかを解析するには，このような間接的な相互作用まで含める必要があろう．

1.2 適応するということ

人間の生態学について書かれた文章をみると，その多くで「適応」（adaptation）という言葉が登場する．鈴木継美らは，適応とは「環境ストレスに対して生物の行う，自己の属する集団にとって適切と思われる調整」であると定義し，自分が変わる（生物学的適応）か，環境を変える（文化的適応）か，という2つの側面

があるとして，人間の生態学（この場合は，人類生態学）は適応について研究する学問であると述べている．『丸善エンサイクロペディア大百科』による「人類生態学」の定義も「ヒトの環境への適応を研究する分野」で始まる．

　適応という言葉は，生態学に限らず，生物進化，生理学，心理学など多くの学問において実にさまざまな文脈で使われている．Begonらは，生態学における使用例だけみても多様な意味があることを指摘した上で，生物は過去の遺産として形質や性質を受け継いでいるにすぎないのに，［これらを「適応的」であると説明することは］あたかも現在や将来に合わせる能力を有するかのような誤解を与えるとして，この言葉の使用を避けている．我々がある時点に立って観察している生物は「適応する」のではなく，「適応している」のだという主張である．これに対し，上記の鈴木らの定義は明らかに現在・未来にむけた予測を伴うプロセスであることを示唆している．Roy Ellenは，適応を系統発生的・個体発生的・学習・文化という4つのカテゴリーに分けていて，動物でも前三者は観察されるが，文化はほぼ人間のみでみられる適応の方法であると述べている．微生物学者のRene Dubosは，『人間と適応』という古典的著書の中で，身体の生存，種の保存，現在の条件への適合性，という生物学的なレベルでの適応の定義では「人間の本性の豊かさ」をカバーできないとして，人間の適応にこうした生物学的適応の基準をそのまま適用することは問題であり，「人間が目先の現在だけに対応する存在ではなく，過去を引きずるとともに将来を予見・期待する存在であること」をも考慮した適応の概念が必要なのではないかと述べた．これらの主張は人間の「適応する」側面を想定したもので，Begonが生物が「適応している」側面を強調しているのと対照的である．これらの主張には，人間の生態学においては，動植物の生態学にない，過去の蓄積の応用と未来の予測という要素が重要であることが示唆されている（図1.2）．

　「自己の属する集団にとって有益な調整」というとき，有益かどうかは，集団の範囲をどこまでとるか，調整の結果をどれほど長い期間にわたって追跡するかによって変わってくる．例えば，ある個体や個体群の一部にとっての利益とその個体の属する個体群全体にとっての利益は必ずしも一致しない．また，遺伝的適応について［生殖年齢まで達する］子孫の数の相対的な多寡を比較する適応度（Darwinian fitness）は，環境が異なれば値も変わる．マラリアに対する HbS 遺伝子や，いわゆる倹約遺伝子などは，置かれた環境によって特定の遺伝子をもつ

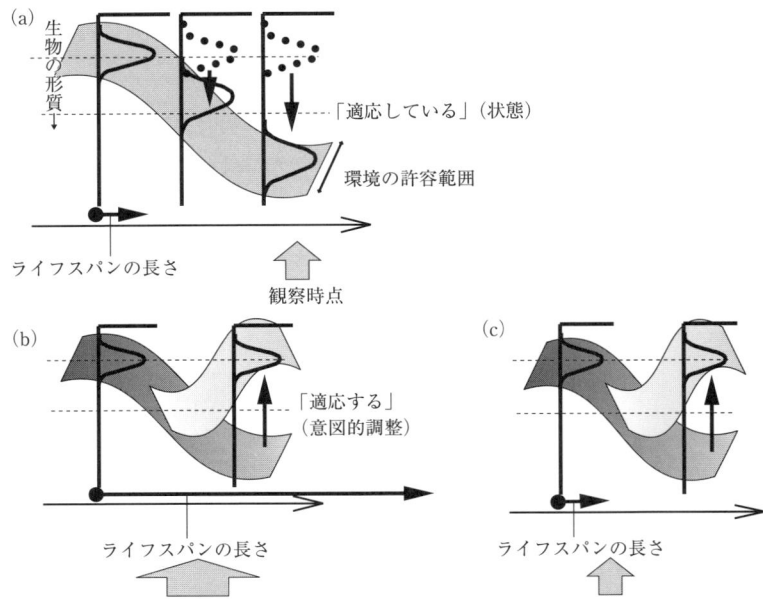

図 1.2 適応している状態（a）と適応する意図（b）
ある観察時点でみつかる動物の形質（行動的特徴・遺伝的特徴を含む）はその環境に適応してきたいわば過去の結果を眺めている．人間でしばしば観察される適応は，個人の一生のほんの短い時間でも観察され，変化しつつある環境に働きかける．
(a) が生物学的適応．(b)，(c) が文化的適応．(b) は通常ライフスパンよりずっと短い変化に対して行われる．(c)はライフスパンよりずっと長期の変化が生存に影響する場合．

ことの有利・不利が変わる好例であり，この概念自体が，（ほかの生物との関連も含めて）環境条件が比較的安定した条件でないと成立しない．文化的適応においても，農耕の開始が人類社会に多くの疾病をもたらし（10 章参照），エネルギー制御能力や医療の発展が，現代において気候変動や耐性菌の出現をもたらすなど，総体としての利益・不利益は時とともに変化する．人間自身の活動の結果として人間にとっての環境が急速に変化している現在，ある調整（遺伝的変異から行動変容・新技術の開発までを含む）がもたらす有利・不利も，時間的・空間的にはかなり限定的に考えざるをえない．

このように考えると，適応という言葉の中には，Begon の指摘するように結果（あるいは *status quo*）に基づいて述べている場合と，むしろ調整の意図（intention）に基づいて述べている場合の 2 つが混在していることがわかる．そして生物学的適応は前者に，文化的適応は後者に比重が大きい．文化的適応にお

ける「意図」がどのくらいの生態学的視野をもったものかはまちまちであろうが，個人の一生のスケールを超える「意図」はまれであろうし，ある適応プロセスがもたらす多様な結果についての予測は，現代でも難しいことを考えると，その視野は比較的限られていよう．その意味で，文化的適応は常に近視眼的であり，自然淘汰の結果として得られた生物学的適応とは好対照をなしている．適応という言葉が使われる際には，こうした両者の相違点に注意しておかねばならない．

1.3 人間の生態学の特徴

　動植物の生態学では，生物の側を個体，個体群，群集の3つのレベルに分けて扱う．人間の生態学は，通常，個体群（集団）のレベルに重点をおいている．個体群とは「一定地域にひとまとまりになって居住する同一種個体（ヒト）の集まり」であり，遺伝子プールを共有して世代を重ねていく集団という条件が加わることもある．出生率や死亡率，人口構成のような集団レベルの指標が人間の生態には重要である（例えば，将来におけるその集団の人口構成はこれらの指標に依存する）．これらの個体群は（例えば，イワシの群れのように）均質な「平均的」メンバーで構成されたものではなく，多様な個人より構成され，各個人が担う役割も異なるものとしてとらえられ，ある指標についての個体群の平均値よりも，その内部構造を反映するという意味で分布・ばらつきが重視される．例えば，特定の栄養素に関する栄養状態がどのような分布をとるのかという情報が重要（それによって，疾病や死亡の構造に影響が及ぶ）だからである．個体レベルのみに注目した調査は，補完的に使用されることがあっても，それだけでは人間の生態学の研究とはなりがたい．

　個体群レベルに焦点をおく以外に，人間の生態学の特徴を3点あげておこう．

　第一の特徴は，包括的（comprehensive）に人間と環境との相互作用をとらえるという点である．再びBegonらを引用すると，生態学は「世界をくまなく記述する学問」であって，観察される事象もそうした全体的な脈絡の中でとらえるべきだということになる．つまり，当面の研究対象と考えている要素が，視野の外にある要素や集団に影響を及ぼしたり，逆にそれらから影響を及ぼされたりする場合がある点に，常に留意しておかねばならないということである．例えば，最近話題となったバイオ燃料の問題は，エネルギー生産と二酸化炭素排出に関す

る問題であったものが，食糧生産と土地という別の問題と競合した．類似の例は15章で紹介される．

　第二の特徴は，人間集団，環境，両者の相互作用いずれもが時間とともに変化するという動的な性質（dynamics）を重要視してきた点である．動物における被食者−捕食者の個体数の関係，あるいは，植物における生態学的遷移（ecological succession）という現象などで知られるように，生物と環境あるいは生物集団間の相互作用の動的な性質はよく知られている．しかし，これらの現象は，スケールは数年から百年以上に至るまでさまざまであるものの，長い目でみると周期性がある．人間と環境との相互作用にも周日性あるいは季節性のような周期的な変化があるが，文化的適応により非周期的な変化が続いているところに大きな特徴がある（例えば，農耕開始以前と以後，産業革命以前と以後）．文化的適応は環境を変えるので，あらたな環境ストレスを生み出す可能性が常に存在する．その環境ストレスを生物学的適応で吸収できなければ，次の文化的適応が必要となってくるだろう．John W. Bennett は，環境に対し「次々に手を変えて適応を行う（ever-changing adaptation）」のが人間であるとして，こうした状況を生態学的転換（ecological transition）と表現するのが適当であろうと述べている（Bennett, 1996）．現存のさまざまな社会や集団のあり方は，文化的適応の連続の結果でもあって，例えば，気候変動をもたらしたさまざまな人間活動も，それ自体は文化的適応である場合が多く（18章参照），それを踏まえた上で問題の解決を目指す必要があろう．このような例でも推察される通り，文化的適応は両刃の剣でもある．今後，人間と環境のかかわりの動的な側面はますます重要になるに違いない．

　集団と環境との相互作用が動的であるということは，横断的観察に基づく推論が常に危ういということをも意味している．例えば，複数の集団についてある生業活動に従事する割合と健康水準との相関を調べたとしよう．両者に何らかの相関が得られるとしても，個々の集団において従事割合が増えているのかどうか，健康水準が向上しているのか劣化しているのかがわからない限り，明瞭な結論は導くことができない．横断的にみれば，生業活動が盛んになって健康も改善されているフェーズと，それがピークを過ぎ衰退して，健康状態も低下しつつあるフェーズは数値としてはまったく同じになりうるからである．つまり個々の集団に起こっている動的な関係を把握しない限りは，正しい生態学的理解には至らないともいえる．同じことは，いろいろな側面で「平衡状態」にあるようにみえる

集団を注意深く観察する必要性を示唆する．平衡状態にあっても，動的な相互作用は必ず存在しているはずだからである．

　第三の特徴は，多様性と共通性の双方を重視して研究を進めるということである．人間の生態学の主要な対象である個体群は，それぞれが固有の時間と空間に生きているという意味でユニークであって，標準的個体群（reference population）とはみなせない．人間の平均像を想定し，それを universal にあてはめるアプローチでは解決できない問題がある（15, 16 章参照）．もちろん一方ではヒトとして共通の特徴も当然あり，それを抽出することは重要である．例えば，栄養指標として用いられる body mass index（BMI）に世界共通の基準を適用することは適切ではない（WHO）が，BMI の高い者が高頻度に存在する集団では多くの場合，いわゆる生活習慣病の発症リスクが高まるという知見もやはり重要である．

　個体群の内部も決して均一ではないということはすでに述べた．同じ集落に居住する人びととの間でも，飢饉あるいは新技術の導入などに対する反応が世帯によって異なったり，食生活の変化がもたらす影響に男女差があったりするのはその結果であり，環境との相互作用において，集団内に多様性が存在することによって，集団の内部構造自体が変わり，集団全体の存続にも影響するようなケースが出てくる．こうした変化のメカニズムは，集団の平均値（平均的な反応あるいは平均的な相互作用）のみをみていたのではわからない．一方では，飢饉，新技術の導入などにおいて，世帯や属性の違いにかかわらない共通の反応がみられるならば，それは個体群を特徴づける反応かもしれない．個体群生態学による適応の理解（11 章参照）あるいは都市の生態学（20 章参照）において，この点については再び議論される．

1.4　人間の生態学で用いられる研究手法

　以上で，人間の生態学が何を対象とし，どのような考え方で対象をとらえようとしているかを説明した．

　実際に人間の生態学で用いられる方法については，この後の各章で紹介されるので，ここでは，それぞれの手法の基本的な考え方にふれるにとどめる．

1.4.1　フィールドワーク

　生態学は本質的に野外の学問で，観察を原点としている．フィールドワークという手法は，自然科学・社会科学を問わず多くの領域で用いられ，その意味するところも大きな幅がある（例えば，医学畑では病院の外でデータを収集することがフィールドワークとほぼ同義に使われていたりもする）．その中で人間の生態学が用いるフィールドワークにどのような特徴があるのかについて2章，実際にフィールドとして選んできた対象とその変遷については第3部の導入部に詳しく解説される．

　人間の生態学では，包括性という視点を取り入れるため，できるだけ多くの変数を把握したいと考える．直接観察できるものは観察し，不可能ならばインタビューに頼る．しかし手あたり次第に記録すればよいというものではない．どんな変数を，どんな対象者から集めるのかは研究の目的次第であり，一般的ルールはない．事前の情報収集と，現地での情報収集・観察に基づき，有用であろう変数が何かをみきわめ，利用できるマンパワーと得られる情報量が折り合うようにデータ収集の目標を探すことになる．多角的なデータを集める必要が強まってきたので，さまざまな分野の専門家からなる調査チームを組むことも増えている．

　人間と環境のかかわりの動的な特性が重要であるとすれば，横断的観察で得られるものは少ないことになる．したがって，同じ調査地を何度も訪れて，同じ種類のデータを集める，あるいは長期に滞在して繰り返し同種類のデータをとるといった方法がしばしば用いられる．1回きりの調査で過去の経緯をたどりたい場合にはインタビューに頼らざるをえない．

1.4.2　ウェット・ラボの貢献―実験と測定

　人間の生態学を実験室の中で完結することは不可能だが，いわゆるウェット・ラボの研究が有用な局面もある．適切な条件設定を行い，1つの変数あるいはごく限られた数の変数と，注目している現象との関連を明らかにしようとするのが実験であり，一方で，フィールドからもち帰った生体試料や環境試料を，さまざまな手法で分析するのがここでいう測定である．

　実験は，包括性や多様性（非再現性）を重視する人間の生態学の目指す方向とは対極にあるようにみえるが，フィールドワークの中で得られた生態学あるいは生物学に関する仮説を検証し，疑問を解決する手段として用いられる．この場合，

実験室での仕事は通常の生物学あるいは生物医学的な実験とまったく変わらないが，人間の生態学の特徴を反映する．例えば，遺伝的形質の異なるマウスに同じ環境ストレスを与えた場合の影響の差および差を生ずる原因を明らかにする（多様性），あるいは同一の環境刺激が持続ないしは反復した場合の反応の変化を観察する（動的な性質），あるいは異なる栄養条件における化学物質毒性の変化を検証する（包括性）などのアプローチがあげられる．

　測定については，分析技術自体が著しく進歩したこと，また，生体試料については，いわゆるバイオマーカーを用いる医学・保健学分野の研究が進展したことにより，フィールドで入手できる少量のサンプルから多くの情報が得られるようになった．フィールド調査では，体内で起こっているプロセスはいわばブラックボックスであり，生体試料の測定はこれを補う強力な方法で，今後の進展が期待される分野である（9章参照）．

1.4.3　シミュレーション・モデル

　多数の変数を同時に考慮する人間の生態学は，従来の還元的な方法論では扱いにくい側面を有する．数理モデルを用いたシミュレーションは，フィールドワークで得られたデータの解析あるいは実験的手法を補完するアプローチであり，多数の変数が同時に関係し合う系で起こるできごとを説明したり，予測したりする目的に使用することができる．個人を単位とした再生産行動と小集団の人口との関係，感染症における行動要因の寄与など広い範囲の応用が可能である．数理モデルを利用したシミュレーションはコンピュータがあれば机上のみでできてしまうが，人間の生態学においては，フィールドワークとモデル作業のフィードバックが重要である．すなわち，フィールドのデータとモデルの予測とのギャップに照らしてモデル自体を再構築したり，パラメタに適切な初期条件を与えたり，逆に構築した数理モデルの妥当性をフィールドワークによって検証したりということが，理論的には可能である．

1.5　岐路に立つ人間—閉じた系から開いた系へ，そして再び閉じた系へ

　人類は，環境を自己の都合のいいように整え，食糧の生産を制御し，人口を増やして，いわば「成功した種」となった．過去の成功のキーワードであった環境・

食糧・人口が，現在人間を苦しめる大きな問題となったのは，いくつかの理由があるだろう．これまで，人間の集団に対し地球という環境ははるかに大きく，人間の生態学はみかけ上無限の環境を舞台に展開していた．この開いた系の時代が終了し，地球という全体として閉じた系を考えるべき時代になって，これらが一気に問題となったということがよくいわれる．しかし一方で，ひとつひとつの個体群にとっての環境は地球全体ではなく，個体群の認識と活動の及ぶ地表の限られた範囲でしかなかった．人間の集団は昔から有限な環境の中で暮らしてきたのである．その有限な環境を荒廃させたり，その中で入手できる資源を枯渇させた集団は，住み慣れた土地を捨てて移住するか，さもなければ滅亡してしまっただろう．食糧を確保することが困難な集団はいつの時代にも存在し，多くの集団にとって人口問題は昔から問題であったのである．今，地球規模で持続可能性が問題となっているが，個々の集団にとって持続可能性はずっと問題であったのだ．そのような視点からみると，人間の生態学は，比較的サイズが小さく，環境との相互作用が観察しやすい集団を対象として，個体群レベルでの持続可能性を検討してきたといえる（18章：イースター島の例を参照）．そこで得られた，集団と環境との関係についての知見は，地球規模の持続可能性を目指す上でも有用であるに違いない．

　持続可能性の問題も含め，人間の生態学が解くべき課題は多数ある．まず，現代は，世界中に散在する比較的閉鎖的で有限な空間に依存する小集団が，大きな変化に直面していることに目をむけねばならない．そのような小集団がそれまでもっていた比較的安定した生態学的システムが崩れ，新しいシステムへの移行が起こっている（17章参照）．こうした環境変化を個々の集団がどのように処理し，集団自身も変貌していくのか，事例解析を積み上げる努力が必要である．すでに述べたように，大きな変化に直面しているのはこのような小集団だけではない．どんな集団であっても，環境の変化がきわめて早いのが現代の特徴であり，事例解析の積み上げを超えて，将来予測に有用な情報を蓄積する必要もあろう．

　すでに述べたようにこれらの伝統的小集団と，地球全体の人類集団とは，どちらも閉鎖系に依存し，その制限を受けるという共通点がある．その中間には，都市という開いた系があり，すでに地球人口の半数が居住し，さらに将来その割合は増加すると予測されている．そのような系は，資源の有限性という限定を受けにくいため，環境からのフィードバックが効きにくかったに違いなく，片方でこ

1.5 岐路に立つ人間—閉じた系から開いた系へ，そして再び閉じた系へ　　15

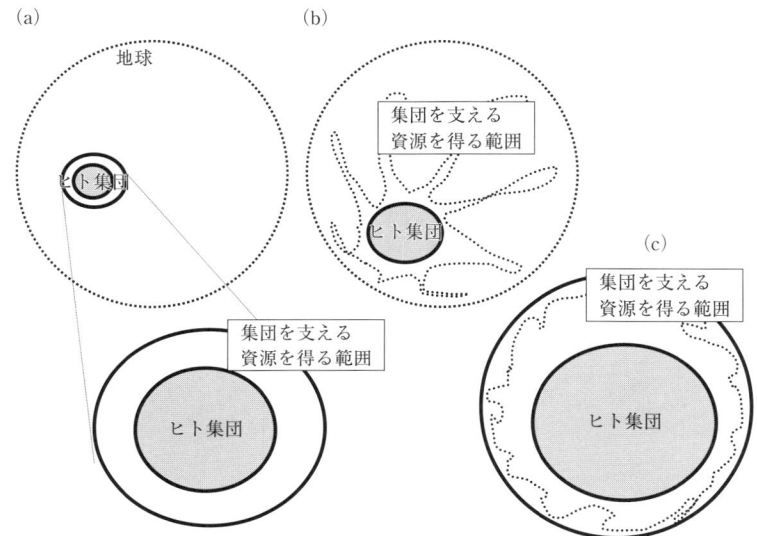

図 1.3 ヒト集団のサイズと環境のサイズ

伝統的社会の小集団(a)と現代の地球人類全体(c)にとって，それぞれ資源を得ることのできる空間（到達しうる空間）は閉鎖系であって，その中の有限な資源によって生存が維持されている．一方で現代の都市社会(b)は，集団が通常到達する空間よりはるかに広い範囲から資源を得て，また不要物を捨てており，相対的に開けた系である．

のような系を研究することも環境・人口・食糧問題に新たな視点をもたらすはずである．また，個体群の境界がみえにくい都市において，人口現象の生物学的な側面を解析することも重要かつ難しい課題であろう．都市を人間の生態学でどのように扱うかは大きなチャレンジである（図1.3）．

さまざまな技術が人間と環境とのかかわりにどのような役割を果たすかについては，主として小集団を対象として多くの研究が実施されてきた．一方で産業革命以降に出現した新しい技術は人間の生態を劇的に変化させたが，これらの技術と人間集団はどのようにかかわり，どのような影響を受けてきたのか，また，さらに最近著しく進歩を遂げた運輸・通信・情報技術が人間の生態にどのような影響をもたらしたのか，といった研究も未開拓である．技術を，環境のネガティブなインパクトを緩衝する「生活技術」と環境の改変を主体においた「科学技術」に分けて考える必要があることが指摘されている（鈴木ら，1990）．技術の多くは両方の側面を備えているだろうし，同じ技術も環境次第でその性質が変わるであろうから，こうした分類の妥当性・有効性はよく検討されなければならないだ

ろうが，これまでの人間の生態学は生活技術に重点を置いていたともいえる．その意味で科学技術の生態学的解析は重要な課題となろう．

　市場経済は，人間が発達させてきた数多くの制度の1つであるが，都市も科学技術もこの制度の存在抜きには考えられないという意味でも，人間の生態学に対するインパクトはきわめて大きい．市場経済が，人間の集団と環境との関係をいかに修飾しているのかという，経済現象の生態学的理解も，生態学的経済学（ecological economics）のような分野が登場してきたとはいえ，まだまだ十分とはいえない（Allen, 2008）．

　これらの問題を解くことにより，私たちは生物としての人間と，自分が環境として眺めている世界とについて，よりはっきりした理解を得ることができるに違いない．

BOX 1　　　　　　　　　　　　　　　　　　　　　　　**人間の生態学の系譜**

　人間の生態を対象とする学問としての人類生態学は，生態学，人間生物学，環境科学，医学，公衆衛生学，社会人類学，自然人類学，地理学，社会学，家政学などさまざまな学問を背景として世界で発展してきた．そのため，その系譜全体を把握することは難しい．日本では，医学・公衆衛生学系から人類生態学が発展し，環境保健学，環境中毒学，生態人類学，公衆栄養学，人口学，労働衛生学などとの交流を通して研究が発展していった．以下では，日本での人類生態学の系譜を概観する．

　1960年に『人間生態学』を著した伊藤正春は，今西錦司（1941），梅棹忠夫（1976）らの名をあげて，日本における人間生態学研究のパイオニアとしている．霊長類学を確立した伊谷純一郎も含めて，彼らは常に自然界における人間の位置を考えて生物学や人類学を展開し，日本の人類生態学に大きな影響を与えた．特に，個体識別をしながら環境と生物のかかわりを直接観察により詳細に定性的・定量的に研究する人類生態学のフィールドワークの方法は，日本の霊長類学・生態人類学の伝統を引き継いでいるといえる．

　一方，東京大学の渡辺仁は，「アイヌ生態系の再構築」を試み，人間社会も生態系の一部であり，人間を含む生態系は「人間-文化・宗教・技術・社会組織構造-資源・自然」という構造でとらえられると考えた．この生態系の中で人間をとらえる視点も人類生態学に大きな影響を与えた．

　1965年に，東京大学医学部に保健学科が設立された時，公衆衛生学の勝沼晴雄らを中心として日本初の人類生態学教室が誕生した．集団の健康事象を扱

う学科において，要素還元的・分析的な疫学的アプローチとともに，総合的・包括的な人類生態学的アプローチが必要であると認識されたからである．

人類生態学的アプローチを疫学的アプローチを比較すると，事象の関連性を全体的文脈の中でとらえようとするため，対象集団の個別性・歴史性・地域性を重視し，データ収集に長い時間をかける傾向がある．人間を対象とした生態学は，観察条件を思い通りに設定できず（気象条件，政治状況などの外的環境と観察対象自体の操作困難性），決定的な実験ができない場合が多い．観察の再現が困難であり，対象が限定されサンプリングも難しく（対象の希少性や方法論的理由による），その結果，統計学的意義の解釈に注意を要するなどの問題点を抱えている（門司ら，2000；2章参照）．そのため，疫学のようには直接的に医学に応用することが困難な場合が多い．

勝沼の後に東大・人類生態学教室の教授になった小泉明は，健康寿命概念を日本に導入するなどして集団の保健学を発展させた．その次に教授になった鈴木継美は，1970年に『人類生態学ノート（勝沼晴雄との共編）』，1980年に『人類生態学の方法』を出版し，人類生態学の学問体系の構築と人類生態の方法論の確立に尽力した．鈴木は，「人間の健康はその人間が生きていくための生態学的条件が保全されることによって初めて成立する」という「生態学的健康観」の重要性を強調した．群馬大学の鈴木庄亮は，生態学的健康観を「エコヘルス」とし，その視点を発展させた．

鈴木の後に東大人類生態学教室の教授になった大塚柳太郎は，東大理学部人類学教室の出身で，若いころから渡辺仁とともにパプアニューギニア・低地ギデラ族の個体群生態学の研究を進めた．その後，人類生態学に転じ，鈴木継美らとギデラ族の環境利用，栄養，発育，人口にわたる総合的研究を行った（Ohtsuka, 1983；Ohtsuka and Suzuki, 1990）．大塚のもとで多くの海外プロジェクトが展開され，遺伝生物学から開発学におよぶ広範な研究が展開された．大塚の後を受けた渡辺知保は，アジア諸国で近代化と生態中毒学の研究を展開している．

欧米の動向をみると，非生物学的な人類生態学が広がったために，生物学的なアプローチをとる人びとは，それと差別化して，人類進化生態学（human evolutionary ecology）あるいは，人類行動生態学（human behavioral ecology）という用語を使うようになった．人類進化生態学は，面白い研究もある一方で，全てを生物学的に解釈しようとして，近年の世界の出生率低下に対する上手な説明を見出すことに苦労したりしている．日本の人類生態学は，多様な環境に生きている人びとの研究を進めながら，生物学的な基盤を堅持する一方，全てが生物学的に決定されるものではないことも理解している．

1990年代から人類の将来の生存と健康に対する脅威として地球環境問題が

中心的テーマとなり，その解決にむけて，分析的な疫学研究だけでは扱えない人類生態学的アプローチの重要性が認識されるようになった（McMichael, 2001）．日本の環境研究の発展においても，上述の，勝沼，小泉，鈴木，大塚が国立環境研究所（旧・国立公害研究所）の運営にかかわるなど，人類生態学が大きな役割を果たしてきた．また，2001年に設立された総合地球環境学研究所でも人類生態学的研究が進められている．

今後，長期的な人類の生存と健康のための生態系の改変あるいは保全が問題となり，そのための基礎情報の収集が重要となる．基礎情報の収集にあたっては，環境と人間の具体的関係を中心にしながら，より広範な分野の研究者に人間の生態学的研究に参加してもらうことが不可欠となる． ［門司和彦］

引用文献

伊藤正春（1960）『人間生態学』関書院．
今西錦司（1941）『生物の世界』弘文堂．（講談社文庫（1972）に収録）
勝沼晴雄，鈴木継美（1971）『人類生態学ノート』東京大学出版会．
門司和彦，吉見逸郎，中澤　港，大塚柳太郎（2000）人類生態学における方法論的個体主義．民族衛生 **66**（1）：3-13.
McMichael, T.（2001）*Human Frontiers, Environments and Disease.* Cambridge Universtiy Press.
Ohtsuka, R.（1983）*Oriomo Papuans: Ecology of Sago-Eaters in Lowland Papua.* University of Tokyo Press.
Ohtsuka, R. and Suzuki, T.（eds.）（1990）*Population Ecology of Human Survival: Bioecological Studies of the Gidra in Papua New Guinea.* University of Tokyo Press.
鈴木継美（1980）『人類生態学の方法』東京大学出版会．
鈴木継美（1982）『生態学的健康観』東京大学出版会．
梅棹忠夫，吉良竜夫編（1976）『生態学入門』講談社．

1章　引用文献

Allen, R.E.（ed.）（2008）*Human Ecology Economics −A New Framework for Global Sustainability.* Routledge.
Bennett, J.W.（1996）*Human Ecology As Human Behavior.* Transaction.
ルネ・デュボス（木原弘二訳）（1970）『人間と適応―生物学と医療―』みすず書房．
Ellen, R.（1982）*Environment, Subsistence and System.* Cambridge University Press.
ステント（渡辺　格ら訳）（1972）『進歩の終焉―来るべき黄金時代』みすず書房．
鈴木継美ら（1990）『人類生態学』東京大学出版会．

2章
フィールドワークについて

2.1 予断なき観察

　地球上に生きる数十億の人類は，数十万年前にアフリカ大陸で進化した新人（*Homo sapiens*）の子孫である．アフリカを出た新人は，あるものは現在のヨーロッパへ，あるものはアジアへと広がった．アジアに広がった新人の中には，現在のベーリング海峡を経てアメリカ大陸に移動したものもいれば，太平洋の島々へと渡ったものもいた．南アジアや南アメリカの新人は，ヒマラヤ・アンデスなどの高山へその居住地を拡大した．最近では，地底あるいは宇宙空間さえも人類の居住地になりつつある．

　そもそもアフリカ大陸で進化した新人は熱帯性の動物であり，暑さに強く寒さに弱いという生理的特徴をもっている．そのような新人が，寒い地域に居住するためには，生理的能力の不十分さを補うような工夫が必要であった．また，陸域で進化した新人は，泳ぐ能力がそれほど高くない．太平洋の島へ渡るためには，船，航海術などの発達が不可欠であった．人間の生態学では，このような工夫・技術を「文化的適応」の要素として分類している．

　地球上のほとんどの場所に居住するようになった人類は，およそ1万年前になると農耕を発見した．東南アジアではタロイモ・ヤムイモ・バナナおよびコメ，地中海付近ではオオムギ・コムギ・エンドウ，アフリカから南アジアにかけてはシコクビエ・ササゲ・ヒョウタン，アメリカ大陸ではジャガイモ・カボチャ・トウモロコシが主要な栽培作物となった．18世紀から19世紀にかけて，西欧社会で産業革命が起こり，人間の生存を規定するエネルギー源としての化石燃料の重

要性が高まった．工学，農学，医学が発展し，人間は自分の居住する空間，食べるもの，生きること・死ぬことをコントロールする能力を手にした．産業革命の影響は，時期を違えながら，地球上の全ての場所に広がった．

このような新人の歴史により，人間はアフリカ大陸での進化のプロセスで獲得した生物としての特徴を共有しながらも，その後，地球上の異なる環境に適応した結果としての生物的変異（biological variation）をもつことになった．生物的変異とは，体型などの身体的特徴のほか，さまざまな疾患への抵抗性，食品の消化能力など，人間の生物としての特徴を記述する変数にみられる個人間のばらつきのことである．一方，生きるための工夫・技術あるいは制度・規範，物事の考え方など，人間はいわゆる「文化」の多様性も備えるようになった（もっとも，人間が文化を「多様である」と判断するのは，それが人間の大きな関心事であることの裏返しである）．

人間の生態学における関心は，人間の生物としての特徴，異なる環境に適応した結果としての生物的変異，文化の多様性，その相互作用の解明にある．そして，そのためには人間の集団における「予断なき」観察による仮説の発見と，その検討のためのデータ収集・分析が必要である．

ここでわざわざ，「予断なき」と強調するのは，人間が人間を観察しその行動を解釈する場合，その個人が存在する社会の「常識」を基準としてしまう傾向があるからである．人間の生物としての特徴にはどのようなものがありうるか，人間の生物的変異はどれほどの幅をもちうるか，文化にはどれほどの多様性があるか，このような未知の問題を解くためには，個人が自分の「常識」に照らしながら仮説を立てるだけでは不十分である．

例えば，図2.1からどのような情報を読みとることができるだろうか．東京などの大都市ではみられた電車通勤の風景である．なぜこれほどまでに混雑しているかといえば，朝の8時から9時にかけて始業する職場が多いために，たくさんの人がそれに合わせて職場へむかうこと，あるいは都心の住宅事情により郊外に暮らす人が多いことなどが想起される．著者にこのような解釈が可能なのは，著者が自分自身もこの写真にあるような通勤電車に乗った経験をもち，郊外で暮らした経験をもつこと，すなわちこの写真が撮影された社会の「常識」を知っているからである．しかしながら，通勤という概念が存在しない社会で生きる人間にとって，この写真は尋常ではない状況を想起させる可能性がある．人間がこれほ

図 2.1 東京の混雑する駅の様子

図 2.2 パプアニューギニア・セピック地方の焼畑

どまでに狭い空間に密集して存在することはふつうのことではなく，争い，祭りなど非日常的なできごとを連想する以外に状況を理解する方法はないかもしれない．

　逆に，図 2.2 は何の写真にみえるだろうか．焼けた切り株があるということは，山火事の跡だろうか．実は，これはパプアニューギニア・セピック地方の焼畑の写真である．この地域では，20 年ほど休耕して回復した二次林を伐採し，火入れをして畑をつくる．この写真の焼畑は，パプアニューギニアの人びとにとっては，作物を植えつける準備のできた肥沃な畑にみえるだろう．しかしながら，調査を始めたばかりのころの著者にとっては，崖のような斜面に開かれた，ただの荒れ地にみえた．その判断には，当時の著者の常識——肥沃な畑とは，平らな場所につくられ，黒々とした土壌に覆われた空間である——が影響している．

「予断なき」観察とは，自分の「常識」を相対化し，それを参照しながら，調査をする空間で起こるできごと，人びととの会話を体験し，人間の生態学的多様性にかかわる新しい仮説を発見しようとするプロセスである．フィールドノートには，村に子どもが産まれた時のこと，よその村から来た人との会話，畑に連れて行ってもらって観察したことなど日常のできごとが記録され，そこに調査者が考えたこと，あるいは疑問が併記される．このプロセスで，調査者は人間の生物としての特徴，異なる環境に適応した結果としての生物的変異，文化の多様性，そしてその相互作用の解明のいずれかにおいて，新しい発見をするか，少なくとも仮説を立てなければならない．新しい発見をできず仮説も立てられなければ，わざわざ「予断なき」観察に時間を費やす意味はない．

これと対照的なのは，研究室で仮説を立て，収集するデータ項目をあらかじめ決めてしまう調査の方法である．この方法で調査をすれば短時間で効率的にデータ収集を行うことが可能であり，具体的な成果もあがりやすい．ただし，この方法には，調査者が研究室で想像できる範囲のことしか研究の対象にできないという本質的な限界がある．

現実的には，人間の生態学の研究においても，研究室で先行研究などを参考に仮説を立て，収集するデータ項目を決めるという作業はある程度は必要だろう．重要なことは，それが自分の「常識」の範囲を超えるものではないことを意識し，調査地における現実とのずれを認めながら仮説と収集するデータ項目を修正する柔軟な態度である．

2.2 具体的な方法

人間の生物としての特徴と多様性にかかわる新しい「仮説」を発見するために，「予断なき」観察を始めるとして，具体的にはどうすればよいか．いうまでもなく，ただ長い間，村で生活を続ければよいというものでもない．ある程度の期間を調査地で過ごすこと，人びととのコミュニケーション能力を身につけることは必要条件ではあるが，十分条件ではない．ふつうは，センサス，家系図の作成，地図の作成，食事調査，生活時間調査などの基本的な情報収集を行いながら，何を研究すればよいか考えることになる．以下では，このうち8章で紹介されている食事調査以外の基礎的な調査について，方法を概観しておきたい．

2.2.1 センサス

センサスとは，対象とする地域にある家ごとに，居住する人びとの名前，年齢，性別，職業など個人の属性情報を記録していく作業である．ふつうは，対象地域に存在する全ての家屋を地図に記入したうえで固有の番号をふり，それぞれの家屋ごとに情報を収集する．センサスには，調査時点で対象とする家屋に存在していた個人（例えば，センサスの行われた前夜にその家屋に宿泊していた個人）を対象にする方法と，対象とする家屋に常住している個人を対象にする方法がある．前者は，*de facto* ベースのセンサスとよばれ，個人が必ずしも決まった家屋に居住しないような地域（例えば，著者の調査したパプアニューギニアのタリ盆地では，個人が複数の家屋を所有し，頻繁に移動を行う）において適した方法である．一方，後者（*de jure* ベースのセンサス）は，日本など住民登録の制度が確立し，明確な常住地をもつ個人が多い地域で採用される．いうまでもなく，人類生態学の調査の中で実施するセンサスでは，*de facto* ベースのセンサスと *de jure* ベースのセンサスを，対象地域の特性に応じて使い分け，場合によってはそれを一定間隔ごとに繰り返すことが重要である．センサスは，調査者が地域の人びとへ自己紹介をするプロセスも兼ねている．

2.2.2 家系図

人間は全ての個人がランダムにかかわりあうわけではなく，しばしば親族関係にある個人の関係はそうでない個人の関係よりも緊密になる．家系図は，このような個人の親族関係を理解するための基礎的な資料となる．また，家系図には人口学的な分析のデータとしての価値もあり，世代間の人数を比較することによる人口増加率の推定，出生地と現住地／死亡地の比較による移住の推定，世代コホート別の出生の年齢パターン比較などの分析が可能である（Ohtsuka and Suzuki, 1990；Umezaki and Ohtsuka, 1998；2002）．

アメリカの国立遺伝カウンセラー協会は，家系図を描く際に図 2.3 のような統一的な記号を使うことを提案している（Bennett *et al.*, 1995）．所属するクランなどの個人のアイデンティティが父親から子どもへと受け継がれる社会（A クランに帰属意識をもつ父親と B クランに帰属意識をもつ母親を両親とする子どもが A クランに帰属意識をもつような社会）では，始祖となる男性から全ての男性の子孫へとつながる家系図を描くのが便利である．逆に子どもが母親の帰属

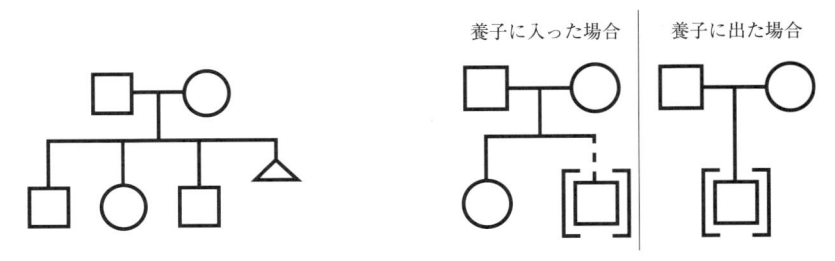

図 2.3 家系図の描き方
男性は□，女性は○．婚姻関係にあるカップルについては，男性を左側，女性を右側に描いて横棒で結ぶ．そのカップルの子どもは，出生順に左から右へと描く．家系図を作成した時点で死亡していた個人のシンボルには斜線を描く．子どもが養子に出た場合は，子どものシンボルを括弧で囲う．養子に入った子どものシンボルは括弧で囲ったうえで，親とのラインを点線にする．流産などにより生産に至らなかった個人は△で表し，その記号につながる線を短くする．

意識を受け継ぐ社会では，始祖となる母親から全ての女性の子孫につながる家系図を描くのがよい．ただし，そのどちらにも分類できるような社会もあるので，その場合は，調査の目的に応じて方針を決めることとなる．

2.2.3 地　　　図

人間の生態学におけるフィールドは面としての空間的な広がりをもっている．これはフィールドワークが必要とされる全ての分野にあてはまるわけではない．例えば，観念的な事柄に関心のある文化人類学者にとってのフィールドは，インフォーマントの話を聞く部屋の中であり，健康診断の結果に関心のある医学研究のフィールドは，対象者に集まってもらう診療所の中にある．いずれのフィールドも面ではなく点として存在し，その空間的な構造に大きな意味はない．それに対して，人間の生態学では，人びとの生存基盤の解明，人びとの生存する自然環境の理解，行動の理解が不可欠であり，フィールドで収集されるデータには必然的に空間的な属性が伴う．このような空間的な属性を伴うデータの管理に，地図は不可欠なツールである．

ただし，どの調査地でも我々が必要とする地図が入手できるわけではない．著者が調査をしたパプアニューギニア・東セピック州では，入手可能な地図の中で最も縮尺の大きなものは，1977 年につくられた縮尺 1/10 万のものであった．縮尺 1/10 万ということは，地上の 1 km が地図上では 1 cm で表示されることを意味する．対象とした 5 つの村落が分布するエリアは約 70 km^2 であり，それは地

図上では 10 cm 四方よりも小さい範囲になる．この縮尺の地図は，人間の生態学の研究で収集される土地利用あるいは行動データを管理するには不十分である．

　現在では，超高解像度の衛星データから地図を作成することができるようになった．データの地上解像度は航空写真に匹敵するレベルであり，家屋や道だけでなく，大きな樹木さえ識別することができる．さらに広い範囲のデータを利用することで，焼畑，そして焼畑を放棄したあとの攪乱された二次林，極相林の範囲を識別することも可能である（14 章参照）．

2.2.4　過去からの土地利用変化

　人間の生態学において，衛星から撮影された地上データを分析することの利点は，地図づくりが簡単になることだけでなく，対象とする集団の生活空間における土地利用あるいは土地被覆の時間的変化についての検討が可能になることである．アメリカの LANDSAT 衛星は，地上のほぼ全域について 1970 年代以降のデータを蓄積している．また東ヨーロッパとアジア地域では，アメリカのコロナ偵察衛星が撮影した解像度の高い過去の写真が入手できる可能性がある．それぞれの国の地図局には，軍事，測量，鉱物探査などを目的として撮影された航空写真が保存されていることも多い．

　1993〜1998 年にかけて調査を行ったパプアニューギニア高地では，1978 年に世界銀行の貧困扶助プロジェクトのために撮影された縮尺 1/9000 のカラー航空写真を入手することができた．このカラー航空写真を用いると，サツマイモを植えつける直径 3 m ほどのマウンドを数えることが可能であり，目視判読によって 1978 年ごろサツマイモの植えられていた畑の分布を復元することができた．もちろん，目視判読の正確さを確認するためには，地上踏査によって人びとの記憶との突き合わせが必要であり，そのためにある程度の調査時間は必要である．こうして復元した 1978 年の土地利用を，調査を行った 1994 年の土地利用と比較することによって，1 人あたり耕作面積の変化，休耕期間の短縮程度など，対象地域における激しい人口増加の生態学的影響を量的に推定することができた（12 章参照）．

2.2.5　生活時間調査と GPS の活用

　近年，GPS（汎地球測位システム）の小型化が進み，しかも記録できる情報量

が飛躍的に増大した．その結果，GPSを身体に装着したまま日常生活を送ることができるようになり，1人の人間が朝起きて夜寝るまでに「どこに存在したか」を継続的に記録することが可能となった．GPSがこのような性能の改善をなしとげたことで期待されるのは，人びとの活動の時空間パターンの調査にGPSを用いることである．

　人間の生態学では，生活時間調査によって，さまざまな社会における労働時間が明らかになるとともに，それが性あるいは年齢によってどのくらい変動するか，いいかえれば集団内で労働がどのように配分されているかについての知見が蓄積している（5章参照）．生活時間調査の方法の中で最も基本的なものは，1人の観察者が1人の対象者を継続して追跡し，例えば1分ごとに行動の種類を記録する個体追跡法というものである．この方法を用いると，1人の対象者が，観察された日に，どこで，どのくらいの時間を，何をして過ごしたか知ることができる．しかしながら，この方法では，1人の調査者が，1日で1人の対象者しか観察しかできないために，集団レベルで一般化できるデータを収集することは難しく，また，対象者が観察者の存在によって行動を変化させやすいという問題もある．一方で，対象者の1日の行動を聞き取りによって記録する方法では，1日の労働が終わった夜の時間帯に調査者が対象者の家を訪ね，朝からどこで何をしたかについて訪ねることで，多くの対象者の情報を収集することができる．しかしながら，この方法には，対象者が好ましいと考える行動が申告されやすい，あるいは場所と時間の長さについての情報が不確かであるなどの欠点がある．

　生活時間調査，特に後者の方法で行動調査を行う際に，小型GPSを対象者に装着してもらうことができれば，それぞれの対象者が存在した場所と時間の情報が記録されるため，聞き取りの結果とつきあわせることによって，より正確なデータを収集できるようになる．また，小型の加速度計（身体活動量を継続的に記録できる機器）を同時に装着してもらえば，活動の種類ごとのエネルギー消費量，活動の場所ごとのエネルギー消費量など医学研究にも有用な情報を得ることができる．

2.3 フィールドワークの科学性

2.3.1 「よく訓練された」フィールドワーカー

　フィールドワーカーとは，野外でデータを収集する人を指す言葉である．一部の学問分野では，特に，研究者に雇われその指示に従いながら野外でデータ収集を行う人をフィールドワーカーとよぶ．このようなデータ収集のデザインでは，研究者が収集したいデータと「フィールドワーカー」が実際に収集するデータの内容が一致しない，あるいは，両者が想定するデータの精度が異なるという事態が発生するだろう．この問題に対処するために，研究者は「フィールドワーカー」を十分に訓練する．論文には，「よく訓練されたフィールドワーカー（well-trained fieldworker）がデータを収集したので信頼性は高い」と記述される．

　一方，人間の生態学では，フィールドワークを行うのは研究者自身である．人間の生態学で要求される「精度」のデータを，「よく訓練されたフィールドワーカー」が収集するのは困難だと考えるからである．例えば，「あなたの生年月日はいつですか？」という基本的な質問について考えてみよう．世界には日常生活で自分の生年月日を気にすることなく暮らしている人がたくさんいる．彼ら／彼女らに生年月日を聞くと，「知らない」といわれることもあるし，あるいは，明らかに50歳を過ぎている男性に「35歳」などと回答されることもある．したがって，生年月日が記憶されることの少ない社会で調査をする際には，あらかじめイベントカレンダーを準備することが必要である．イベントカレンダーとは，対象とする地域で起こった大きなできごとを，発生年とともに整理したものである．「あなたが生まれたのは，隣村の真ん中に大きな地割れができた大地震よりも前ですか？」いう質問に，「ああ，自分は小さかったから覚えていないけど，お母さんが大地震の時は私を抱いて森に逃げたと話していた」と回答してくれれば，その個人が生まれたのは地震よりも少し前だということがわかる．「地震があったことを話には聞いているけど，それは私が生まれるずっと前のことだ」といわれれば，「じゃあ，村に初めて宣教師が来たときは覚えていますか？」などと，次の質問に移ることになる．

　生年月日を，イベントカレンダーを使って推定する際，対象村落に居住する成員の出生順を把握しておくと便利である．誰が誰よりも先に生まれたかという知

識は，人びとに共有されていることが多く，個人の名前カードをつくり，それを並べ替えてもらうことで容易に出生順を知ることができる．著者の調査したパプアニューギニアの社会では，出生順データとイベントカレンダーを使うことで，±2年の精度での生年推定が可能となり，そのデータは子どもの成長分析あるいは小集団人口学の分析に利用することができた．ただし，この方法では1人の生年を推定する作業にも，ある程度の時間と熱意が必要である．

全ての「よく訓練されたフィールドワーカー」に，このような熱意を期待するのは無理であり，研究者が自分の望む「精度」の出生年を収集するためには，自分自身がフィールドワークを行うしかないという結論に至る．ましてや，直接秤量法による食事調査など，例えば，早朝5時から夜の10時まで17時間，連続7日間の観察が必要とされる調査を，「よく訓練されたフィールドワーカー」に依頼するのは不可能である．

もし何らかの事情で，人間の生態学の研究者が，「よく訓練されたフィールドワーカー」の収集したデータを分析するのであれば，同一の対象者について，自分自身が収集したデータと，「よく訓練されたフィールドワーカー」の収集したデータを比較することによる信頼性と妥当性の検証が最低限必要であろう．

もちろん，人間の生態学の研究者が自分自身で熱意をもってフィールドワークを行えば，そこで収集されたデータにとりもなおさず科学的な意味があるわけではない．「よく訓練された」フィールドワーカーが収集したデータの信頼性と妥当性については，最低限，応用疫学という分野で確立した方法論による検証が行われるのに対して，人間の生態学者の研究者が収集したデータの信頼性と妥当性は，調査が行われた地域の状況，調査者の能力，調査の内容項目などを勘案しながら，個別に検討するほかはない．

2.3.2 母集団と実際の調査対象者の設定

人間の生態学において，母集団をどこに設定するかは重要な問題である．人間の集団がそれぞれの生存する環境に適応し，固有の生存システムをもっているという前提から出発するのであれば，調査者は，環境への適応の単位あるいは固有の生存システムをもっている単位を母集団と設定することになる．パプアニューギニアのように，1つの言語を話す数千人が婚姻の単位となり固有の文化を共有しているような状況では，その言語を話す人びとの全員を母集団とみなすのが適

当である．しかしながら，現代の人間社会では，パプアニューギニアのように，同じ言葉を話し，文化を共有する人びとが婚姻の単位を形成しているような状況は例外的である．実際には，村落など，ある地理的な範囲に居住する全員を便宜的に母集団と仮定し，その仮定の科学的正当性を検討しながら調査を進めることになる．

母集団のサイズがそれほど大きくない場合は，その全員を対象に調査を行うのが理想である．少なくとも，人口データ，生体計測データ，あるいはその他の個人属性データは，母集団の全ての成員を対象に収集すべきである．ただし，食事調査や生活時間調査など収集に時間のかかるデータについては，母集団の中から選んだ一部の個人あるいは世帯を対象に収集するのもやむをえないだろう．

ここで，調査の対象とする個人あるいは世帯をどのように選ぶかという問題が生じる．もっとも優先されるべきは，その個人あるいは世帯を対象に調査を行うことで科学的に意味のあるデータが得られるかどうかということである．ランダムに対象者を選ぶという戦略は必ずしも最適ではない．

著者の経験から2つの事例を紹介しよう（12章参照）．1つめは，パプアニューギニアのタリ盆地での調査である．タリ盆地にはフリ語を話す人びとが居住し，その人口は7万であった．調査では，タリ盆地に居住するフリ語を話す人びと全員を母集団と設定した．1980年代にタリ盆地の全域を対象に行われた地理学的調査によると，この地域には2つの対照的な農耕システムが存在することがわかった（12章参照）．そこで，それぞれの農耕システムに依存する村落を1つずつ選び，その村落に畑か家のある個人全てを研究の対象とした．センサス，生体計測，家系図の作成，地図の作成については村落の全体を対象とし，食事調査と生活時間調査については，村落内に存在する親族集団の1つに所属する全世帯を対象とした．この調査では，人口増加による農耕システムの変容とその健康影響に関心があったため，2つの異なる農耕システムから1つずつ村落を選んだ．この際，同じ農耕システムに依存する村落間差はそれほど大きくないと判断し，調査の利便性，生活環境の快適性を考慮して対象村落を選定した．村落の中での調査時調査と生活時間調査の対象世帯については，事前の準備段階で，考慮すべき世帯間格差は，世帯主が雇用されている世帯とそうでない世帯との間で顕著であることがわかっていたので，その両方の世帯を含み，かつなるべく多くの世帯を調査できるような親族集団を選んだ．すなわち，タリ盆地では，集団内の多様性

は，農耕システムの違いと，雇用の有無によって大部分が説明されるとの観察に従い，調査対象の選定を行ったことになる．

2つめは，タリ盆地から首都ポートモレスビーに移住した人びとの調査である．タリ盆地で作成した家系図の中には，1363人の名前が登場し，そのうち54名がポートモレスビーに居住していた．そこで，この54名の全員を対象に，移住史と現在の生業についての聞き取り調査を行った．54名のうちセトルメントとよばれる自然発生的集落に居住するものは35人，未婚者は27人，定職についているものは男性の23％，女性の9％だった．54名の移住者の中には，自ら世帯主になっているものもいれば，ほかの世帯の居候として暮らすものもいた．54名が所属する世帯数は23であり，その全てについて，世帯構成員の移住史と生業についての聞き取り調査を実施したところ，世帯あたりの平均構成員数（de jure）は11名であり，その中には6名の居候が含まれていた．23世帯の構成員260名が従事している生業は24種類に及び，中でもベテルナッツという嗜好品の小売り，市場での自家製パンの販売，ビールの違法販売などのインフォーマルセクターと，フォーマルセクター（公務員，会社員など）での雇用が人びとの主たる生業となっていることが明らかになった．また，タリ盆地からの移住者は，ポートモレスビーの中の3つのセトルメントに集住していることも明らかになった．食事調査・生活時間調査の対象は，それぞれのセトルメントで上記の4つの生業に従事する世帯を含むように選んだ．村落部での調査と異なり，都市移住者の調査では，最初からはっきりとした地理的な範囲で対象集団を規定するのは困難である．つまり，タリ盆地からの移住者全員を母集団と設定し，その多様性は，居住するセトルメントと生業の種類によって説明できるとの仮説のもと，調査を実施した．

このような調査における方法論の妥当性は，前にも述べたとおり，個別に検討されるべきである．実験室の外で行うフィールドワークでは，科学的に完全な方法論を採用することは不可能であり，調査地のコンテクストにおいて自分の方法論が最善であるかどうかと調査者は自問しなければならない．

2.4 フィールドワークの将来

ここまで述べてきたフィールドワークの科学性についての議論は，実は科学と

しての疫学（the science of epidemiology）の考え方と共通する部分が多い（例えば，Rothman, 2002）．もちろん疫学がものごとの原因を要素に分解することによる一般化を目指すのに対して，人間の生態学ではものごとの原因を全体のシステムに見出そうとするという根本的な違いは存在する．しかしながら，いずれの方法も，人間社会における複雑な現実を科学的に解明するための哲学に裏打ちされたものであり，同じ目標を異なる方法で追求する2つの分野であると考えることもできるだろう．

ところが，近年，疫学の方法が本来とは異なるコンテクストで使われる事例が目立つようになった．例えば，マラリアの有病率が3％と想定される地域で，信頼できる有病率を推定するために何人の血液検査をすればよいかという問題に対して，いくつかの仮定をおくことでサンプル数を計算することが可能である．この式は科学的に導かれたものであり，人間の生態学においても有用である．問題となるのは，この式を用いて，例えば，蚊帳の配布がマラリアの流行に及ぼす効果を研究するためのサンプル数を計算する，というような明らかな間違いである．信頼できる有病率を推定するためのサンプル数と，蚊帳の配布とマラリアの流行の関連を検討するために必要なサンプル数が異なるのは自明であるにもかかわらず，このような誤用は多い．また，A村とB村のマラリア有病率の比較において，それぞれの村で全数を調査した結果があるにもかかわらず検定を行うことは，必ずしも正しくない．A村とB村をそれぞれ研究の母集団とみなすのであれば検定は不要であり，もしその研究がA村とB村で代表される何らかの母集団を仮定しているのであれば，A村とB村の比較は，2つの村で何が異なるかが明確にされない限り科学的な意味はない．質問紙を使って集めたたくさんのデータを，個々の変数の統計的特徴やモデルの妥当性を検証することなく多変量解析で分析するような研究も，疫学の本来の科学性と論理性から離れているという意味では，同じようなものである．人間の生態学では，自分の方法論の正当性についての責任はそれぞれの調査者にある．一方，疫学も，本来は調査の方法論の正当性についての責任はその調査を担当する疫学者にあり，そこでは確からしさにかかわる哲学が重要な意味をもつ．

同様の現象は，社会学で発達した「質的研究」の分野でもみられる．例えば，「質的研究」の論文には，「2時間のインタビューを15人に実施したところ理論的飽和（theoretical saturation）がみられた」という記述がみられる（理論的飽

和とは，それ以上話を聞いても新しいことは出てこない状態を指す言葉である）．それに対して，人類学者は数年間に及ぶ現地調査を通じて，自分が「知ったこと」以上に「知らないこと」が存在すると感じるようになる．人類学者にとって，15人に対するインタビューの結果は，信頼関係ができる前段階での表層的なやりとりにすぎない．それでも，「理論的飽和」などと都合のいい概念が提示され，それが多くの研究者に採用され，学術論文が刊行されると，方法は本来の科学性とは離れた使い方をされてしまうことになるのだろう．フィールドワークを専門とする社会学者である佐藤郁哉が，『質的データ分析法』という単行本を「質的研究の質をめぐる問題」についての記述から始めている背景には，このような「方法」のひとりあるきへの危機感があるのだと思う．

　最後に，本章の内容をまとめておきたい．人間は地球上のさまざまな環境で固有の生存戦略を成立させ，しかもそれはお互いにかかわりながら変化してきた．研究者が，自分の育った社会の常識を基準にして仮説を設定し，ほかの社会でその仮説が成り立つかどうかという研究をするのならば，発見はその研究者の常識の範囲を超えることはないだろう．先行研究の事例を検討し，自分の常識の範囲を広げたうえで仮説を立てたとしても，それが，対象とする社会における人間の生きる仕組みの複雑さを十分に検討できるほどに「大きい」ことが保証されるわけではない．自分とは異なる社会における人間の生態を研究する姿勢として，仮説検証型の調査デザインは本源的に不十分である．したがって，「予断なき」フィールドワークによって，対象とする社会の日常生活を経験し，観察することは，1人の研究者の常識の外側にあるような「生きる仕組み」の発見につながる可能性のある唯一のアプローチであると思う．新しい発見は，フィールドワーカーの常識と対象とする社会の現実との接点に生まれるものであり，発見の科学性についての説明責任はそれぞれの研究者に帰属することになる．

　ただし，このようなフィールドワークの戦略をとるかぎり，フィールドワーカーの養成は徒弟修行の様相を帯びることとなり，学問としての展開力は制限されることになる．現在の社会状況を勘案すれば，方法論の実際的な部分については，ある程度マニュアル化したフィールドワークのあり方を検討することは意味のあることだと思う（例えば，荒木・井上，2009；京都大学大学院アジア・アフリカ地域研究研究科・京都大学東南アジア研究所，2006）．もちろん，フィールドで収集されるデータの科学性にかかわる哲学の維持が，その前提条件となる．

2章 引用文献

荒木徹也,井上 真編(2009)『フィールドワークからの国際協力』昭和堂.

Bennett, R. L., Steinhaus, K. A., Uhrich, S. B., O' Sullivan, C. K., Resta, R. G., Lochner-Doyle, D., Markel, D. S., Vincent, V. and Hamanishi, J. (1995) Recommendations for standardized human pedigree nomenclature. *American Journal of Human Genetics* **56**: 745-752.

京都大学大学院アジア・アフリカ地域研究研究科・京都大学東南アジア研究所(2006)『京大式フィールドワーク入門』NTT出版.

Ohtsuka, R. and Suzuki, T. (eds.) (1990) *Population Ecology of Human Survival: Bioecological Studies of the Gidra in Papua New Guinea.* University of Tokyo Press.

Rothman, K. J. (2002) *Epidemiology: An Introduction.* Oxford University Press.

佐藤郁哉(2008)『質的データ分析法:現地・方法・実践』新曜社.

Umezaki, M. and Ohtsuka, R. (1998) Impact of rural-urban migration on fertility: a population ecology analysis in the Kombio, Papua New Guinea. *Journal of Biosocial Science* **30**: 411-422.

Umezaki, M. and Ohtsuka, R. (2002) Changing migration patterns of the Huli in Papua New Guinea Highlands: a genealogical-demographic analysis. *Mountain Research and Development* **22**: 256-262.

3章
ラボラトリーワークと実験科学の役割

　すでに述べられた通り，人間の生態学は本質的にはフィールドの科学である．したがって，フィールドを歩いて観察を積み，人びとと話して情報を収集するのが，この科学の原点である．フィールドでのデータ収集は観察や聞き取りにとどまらず，GPS／RS を用いた活動調査や土地利用の調査，ポータブルな測定デバイスを用いた大気・水質・土壌の物理・化学的な測定など多様になってきた．一方でいわば「現場を離れ」て，いわゆるウェット・ラボで行う分析や，現場には足を踏み入れずに実施される実験的研究も，人間の生態学に有用な知見をもたらす．人間の生態学が，生体と環境との相互作用の解析であることを考えると，両者における特定物質の存在を定量したり，生体の応答を物質のレベルで把握したりすることが有用であることは容易に理解されるであろう．

　この章では，こうした「off site」での研究の成果と展望について述べる．ここで「実験室で行われる分析・測定」と「実験科学」とは異なる意味で使っているので，区別して議論する．

3.1　フィールドで収集した試料の測定

　実験室で行われる分析・測定とは，フィールドで収集された環境試料あるいは生体試料の化学的・生物学的分析を指している．ここでいう生体試料とは，基本的には調査の対象者（ヒト）から得られる生物学的な試料であり，通常は尿・血液・毛髪・爪・唾液などを指す．これに対し，環境試料とは，フィールドで得られる試料の中で生体試料を除いたもの全てと考えればよく，水・大気・土壌・食物（レトルト食品やインスタントなどのような高度な加工工程を経たものを含

む), 動植物などの場合が多い. 日常生活で使用するさまざまな工業製品(医薬品, 石鹸, あるいは食器, 化学製品類) も対象となりうる. なお, 生物学的モニタリングと環境モニタリングとの関連については9章に詳しい.

3.1.1 生体試料の解析

人間の健康状態あるいは生理的機能に影響を与える栄養素, 有害化学物質, 細菌・ウイルス・寄生虫などの病原体, またこうした外界の agent に対する生体反応にかかわる抗体や血清タンパク質, 低分子物質, さらにはホルモンなどの生理活性物質を測定することによって得られる情報はきわめて多い. さらには, 小さなピンで指先を刺して得られる程度の微量の血液や口腔内の粘膜をわずかにかきとった試料（口腔スワブ）など侵襲性の弱い方法で得た試料からも遺伝的情報が得られるようになり, フィールドにおける応用可能性が広がった. さらには, 近年の技術的進歩により, on site で測定が可能なものが増えてきている. On site で測定することのメリットは, ① 新鮮な試料でないと測定できないものの測定, ② 大量の試料を保管・運搬する必要がない, ③ 現地の調査対象者に結果を即時フィードバックできる, といった点があげられよう. ②, ③は特に海外調査の場合には意味が大きい.

生体試料として, 尿・血液・毛髪・爪・唾液などをあげたが, 何を選択するかは目的とフィールドの現地事情から決定する（表3.1). 脂溶性の高い物質には尿は不向きであるというように物性で試料が限定される場合もあるし, それぞれの試料を採取されることによる侵襲性や心理的バリアも集団によって異なる点にも留意せねばならない. 侵襲性が問題で, 血液が入手できず, 尿あるいは毛髪しか入手できない場合もあろう. また, 研究倫理への配慮も重要で, 日本を含め多

表 3.1 生物学的モニタリングに使用する試料の比較

	侵襲性	取り扱い	保存・輸送	その他の特徴・問題点
血液	大	不便	不便 (感染)	血球・血漿がそれぞれ異なる情報をもたらすなど, 情報は豊富.
尿	小	やや不便	不便 (腐敗)	脂溶性物質のモニタリングには不向. 尿の濃縮・希釈が影響.
毛髪	中	便利	便利	外部からの汚染（通常, 内部のものと識別できない)
唾液	小	やや不便	不便 (感染)	測定値の意義が不明確なものも多い.

くの国では，従うべき倫理的手続きが定められており，とりわけ遺伝情報を扱う場合には慎重に対処しなければならない．試料の国外もち出しにきわめて厳しい国もあり，保管・輸送などロジスティクス面が現実的には最大の障害となったりもする．

さて，通常の意味でのフィールドワークで得られるデータは，人間のいわば皮膚の外側の出来事に限られる．これに加えて「皮膚の内側の情報」を調べることで人間の生態の何がわかるのであろうか．

a. 感染と感染症の把握

現代においても，感染症は，世界のさまざまな集団にとってその生存を脅かす最も重要な要因である．感染の存在は，対象者の症状や証言をもとに判定する場合もあるが，原因となるウイルスや菌を検出することは，より客観的な感染の証明であるといえる．しかし，過去にさかのぼった感染の有無の方が重要である場合や，下痢などのように，原因よりも症状の存在自体が重要な場合には，聞き取りの情報に頼ることになろう．逆に不顕性感染が問題になれば，生体試料を解析する以外にデータは得られない．慢性疾患（生活習慣病）について，フィールドで簡便に得られるデータはそれほど多くはない．血圧・心拍数あるいは簡単なキットを用いた尿生化学検査などは簡単にデータが得られるが，糖尿病，循環器系の疾患，変性性の神経疾患などの評価には，耐糖能試験などの機能試験や血液生化学検査が重要になってくる．

一方で，「感染」はヒトとさまざまな微生物とが（結果は多様であるにせよ）共存する，ヒトと環境の生物学的側面との相互作用の結果として最も重要な現象である．いいかえれば，感染を調べるとは，環境の生物学的側面との相互作用を最も直接的に知ることであって，単に疾病の罹患率を客観的に把握するという以上の意義がある．例えば，アマゾン上流域のチマネス族についての調査では，母親の民族植物学的知識が子供の一般的な感染指標である血清中CRP値と負に相関していた（McDade *et al.*, 2007）．母親が知識をもっていること自体は子供のCRP値には影響を与えないであろうから，この両者の間には母親（あるいはその影響を受けた子供）の行動要因が介在することになる．すなわち，CRP値の測定によって，行動が推測されることになる．

マラリアに関しての研究は数多く行われているが，実際の感染状況を知るには，PCRなどを利用して血中から原虫の遺伝子を検出したり，抗体の検出によって

過去にさかのぼった感染の有無を調べたりという手段が用いられる．マラリア原虫には複数の型があるが，これらの手段によって，症状による鑑別診断をせずとも型別の検出が可能となる．ペルーにおける調査で，熱帯熱型と三日熱型を検出し，それぞれの感染のリスク要因を調査したものがある（Roper et al., 2000）．

寄生虫症も，感染者数で考えると世界的にみれば持続的な猛威をふるっている（Mascie-Taylor and Karim, 2003）．寄生虫の種類によって症状は異なるが，貧血や低栄養状態など非特異的なものが多いため，感染の確認は，便中の虫卵の観察あるいは PCR による遺伝子の検出が行われる．ネパール低地で隣接して暮らす 2 つの民族において寄生虫の感染率を調べ，石鹸で手を洗う，裸足で歩くといった個人の生活習慣が，それぞれ異なる寄生虫のリスク要因となっていることを見出した例がある（Parajuli et al., 2009）．

b. 栄養状態の評価

栄養状態は，むろん食生活によって規定される部分が大きいが，食生活自体も，多様な生態学的条件によって規定される（8 章参照）．栄養状態についての情報はフィールドでも得られる．例えば，マラスムスやクワシオルコルのような重度の低栄養状態では，脱毛や縮れ毛などのような症状を呈することがあるし，ヨード欠乏における甲状腺腫や鉄欠乏における貧血のように外的に明らかな症状を呈する場合もある．また，栄養状態の指標として，フィールドデータでは身体計測値（身長・体重・皮脂厚など）が頻繁に用いられ，有用な知見が蓄積されてきた（例えば，Ohtsuka and Ulijaszek, 2009）．

多くの途上国がいわゆる「近代化」（modernization）を迎える過程において，食生活も大きく変化したが，これが健康に及ぼす影響について，血中の栄養素の分析が行われた．パプアニューギニアの首都ポートモレスビーには，地方出身の移住者が多く在住している．この移住者の調査で，異なる言語族出身の 2 つのグループを比較することによって，血清リポタンパク質濃度に大きな差があり，心血管系疾患のリスクが異なることが明らかにされた（Natsuhara et al., 2000）．これらは，2 つのグループの都会におけるライフスタイルの違い，それによってもたらされるストレスの程度の違いと関係づけて論じられている．

亜鉛やセレンなど微量元素の中等度の欠乏では，症状が出現しないか，出現しても特異性に乏しい場合が多く，生体試料からの情報に依存せざるをえない．中国には，かつてセレンの欠乏症である克山病（Keshan Disease；一種の心筋症）

による多数の死者を出した地域が存在する．当時の土壌・穀物・畜肉に含まれるセレンの定量が行われ，これらが地域住民の血清中セレン濃度に反映されていることが報告されている．この一見当然の観察は，土壌中の微量元素の濃度が，作物や家畜に反映されること，および，当時の住民の食生活が地域で生産された動植物に依存していたことを示している．一方で，現代の欧米社会においても，政策による土壌改良や輸入規制が国民全体のセレン栄養に反映されるというできごとが観察されたことがある．食物の中の栄養素が，土壌や水に含まれる栄養素の濃度を反映する程度が栄養素によって異なることは，人間の生態学にとっては重要である．香港は，海に面した都会であるにもかかわらず海産物の摂取が少なく，1990年代に実施された尿中ヨウ素排泄量調査の結果，集団として欠乏の境界領域にあることが判明した．さらに検討が重ねられた結果，妊婦の間ではヨウ素欠乏がみられ，新生児の甲状腺機能低下をきたしていることが明らかにされている（But *et al.*, 2003）．

　元素をさらにその同位体にわけて分析することも有用な情報をもたらしてくれる．13章では窒素・炭素の同位体の分析によって，集団の食生活の特徴を把握する方法とその成果を紹介している．

c. 汚染物質への曝露評価

　人間の生態学における化学物質の役割（7章参照），環境中の有害化学物質が地域住民に及ぼす影響（15章参照）については，ほかのところで生体試料・環境試料の分析などとともにふれられているので，ここでは，尿中カドミウムの測定例について簡単にふれるにとどめる．

　イタイイタイ病の原因であるカドミウムは広く環境中に存在し，長期的な曝露で腎臓に蓄積し，尿細管の障害を引き起こす．イタイイタイ病のような重篤な障害が新たに起こる可能性は低くなってきたが，どの程度のカドミウム曝露であれば安全なのかという点については，新しい知見に従って，見直しが行われることがある（17章参照）．

　カドミウムは尿中に排泄され，排泄量は腎臓の蓄積量をよく反映することが知られている．半減期がきわめて長いカドミウムの場合，曝露量が時間的に一定であれば，加齢とともに排泄量が増えていく．図3.1は西ジャワの農村部における調査（17章参照）で得られた成人の対象者の尿中カドミウム排泄量と年齢との関連であり，加齢に伴う濃度の増加が観察される集落とそうでない集落があるこ

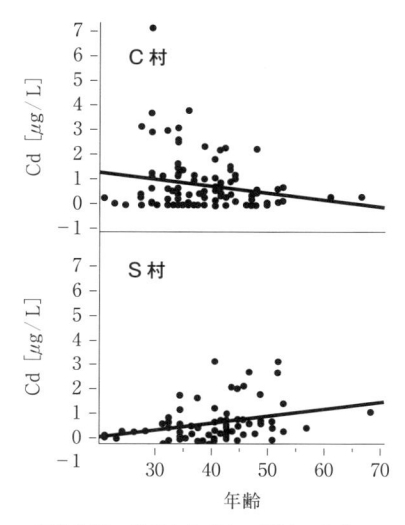

図 3.1 汚染物質の蓄積と年齢との関連—集落による違い
集落 S では相関がみられたが，C ではみられない．

とがわかる．横断的にとったデータであるが，対象地域における住民の移動が比較的限られていることを考慮すると，加齢による増加が観察される集落では，比較的一定した曝露が継続してきたのに対し，そうでない集落では，近年になって曝露レベルが上昇してきたことが仮定できよう．このことを，それぞれの集落の生態史と関係づけて解析することによってカドミウムの曝露源のヒントが得られる可能性がある．このように，横断的調査で得られた生体試料の解析によって過去の曝露歴を推測したものとして，毛髪中の水銀濃度が毛根からの距離に依存して変化する様子を解析して，漁労に従事する人の曝露の季節的変動を評価した例（Toribara, 2001），あるいは，イラクで起こったメチル水銀汚染コムギによる中毒事件において，汚染コムギの摂取があった時期における曝露量を推定した例（Marsh et al., 1981），胎便の分析によって新生児の在胎期間における DDT 曝露を評価した例（Ostrea et al., 2009）などがある．これらはいずれも半減期の長い汚染物質を対象としているが，生体試料は，個人や集団の過去の歴史を反映した時間的情報も含んでおり，生態を考える上ではきわめて有用である．

最近の分析化学の進展は目覚ましく，調査時点（試料の収集時点）でまったく想像もしていなかったような環境中化学物質について遡及的に解析することさえ

可能になってきた．そうした意味で，生体試料バンクや環境試料バンクの価値も高くなっているといえる．

d. 生理的応答の評価

栄養状態や汚染物質がホルモンの分泌に与える影響を測定するという場合，これは生体の応答を観察していることになる．フィールドで観察される生体側の応答は，広い意味での行動（社会的な意志決定を含む），疾病や死亡・出生，あるいは体格の変化なども含まれるが，生理的状態の指標は，これらの「外からみえる応答」の原因となったり，その機序を説明できたり，あるいは疾病の症状が出現する前に変化をとらえることが可能であったりする．甲状腺ホルモンは，ヨウ素やセレンの栄養状態と，PCB（ポリ塩化ビフェニル）など多くの汚染物質との双方から影響を受ける．したがって，血清中の甲状腺ホルモンのレベルを測定した場合，こうした環境からの影響の総和をみていることになる．キャッサバの可食部に含まれるシアン配糖体であるリナマリンは，代謝の過程でチオシアン酸を生じ，これがヨウ素の利用を妨害するため，たとえヨウ素摂取のレベルが十分でも甲状腺ホルモンが十分に産生されず，甲状腺腫を起こす（Vanderpas, 2006）．生体試料に含まれる栄養素（ヨウ素）・汚染物質（チオシアン酸）・内因性物質（甲状腺ホルモン）の3者を測定することによって相互作用の起こり方が推測できる．

内因性物質はホルモン以外にも多くの種類があるので，2,3述べるにとどめよう．生体内では常に酸化還元反応が進んでいるが，生体内分子が過剰に酸化されるような状況を，酸化ストレスが亢進しているといい，分子の機能や構造を正常に保つことができなくなる結果，さまざまな障害が起こる．実際，酸化ストレスの亢進は，発がんあるいは多くの生活習慣病の発症と関連していることが多くの研究で示されている．環境中には酸化ストレスをもたらす多くの汚染物質がある一方で，これに対抗する体内の防御機構があり，後者は栄養状態によって機能が左右される．酸化ストレスの指標として，尿中あるいは血中の8-OHdG（核酸酸化の指標）やマロンジアルデヒドあるいはイソプロスタン（脂質過酸化指標）などが提唱され，利用されている（Maynes, 2003）．例えば，ヒ素は酸化ストレスを生ずること，これが毒性発現に貢献することが主張されているが，セレンやアスコルビン酸（ビタミンC）はいわゆる抗酸化系の因子として働き，酸化ストレスの程度はこれらのバランスで決定される．この場合，生体試料は，栄養・汚

染物質・生理指標の3者の情報を提供していることになる．

　ヘモグロビンは，栄養状態と同時に，環境の酸素分圧に応じても生理的に濃度が変化する．これは主としてエリスロポエチンという血液産生促進ホルモンの誘導を介した反応であって，高地（3000 m程度）への移動後，数時間程度から起こるが，もともとヒマラヤ高地に居住するチベット族と，そうでない漢民族（高地に移住した）を比較した研究で，出産時の臍帯血中のヘモグロビンと児の出生体重との関連を調べたところ，両民族の間で，この関連は顕著に異なっていた（Niermeyer et al., 1995）．このように，生理的な適応状態を評価する上で，皮膚の下の情報が不可欠になる場合が多い．

　DNA情報の解析からはまったく違った種類の情報がもたらされる．近年，ヒト・ゲノムの全容が明らかになり，遺伝情報をどう扱うかについての見通しは格段によくなったと考えられる．遺伝情報の発現は，環境によって大きく左右される場合があるし，遺伝子の多型によって汚染物質への耐性が異なっていたり，栄養素の利用が影響されたりということも数多く報告されている．このような現象は，「皮膚の内側」の情報を入手して解析しない限りは，単なるノイズの発生源となるだけである．生体試料が過去を推測する手がかりを与えることを前項で述べたが，遺伝情報はそのタイムスパンを極端に長くしたものということもできる．11章では，パプアニューギニアのギデラ人の由来の解明にDNA情報を用いた例が紹介されている．

3.1.2　環境試料の解析

　環境試料として測定される主なものは，何らかの形で人間が接するものである場合が多い．直接的には，経口的に体に入る食物・水，経気道的に体に入る空気があり，栄養素やさまざまな化学物質，微生物が解析対象となる．もう少し解析の幅を広げるとすると，食物・水・空気に含まれる物質がどこから来るのかを問う場合もある．国境を超えた化学物質の移動（人為的な輸送の場合もあれば，自然の媒体の中での拡散の場合もある）は現代では重要な課題であり，例えば大気中に含まれる汚染物質の不純物・類似化合物の分布の特徴などから，物質の「出身地」を同定できる場合もしばしばある．

　一方で，調査対象とするコミュニティの食物・水・大気の中に含まれる物質と，そのコミュニティで使用されたり，廃棄されたりした物質との関連について検討

することが有用である場合も多い．例えば，農薬・医薬品，そのほかの日用品に含まれるさまざまな化学物質が最終的にはその地域の局所的な環境に蓄積され，地下水を通じて作物を汚染していく場合も多いし，逆にかつての鉛汚染のように，さまざまな場所で発生し大気中に拡散した物質が地上や陸水に降下して，地域に蓄積する結果をもたらすこともある．このような場合には，コミュニティにおいて使用されているモノを洗いざらい調べ，解析を行うことにも意味がある．これは，都市の代謝研究（20章参照）でも用いられる手法で，コミュニティを巡る物質の流れの入口と出口が同定できれば，それらの場所で特定のモノの流通量と，そこに含まれる化学物質の濃度とを解析することによって，コミュニティに残留する物質の量を推定することができる．

3.1.3 試料分析結果の利用

人間の生態学において行われる生体試料の解析は，特定の個人と対応をつけて行われるのがふつうである．というと奇異に聞こえるかもしれないが，例えばある種の疾患と遺伝的背景との関連を調べようという研究では，疾患群か対照群かの区別さえつけば，特定の試料が「誰に」由来するかが不明でも意味のある研究が可能である（事実，倫理的な配慮のために，そうしたデザインで研究が進められることも多い）．これに対し，人間の生態学においては，試料から得られるデータがフィールドワークの（on site の）情報と組み合わされることが重要であり，強みでもある．

ある集団の栄養状態を評価するのに生体試料（血液あるいは尿）を使うことは，職場の健康診断やあるいは臨床の現場で得られる生体試料を用いても実施することが可能であり，そこで得られる性・年齢などの属性情報と試料の分析結果，さらには健康に関する指標を組み合わせて解析することによって有用な知見を得ることができる．事実，このような研究によって多くの知見が蓄積されてきた．しかし，健康診断や臨床現場で得られる試料では，多くの場合，個人の（時には集団の）属性情報に限られ，環境との相互作用や環境自体のデータはほとんど入手されていない．生体試料分析の結果を，人間の生態学の枠組みの中で有効に活用するためには，試料を得た集団の環境についても情報を収集しておく必要がある．

非常に簡単な例をあげよう．バングラデシュ農村部の調査で，尿中に排泄され

るヒ素の量を1つの集落の中で調べると，きわめて大きくばらつくが，夫婦の間には高い相関があり，世帯の所有する井戸がヒ素の曝露源となっていることが推測される．これは，夫婦ともに世帯から遠く離れないという現地の人の生活パターン，および，各世帯の井戸（中には互いにきわめて近接しているものもある）のヒ素濃度が大きくばらつくという環境を反映しているが，これらはいずれも生体試料と属性の情報のみでは明らかにはならないことである．

3.2 人間の生態学への実験的アプローチ

　現象をできるだけに包括的に，また，コンテクストを重視して理解しようとする生態学に対して，実験科学は，一般的に現象をできるだけ単純化し，コンテクストに依存しないように努力しており，両者の目指す方向はちょうど正反対といえよう．にもかかわらず，フィールドでの知見や生体試料の解析からもたらされる生物学的・生態学的な仮説を検証（あるいは仮説を構築）するために，通常の実験科学と同様の意味でウェット・ラボを用いることがある．

　検証すべきフィールド研究の範囲を広くとらえれば，ある意味ではどんな実験（例えば，ある遺伝子によってコードされるタンパク質の特定領域の機能解明）であっても人間の生態学と関連づけることは可能であるが，人間の生態学に直接結びつくような実験的研究とはどんなものだろうか．人間の生態学と通常の実験科学とではアプローチの方向が逆であるから，人間の生態学に寄与する実験科学は，「通常の」実験科学においては標準的でない特徴をもつこととなろう．ここでは，包括性とコンテクストの重視という点を取りあげて解説する．

　包括的な実験とは，簡単にいえば複数のパラメータ（実験条件）における実験を並行して行うということである．一方で，複数の結果（endpoint）に着目する場合も包括的といえるかもしれない．コンテクストを重視した実験というのも，着目する要因以外の変数にも関心をむけるという点では，包括的な実験と同じである．あえて区別をつけるならば，「コンテクスト」は，過去の経験など時間的な側面をより重視している．通常の実験では，実験の対象として操作する変数以外は可能な限りコンスタントにするのがふつうであるから，考え方によってはこうした実験は邪道ともいえよう．しかし，同じ環境因子へのレスポンスが，別の環境因子によって，あるいは，生体側の過去の経験によって，どのように修飾さ

れるのかという問題設定は，現実を考える際には重要である．ここでは，化学物質の毒性についての実験的研究を中心に，こうした実験が現実でどのような意味をもちうるのかを考えてみよう．表3.2には，こうした包括的実験のもつべき特徴をまとめてある．以下の各項でここにあげられている項目を説明しよう．

3.2.1 栄養条件

通常の動物実験は，必要な栄養素を供給できるように成分を配合された餌に，実験動物が自由に（*ad libitum*）アクセスできる状態で行われる．このような状態が，実験動物の「公衆栄養」的に望ましいのかどうかは実は明らかではなく，餌の供給量を制限して飼育を続けた動物では，実験室における寿命が大幅に延長することが知られている（例えば，Masoro, 2005）．その意味で，動物実験データの多くが自由摂食動物から出ていることには（通常使用されている餌の中にきわめて微量ながらいろいろな汚染物質・生理活性物質が含まれていることとともに），留意しておくべきである．通常数匹で飼育するマウスを単独飼育した場合だけ，異常に肥満したマウスが出現するという報告もあり，我々が「標準状態」だと思っている動物実験の条件の中にも，意図されてはいないがさまざまな恣意的な設定がまぎれこんでいる．

こうした問題を別にしても，動物実験では前提となっている「食べたいだけ食べられる条件」は，人間集団において必ずしも実現されておらず，現在でも世界的に飢餓人口は8億人程度，低栄養状態にある人口となるときわめて多い．エネルギー・タンパク質以外の微量栄養素をみても，ビタミンAや鉄，ヨード欠乏のリスク人口は世界的にみると億のオーダーである．つまり，さまざまな環境要因との相互作用は，低栄養状態あるいは栄養素の（準）欠乏状態にある集団でも

表 3.2 人間の生態学における実験の条件設定

	通常の実験	フィールドの観察 「包括的」実験
栄養	適度（?）	低栄養～過度
餌・食事	精製されたもの（理想として）	さまざまな微量成分
物理的条件 （気温・音・光など）	一定	変化 あるいは異なる
遺伝的背景	制御されている：既知	多くは未知
「社会環境」	「標準的仕様に従う」，比較的単純	さまざま

起こるのが現実の世界であり，栄養条件がいかに相互作用を修飾するのかは，重要な研究テーマといえる．

　この問題を環境中の化学物質と栄養状態との相互作用を取りあげて考えてみよう．栄養と毒性との相互作用については，過去，多くの実験が行われている（鈴木，1978）．有害重金属である水銀と必須微量栄養素の1つであるセレンとの相互作用についても多くの研究者が取りあげてきた．このうち，無機水銀と無機のセレンとの相互作用については，1970年代に実施された一連の実験的研究により，セレンが水銀の体内動態を修飾することによって，その毒性（この場合は，腎臓の毒性である）を軽減することがきわめて明快に示された．一般の（職業的な曝露を伴わない）集団を考えるときに問題となるのは，魚に含まれるメチル水銀による健康影響であるが，注意すべき点が2点ある．第一に，問題となる魚は，食物連鎖による「生物濃縮の拡大（biomagnification）」（7章7節参照）が起こる，食物連鎖の上位にある大型回遊肉食魚（マグロなど．クジラを含む海棲ほ乳類）であること，第二に，問題になるのは，妊娠している女性が食べた場合に子宮内の胎児に起こる曝露だということである．メチル水銀とセレンとの相互作用についても多くの実験が実施されているが，無機水銀とは異なり，明確な答えに到達していない．動物実験ではセレンによるメチル水銀毒性の軽減作用を報告するものが多いが，少なくとも人間の集団において，これを明確に支持するようなデータが示されたことはない（表3.3）．なぜ，そのような違いが出るかについて，種（栄養素と毒物それぞれの代謝および毒性発現にかかわる因子の違い）・遺伝的背景の違い，影響評価法の違いなど，多くの候補要因をあげることはできよう．しかし，ここで指摘しておきたいのは，水銀とセレンとの両方についての量の問題である．すなわち，動物実験では，結果を明確にするためにセレンの摂取レベ

表 3.3　2つの大型長期コホート研究における水銀の健康影響を修飾する栄養因子

調査地	フェロー諸島	セイシェル諸島
人数	1022	229
観察時年齢	7歳	9および30ヵ月
着目した栄養素	セレン	ヨウ素，鉄，多価不飽和脂肪酸
エンドポイント	神経行動学試験	ベイリー発達試験
分析結果	セレンと神経行動発達試験の成績に相関は認められない．	栄養素の情報で補正した場合のみ，発達試験とメチル水銀との間に関連がみられた．
文献	(Choi et al., 2008)	(Davidson et al., 2008)

ル（実際には，餌に含まれるセレン濃度）が大きく異なる実験群を用いるのがふつうである一方で，人間の集団では，比較的限定された地域において集中的に研究が展開されることが多く，セレンの摂取レベルにはそれほど大きなバラツキが出ないという事情がある（水銀の曝露レベルについても同様であるが，ここでは栄養による修飾作用を考えているので，水銀の曝露レベルのバラツキが小さいこと自体は問題ではない）．このような状況で実験の結果を人間の観察に外挿するには，実験の中で相互作用のメカニズムにかかわる，あるいはかかわると想定される変数をみておく必要があろう．同じ変数を疫学調査でも測定することによって，両者が初めて比較の土俵に乗ってくると考えられる．

3.2.2 飼育環境

通常，実験を手がける人は飼育環境には大変気をつかい，実験期間を通じ，あるいはほかの実験と比較できるよう，できるだけ一定の環境を保つよう心掛けている．飼育環境の乱れが実験結果にノイズを残すことが心配だからである．この時，目標とされる一定の環境条件はどこのラボでも（動物種によって決まる）比較的共通した，「動物に適し」た条件であり，条件自体が実験の対象となることは少ない．しかし，当然のことながら，飼育環境の違いは実験に大きな影響を及ぼすことがある．前項で取りあげたセレンは，大量に投与すると毒性が生ずる．これをマウスに投与する際に一時的に室温を変えておくと，その後長期にわたる毒性が修飾される（Watanabe et al., 1990）（図3.2）．（気温が各種化学物質の毒性に与える影響については，Gordon, 1993を参照）実験室の環境や，用いられる実験プロトコルを3つの研究施設で共通に揃えて再現性を評価した試みにおいても，各研究施設の結果には大きな差があった．各研究施設では当然実験担当者が異なるなど，全ての条件を完全に揃えることには限界がある（Crabbe et al., 1999）．

通常，マウスやラットは1匹から数匹程度が同一のケージで飼育される．ケージは食物と水を供給する仕掛けと，清潔を保ち，寝どこを確保するための木くず（床敷）があるのみである．このような標準的な飼育環境の代わりに，ケージをはるかに大きくし，共存する個体数を増やし，ケージ内にいろいろな「遊び道具」（回転車，ハシゴ，柱，ボールなど）を置いて離乳の頃から飼育してやると，標準的な飼育条件で育った場合よりも，脳の構造に大脳皮質の厚みが増すなどの変

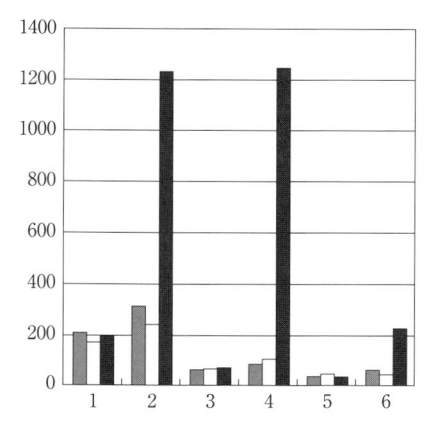

図 3.2 投与時の一時的な室温の変化が物質の毒性に与える影響
セレン投与直後の環境温と3日後の臓器毒性を示す．セレン化合物を投与する前後数時間のみ，室温を変化させ，その後，通常の温度（22℃）に戻して飼育している．投与時が高温の場合，毒性が強く発現する．数値が大きいほど臓器障害があることを意味する．低温や高温に曝露することそのものでは臓器障害は起こっていないが，セレンを投与した直後に高温に短時間曝露しておくと，毒性が増強されることがわかる．（Watanabe et al., 1990）

化が起こることは数十年前から知られていた（ダイアモンド，1990）．ほかの個体との接触による社会的な刺激，「遊び道具」を用いた学習に加え，運動量が増加することも，脳構造の変化に関与するものと考えられた．

この「豊かな環境（environmental enrichment）」という実験パラダイムは，神経・脳に影響を及ぼす化学物質そのほかの影響を評価するのに用いられ，さらには母体のおかれる環境まで拡張されて，興味深い結果が報告されている．ただし，その効果はそれほど単純ではない．重金属の1つである鉛（Pb）は，特に発達期において脳に影響を与えることが知られているが，標準的な条件と「豊かな」条件で飼育している妊娠動物にPbを投与し，生まれた仔の神経行動障害（この場合は，迷路を解決する能力）を検査すると，標準的な条件で飼育された動物のみに影響が認められた（Guillarte et al., 2003）．同様に，脳の実験的外傷からの回復を評価した実験でも，「豊かな」条件においてのみ回復が認められた．これに対して，ソテツの実に含まれる神経毒，メトキシアゾメタノール（MAM）を妊娠ラットに投与し，仔の生後1ヵ月で大脳皮質の厚みを測定した（Wallace et al., 2003）ところ，「豊かな」条件のみで投与群と対照群との間に皮質厚の差が認められた（図3.3）．鉛や外傷の例では，豊かな環境において，神経の再生・

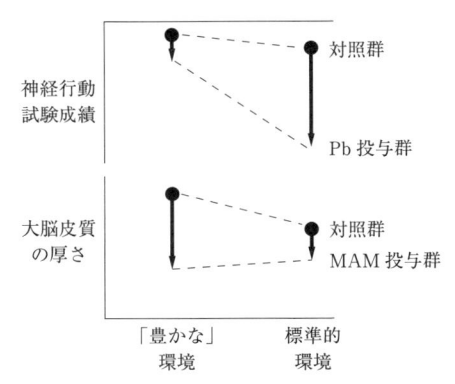

図 3.3 Pb（上）と MAM（下）の毒性に「豊かな」環境が及ぼす影響（模式図）
実験動物における「社会」環境と物質の毒性との関連を示す．いずれも妊娠母体（げっ歯類）を「豊かな」環境と標準的環境で飼育して，化学物質の投与を行い，仔の生後1ヵ月でデータをとっている．

修復がより活発に行われる結果としてダメージが軽減されたのに対し，MAM の場合は，豊かな環境からの刺激で生ずる神経発達の促進というプロセスを，MAM の毒性が阻害したということになる．

　これらの結果を人間の集団に量的に外挿することは不可能であろうが，飼育条件の違いが，社会における情報刺激の質・量や，社会的なネットワークの存在に対応すると想定するならば（具体的にどのように対応するのかは不明であるが），物質の毒性のように，自然科学的な条件のみで規定されそうな性質に，社会・文化のコンテクストの違いが影響を与える可能性を示唆していると考えられる．

3.2.3　遺伝的多型・性

　ヒト・ゲノム・プロジェクトに代表されるような生命科学の展開によって，かつては単なるノイズかブラックボックス扱いであった個人差が解析の対象となってきた．特定の疾病への罹りやすさ（疾病感受性），薬物や栄養素の利用（代謝）のされかた，行動上の特徴にかかわるさまざまな遺伝子についての知見が蓄積され，「テーラーメイド医療」といった言葉に代表されるような，個人の遺伝的特性を考慮したさまざまな介入も可能になってきている．

動物実験において，個体差はノイズであり，その影響を緩和するために1つの実験的処理群に複数の動物が割りつけられるのがふつうである．実験動物の遺伝的なコントロールは（全てではないにせよ）よく確立されていて，マウスの近交系（inbred strain）に代表されるように，どの個体をとっても遺伝的構成は完全に同一，という実験動物もさかんに利用されている（近交系であっても個体差は必ず観察されるものであり，その原因は広い意味での「環境要因」ということになる）．ノックアウトマウス，トランスジェニックマウスに代表される遺伝的操作を施した実験動物もこのような背景の上に成立してきている．しかし，このようなマウスを用いたアプローチを採用するには，関連のありそうな遺伝的多型について，明確な仮説が用意されている必要がある．一方で，明確な仮説がない場合でも，複数の近交系を用いることが単一の近交系に頼るよりは安全であると思われる．系統間の差はきわめて大きいことがあり，1つの系統には影響を及ぼさない要因が，ほかの系統には大きな影響を示す場合が数多く知られている．

性は，さまざまな生物学的属性の中でも最も基本的なものである．人間の集団においては，性は社会的側面も強く，子の養育・食物の入手，そのほか多くの身体的・社会的活動が性によって異なる．そのため，性差がみられる出来事が観察されても，それが生物学的・社会的いずれの側面によるものなのか明確でない場合がある．実験的アプローチはこのような疑問を解決する際に有効であり，生物学的な性に関連したさまざまなパラメタを操作したり（例えば，実験的な去勢を行うなど），測定したりすることで，仮説を検証できる．一方で，性差自体にも種の特異性があるので，単一種で得られた結果をもって，ただちに人間へと外挿するのは危険である．

3.3 ラボラトリーワークおよび実験科学とのかかわり方

本章でみてきた通り，人間の生態学においても，ラボラトリーワークで得られる情報は多い．生体試料から得られる情報は，環境との相互作用を解析する際に，個体や集団の観察のみでは得られない，より多くの視点を与える．一方で，生体試料の情報は，フィールドで得られる情報と結びつくことによって，より有効なものとなる．

実験科学の知見は，人間の生態学の研究の立案からフィールドデータの解釈ま

でさまざまな局面で有用であることはいうまでもない．生態学的なセッティングをもった実験は，厳密な条件を指向する現代の実験科学の方向とは異なる方向をむいているといえるかもしれない．しかし，人間の生態学が，きわめて広い環境条件の中で展開していることを考えると，それに対応する実験研究は，実践的意味のみならず，基礎科学的にも重要な情報をもたらす可能性がある．

3章 引用文献

But, B., Chan, C. W., Chan, K. W. et al. (2003) Consensus statement of iodine deficiency disorders in Hong Kong. *Hong Kong Medical Journal* **9**：446-453.

Crabbe, C. J., Wahlsten, D. and Dubec, B. C. (1999) Genetics of mouse behavior: interactions with laboratory environment. *Science* **284**：1670-1672.

マリアン・クリーヴス・ダイアモンド（井上昌次郎ら訳）(1990)『環境が脳を変える』どうぶつ社．

Gordon, C. J. (1993) *Temperature Regulation in Laboratory Rodents*. Cambridge University Press.

Guillarte, T. R., Toscano, C. D., McGlothan, J. L. and Weaver, S. A. (2003) Environmental enrichment reverses cognitive and molecular deficits induced by developmental lead exposure. *Annals of Neurology* **53**：50-56.

Mascie-Taylor, C. G. N. and Karim, E. (2003) The burden of chronic disease. *Science* **302**：1921-1922.

Marsh, D. O., Myers, G. J., Clarkson, T. W., Amin-Zaki, L., Tikriti, S., Majeed, M. A. and Dabbagh, A. R. (1981) Dose-response relationship for human fetal exposure to methylmercury. *Clinical Toxicology* **18**：1311-1318.

Masoro, E. J. (2005) Overview of caloric restriction and ageing. *Mechanism of Ageing and Development* **126**：913.

Maynes, S. T. (2003) Antioxidant nutrients and chronic disease: use of biomarkers of exposure and oxidative stress status in epidemiologic research. *Journal of Nutrition* **133**：Suppl 3：933S-940S.

McDade, T. W., Reyes-García, V., Blackinton, P., Tanner, S., Huanca, T. and Leonard, W. R. (2007) Ethnobotanical knowledge is associated with indices of child health in the Bolivian Amazon. *Proceedings of National Academy of Science* **104**：6135-6139.

Natsuhara, K., Inaoka, T., Umezaki, M., Yamauchi, T., Hong, T., Nagano, M. and Ohtsuka, R. (2000) Cardiovascular risk factor of migrants in Port Moresby from the highlands and island villages, Papua New Guinea. *American Journal of Human Biology* **12**：655.

Niermeyer, S., Yang, P., Shanmina, Drolkar, Zhuang, J. and Moore, L.C. (1995) Arterial oxygen saturation in Tibetan and han infants born in Lhasa, Tibet. *New England Journal of Medicine* **333**：1248-1252.

Ohtsuka, R. and Ulijaszek (2009) *Health Change in the Asia-Pacific Region*. Cambridge University Press.

Ostrea, E. M., Bielawski, D. M., Posecion, N. C., Corrion, M., Villanueva-Uy, E., Janisse, J. J. and Ager, J. W. (2009) A comparison on infant hair, cord blood and meconium analysis to detect fetal exposure to environmental pesticides. *Environmental Research* **109**: 350-351.

Parajuli, R. P., Umezaki, M. and Watanabe, C. (2009) Behavioral and nutritional factors and geohelminth infection among two ethinic groups in the Terai region, Nepal. *American Journal of Human Biology* **21**: 98-104.

Roper, M. H., Torres, R. S., Goicochea, C. G., Andersen, E. M., Guarda, J. S., Calampa, C., Hightower, A. W. and Magill, A. J. (2000) The epidemiology of malaria in an epidemic area of the peruvian. *American Journal of Tropical Medicine and Hygiene* **62** (2): 247-256.

鈴木継美 (1978)『中毒学と栄養学―その方法論的接点』篠原出版.

Toribara, T. Y. (2001) Analysis of single hair by XRF discloses mercury intake. *Human and Experimental Toxicology* **20** (4): 185-188.

Vanderpas, J. (2006) Nutritional epidemiology and thyroid hormone metabolism. *Annual Review of Nutrition* **26**: 293-322.

Wallace, C. S., Rietzenstein, J. and Withers, G. S. (2003) Diminished experience-dependent neuroanatomical plasticity:evidence for an improved biomarker of subtle neurotoxic damage to the developing rat brain. *Environmental Health Perspectives* **111**: 1294-1298.

Watanabe, C., Suzuki, T. and Matuso, N. (1990) Toxicity modification of sodium selenite by a brief exposure to heat or cold in mice. *Toxicology* **64**: 245-253.

4 章
モデルのあてはめと予測
―有効性と限界

　1章にある通り，人類生態学の目的が「人間とその環境を対象とするが，目指すところは両者の関係を理解すること」であるとするならば，そのゴールは必然的にモデルのあてはめになる．なぜなら，養老孟司や Edward O. Wilson がいうように，科学的理解とは，現実から脳内モデルへの妥当な写像に成功することにほかならないからである．人間と環境の関係を理解するために必要な脳内モデルは，人間−環境系のモデルとならざるをえない．脳内モデルは，初めは断片的な命題の記述であるかもしれないが，「理解」が深まるにつれ，動的かつ精緻なモデルへと変化していく．それを定量的かつ意識的に表現することができる形式としては，数式あるいはコンピュータプログラムとすることが最も明確である．

　このようにして，人間−環境系を，数理モデルあるいはコンピュータプログラムとして定式化することの利点は，適切な条件設定とデータが得られれば，システムの将来を予測できることである．このやり方は多面的なアウトプットが得られるという点に最大の利点があるが，本質的な限界として，「そのモデルによって十分に現実を説明できる」ことは示せるが，「もっとよく現実を説明できる別のモデルがあるかもしれない」可能性を排除できないことがあげられる．そうはいっても，Karl R. Popper 流にいえば，科学は，経験的価値の高い仮説を提示し，それが現実の観察データによって反証されるまではとりあえず正しいものとして採択しておき，反証されたら，それまでに観察されたすべてのデータと矛盾しない新たな仮説を提示することの繰り返しなので（Popper, 1992），この限界は科学一般につきまとうものである．

　現代の環境問題の多くは，単に汚染を取り除けば解決するとか，特定の希少動植物を保護すれば解決するような単純なものではない．多くの問題が複雑に絡み

4章 モデルのあてはめと予測—有効性と限界　　53

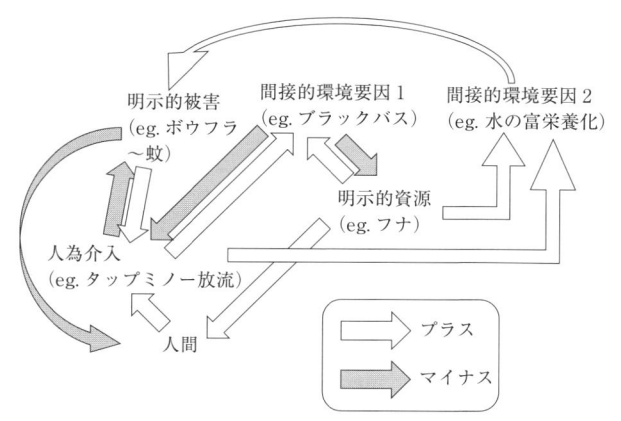

図 4.1 人間–環境系における間接効果の非決定性
例えば，この関係で人為介入としてのタップミノー放流や，さらなる介入としてブラックバスを駆除した場合，蚊が増えるか減るかは不明．

合っていて，1つの要因を取り除いたりつけ加えたりするだけで，システム全体の振る舞いがまったく違うものになることさえ起こりうる．これは，生態学でいう間接効果の非決定性に起因する（きわめて単純な例を図4.1に示す）．

　このことは数十年も前から指摘されていたが，複雑な問題を扱う具体的な方法論が成熟していなかった．1990年代に入ってから，米国・サンタフェ研究所を中心として，複雑系科学という枠組みで，分野横断的に複雑な現象を取り扱う方法論が進歩し，コンピュータの容量や演算速度が高速化したことにより，それまで不可能であった現象をモデルとして取り扱うことが可能になってきた．自然現象に限っていえば，地球シミュレータのように地球規模の大気大循環までも現実の予測に役立つレベルでシミュレート可能になってきている．人間–環境系のモデル分析というアプローチは，その流れの中で開発されてきた．この種の数理モデルは一般に解析的に解いてしまうことはできないが，コンピュータプログラムとして実装し，シミュレーションすることによって，条件を改変したときに起こりうる可能性を，確率的には予想できる．

　このことから，人間–環境系の数理モデルは，意志決定やコンセンサス（合意）形成の補助ツールとして，重要な意味をもつようになった．従来，バラ色の未来だけを唱えてなされてきた環境開発の多くが，予期せぬ事態の変化によって意味を失ってしまう結末を迎えざるをえなかったのは，一言でいえば予測が甘かった

からであり，その原因は，事態の変化に対応した頑健な予測ができるツールの不在あるいは無視にあった．このことへの反省から，例えば日本では，1997年に成立した環境影響評価法によって，一定規模以上の公共事業では，その影響を事前および事後に評価する義務が課せられた．しかしながら，事業者評価であるため評価が甘くなる傾向がある上，その開発計画自体の影響しか評価の対象にならないため，周辺事情の変化には対応できない点に問題がある．本来，事前評価に際しては，複数の異なるシナリオに対し，偶然のばらつきも加味しながら結果を予測できるようなツールが不可欠であり，その意味でも人間−環境系のシミュレーション・モデルはますます重要になる．

ところで，開発あるいは環境保全にかかわる影響予測の場合，研究者の多くが工学分野の専門家であったために，人間と人間の関係性や地域ごとの多様性が重視されなかったことに起因して，多くの問題が発生したと指摘されてきた．例えば，カラハリ砂漠で遊動的な狩猟採集生活をしていた人びとに対し，ボツワナ政府がとった定住化政策を取りあげよう．この政策は，動物保護区の野生生物を守ると同時に，狩猟採集という不安定な暮らしから，ウシやヤギの牧畜による安定した暮らしに移行させることで，人びとの暮らしを豊かにすることを目指していた．しかし，当の狩猟採集をしていた人びとにしてみれば，狩猟という生きがいを失ったばかりでなく，採集して食用にしていた植物が入手できなくなったので政府からの配給に頼る生活になってしまい，配給が滞ると飢えに苦しむようになり，ちっとも豊かだとは感じられなかった．また，ライオンを狩ることが禁じられたため，増えすぎたライオンが家畜までも襲うという事態も生じた．暮らしを豊かにするために高額な移住手当を支給されても，それまで現金とは無縁だった人びとなので，酒を飲んで使いはたしてしまったり，町で騙しとられて消えてしまい，暮らしを豊かにする役には立たなかった．これは，保護区の設定と定住化政策というやり方が，対象集団の実情にそぐわなかったために失敗した典型例といえるであろう（菅原，2004）．

もう1つの例をあげよう．ソロモン諸島のガダルカナル島では，外国資本がかかわった森林伐採が長期にわたって進められてきた後に，当初予想されなかった現金経済導入の「副作用」として，長老の権威が失われ伝統文化が力を失った．そのために，若者がコモンズ（共有地）の利用規制を無視してツカツクリ（野鶏に似た鳥で飛ぶこともできるが地面を歩くことが多く，マウンド状の巣に大きな

卵を産む）の卵を乱獲し，結果としてこの鳥が激減あるいは絶滅した．

　先進国では経済問題や政治が大きく絡んでくるので，より問題は複雑になる．長崎県の諫早湾干拓，群馬県の八ッ場ダム，長野県の浅川ダムなど，立案から何十年もたって，開発を続けても中止しても被害を受ける人が出てしまい，最適解がなくなってしまった開発計画は多い．諫早湾干拓は，農地の需要がなくなったにもかかわらず強行され，有明海の漁業に被害が出た上，干拓地はほとんど利用されないままである．八ッ場ダムは関東地方の人口が増えないことと，水田面積が増えないことから，当初の計画理由の１つであった利水需要はないことが明らかであり，治水の面でも，このダムの建設計画のきっかけとなった台風の降雨の場合，ダムをつくっても治水効果がほとんどないことはわかっているのに，酸性の水を中和する事業とダムに水没予定の地域住民の移転を進めてしまったことから，それにつぎ込んだ資金が無駄になる（かつ，誰もその責任を取りたくない）という理由と，さんざん揉めたことによって争議に嫌気がさし，やっと諦めて移転を了承して家屋も処分したのに今さら中止されても困る，という人が多くなったために，簡単には中止できない状況にある．浅川ダムも，浅川の水害のほとんどが千曲川のほうが水位が高いために下流の合流部で水が溢れてしまう内水災害であるため，合流部のポンプ増強の方が治水に有効であることはわかっているのに，県議会議員ら関係者の顔を立てるためとか，下流の地権者が新幹線車両基地の建設を了承した引き換え条件としてダム建設があったなど，経済的なしがらみのために，計画が進行してしまっている．人間-環境系のシミュレーション・モデルを立てて効果の多面的予測をしておき，それに対する関係者の合意形成を図るというプロセスがあれば，ここまで事態が泥沼化することはなかったであろう．

　人間-環境系の数理モデルの中でも，人類生態学の視点から最も注目されるのは，その問題にかかわる全ての個人や環境要因を作用主体（エージェント）として定義し，動作ルールを決めてシミュレートして，アウトプットとなる変数に現れる影響を予測する，マルチエージェント・モデリングという手法である（Epstein and Axtell, 1999）．通常，偶然のばらつきも乱数を利用することで考慮する．この方法を用いると，それぞれの地域社会において把握された全ての事象を，エージェントあるいは外部変数として投入することができる．すなわち，単一の方策ではなく複数の方策について，実施する程度を変化させてシミュレートし，総体としての人びとの暮らしと自然環境がどのように変化するかを明示的に予測する

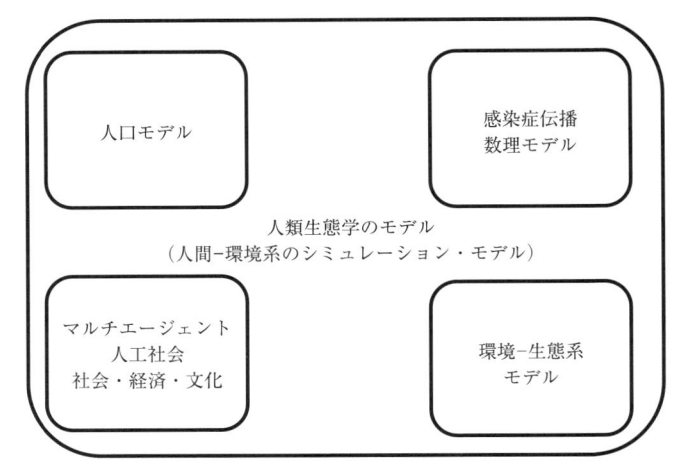

```
┌─────────────────────────────────────────┐
│  ┌──────────┐          ┌──────────┐    │
│  │ 人口モデル │          │ 感染症伝播 │    │
│  │          │          │ 数理モデル │    │
│  └──────────┘          └──────────┘    │
│         人類生態学のモデル                │
│   (人間-環境系のシミュレーション・モデル)   │
│  ┌──────────┐          ┌──────────┐    │
│  │マルチエージェント│      │ 環境-生態系│    │
│  │ 人工社会  │          │  モデル   │    │
│  │社会・経済・文化│      │          │    │
│  └──────────┘          └──────────┘    │
└─────────────────────────────────────────┘
```

図 4.2 人間-環境系のモデル

ことができる．ここで重要なのは，エージェントの属性として何を取りあげ，何をアウトプットとして評価に用いるかである．例えば，個人の属性としての幸福度とか，環境要因の属性としての「自然度」という変数をアウトプットにすると，それらが抽象的なために比較可能性が失われてしまうかもしれない．

以上のように考えると，人類生態学におけるモデル研究は，最終的には人間-環境系のマルチエージェント・モデルとなるべきだが，数理モデルあるいはシミュレーション・モデルによって現象の説明をしたり予測をしたりする研究は，感染症と保全生態学の分野で大きく進展しているし，人間-環境系のモデルはそれらを一部に含めねばならないことも確かである（図4.2）．そこで，まず感染症の数理モデルについて紹介する．

4.1 感染症の数理モデル

近年，この分野の研究の発展が著しいのは，バイオテロや新興・再興感染症のインパクトが大きいからである．米国では実際に炭疽菌入りの郵便物がみつかっているし，天然痘ウイルスがバイオテロに使われる危険は以前から指摘されている．そのため，バイオテロについて，社会的インパクトの予測や対策の効果を評価する数理モデル研究が数多く発表されている（例えばPorco *et al.*, 2004）．

新興感染症については，高病原性トリインフルエンザがヒト＝ヒト感染を起こ

すようになって新型インフルエンザとなった場合に予測される社会的インパクトの大きさと，2003年に突如としてSARS (severe acute respiratory syndrom；重症急性呼吸器症候群）が流行したときのパニックを踏まえ，WHOは国際保健規則を改正し（2007年発効），各国はそれに従って対策を進めてきたが，そのベースとなったのも数理モデルであった．例えば，患者数予測は米国CDC (Centers for Disease Control and Prevention；米国疾病予防管理センター）のFluAidというモデルに基づくものがほとんどである．また，それほど病原性が強くなくても，封じ込めなどの対策をとることそのものの社会的な影響が大きいことは，2009年4月末からの「新型」インフルエンザを巡る世界の動きを想起すれば明らかだろう（例えば瀬名，2009）．結果的には，さまざまな要因により封じ込めには失敗してしまったが，それらの対策の多くは，実は数理モデルによる予測に基づいて計画されたものであり，でたらめに計画されたわけではなかった．世間では（対策の現場にいる医師たちにさえ）あまり理解されていないが（例えば木村，2009），例えば，都道府県ごとに1人でも患者が出たら全校閉鎖するという対策は，2008年4月に英国インペリアルカレッジのNeil Fergusonの研究グループが発表した数理モデルで（Cauchemez *et al.*, 2008），4割の患者減少効果が予測されたために計画されたものだった．インフルエンザ，マラリア，HIV/AIDSについては，そのほかにも数え切れないほどの数理モデルが提案されている（例えば稲葉，2008）．

ただし，感染症の数理モデルの多くは，単一の疾患をモデル化している点に注意すべきである．日和見感染の存在を考えれば，複数の疾患の間に相互作用があることは間違いないし，麻疹に罹患した場合の合併症罹患率が30%以上に上ることは，麻疹ウイルスへの感染によってほかの病原性寄生体への抵抗性が低下することを示す．AIDSに限らず，持続的な免疫低下を起こす感染症もいくつもある．つまり，ヒトというホスト集団を考えれば，出生から成長，老化して死亡に至るまで，数え切れないほど多くのパラサイトとホストが相互作用する系として存在していることになるが，個々のパラサイトの感染環をモデリングして結合することはまだ行われていないし，将来においても成功する可能性に乏しい．しかも，問題はほかの感染症だけではない．ヒトが病気に対して予防や治療をすることを考えると，数理モデルはより複雑化する．インフルエンザへのワクチン投与の影響を考えるモデルでも，集団内に2系統以上のウイルスが流行している場合

は，ワクチンの交差反応性はもちろんだが，獲得免疫の交差反応性も要素として含めねばならないし，1つの系統のウイルスに罹患すると行動範囲が狭くなってもう1つの系統のウイルスへの曝露リスクが低下したり，逆に病院に行って曝露リスクが上昇するという行動変化まで考慮する必要がある（Ackerman et al., 1990）．現実にはワクチン接種（その方式もさまざまだが）に限らず，さまざまな公衆衛生的な対策（例えば検疫強化とか発熱外来設置）がとられるので，救急窓口が減るとか医師が過重労働になるといった影響が出て，ほかの病気の治療に影響が波及するおそれがあるけれども，そこまで含めてモデル化した研究はない．この点は，人間−環境系のモデルとまでいわなくても，今後発展が必要な方向性の1つである．

一方，ヒトの死亡をアウトカムとするならば，加齢に伴う死亡ハザードの変化に一定のパターンがみられることは Gompertz-Makeham モデル（Makeham, 1860）のころから知られていた．このパターンが生み出される個人ベースのメカニズムとして考えられたのが雪崩（avalanche）モデルである（Gavrilov and Gavrilova, 1991）．雪崩モデルでは，各個人について，交通事故などの偶発的な死亡に加えて，慢性疾患による死亡が故障蓄積によって起こると考え，故障蓄積速度が既存故障量に比例すると考える．ある程度故障が蓄積すると正のフィードバックにより雪崩のように故障が増加していくのでこの名があり，数式を解析的に解くことにより，集団としてみた場合に観察される老年期の死亡ハザードの加速性（Gompertz-Makeham モデルで示されているのと同じもの）が再現できることがわかっている．雪崩モデルを使うと，公衆衛生的な対策の進展なども，故障蓄積速度と既存故障量の比例定数や，故障と死亡の関係の関数のパラメータを操作することで表現できる．

雪崩モデルに感染症の影響を組み込めば，複数の感染症による死亡への影響を同時に扱うことが可能になる．ひとつひとつ具体的な感染症を組み込んでいくのではなく，重篤な感染症はより多くの故障を蓄積すると仮定し，免疫原性が弱い感染症は何度も罹患することから，重篤度と免疫原性の組み合わせで分類される感染症が，どれくらいの有病割合（prevalence）で何種類ずつ流行しているのかをパラメータにすることで，公衆衛生や医療の水準が異なる世界中の状況に対してあてはめ可能なモデルを構築することができた．感染症の重篤度は，通常，致

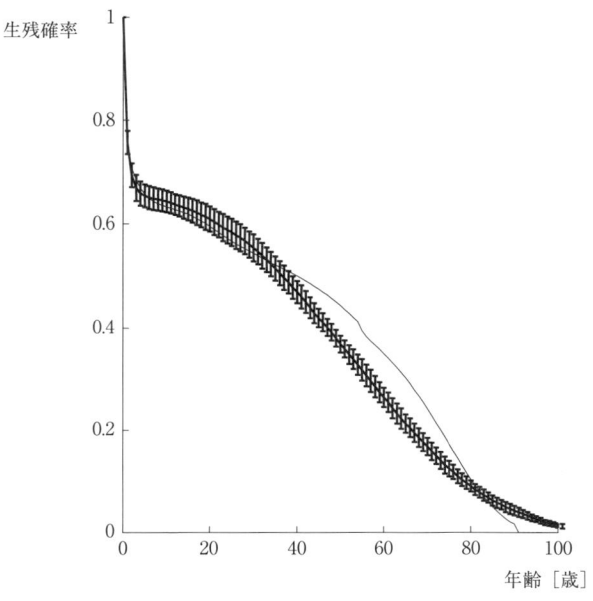

図 4.3 雪崩モデルのあてはめ
先天異常 0.4%，感染パラメータ $BI=0.2$, $M_1=0.1$, 感染症の種類 2-2-1-1, $TI=3$, そのほかパラメータ $M=0.25$, $L=0.002$, $L_0=0.000008$, $M_0=0.00000025$ としてあてはめた雪崩モデル（太線）と，1891年生まれ日本人男性コホートの生存曲線（細線）．

命割合（FPC；fatal proportion among cases），すなわち，ある観察期間にある感染症で死亡した人数を，同じ期間のその感染症と診断のついた患者数で割って100を掛けて%表示にした値で評価される[*1]．新興感染症では免疫がないために致命割合が高く，古くからヒトの感染症であり続け，ヒトだけを宿主とする感染症では免疫原性が高くかつ致命割合が低くなっている場合が多いため，致命割合についても免疫原性についても，高い感染症と低い感染症という2つのグループ

[*1] 重篤度についての，この指標値は古典的な疫学では致命率とよばれ，case fatality rate の略で CFR と表記されていたが，定義から明らかに率ではないので，最近の理論疫学では case fatality ratio の略であるとする研究者が多い．しかし，分母が分子を含んでいて通常%表記されることから考えれば，単なる ratio（比）ではなく，むしろ proportion（割合）というべきである．語順として case fatality proportion というのは不自然であり，PubMed で検索してもほとんどヒットしないので，より自然な語順である fatal proportion among cases，略して FPC を使うべきと考える．

に分けることが合理的である．こうして構築したモデルにおいて，いくつかの条件を固定し，ほかの条件は未知の係数として自動的に変化させながらシミュレーションを繰り返し，最もあてはまりがよくなるパラメータを自動的に求めさせた．その結果，1891年生まれ日本人男性コホートなど（図4.3），いろいろな集団の年齢別死亡パターンに適合させることができた（中澤，2001）．個々のパラサイトの感染ダイナミクスは無視してしまうが，複雑系としてのホスト集団の生存を考えるには，このアプローチが唯一可能なものかもしれない．

4.2 人間-環境系のモデル分析の歴史

歴史的にみると，Jay W. Forrester のシステムダイナミクス・モデルの考え方に刺激を受け，人間-環境系（または人間生態系）のモデルは，1970年代に盛んに構築されるようになった（MacCluer *et al.*, 1971；MacCluer, 1980）．しかし，コンピュータの容量が小さく演算速度も遅かったために，現実の人間集団を対象としたシミュレーション研究は，ごく限られた可能性しか検討できなかったなどの限界に直面し，しばらくして下火になった．ところが，1990年代に入るとコンピュータのハードウェアが劇的に高性能になり，その価格も低下し，大規模で複雑なシミュレーションが簡単にできるようになり，再び人間-環境系のモデルが盛んに開発され始めた．複雑な事象を扱うという意味では，マルチエージェント・モデルは，生態学の分野で用いられている individual-based model によるシミュレーション研究（DeAngelis and Gross, 1992）や，人工生命に関する研究と類似している．

マルチエージェント・モデルの中には，商店ができたり，つぶれたり，移転したりという動態をマイクロシミュレーションで表現した SIMFIRMS（van Wissen, 2000）のように，商店や会社などの経済単位を人口（個体の集合）のようにみなした，いわゆる「産業人口学」（industrial demography）研究も含まれる．この流れの中で，2002年の米国科学アカデミー紀要（*Proceedings of National Academy of Sciences*, U.S.A.）の特集として，エージェントベース・モデルが取りあげられている（99巻別冊3号）．この特集の中で，例えば Dwight W. Read（2002）は，社会組織が歴史的に孤立状態からバンド社会，部族社会，複雑な首長制社会へと変化してきたメカニズムを，エージェントの自己

組織性という視点から説明している．

ただし，最近では，環境や資源と人口分布の関係を地球環境問題の視点から扱うために，地理情報システム（GIS）や人工衛星画像（リモートセンシング）データを組み合わせたものが盛んに研究されている．アフリカのジンバブエでなされた研究では，降雨，草原，火入れ，森林という4つのサブモデルからなる生態系モデルを作成し，森林伐採の割合がバイオマス（生物量あるいは現存量と訳される，全ての生物の重量）に与える影響や，家畜の所有数の違いが草原や森林に与える影響，火入れがランダムに行われるか定期的に行われるかが飼育可能な家畜数に与える影響，およびそれらの経済効果がシミュレートされている（Gambiza et al., 2000）．

4.3 保全生態学のモデル

Ecological Modelling という専門誌の2001年に刊行された特集（140巻1号）に掲載された論文は，近年の保全生物学の発展とともに問題になってきた，人間の利便性を求めた開発と希少野生生物の保護の相克に焦点をあて，その折り合いをつけるための妥協点の可能性をシミュレーションによって探ったものが多い．例えば，PANDA_DEEM というモデルは，人間の活動がジャイアント・パンダ保護区におけるパンダの生存環境にもたらす影響を検証している（An et al., 2001）．具体的には，人口と経済と薪資源の相互作用に重点をおき（人口は個人ベースのマイクロシミュレーションに基づく），30世帯への聞き取り結果に基づいて構築され，15世帯への聞き取り結果によって妥当性を検証している．

また，PANTHER というモデルは，米国のフロリダ北部にかつて生息していたフロリダピューマ（ネコ科の野生動物の1種）が再び生息可能になる条件を探るために，土地被覆，道路，シカ（フロリダピューマの餌となる）の生息域，人間の居住密度をGIS上に定位し，個々のフロリダピューマの確率的な行動をC++のプログラムで表し，保全戦略の違いによってフロリダピューマの分布がどう変わるかをシミュレートしたモデルである（Cramer and Portier, 2001）．感度分析の結果，フロリダピューマの行動半径が生息可能場所を最も強く制約する条件であることが示され，シミュレーションの結果として，人間もフロリダピューマも川沿いを好むことと，開発が進んで人口密度が高まるとフロリダ

ピューマの生息密度が低くなることが示された.

TIGMOD は,ネパール低地のチトワン国立公園付近に生息するトラの行動と生態を,Smallworld という GIS ソフト上の Magic という言語で記述し,個体ベースでシミュレートしたものである.トラは数種類の野生動物(シカなど)のほかに,国立公園の周囲の村で飼われている家畜も捕食するので,村人はトラを駆除するために家畜の死体に毒を仕掛けるという関係が記述された.シミュレーションの結果,1 km^2 あたり3頭以上の家畜がいるとトラは存続できないこと,人びとの態度が自然保護的になって毒を仕掛ける割合が低下すればトラの生存確率が上がることが示された(Ahearn *et al.*, 2001).

これらのモデルは,それぞれ一定の成果をあげているが,人文社会系の研究者のコミットが比較的少なかったために,人間と人間の「生々しい」関係性の扱いが相対的に弱かった感がある.また,モデル構築の際にある程度の抽象化を行う必要があるが,その過程で現実社会の「生々しさ」ともいえる要素がモデルから脱落したことも事実である.人類生態学のモデル分析は「生々しさ」を保ちながら行う必要がある.

4.4 人類生態学のモデル

そのために,我々がソロモン諸島,中国・海南島,沖縄列島を対象としたプロジェクトでは,「地域社会での開発にかかわるイヴェント集」を作成した(中澤・大塚,2002).これは,さまざまな開発の局面において,各地域社会の人びとがみせた反応を切り出したものである.この「イヴェント集」をもとにマルチエージェント・モデルを構築すれば,「生々しさ」が維持されるであろうと考えた.つまり,これらのイヴェントにおける開発主体や地域社会の住民,あるいは土地といった環境要因をエージェントとして抽出し,偶然性も加味しながら,いくつかのシナリオに基づいてシミュレーションを行うのである.そうすることにより,開発の影響の予測をエージェントに含まれる意志決定にかかわる人びとに提示することができ,コンセンサス(合意)形成に基づいて意志決定を補助するツールになりうると考えた.我々の分析の特徴は,これまでのマルチエージェント・モデルに比べ,人間と人間の関係性をシナリオという形で取り入れた点にある.いいかえると,今までの分析では人間の意志で変えられることは,未知の変数とし

て不確定性を与える要因とみなされることが多かったが，これを逆手にとって，人間の意志によって，システム全体がどのような影響を受け，どのような変化が起きるかというシナリオ分析をしたのである．その成果については中澤港(2004)を参照されたい．ほかのシミュレーション・モデルと同じく，それが現実にあてはまる可能性があることはいえても，別のもっとよく現実を説明するモデルがあるかもしれない可能性も残ってしまうという本質的な限界はあるが，一定の有用性はあるといえよう．

4.5 コンジョイント分析の可能性

　マルチエージェント・モデリングを人間−環境系に適用することは，地域ごとに異なる諸特性を，現実に即した形で表すことができ，かつ現実には起こらなかった（あるいは，これから起こる可能性がある）ことを仮想して，システム全体がどう変化するかを検証できるという意味で，実に強力なツールである．これまでに構築できたモデルは，まだ抽象度が高く，必ずしも現実に十分即したものとはいえない．それでも，ソロモン諸島，海南島，沖縄における人間と人間の関係性の違いの影響を，最も特徴的な点に着目して明らかにできたし，条件や意志決定過程を変えたときにどうなるのかを具体的に予測することができた（中澤，2004）．

　最後につけ加えると，環境リスクアセスメントの方法として，近年，いくつかのシナリオとその予想される結果を示し，どれが望ましいかを選んでもらうコンジョイント分析とよばれる手法が注目されている．マルチエージェント・モデリングによる予測は，コンジョイント分析に必要な，「予想される結果」の推定に役立つ．現在のグローバル化した環境問題は複雑さを増す一方であり，関係者全員が事実関係について共通認識を得るには，問題の所在と起こりうるリスクを誤解の余地なく伝えることが不可欠であり，そのためのリスク・コミュニケーションの方法の確立が急務とされている．マルチエージェント・モデリングを用いたコンジョイント分析は，リスク・コミュニケーションのための有用なツールとなるに違いない．そのためにも，人間と人間の生々しい関係性を，どの程度モデルのなかで実現できるかは重要なポイントである．綿密なフィールドワークに基づいたマルチエージェント・モデルは，今後ますます重要になってくるといえよう．

BOX 2

鈴木継美

　本BOXで故鈴木継美（2008年5月25日逝去）を取りあげたのは，人間の生態学あるいは人類生態学という学問分野を日本で発展させた中心人物だからである．そのうえ，本書の著者全員が鈴木から直接・間接に指導を受け，基本となる考え方や研究方法についても多くの示唆を得ているからである．

　鈴木は，東京大学医学部医学科を1955年に卒業し同大学院で公衆衛生学を専攻し，1960年に大学院を修了した後は東京大学と東北大学で教鞭をとった．両大学の公衆衛生学教室にも勤務したが，最も長く勤務したのは，日本で初めて人類生態学という名称が冠された東京大学医学部人類生態学教室（現在の正式名称は，東京大学大学院医学系研究科国際保健学専攻国際生物医科学講座人類生態学分野）であった．特に，1979（昭和54）年に東北大学から東京大学人類生態学教室に教授として異動してから，この学問分野の基盤つくりに精力を傾けた．

　鈴木の大学院生時代の研究は，環境保健および職業保健（当時は，環境衛生および労働衛生という用語が一般的であった）に関するものであった．多くのテーマに関心を寄せたが，ライフワークとなる水銀に関する論文を最初に著したのは1959年のことであった．その後も実験研究を中心としながら，水銀をはじめとする重金属（化学物質）を毒性と栄養の両面から把握する視点や，フィールド調査とも関連づける試みを発展させることに精力を傾けた．

　東京大学人類生態学教室で講師・助教授を勤めた1968～1971年には，スタッフ・院生とともにトカラ列島で調査を行っている．この調査は，島嶼という閉鎖的な（独立性の高い）環境中での人びとの適応の把握に主眼がおかれ，後に大きな関心事になった個体水準と個体群水準での人間の適応を考える契機にもなった．東北大学に勤務していた1980年代後半には，日本人の南米移住者に関する調査を開始している．当初の関心は精神衛生を含む社会文化的な適応にあったが，移住者・先住者の生理学的な高地適応を含む人類生態学的な研究へと発展した．さらに，著者が以前から行っていたパプアニューギニア調査にも積極的に加わった．

　著者の理解では，鈴木は人類生態学の研究は「既存の方法論に依拠する」のではなく，対象とする集団が環境と相互作用して生存する状態・過程を的確に把握するために，必要な方法を工夫し適用すべきと考えていた．一方で，鈴木は論理・推論の不合理性やあいまいさを最大限避けようとしていた．このような立場をとることができたのも，若いころから多くのテーマに関心をもち，さまざまな経験と努力を積み重ねるなかで，科学的な研究方法の重要性を強く認識した鈴木ならではといえよう．

> 人類生態学は，鈴木が主張したように文理融合はもちろん，多様な視点を総合することが不可欠な分野である．本書を分担した全ての著者は，それぞれの専門性をもちながらもこの視点を共有しており，本書にもそれが表れることを意図している． ［大塚柳太郎］

4章 引用文献

Ackerman, E., Longini Jr., I. M., Seaholm, S. K. and Hedin, A. S. (1990) Simulation of mechanisms of viral interference in influenza. *International Journal of Epidemiology* **19**：444-454.

Ahearn, S. C., Smith, J. L. D., Joshi, A. R. and Ding, J. (2001) TIGMOD: an individual-based spatially explicit model for simulating tiger/human interaction in multiple use forests. *Ecological Modelling* **140**：81-97.

An, L., Liu, J., Ouyang, Z., Linderman, M., Zhou, S. and Zhang, H. (2001) Simulating demographic and socioeconomic process on household level and implications for giant panda habitats. *Ecological Modelling* **140**：31-49.

Bedaux, J. (2003) C++ Mersenne Twister Pseudo-random Number Generator. (http://www.bedaux.net/mtrand/)

Cauchemez, S., Valleron, A. J., Boëlle, P. Y., Flahault, A. and Ferguson, N. M. (2008) Estimating the impact of school closure on influenza transmission from Sentinel data. *Nature* **452**：750-754.

Cramer, P. C. and Portier, K. M. (2001) Modeling Florida panther movements in response to human attributes of the landscape and ecological settings. *Ecological Modelling* **140**：51-80.

DeAngelis, D. L. and Gross, L. J. (eds.) (1992) *Individual-based Models and Approaches in Ecology: Populations, Communities and Ecosystems*. Chapman and Hall.

Epstein, J. M. and Axtell, R. (服部正太, 木村香代子訳) (1999)『人工社会—複雑系とマルチエージェント・シミュレーション』共立出版.

Gambiza, J., Bond, W., Frost, P. D. H. and Higgins, S. (2000) A simulation model of miombo woodland dynamics under different management regimes. *Ecological Economics* **33**：353-368.

Gavrilov, L. A. and Gavrilova, N. S. (1991) *The Biology of Life Span: A Quantitative Approach*. Harwood Academic Publishers.

稲葉　寿編（2008）『感染症の数理モデル』培風館.

木村盛世（2009）『厚労省と新型インフルエンザ』講談社.

MacCluer, J. W. (1980) The simulation of human fertility: strategies in demographic modeling. In : *Current Developments in Anthropological Genetics Vol. 1: Theory and Methods*. (eds. Mielke, J. H. and Crawford, M. H.), pp. 111-131. Plenum Press.

MacCluer, J. W., Neel, J. V. and Napoleon, C. (1971) Demographic structure of a primitive population: a simulation. *American Journal of Physical Anthropology* **35**：193-208.

Makeham, W. M. (1860) On the law of mortality and the construction of annuity tables. *Journal of the Institute of Actuaries* **8**: 301-310.

Matsumoto, M. and Nishimura, T. (1998) Mersenne Twister: a 623-dimensionally equidistributed uniform pseudo-random number generator. *ACM Transactions on Modeling and Computer Simulation* **8**: 3-30.

中澤　港（2001）感染症を考慮した死亡モデル．日本人口学会第53回大会一般演題発表．

中澤　港（2004）開発と環境保全の相互連関性—マルチエージェント・モデルによる分析．『島の生活世界と開発（4）生活世界からみる新たな人間-環境系』（大塚柳太郎，篠原　徹，松井　健編），東京大学出版会．

中澤　港，大塚柳太郎編（2002）地域社会での開発にかかわるイヴェント集．アジア・太平洋の環境・開発・文化 **5**: 3-88.

Popper, K. R. (1992) *Conjectures and Refutations. The Growth of Scientific Knowledge (Revised and Corrected Edition)*. Routledge.

Porco, T. C., Holbrook, K. A., Fernyak, S. E., Portnoy, D. L., Reiter, R. and Aragón, T. J.(2004) Logistics of community smallpox control through contact tracing and ring vaccination: a stochastic network model. *BMC Public Health* **4**（34）: 1-20.

Read, D. W. (2002) A multitrajectory, competition model of emergent complexity in human social organization. *Proceedings of National Academy of Science* **99**: 7251-7256.

瀬名秀明（2009）『インフルエンザ21世紀』文藝春秋．

菅原和孝（2004）『ブッシュマンとして生きる—原野で考えることばと身体』中央公論新社．

van Wissen, L. (2000) A micro-simulation model of firms: applications of concepts of the demography of the firm. *Papers in Regional Science* **79**: 111-134.

第 2 部

人間の生態を構成する要素

5章　人間活動と生業適応
6章　人口の再生産
7章　生態の構成要素としてみた化学物質
8章　食物と栄養
9章　生体指標からみた人間の生態
10章　健康と疾病

　人間集団は環境とさまざまな形で不断の相互作用を行っているが，実際の研究においては，この相互作用を便宜的にいろいろな切り口で切り取って調べることになる．第2部では，個々の切り口としてどのようなものが考えられるのか，それぞれの切り口を通して人間集団と環境との関係をみる場合，どのような方法をとったらよいのか，という点を中心に述べる．相互作用を考える上で，人間の生物としての特徴が重要である点が強調されるとともに，取りあげる切り口は互いに関連し合っていることが理解されよう．

　5章で取りあげる活動（行動）は生物と環境との文字通りの接点であり，環境としてのセッティングが同じでも，認識され利用される部分は活動によって規定されるという意味で人間の適応を扱う上できわめて重要である．一方で活動はエネルギーを消費するプロセスであり，その点からも生態学的な重要性をもっている．

　人口の再生産は人間－環境の相互作用の生物学的アウトプットである．6章では，人間の再生産の歴史的変遷というマクロな視点から，生理的メカニズムのようなミクロな側面まで，特に人口の生物学的な側面を強調し

つつ解説する．現代の環境問題の背景には人口現象が存在しているが，これを生物学的に理解することが必要といえよう．

いわゆる化学物質の利用は，人間と環境との相互作用の様相を大きく変えた要素の1つであって，現代の人間の生活は化学物質によって可能になっている．多くの化学物質はメリットとデメリットとを有しており，この両面性とどうつきあうかは人間の将来を考える上でも重要な課題である．7章では，化学物質の利用の歴史，現代社会における化学物質の浸透，および化学物質とのつきあいにかかわる考え方を解説する．

栄養は，人間が周囲の環境を直接取り込むプロセスであり，環境との最も直接的な接点であるともいえる．8章では，食事と栄養に関してフィールド調査で頻用される方法について解説するとともに，歴史的な視点からの栄養適応の問題，栄養に関する文化的・生物学的な適応の例，さらには近代化の進行に伴って出現した新たな食の問題群について述べている．

フィールドで調査を行う場合，尿や血液などの生体試料からはユニークな情報を得ることができることは3章で紹介された．9章は，これを具体的に解説する．環境モニタリングと生物学的モニタリングの区別にふれた上で，バイオマーカーの有用性ならびに課題を，栄養および汚染化学物質のモニタリングについての具体例をあげつつ論じる．

健康と疾病とは，ここまでに取りあげたさまざまな切り口を全て統合した最終的なアウトカムであるともいえる．10章では，健康や疾病にも多様な定義が存在することを指摘した上で，人間の生物学的な特徴が人間の疾病の特徴にも反映されていること，歴史上，人間のライフスタイルが大きな転換を起こすとともに，健康像・疾病像にも転換があったことを解説し，健康・疾病の問題における生態学的な視点を強調する．

5章

人間活動と生業適応

　動物が身体を動かすことは，自己の生存と子孫の繁殖という個体および個体群としての生命の維持に不可欠である．身体を動かすことは，意味の微妙な違いを含みながら，動作，行動，活動などとよばれる．身体の構造が複雑化し脳神経系が発達している動物種ほど，身体の動きのレパートリーが増加するので，外界の刺激に対する受動的（不随意的）な動きより能動的（随意的）な動きが重要な意味をもつ．特に人間は，生物学的な特性に加え高度な文化を発達させたことにより，言語・文字さらには多様な通信手段を介して多くの情報を得て，複雑な予測や価値判断をしながらとるべき行動を決定する．したがって，人間の行動は神経生理学などの医学生物学の格好の研究対象であると同時に，行動科学とよばれる社会科学の色彩が濃い分野の中心的な研究対象にもなっている．

　本章では，生業を中心とする人間活動（行動）について，活動に費やされる時間や，活動に伴うエネルギー消費，単位時間あたりの活動効率などを主として取り扱う．したがって，行動を発現させる脳神経系の働きを扱う神経生理学のアプローチや，行動の社会的・心理的な側面に重点をおく行動科学のアプローチとは一線を画すことになる．なお，人口再生産にかかわる行動は人間の生態学にとって重要なテーマであるが，6章で扱われる．

　ところで，行動と活動という2つの用語は，厳密な定義に基づくというよりも慣用的に使い分けられる側面が強い．例えば，「生業行動」ではなく「生業活動」と表現することが多いし，「活動適応」ではなく「行動適応」と表現するのがふつうである．本章では，「行動適応」のように慣用化した表現では「行動」を用いるものの，多くの場合は「活動」と表記する．

　本章のもう1つのキーワードである生業という用語は，職業一般を指す場合も

あるし，より狭義に食物の獲得・生産にかかわる活動を指す場合もある．ここでは，食物を獲得・生産する生業活動および職業活動全体を視野に入れ，活動パターンの近代化が人間の適応に及ぼす影響について考えたい．

5.1 活動時間の把握

人間の活動を観察し記録することは，人間の生態学の調査では基本的な事項である．しかし，活動に費やされる時間を客観的に，かつ信頼性あるいは代表性の高いデータとして記録するのは簡単ではない．例えば，動物生態学（行動学）の分野で野生動物を観察するために発展してきた，スポットチェック法とよばれるタイムアロケーション（時間配分）研究の方法は，信頼性・代表性に優れているが，人間を対象とする調査研究に応用されたのは1970年代に入ってからである（Johnson, 1975）．なお，労働科学の分野で，労働（活動）における身体の微細な動きや労働（活動）効率を把握する時間動作研究（time and motion study）も，人間の生態学に影響を及ぼしてきた．

スポットチェック法の基本は，観察する日，観察する時刻，観察対象とする個人の全てをランダムに選定することにある（Johnson, 1975）．全ての観察結果を用いて，活動の種類ごとの観察頻度から活動に費やされた時間が推定されるが，活動の分類は，研究対象の属性と研究目的によってさまざまである．なお，観察の対象は基本的に個人であるが，データの分析では「成人男性」，「女子生徒」，「男性の農業従事者」のように，性・年齢・職業などに基づく分集団を対象にするのがふつうである．分類された活動の種類数と分集団の数を多くするには，観察データが多くなければならない．必要な観察数について明瞭な基準があるわけではないが，各分集団ごとに活動の種類数の数十倍くらいの総観察数が必要になる（表5.1の例を参照）．

スポットチェック法によるデータ収集は，1年というような長期間にわたり少しずつなされることが多かった．このようにして収集したデータは，1年間における平均的な活動時間の推定に適している．ただし，非常に長期にわたる調査が不可欠である．この条件を緩和するために，短期間に観察頻度を増やし観察総数を多くする工夫も試みられてきた（Moji and Koyama, 1985；Ohtsuka *et al.*, 2004）．なお，短期間にデータを収集することは，偶然によるバイアスがかかる

危険は高まるものの，特定の期間（例えば，雨季とか農繁期）の活動パターンの把握に適するという利点もある．

スポットチェック法によるデータの分析過程が表 5.1 に示されている．ここでは，06：00〜20：00 までの 14 時間の中でランダムに決められた時刻に，各対象者について 20 回の観察がなされた場合の結果を示した．対象者は男性と女性をそれぞれ 3 つの年齢グループに，活動は 7 つのカテゴリーに分けられている．表 5.1 (a) には，性・年齢グループごとに各活動カテゴリーの観察総数が示されている．合計欄に示されているのは，各性・年齢グループの成員数と 20 との積である．観察総数に基づき，各活動カテゴリーに費やされた時間を求めたのが表 5.1 (b) である（男性の例だけを示している）．すなわち，観察対象時間の 14（時間）と各活動カテゴリーの観察総数の積を，延べ観察総数（各グループの成員数と 20 との積）で割ったものが推定活動時間になる．なお，観察対象外の 10 時間（20：

表 5.1 スポットチェック調査の分析例（各対象者について 20 回の観察がされた場合）
(a) 第 1 段階：各活動カテゴリーの対象者群ごとの総観察回数

活動	男性			女性		
	子ども ($n=15$)	成人 ($n=12$)	高齢者 ($n=6$)	子ども ($n=14$)	成人 ($n=14$)	高齢者 ($n=9$)
農作業	15	108	31	24	45	29
小売業	0	18	24	0	28	31
家事一般	24	35	4	41	112	42
食事	12	7	5	13	9	8
学校・勉強	96	0	0	87	0	0
休息・余暇	113	64	47	84	82	46
睡眠	40	8	9	31	4	13
合計	300	240	120	280	280	160

注：この例では，観察は 06：00〜20：00 の 14 時間に行われたとしている．

(b) 第 2 段階：各対象群（男性のみ）が各活動カテゴリーに費した 1 日の時間

活動	子ども ($n=15$)	成人 ($n=12$)	高齢者 ($n=6$)
農作業	$14\times15\div300=0.70$	$14\times108\div240=6.30$	$14\times31\div120=3.61$
小売業	———	$14\times18\div240=1.05$	$14\times24\div120=2.80$
家事一般	$14\times24\div300=1.12$	$14\times35\div240=2.04$	$14\times4\div120=0.47$
食事	$14\times12\div300=0.56$	$14\times7\div240=0.41$	$14\times5\div120=0.58$
学校・勉強	$14\times96\div300=4.48$	———	———
休息・余暇	$14\times113\div300=5.27$	$14\times64\div240+3=6.73$	$14\times47\div120+3=8.48$
睡眠	$14\times40\div300+10=11.87$	$14\times8\div240+7=7.47$	$14\times9\div120+7=8.05$
合計	24.00	24.00	24.00

注：非観察時間（20：00〜06：00）については，子どもは全て睡眠，成人・高齢者は 7 時間を睡眠，3 時間を休息・余暇として計算している．

00〜06：00）については，子どもは全て睡眠に，成人と高齢者は7時間を睡眠に3時間を休息・余暇に割り振られている．

　この例からも理解されるように，活動のカテゴリー分けや対象者の年齢グループ分けには，さまざまな可能性が考えられる．活動カテゴリーでは，農作業と小売業を生業活動として一括するほうが適切な場合もあろうし，逆に田畑での農作業と家畜飼育とを分けるのが適切な場合もあろう．性・年齢グループ分けでも，男の子と女の子を1つのカテゴリーとすることや，各性の成人と高齢者を合わせることが，対象集団の適応を理解するうえで有効な場合もあろう．重要なのは，前述したように，データ分析の信頼性を保証するために，分集団（性・年齢グループ）数と分類された活動数に見合う観察数が必要なことである．すなわち，研究目的に応じた対象者および活動のカテゴリー数と，データの信頼性を保証する観察数とを勘案し，調査デザインを決めることになる．

5.2　活動とエネルギー消費

　タイムアロケーションのデータから，活動に費やされた時間以外の事項の分析も試みられてきた．例えば，活動が行われた空間（場所），活動の際の姿勢などの身体的な特徴，さらには個人で行った活動か他者と協業した活動か，などが分析されてきた（Gross, 1984）．

　エネルギー収支は人間の生物学的適応にとって最重要事項の1つであり，人間の生態学では，活動に伴うエネルギー消費量が特に注目されてきた．フィールド調査でエネルギー消費量を測定するために，対象者の負担の少ない測定器具の軽量化などが図られてきた（Murayama and Ohtsuka, 1999；Yamauchi et al., 2001）．一方，エネルギー消費量を実測せずに，既存の単位時間あたりのエネルギー消費量の標準値を利用し，タイムアロケーションのデータを用いてエネルギー消費量を推定する試みもなされてきた（Ohtsuka et al., 2004）．

　表5.2に示すのが，WHOなどが推奨するエネルギー消費量を推定するためのマニュアル（James and Schofield, 1990）に記載されているリストの一部である．PAR（physical activity ratio）とは，活動によるエネルギー消費量を基礎代謝量で割った値であり，さまざまな集団での実測値に基づいている．一方のIEI（integrated energy index）は，どのような活動を行う際にも実際には休息をは

表 5.2　代表的な職業活動における PAR と IEI の例(男性の場合)

活動	PAR	IEI
農業(伝統的)		
人力による植え付け	2.9	2.57
人力による畑の柵つくり	3.6	3.09
人力による稲籾外し	3.9	3.32
人力による灌漑水路つくり	5.5	3.92
人力によるサトウキビ伐採	6.5	4.52
農業(近代的)		
トラクターの運転	2.1	1.69
製造業(伝統的)		
人力によるレンガ製造	3.0〜4.0	2.64〜3.02
製造業(近代的)		
電気・化学工場労働	3.1〜3.5	2.73〜3.02
オフィス労働(近代的)		
座位作業	1.3	1.30
立位作業	1.6	1.56
その他		
ツルハシを用いる採鉱	6.0	4.22
人力車運転(客あり)	8.5	5.72

(James and Schofield, 1990)

さむことを考慮し，実測に基づく正味の活動時間と休息時間から計算された標準的なエネルギーコストである．いいかえると，それぞれの活動ごとに，実際になされる休息などを考慮してエネルギー消費量を調整した場合の PAR に相当する値といえよう．このマニュアルにも記載されているように，IEI は PAR の3段階(強度，中等度，軽度)の強度別に下式により求めることができる(下式で用いられている 1.54 という常数は男性用で，女性では代わりに 1.68 が用いられる)．

　軽度の場合：　　IEI = (75% × 1.54) + (25% × PAR)
　中等度の場合：IEI = (25% × 1.54) + (75% × PAR)
　強度の場合：　　IEI = (40% × 1.54) + (60% × PAR)

　IEI と活動時間の積が EEC (energy equivalent coefficient) である．1日24時間における EEC の総和を計算し，その値と基礎代謝量との積が24時間(1日)エネルギー消費量 (total energy expenditure) になる．なお，この方法を応用した調査結果の例は本章の最後に示されている．

5.3 活動にみられる性差と年齢差

　性と年齢は，最も基本的な生物学的な特性で個々人の活動を強く規定している．多くの動物種にみられる性的二形（sexual dimorphism）は，広義には生殖機能などを含むこともあるが，一般に身長や筋肉量にみられる性差を指している．ヒトは，霊長類の中ではテナガザルなどとともに性差の程度が小さい種であるが，それでも世界中のどの集団でも男性が女性より5％くらい高身長であり，運動能などに関連する筋肉量も多い．このような身体的な違いが活動パターンの性差に関与するのは間違いないが，文化人類学などの研究者からは，それぞれの社会で期待される性による役割の違いが，活動パターンの性差を強く規定するとの主張もなされてきた．実際，職業選択などにみられる性差は，多くの社会で時代とともに縮小傾向にある．

　年齢による活動パターンの違いは，約20歳までの成長過程と，約25歳からの加齢過程に対応している．よく知られるスキャモンの成長曲線は，「一般型」「神経型」「生殖型」「リンパ型」のそれぞれについて，20歳時点を1とした場合の各年齢における相対量として表されている．「神経型」は乳幼児期に顕著に発達し7歳で95％に達する．「生殖型」は思春期に急速に発達する．「リンパ型」は思春期直前に20歳時の約2倍に達し，その後は徐々に低下する．これら3つの型に対し，「一般型」は年齢とともにS字状に緩やかに上昇する．人間の活動に直接関係するのは，「一般型」の変化を示す運動能（motor function）と「神経型」の変化を示す感覚能（sensory function）の変化である．

5.4 活動にみられる個人差

　活動の性差・年齢差とともに，性と年齢に独立した活動の個人差も人間の適応を考える上で興味深い．実際，同一の性・年齢で同一のコミュニティに住み，社会的な地位や職業も違わない個人間でも，活動パターンや活動効率に違いがあるのがふつうである．特に顕著な個人差が観察されるのは，運動能や感覚能が強くかかわる生業活動である．例えば，潜水や釣りによる漁労あるいは弓矢を用いる狩猟である．ここでは，著者が調査した2つの例を紹介しよう．

5.4 活動にみられる個人差

　最初の例は，瀬戸内海の漁村で，単独で1本釣り漁を行う漁師（全て男性）を対象とした調査結果である．1本釣り漁に対しては法律上の禁止事項は皆無であり，漁師は各自の判断で1年間のどの日のどの時間に漁をするかを決めることができる．実際，この漁村の漁師は各人がモーター付きの小型漁船を所有し，出漁にかかわる全ての判断を各自で行っている．

　この漁村の20名の漁師全員（27〜78歳）を対象に観察調査を行うとともに，漁業協同組合の協力により1年365日間の日ごとの魚種別水揚げ量・水揚げ高を分析した（Ohtsuka, 1972）．1本釣り漁にみられる個人差として，最も興味深かったのは活動効率である．漁師は魚種による価格の違いも考慮して漁活動を決定するので，活動効率は漁労時間あたりの収益を示す水揚げ高が適している．その結果，年間水揚げ高は最高値と最低値を示す個人間で7倍も異なり，年齢と有意な相関を示さなかった（表5.3）．

　1本釣り漁の活動効率にかかわる要因として2つ考えられる．第一は，漁に適した時間帯が雨天や高波と重なったような場合にも漁を行えるとか，長時間にわたって漁を行えるなど，運動能・体力にかかわっている．第二は，季節・明るさ・潮流・水温などのさまざまな環境条件を勘案し，どの漁場（島の周辺には海底が岩礁性のスポットが20ある）でどの魚種（マダイ，ハマチ，スズキ，マアジが主要魚種）を，どの漁具・餌（さまざまな疑似餌と活き餌がある）を用いて行うかの判断であり，経験に基づくスキル（技倆）が大きくかかわっている．運動能・体力については，高齢の70歳代の1名と60歳代の5名が，20名中で水揚げが最も少なかった5名に含まれていなかったことからも，個人差をもたらす重要な要因とはいえそうもない．スキルに関係する要因については，最も若い漁師も27歳で10年近い経験をもっていたため，「一人前」の1本釣り漁師になるのに必要な年数の把握は困難であった．しかしながら，多くの漁師からの聞き取りの結果からも，さまざまな経験を積むことが特に対象魚種と漁場の選定にかかわり，個人レベルでの漁獲効率の重要な決定要因と推測された．

　第二の例は，パプアニューギニアのギデラ人における狩猟活動である（ギデラ人については11章参照）．この調査は，あるギデラの村で1971〜72年と1981年に，それぞれ39日間と42日間行った．対象者は在村した全ての成人男性（約16歳以上）であり，1971〜72年には26名，1981年には32名であった．調査内容は，各対象者が06：00〜20：00までに狩猟のために村を出た時刻と帰った時

表 5.3 瀬戸内海の1本釣り漁師の年間出漁日数と水揚げ高

個人番号	年齢[歳]	出漁日数[日]	水揚げ高 出漁日あたり[1000円]	水揚げ高 年間合計[10万円]
1	28	195	4.5	8.6
2	30	145	4.6	6.3
3	31	195	4.1	8.1
4	34	151	3.9	5.8
5	34	119	3.3	3.8
6	36	177	4.5	8.1
7	37	245	3.1	7.6
8	38	109	2.2	2.4
9	41	206	3.0	6.3
10	41	140	1.4	1.8
11	48	125	1.7	1.9
12	50	223	3.5	7.8
13	52	273	4.9	13.0
14	53	131	1.5	1.9
15	62	175	3.4	6.1
16	65	154	1.8	2.8
17	66	210	2.4	5.0
18	68	240	1.4	3.1
19	68	222	1.8	3.8
20	78	203	2.6	5.4

(Ohtsuka, 1972)

刻を記録し，帰村時に狩猟方法（単独か共同か），狩猟を行った主要な場所，狩猟道具，獲物を捕獲した時には種類別の数と重量を聞き取った（Ohtsuka and Suzuki, 1990).

　ギデラの人びとの狩猟は自給用なので，彼らが毎日狩猟に行くようなことはない．実際，1971～72年と1981年に行った調査中に，全ての成人男性が狩猟に費やした1日あたりの平均時間は1時間強であった．なお，この調査データを得た日数が二度の調査年を合わせても80日間と少なく，個人レベルの結果については偶発的な偏りが大きいため，分析では成人男性を4つの年齢グループに分けた．第一のグループは，ケワルとよばれる未婚の年齢階梯に属し，年齢は約16～17歳から結婚する20歳代後半までである（1971～72年に9名，1981年に8名）．ギデラの社会では，ケワルは一人前の成人男性になることを期待されており，スキルが必要な狩猟はよく行うものの，農耕や植物性食物の採集にはほとんど従事しない．第二と第三のグループは，ともに生計を中心的に担う既婚者の年齢階梯（ルガジョグとよばれ，結婚してから40歳代後半まで）に属しているが，年齢の

影響を考慮するために約35歳で二分した．第四のグループは高齢者（ナニュルガとよばれ，40歳代後半以降）である．

表5.4は，2回の調査結果をまとめて示している．狩猟に費やされた時間からみると，高齢者はほかのグループの2割程度ときわめて少ない．しかし，興味深いことに時間あたりの捕獲量が最も少なかったのは未婚の若者であった．この理由を探るために，運動能の指標として握力の測定を，感覚能の指標として視力の測定を行い，さらにアーチェリーのルールを模した弓矢競技を行った．

その結果を示すのが図5.1である．この図では，ルガジョグに属する第二と第三のグループは区分されていない．また，点線で示されている若者は調査期間中にケワルになったばかりであった．どのグループでもグループ内で個人差はあるものの，全体の特徴は以下の2点にまとめられよう．第一は，若者と既婚者は視力・握力ともに同等であるのに対し，高齢者はどちらの機能も低下している．第二は，弓矢競争のスコアは高齢者ではきわめて低いものの，既婚者と若者では大

表 5.4 パプアニューギニアのギデラ人男性の狩猟行動と効率

年齢 (n)	1日あたり狩猟時間 [時間]	1時間あたり捕獲量 [kg]
45歳以上 (10)	0.27	0.43
35〜45歳 (15)	1.32	1.22
25〜35歳 (16)	1.29	0.98
25歳未満 (17)	1.43	0.35
全員　　 (58)	1.16	0.84

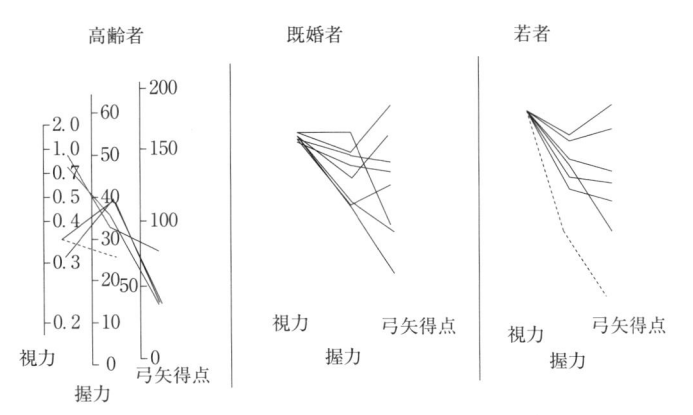

図 5.1 ギデラ人男性の視力・握力と弓矢競技の得点
各線が1個人を指す．

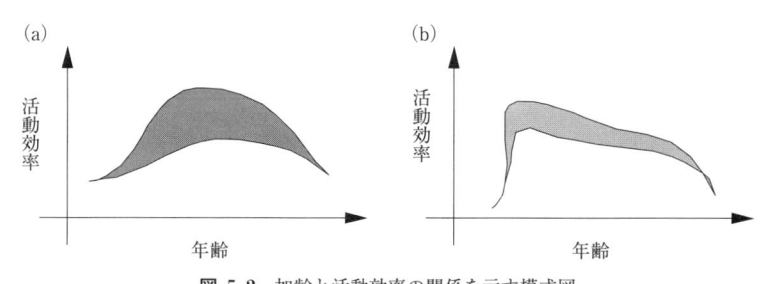

図 5.2 加齢と活動効率の関係を示す模式図
(a) が潜水・釣り漁や狩猟を，(b) が植物採集や農耕を想定している．

差ない．すなわち，高齢者の狩猟効率の低下は運動能・感覚能の低下によるところが大きく，若者の狩猟効率が低いのは経験などに基づくスキルが未熟なためと考えるのが妥当であるといえよう．

ここで示した2つの例とほかの多くの調査結果を合わせると，活動効率と年齢との間には図5.2のような関係がみられる．なお，図5.2には釣り漁や狩猟に代表される野生生物を捕獲する活動とともに，植物性食物を入手する採集や農耕活動についても示されている．前者の特徴の1つは，活動効率の上昇には運動能の向上だけでなくスキルの向上も必要で，最高レベルに達するまでに相対的に長い年数がかかり，最高レベルに達してからは運動能および感覚能の悪化によって徐々に低下することである．もう1つの特徴は，活動効率に個人差が大きいことである．植物を獲得・生産する活動は対照的な特徴をもっており，スキルの向上に長期間を必要とせず個人差も小さい．

現代的な職業活動の多くは，オートメーション化が進んだ工場生産に代表されるように，個人差を縮小するように改良が加えられてきた．すなわち，図5.2の右側のパターンに近いといってよいであろう．

5.5 活動からみた生業適応

生業活動を狭義の食物獲得・生産に限定すれば，植物を対象とする採集と農耕，陸生動物を対象とする狩猟と家畜飼育，水生動物を対象とする漁労と養殖に大別される．一方，職業全般を生業活動ととらえれば，例えば，日本では18に区分された大分類（農業，林業，漁業，製造業，卸売・小売業など），大分類の下位

に位置する中分類，小分類，細分類と階層的に分かれることになる．また，農業，林業，漁業，鉱業などを第一次産業，製造業や電気・ガス事業などを第二次産業（日本では鉱業を含めることもある），小売業やサービス業などの第三次産業に分類する古典的な方式もあるし，最近では情報通信などを第四次あるいは第五次産業として区分しようとする考え方もある．

　生業（職業）活動の特徴を，本章で扱ってきた活動の性差・年齢差，年齢に従属的あるいは独立的な活動効率の個人差，活動のエネルギー消費量などから整理しておこう．どのような社会にもみられる特徴は，何らかの分業（division of labor）によって生業活動が社会全体として営まれていることである．最も普遍的なのは性による分業で，狩猟採集社会では男性が狩猟に女性が採集に従事することがよく知られる．前述したように，狩猟や漁労という生業活動の効率には，年齢依存的あるいは年齢独立的な個人差が大きい．これらの生業が重要な地域社会で全成員の生存を保証しているのは，収穫物の贈与・分配などの社会システムである．社会が複雑化するにつれて，生業（職業）活動の種類が増加し，分業が大がかりに組織的になされるようになったととらえることができる（大塚，1994；内堀，2007）．

　近代化の過程で活動効率もさまざまに変化したが，大きく分けて2つの傾向が同時に進行したといえよう．第一は，技術革新とも連動しながら活動効率の個人差を縮小する傾向であり，オートメーション化した工場労働に典型的にみられるし，産業化された農業や家畜飼育などにもあてはまる．第二は，専門性が高い職業活動が産み出されていることであり，この場合には活動効率の個人差はむしろ拡大する傾向が強い．

　最後に，生業（職業）活動の近代化とともにエネルギー消費量が減少することを，著者らがバングラデシュとネパールの農村で行った調査をもとに紹介しよう．この調査は成人を対象とし，簡易スポットチェック法（CSC法）によりタイムアロケーションデータを収集し，表5.5にみられるように，活動カテゴリーを4分類して分析した．

　バングラデシュとネパールの調査村落は，自然環境や伝統的な水田稲作を中心とする生業パターンがよく似ているものの，文化的に2つの相違点がある．第一は，バングラデシュの人びとがイスラム教徒でネパールの人びとがヒンズー教徒であることとも関係し，女性が農地で働くことは前者ではほとんどみられないこ

表 5.5　バングラデシュとネパールでの CSC 調査に基づく日中 13.5 時間における活動時間

活動カテゴリー	バングラデシュ		ネパール			
	男性 ($n=61$)	女性 ($n=60$)	農家男性 ($n=32$)	非農家男性 ($n=10$)	農家女性 ($n=36$)	非農家女性 ($n=11$)
農業	2.2	0.7	3.9	0.8	3.6	2.7
現金収益活動	5.6	—	1.7	5.4	—	—
家事労働	0.4	5.0	0.5	0.3	4.2	4.7
非労働	5.3	7.8	7.8	7.0	5.7	6.1
EEC の 24 時間合計	32.1	26.3	29.8	22.6	28.4	27.3

注：非観察時間（19:00～05:30）については，7時間を睡眠，3時間を休息・余暇として計算している．

とである．第二は，バングラデシュの調査村は町から遠くほぼ全世帯が農家世帯なのに対し，ネパールの調査村は町に比較的近かったため，町で仕事に就き給料を得る男性（非農家と表記）が3割程度みられたことである．ただし，ネパールでも給料を得ていたのは男性だけで，女性（妻）は村落内で家事労働と小規模な農作業を行っていた．

表5.5のEECの値にみられる1つの特徴は，バングラデシュ（全てが農家世帯）に比べると，ネパールの農家世帯では性差がはるかに小さいことである．さらに興味深いのは，ネパールの非農家世帯の男性の値は農家世帯の男性はもとより，農家世帯の女性さらには非農家世帯の女性（多くの場合は男性の妻）より小さいことであった．ちなみに，活動のPARおよびIEIの値（表5.2参照）を用い，1日エネルギー消費量を推定したところ，バングラデシュでは男性が約2300 kcalで女性が約1850 kcalであった．一方，ネパールの農家世帯では男性が約2150 kcalで女性が約2000 kcalなのに対し，非農家世帯の男性は1700 kcal以下で女性の約1900 kcalよりもはるかに少ない．生業を中心とする日常活動の近代化はエネルギー消費量の減少をもたらし，生活習慣病（メタボリックシンドローム）の重要な原因になっているのは周知のとおりである．実際，南アジア諸国においても生活習慣病の罹患率の急上昇がみられている．

5章　引用文献

Gross, D. R. (1984) Time allocation: a tool for the study of cultural behavior. *Annual Review of Anthropology* **13**：510-558.

James, W. P. T. and Schofield, E. C. (1990) *Human Energy Requirements: A Manual for Planners and Nutritionists.* Oxford University Press.

Johnson, A. (1975) Time allocation in a Machiguenga community. *Ethnology* **14**：301-310.

Moji, K. and Koyama, H. (1985) A time-saving spot-check method applied to a Sundanese peasant community in West Java. *Man and Culture in Oceania* **1**：121-127.

Murayama, N. and Ohtsuka, R. (1999) Seasonal fluctuation in energy balance among farmers in Northeast Thailand: the lack of response of energy intake to the change of energy expenditure. *European Journal of Clinical Nutrition* **53**：39-49.

Ohtsuka, R. (1972) Fishing time and catches among hand-line fishermen with special reference to individual variation and the relationship between fishing activity and natural environment. *Journal of Human Ergology* **1**：3-18.

大塚柳太郎編（1994）『地球に生きる3―資源への文化適応』雄山閣.

Ohtsuka, R., Sudo, N., Sekiyama, M., Watanabe, C., Inaoka, T. and Kadono, T. (2004) Gender difference in daily time and space use among Bangladeshi villagers under arsenic hazard: application of the compact spot-check method. *Journal of Biosocial Science* **36**：317-332.

Ohtsuka, R. and Suzuki, T. (eds.) (1990) *Population Ecology of Human Survival : Bioecological Studies of the Gidra in Papua New Guinea*. University of Tokyo Press.

内堀基光編（2007）『資源人類学1―資源と人間』東京外国語大学アジア・アフリカ言語文化研究所.

Yamauchi, T., Umezaki, M. and Ohtsuka, R. (2001) Influence of urbanization on physical activity and dietary changes in Huli-speaking population: a comparative study of village dwellers and migrants in urban settlements. *British Journal of Nutrition* **85**：65-73.

6章

人口の再生産

　人口の再生産とは，広義では人口が出生と死亡を通して次世代の人口を形成するという意味である．人類集団がうまく環境に適応できて集団としての生存を続けるためには，この意味での人口の再生産が継続的に行われる必要がある．むしろ，人口の再生産が継続的に適切な水準に維持されている状態を適応とよぶべきとも考えられる．再生産の水準が高すぎる状態が続けば，急激な人口増加によって「人口爆発」が起こり（Ehrlich, 1968；Ehrlich and Ehrlich, 1990），環境のカタストロフ的劣化と食料・資源の枯渇によって生存不可能な状態に陥る危険もある．逆に低すぎる状態が続けば極端な少子高齢社会を経て人口減少が始まり，やがては緩慢な絶滅を迎えるかもしれないし（鈴木，2007 を参照），あるいは途中で社会システムが維持できなくなって，やはりカタストロフ的な絶滅に陥るかもしれない．いずれも不適応状態といえる．それゆえ，適切な再生産水準が維持されることは人類集団の生存にとって必須なのである．

6.1 出生と死亡のバランスからみる再生産水準とその歴史的変遷

　要素から考えれば，人口の再生産が適切な水準に維持されるためには，出生が死亡を上回る必要がある．その意味では，死亡も再生産の重要な要素である．社会的側面も考慮すれば，出生と移入を合わせた人数が，死亡と移出を合わせた人数を上回らないと，集団が存続できない．このことを単純な人口増減で評価する方法として，人口学的方程式（demographic equations）が有名である．人口増加率 r，出生率 b，死亡率 d，流入率 u，流出率 w の間には，$r=b-d+u-w$ という関係が成り立ち，人口再生産が適切な水準に維持されていることは，r が負

でもなく大きすぎもしないことと同値である（舘，1963）．

出生率や死亡率には年齢によって差があり，年齢別死亡率（ASMR；age-specific mortality rate あるいは ADR；age-specific death rate）は，0歳時にやや高く，子どものうちは徐々に低下し，青壮年では低く，中年以降に急激に上昇するというパターンを描く集団が多い．そのため，集団間で，あるいは経時的に死亡率を比較するときには，年間総死亡数を総人口（厳密にいえば観察人年）で割って得られる粗死亡率（CDR；crude death rate）だけでは不十分であって，ある年齢別人口構造をもつ基準集団を決め，この基準集団において対象となる集団の年齢別死亡率に従って死亡が起こったと仮定した場合の粗死亡率である年齢調整死亡率を計算することがよく行われる．年齢別死亡率から生命表を作成し，0歳平均寿命を推定することも，死亡水準を示す目的で行われる．また，Gompertz-Makeham モデル，Siler モデル，Denny モデルなど，死亡の年齢パターン自体（あるいはそれから求めた年齢別生存確率）に数理モデルをあてはめる研究も多い（Denny，1997）．

出生率についても，年間総出生数を総人口（これも厳密には観察人年）で割って得られる粗出生率（CBR；crude birth rate）だけでは不十分である．ただし，誰にでも起こりうる死亡とは異なり，出生は再生産年齢の女性だけに起こるイベントであるため，年齢別特殊出生率（ASFR；age specific fertility rate）として，母の年齢別の出生数を年齢別の女子人口で割った値を計算することがふつうである．なお，「特殊」とは分母が女子人口であることから使われてきた用語であるが，わざわざ「特殊」とつけなくても，それしか計算されないので省略されることも多く，単に年齢別出生率と書かれることも少なくない．ASFR を合計して得られる合計特殊出生率（TFR；total fertility rate）は，最も代表的な出生水準の指標として使われているが，これも「特殊」を省略して合計出生率と書くこともある（国際人口学会，1994）．近年のヨーロッパでは出生の約 1/4 が非嫡出なので意味が薄れてきたが，伝統的には，出生の多くは結婚しているカップルの間に起こることから，有配偶出生力あるいは結婚出生力として，年間嫡出出生数を年齢別有配偶女子人口で割って合計した，合計有配偶出生率（TMFR；total marital fertility rate）を求めることも多い．死亡と同じく合計指標だけではなく，出生率の年齢パターン自体に数理モデルをあてはめる研究も多い（中澤，2003）．最近では，法的な婚姻関係にあるかどうかは別として，男女のペアがなければ子供

は生まれないことから，ペア形成確率を分析するとか，パートナーシップの持続期間別にパートナー単位の出生確率を分析するといったミクロな分析も行われている．

人口増加率については，死亡率や出生率と異なり，多相生命表において社会的増減を考慮する場合を除いては，年齢別増加率を計算することはあまり行われない．むしろ，年齢別死亡率と年齢別出生率が一定であると仮定して封鎖人口が再生産を続けたとき，ある程度の時間が経てば一定の人口構造（年齢別人口割合）である「安定人口」に収束するという理論的帰結から，この安定人口モデルを分析するのがふつうである．安定人口が年齢別人口割合だけでなく，人口規模そのものも一定値になったものを静止人口というが，静止人口であるということは，人口再生産が定常状態にあるということである．

総再生産率（GRR；gross reproduction rate）として，ある仮設女子出生コホートについて，再生産完了まで死亡がゼロであるという仮定の下で，その年齢別出生率が現在のままであるとした場合の平均女児数を計算することもある．定義から，GRR は TFR に女児出生性比を掛けたものになる．これに死亡も考慮して，純再生産率（NRR；net reproduction rate）として，ある仮設女子出生コホートが現行の ASFR と ASMR に従って再生産を行った場合の，母親がその女児を産んだ年齢まで生存する平均女児数を意味する指標もよく使われる．NRR が1のとき，安定人口が増減ゼロになるので，人口の置き換え水準にあるといえる．一般に TFR が2.08を下回ると人口減少に向かうといわれるのは，現代の死亡水準では TFR が2.08であることが，NRR がほぼ1であることに相当するためである．2.08と2の差は，以前は死亡の影響が大きかったが，現在では出生性比の影響の方が強い（稲葉，2007）．実際には出生水準も死亡水準も変化し続けているので，NRR が1を下回ってもすぐに人口減少が始まるわけではないが，現代の日本はすでに人口減少が始まっている．希望的なシナリオでは今後増減を繰り返しながら NRR＝1にむかって収束すると考えられるが，先に述べたように，その前に絶滅する可能性もないわけではない．

歴史的にみれば人類の総人口は拡大を続けてきたので，NRR が1を上回る状態が続いてきたといえるが，その中身は変化してきた．意図的な出産制限がない状態で，人類の女性が一生のうちに産む子供の数は，集団によって異なっているが，平均して5～10人程度であり，ほかの類人猿に比べると多産であった．それ

にもかかわらず，アフリカで進化した初期人類の人口増加がそれほど急激でなかったのは，感染症や栄養失調などで成熟前に死んでしまう子供が多かったためであり，当時の人類は多産多死だったと考えられる．しかし，人類は環境をコントロールして自身の生存に適したようにつくり変える能力（生態学的にいえば生物による環境形成作用）が大きいという特徴をもち，定住と農耕によって食糧供給を安定させ，栄養状態を改善することができた．そのため，死亡水準が低下して多産少死の時代に入り，人口が増加した．いわゆる農耕革命である．ある程度人口が増えると再び感染症の流行や飢饉が起こって人口抑制効果がもたらされたけれども，産業革命によって医学が飛躍的に進歩し，抗生物質が発見されたことで感染症による死亡は劇的に減少し，また大規模灌漑農耕や農薬と化学肥料の使用によって食料の土地生産性が上がり，飢饉も減少したために，多くの国で人口増加は継続した．そういった状況を踏まえ，このままでは人口が爆発するという警鐘を発したのが Paul R. Ehrlich（1968）であった．今では人心を惑わしたとして 20 世紀における 50 悪書の 1 つに数えられるほどだが，当時は真実味があった．

ところが 20 世紀には，先進国を中心に，世界の多くの地域で出生力の低下が起こったため，結局 Ehrlich が予想したような人口爆発は起こらなかった（Ehrlich 自身は 20 世紀のうちに 25 億人から 50 億人への倍増が起こったのだから十分に爆発的増加とよべるといっているが）．この出生力低下現象は後で詳しく述べるように出生力転換とよばれるが，原因には諸説あって決着がついていない．ただし，日本のように NRR が 1 を下回るような状況に陥った国は限られており，欧米諸国とは異なるメカニズムが働いている可能性がある．また，近年のアフリカ諸国では，エイズによる死亡率の上昇のため，出生率が低下していないにもかかわらず人口増加していない状況がみられる．スペイン風邪のような感染症によるパンデミックが起こった場合に起こるであろう人口減少も考慮すると，人口再生産が今後どうなっていくのかを予測することは簡単ではない．

6.2 生殖としての再生産

ところで，人口の再生産は，英語では population reproduction であり，reproduction といえば通常は生殖または出生を意味するので，狭義の再生産は生殖を意味する．先行研究は決して少なくないが，社会学・経済学による社会文化的側

面へのアプローチと生殖生理学による生物学的側面へのアプローチのどちらかで，両者はまったく別に行われてきた．第三の方法論として Raymond Pearl, Louis Henry らによって，出生力の決定因子として生物学的な要因と行動要因の両方を考慮する生物測定学的なアプローチが始まり，John Bongaarts の近成要因 (proximate determinants) モデルによる出生の要因分解に結実した (Bongaarts, 1982)．けれども，生殖生物学者や臨床医はその存在さえ知らない場合が多く，出生の生物学的側面についての研究の多くは社会文化的なバックグラウンドを視野に入れていないために拡大解釈になっていることや，バイアスがかかっていることがある．逆に，経済学者や社会学者は，近成要因モデルを知っていても，生物学的な側面を軽視しがちである．

　人類生態学の立場で考えれば，人類は社会組織や文化を通して環境と相互作用し適応するので，社会文化的な側面が生物学的な側面と独立に存在するはずがない．ペンシルヴェニア州立大学の James W. Wood は，パプアニューギニアに居住するガインジュ (Gainj) という人びとのきわめて長い授乳期間と産後不妊期間を明らかにしたフィールドワーク，中世ヨーロッパの人の遺骨データとキリスト教の教区簿冊を統合して解析した新しい歴史人口学，現代アメリカ女性の閉経前後の継続的な尿中ホルモン検査など精力的にこの分野の研究を展開している第一人者である．彼は，ヒトを生物学的側面と文化的側面に分けて考えるのは間違っており，ハードウェアなしに動作するソフトウェアはありえないので，文化はヒトの生物学の統合的な一部としてとらえられると指摘し，このことが最も明らかな研究分野が再生産であると述べ，初婚年齢と出産間隔データのハザード解析による再生産史の再構成 (図 6.1 は，初婚からではなく第一子出産からだが，それを実践した例である) とその関連要因という形でこれらの統合を試みた (Wood, 1994)．Wood の要因分解は Bongaarts のそれをより包括的にし，定量性を高めた上で，先行研究の多くが対象にしてきた先進国だけではなく，途上国の諸集団にみられる多様性をきちんと考慮した点が特徴といえる．Wood は Kenneth L. Campbell らとともに生殖内分泌学 (reproductive endocrinology) という研究分野を立ちあげ，出生に直接影響する因子として内分泌系 (特に視床下部-脳下垂体-性腺系) を考え，社会文化的因子からストレスなど心理的な因子を介して内分泌系が影響を受け，出生の水準が変わっていくというフレームワークを提唱した．

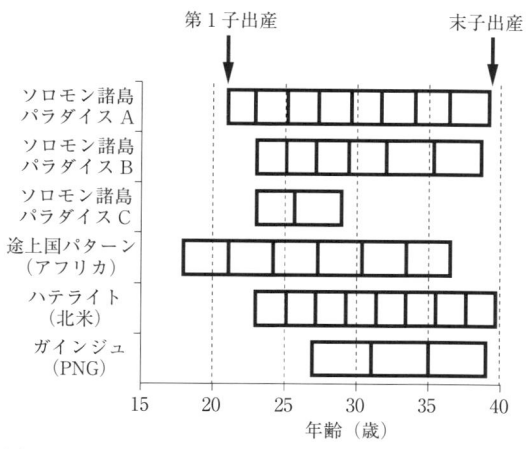

図 6.1 ソロモン諸島ウェスタン州パラダイス村の出生年別3グループと，Wood（1994）に掲載されているいくつかの集団の出産スケジュールの比較
パラダイスA：1940年以前生まれの女性，B：1940〜60年生まれの女性，C：1960年以降生まれの女性．（中澤・石森，2004）

6.3 ヒトの再生産の生物学的特徴

　ここで，ヒトの再生産を生物としてみたときの特徴について考えてみよう．個人ベースの再生産の指標として，最も意味が明確なのは，女性が一生の間に産む子どもの数である．これを完結出生力とよぶ．記録によれば0〜69人である（長谷川，1993）．69人は多くの多胎妊娠を含んでいて例外的だが，集団ごとの平均でみても1〜11人ときわめて大きなばらつきをもっている（もちろん，1人は中国における一人っ子政策，11人は宗教的に多産が奨励されているハテライトのような特別な場合に限られる）．ヒトに近縁のチンパンジーの平均完結出生力は2〜4人であり，ヒトよりもばらつきがずっと小さく，かつ分布の中心も低い値である．ゴリラやオランウータンの完結出生力もヒトよりはばらつきが小さく平均値も小さい．自然状態で生活している動物の出生力を調べるのはきわめて難しいが，霊長目の中でヒトの完結出生力が大きいことは間違いないだろう．
　しかし，哺乳類全体にまで比較の範囲を広げると，ヒトを含めて霊長目の完結出生力は，ネコやマウスなどに比べてずっと小さい．性的に成熟してから老化に

よって生殖能力を失うまでの期間，つまり再生産期間は長いが，その一方で月経周期が長いために受胎のチャンスが少なく，在胎期間と産後授乳中の不妊期間からなる「1回の出産にかかる期間」が長いために出産間隔も長く，性成熟に要する期間も長いので，出産可能な回数は少ないのである．霊長目は，大きい子を産むことや，産んだ子の世話（授乳したり離乳食を与えたりすることを含む）をすることに大きな進化上の利点があったから，代償として1個体の子を産むことに大きなコストがかかるようになり，多産が不可能になったと考えられる．

　生態学者の Robert H. MacArthur と Edward O. Wilson が考え出した r-K 淘汰という概念によれば（MacArthur and Wilson, 1967），このレベルの出生力は，ヒトが K 戦略者，すなわち少数の子どもを大事に育てる戦略をとることを示す．K 戦略は比較的安定した自然環境のもとで外敵の少ない種が発達させる戦略であり，霊長目が外敵の少ない森林で進化したことと整合性がある．しかし，これだけでは，なぜヒトだけがほかの霊長目より完結出生力が大きいのかとか，閉経後にも長い期間生存するのかを説明できない．この点について，Eric L. Charnov は，ヒトは寿命が長くなる戦略をとっていると指摘する．いいかえると，老化を遅らせる戦略である．老化とは，次世代に寄与する生殖細胞だけをエラー修復することで全体としてのエラー蓄積を避ける代償として，その世代限りで廃棄される体細胞にエラーが蓄積されることをいう（体細胞廃棄説）．したがって，老化を遅らせる戦略に意味があるとすれば，再生産を終えた閉経後の生存が次世代の生存に寄与せねばならない．ヒトの場合，子どもが再生産年齢に達するまでに，ほかの霊長目よりも長い時間と手間がかかるので，孫や曾孫を育てるという形で，閉経後の生存が次世代の生存に寄与していると考えられる．ユタ大学の Kristen Hawkes らは，チンパンジーと再生産期間がそれほど変わらないのにヒトの再生産完了後の生存年数が長いのはおばあちゃんが忙しい娘の子育てを手伝うためである，という説を唱えた（Hawkes et al., 1998）．この仮説は grandmother hypothesis（日本語ではおばあちゃん仮説とか祖母仮説と訳される）とよばれ，その後いくつかの追試によっても支持されている（Voland et al., 2005）．

　以上をまとめると，マクロな視点からみたヒトの再生産戦略は，数年の間隔をあけて出産し，その子どもたちを祖父母世代も一緒になって大事に養育することで，なるべく子の死亡率を低く抑え，同時に閉経後の寿命を伸ばす方向に進化してきたといえる．一方，祖父母世代を失った子でも十分な養育が受けられるよう

な社会システムがあれば,多産で短命な系統と少産で長寿な系統が二極分化して並立してもおかしくない.ヒトの完結出生力がほかの霊長目より多様なのは,このためかもしれない.

6.4 配偶者選択

ヒトは有性生殖をするので,再生産の要素として,結婚という法制度を用いるかどうかは別として,適切な配偶者をみつけることは必須である.しかし,ヒトの社会は複雑なので,配偶者選択にきわめて大きなコストがかかる.複雑な婚姻規制により,通婚圏がある程度大きくならないと適切な配偶者がみつからない場合がある.狩猟採集を主な生業にしていたバンド社会のヒト集団では,100人前後のバンド社会の中での婚姻が大部分だったと想定されているので,人口規模100人でシミュレーションしてみると,結婚適齢に達してもちょうどいい年齢の相手がみつからないために結婚できないというケースが10%近く起こる(Nakazawa and Ohtsuka, 1997).

適当な年齢の配偶者候補がみつかった場合,次に問題となるのはどういう配偶者を選ぶかということである.ヒトについては,同類婚(assortative mating)とHLA(ヒト白血球抗原)の型が異なる相手を選ぶことの両方が指摘されている.1997年になって,Claus Wedekindらの実験により,HLAの型が自分と違う異性の汗の臭いに惹かれるという結果が得られた(山元, 2004).複雑な婚姻規制は遺伝的にある程度離れた(すなわちHLAの型が異なる可能性が高い)配偶者を選ぶことに寄与する.もちろん,実際に配偶者とするかどうかは,遺伝的な型だけによって決まるはずもなく,容姿や社会的地位や財産や趣味などさまざまな要因が複雑に絡み合ってくるに違いないが,初対面でなんとなく好感をもつかどうかという程度にはHLAの型が効いている可能性は十分にある.

上記の配偶者選択は法的婚姻に限らない話だが,法的婚姻に対する社会の扱いも出生力に影響している可能性はある.現代欧米諸国では,出生の少なからぬ部分を非嫡出出生が占めているが(例えば,英国のデータでは1997年でも約30%,とくに20歳未満では93%が婚外子,20〜24歳でも57%が婚外子であり,2008年には45.4%に達した),これは事実婚(同棲)が婚姻の一形態として社会によって認められているからである.日本では「できちゃった婚」に代表されるように

戸籍上の法的婚姻が重視されるので2009年のデータでも婚外子は2.1％にすぎない．妊娠したが結婚できないという場合，欧米では事実婚姻が，日本では中絶がそれぞれ選択されることになるとしたら，両者の違いが配偶者選択のコストとなって日本の少子化に寄与している可能性はあるだろう．

また，日本における法的婚姻は，多くの場合生計をともにするという意味をもつので，若年失業率が高い状況が，婚姻に適した配偶者をみつけられない確率を上げるのは必定である．この点について，「パラサイト・シングル」という流行語を生み出した社会学者の山田昌弘は，1980年以降の日本では恋愛の自由市場化が起こり，男性の魅力格差が顕在化しかつ拡大して，将来稼ぎ出す収入が少ないとみなされた男性と結婚生活や子育てへの期待水準が高い女性が配偶者をみつけられなくなったと主張している（山田，2007）．

6.5 再生産のミクロな生物学的メカニズム

次に個体レベルの再生産プロセスについてみてみよう．子供が1人生まれるには，有排卵月経のある女性と精子産生能のある男性のペア間で適切な時期に性交が行われて受精が起こり，正常な在胎期間を経て分娩へと至るという一連のプロセスが完結せねばならない．全てのプロセスが完結する確率は，1つ1つのステップが起こる確率を掛け合わせたものになる．

出生時に卵巣内に約500万個ある原始卵胞が，思春期を迎えると数十個ずつ発育を開始し，やがて主席卵胞だけが発育を続けるようになり，主席卵胞が成熟すると卵子が放出される「排卵」が起こる．卵胞は黄体へと変化し，しばらく経っても受精が起こらなかったときは子宮内膜が剥がれ落ちて体外へ排出される「月経」が起こる．このような有排卵月経は視床下部–下垂体–卵巣系によって厳密にコントロールされている．ヒトでは1月経周期（月経が終わった日から次の月経が終わる日まで）が約28日なので，12～50歳まで妊娠せずに月経が続いたとしても排卵に至る卵胞の総数は500個弱にすぎない．

男性においては，運動性のある精子が十分な濃度で生産され，性交時に射精されることが必要である．精子形成は卵子形成と異なり，思春期以後は定常的に行われる．精子は射精されるまでの間，精巣上体にとどまって成熟する．性交時には，精巣上体から放出された精子が精管やそれに続く射精管，最後に尿道を通る

間に，途中で混ざり合った前立腺や尿道球腺からの分泌液とともに，精液として射精される．1日あたりの精子生産量は約1億個で，精巣上体の貯蔵量は約4億個といわれ，1回の射精でその半分程度が放出される（ただし，1992年のWHOの基準では，1回の射精量が2mL以上，精子濃度が1mL中に2000万個以上なら正常ということになった）．精子が授精能力をもつためには，射精1時間以内では50％以上の精子が直進運動性を示すか，高速直進する精子が25％以上あり，30％以上の精子が正常形態を示し，かつ子宮頸管粘液内でも運動性を失わないでいる必要がある．女性によっては子宮頸管粘液内に抗精子抗体をもつ場合があり，その場合は精子自体が正常であってもそのカップルは不妊になってしまう．メタアナリシスによって，デンマークのNiels E. Skakkebaekのグループは世界中で精子数が減少し，運動性も低下していると報告したが（Carlsen *et al.*, 1992），精子数減少がみられない集団もあるので，「世界中で」との表現は行き過ぎであった（中澤，1999）．精子数の減少がある集団でも，その原因は有害化学物質であるかもしれないし，社会的要因あるいは食生活の変化などの可能性もある．

　女性に受胎能力があって男性に精子供給能があっても，適切な時期に性交をしない限り，生殖には至らない．多くの哺乳動物では排卵前後に性行動が活発になることが知られており，ヒトにおいても排卵前後に性行動が活発になるという報告があるが，社会文化的要素が大きく，結論はでていない．適切な時期に性交があった場合，受胎が成立する割合は1月経周期あたり30％である（堤，1999）．適切な時期とは，生きた精子がちょうど排卵された卵子にあう時期なので，排卵の前後約2日である．年齢が受胎確率に与える影響は男女で異なっていて，男性ではあまり年齢の影響を受けないが，女性の場合20代では妊娠を希望し始めてから実際に妊娠するまでの平均月経周期数が3.3であるのに対して，40代では15.4というデータがある（堤，1999）．受胎のプロセスを細かくみると，まず精子から精核が卵子内に送り込まれ，核が融合して受精卵となる．受精卵は分裂しながら3〜4日かかって子宮へ到達し，子宮内膜上皮層を融解して子宮内膜内部に侵入する．その後5日程度で融解された子宮内膜が修復されて卵を覆うようになる．これを受精卵の着床という．着床が起こるとやがて絨毛膜が生じ，ヒト絨毛性ゴナドトロピン（hCG；human chorionic gonadotropin）を産生し始める．母体の血流を介してhCGは卵巣を刺激し，黄体を妊娠黄体へと変化させ，プロ

ゲステロン分泌を継続かつ増加させる．プロゲステロンは子宮内膜の脱落膜を発達させ，特に発達した基底脱落膜（受精卵が着床した部位）が絨毛膜と一体となって胎盤を形成する．絨毛膜からのhCG分泌はかなり多量かつ特異的に起こるので，尿中hCGレベルの変化を調べることによって着床後7～10日というきわめて早い時期に妊娠を検出することができる．受精卵の着床は，遺伝的に異なる情報をもつものが母体内に入ることを意味するが，拒絶反応はほとんど起こらない．羊水中に胎児の抗原が多量に溶けていて，母体で抗体がつくられても羊水中の抗原に消費されるからという説と，受精後48時間以内に胚（受精卵）から分泌が始まる早期妊娠因子（EPF；early pregnancy factor）が胎盤で局所的に免疫抑制作用を発揮しているからという説がある．EPFは基本的に胚によってしかつくられず，しかも早ければ受精後3時間で分泌が始まるという報告があり，その意味では受精のマーカーとしてhCGより優れている．

哺乳動物全般でみれば，在胎期間が短いほど子どもの数を増やすのにむいているが，その分マウスのように新生児が未熟である（晩成性）．一方，ウマやウシのように在胎期間が長いものは個体としてかなり完成した状態で生まれてくる（早成性）．ヒト以外の類人猿の新生児も，体毛に覆われていて自分で体温調節ができるし，生まれてすぐに自力で母親にしがみつく．しかしヒトは，在胎期間が長いわりに例外的に晩成性である．これは，脳が巨大化したため，ほかの部分の成長を待って胎内にとどまっていると胎児の頭が大きくなりすぎて産道を通れなくなるからと考えられている（榎本，1999）．

198408例の白人の出生データから計算されたヒトの在胎期間は，平均37.4週，分散が4.98週であり，やや左に歪んだ正規分布に近い分布を示す（Wood, 1994）．一方，hCGやEPFを用いて早期の妊娠を検出すると，早期胎児死亡の確率がかなり高いことがわかった．妊娠歴の遡及聞き取りによって推定された（すなわち，早期胎児死亡を含まない）胎児死亡率は12％にすぎないが（Leridon, 1976），早期胎児死亡を含む胎児死亡率は，hCGを用いたフォローアップ研究で31～62％，EPFを用いたフォローアップ研究で89％という値が報告されている．一方，胎児死亡率は母の年齢やパリティ（それまでに産んだ子供数）が高くなると上昇することも報告されている．早期胎児死亡後の無排卵期間はバングラデシュのデータでは最頻値が29日，ついで58日である（Holman, 1996）．人工流産や自然流産後の無排卵期間の平均は3.4～4.1週であり（Wood, 1994），ほ

ぼ同等である．早期胎児死亡は無自覚に起こるが，無排卵期間ができることにより，実質的に月経周期が延長したのと同等の効果をもたらし，出生率の低下に寄与する大きな要因である．

6.6 出生力と妊孕力を多様にする要因

ヒトの女性の完結出生力は，集団によって多様である．出生力 (fertility) の多様性を説明する要因には，意図的な出産抑制や結婚年齢，あるいは通い婚とか結婚形態に依存して変わる性交頻度など，社会文化的な因子もある．しかし，社会的な因子による制約がまったくないとしても，なお出生力の多様性は残る．この違いを説明するのは，生物学的な妊孕力 (fecundity) の差異である．妊孕力を規定する要因は，大きく分けると遺伝要因と環境要因からなる．遺伝要因は，大まかにみればヒトという生物に共通のものと考えられるが，細かくみれば地域集団ごとに各々の地域環境に対して独自の適応を果たし，多様になっている．環境要因は，地域集団ごとに異なっていることはもちろん，地域集団内でも多様であるし，時間とともに変化する点が大きな特徴である．近成要因モデルを提唱したBongaartsは，妊孕力と出生力の関係について図6.2のような定式化を行っている (Bongaarts, 1978)．

TF (total fecundity)
総妊孕力

TNM (total natural marital fertility rate)
合計自然有配偶出生率

TMFR (total marital fertility rate)
合計有配偶出生率

TFR (total fertility rate)
合計出生率

出生力低下効果：
$C_i = TNM / TF$

出生力低下効果：
$C_c = TMFR / TNM$

出生力低下効果：
$C_m = TFR / TMFR$

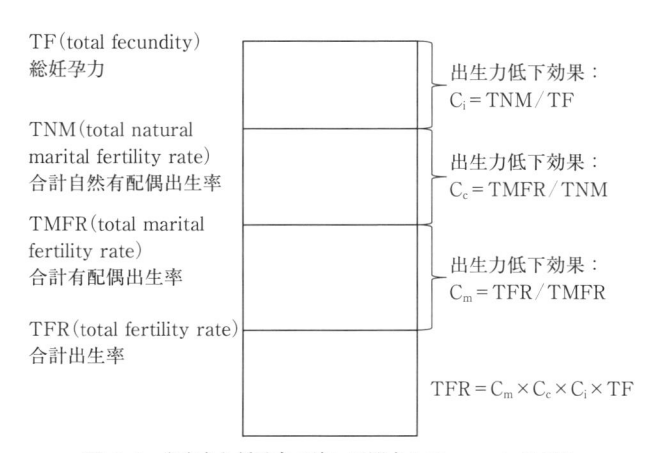

$TFR = C_m \times C_c \times C_i \times TF$

図 6.2 出生力と妊孕力の違いに関するBongaartsモデル
C_iは授乳などによる不妊の係数，C_cは意図的な出産抑制（すなわち避妊や人工妊娠中絶）の係数，C_mは婚姻しないことの係数である．

なお，妊孕力を厳密に定量化するには，妊孕力のある受胎待ち時間（fecund waiting time），あるいはその逆数である受胎能力（fecundability）という概念が用いられる．一般に受胎能力といえば，自然受胎能力，すなわち，避妊を行わない場合の1月経周期あたりの受胎確率を指す．これらの値には実際には性交頻度や男性側の因子も寄与するが，女性の妊娠歴データをもとに推定されるので，女性の生物学的な受胎能力の指標とみなされる．

6.6.1 妊孕力の遺伝的要因

進化的に考えると，仮に妊孕力を低くする遺伝子があるとしたら，その遺伝子は次世代に伝わりにくいはずだから，生存能力が高いなどの利点がない限り，遺伝的に妊孕力が低いという状態は理解しにくい．しかし，意図的な出産抑制がないのに妊孕力が低い集団は世界にいくつもある．その多くは低栄養，性病，長い授乳期間による産後無月経期間の延伸など環境要因で説明できるが，説明できない部分も残る．例えば，北米に住み意図的な出産抑制をせずに伝統的な生活をしているアーミッシュという人びとの解析において，集団内に結婚時点から妊孕力が低いカップルと，そうでないカップルが存在すると仮定した方が，結婚時点での妊孕力を均質と仮定したモデルよりもデータによくあてはまった（Wood et al., 1994）．

現代先進国における少子化が低妊孕力遺伝子の広まりによるという仮説は成り立つだろうか．肥満マウスとして知られるob/obマウスでは生殖能力が低い．ob/obマウスが交配中に偶然生じたのは1950年だが，遺伝子の変異部位とその物質が同定されたのは1994年であった．レプチンとよばれるこの物質は主として脂肪組織から分泌されるホルモンで，正常なレプチンがないと視床下部の満腹中枢が活動しないためにいくらでも食べてしまうばかりでなく，交感神経系の働きも低くなるために産熱が低下してエネルギー過剰状態になることから，極端な肥満になってしまう（蒲原，1998）．正常な女性では，第二次性徴の発現に伴って脂肪組織が増え，レプチンレベルが上昇して，生殖に耐えうるだけの十分な体脂肪の蓄積が完了したことを脳に伝えるシグナルとして働いていると考えられる．女性スポーツ選手などで体脂肪が低いと月経の遅延が認められる場合があるし，ob/obマウスに実験的にレプチンを投与すると生殖機能が回復することも確認されているので，ob/obマウスの低い生殖能力は遺伝的に正常なレプチンが分

泌されないことによると考えられる．これから連想すると，先進国における肥満の増加を出生力低下と結びつけて考えたくなるところだが，ヒトの肥満においては，95％の症例で体脂肪量と血中レプチン濃度の間に正の相関がみられており，今日の先進国でみられるヒトの肥満の多くはレプチン不足に起因するものではない．ただし，レプチン不足でないにもかかわらず肥満になってしまうということは，脳内におけるレプチンレセプターあるいはその作動系の異常が想定されるので，関連がないともいいきれない．レプチンレベルが上昇しても生殖機能が亢進するわけではないのに対して，レプチン低下時の生殖機能低下は非常に敏感である．人類の長い歴史においては飢餓状態の方が長かったため，飢餓に陥ったことを脳に知らせ，生殖機能や甲状腺ホルモンの分泌を抑えてできるだけ消費エネルギーを倹約しようとするシグナルの存在は重要であったと思われる．脊椎動物というレベルでレプチンの遺伝子が保存されていることは，このシグナルの重要性を示すものであろう．もし，レプチンレセプターの異常が月経周期の遅延や無月経を引き起こすとしたら，低妊孕力遺伝子とよべるかもしれない．

6.6.2 妊孕力に影響する環境要因

　ヒトの妊孕力に影響する環境要因としては，性病などの病気，授乳，栄養状態，心理社会的ストレス，季節変化などがあげられる．いずれもヒトの社会の複雑化に伴って個人間差や集団間差が大きくなってきている．

　クラミジアや淋病など，いくつかの性病は卵管閉塞（あるいは閉塞までいかなくとも卵の自然な移動を妨げるような卵管の傷）などの後遺症を引き起こし，不妊の原因となる．性病以外にもIUD（子宮内避妊器具）の使用などによる外傷や，産褥敗血症，あるいは性器結核といった疾患でも後遺症として卵管の異常につながる場合がある．女児の割礼がある集団や，非衛生的な人工流産法を実行している集団では，それらも原因となりうる．質のよい疫学データは少ないが，多くの自然出生集団では性病は少なかったと考えられている．性病のある集団では，完結出生児数の分布が，性病のない自然出生集団とはっきりと異なることが指摘されている．例えば，サハラ以南のアフリカでは，不妊を訴えるカップルの平均年齢が他地域に比べて有意に若く，完結出生児数が０のカップルの頻度が高くなってしまう．しかし，サハラ以南のアフリカでさえ，性病の蔓延は，最近100年以内に外部との接触によって起きたと考えられる．産褥敗血症による二次的不妊の

影響の大きさを指摘した報告は多いものの,定量的な研究はない（Wood, 1994）.

　授乳中は無月経になるため,基本的に授乳は妊孕力を抑制する方向に働くが,先進国の女性は栄養状態がよいので授乳中でも月経が再開するといわれてきた.ただし,栄養状態がよくても高頻度な授乳があれば吸乳刺激の影響でGnRH（gonadotropin releasing hormoneの略で視床下部で合成・分泌され,下垂体からの性腺刺激ホルモンを放出させるホルモン）のパルス状分泌が抑制され,月経は起こらない.授乳頻度が1日あたり6回未満になり,授乳時間が1日あたり60分未満になるまで有排卵月経が再開しなかったという英国の研究がある.パプアニューギニアのガインジュとよばれる人びとにおいては,1日あたり40〜50回という高頻度な授乳が行なわれていた2年間,1回あたりの授乳時間がきわめて短くても排卵が抑制されていた（Wood, 1994）.夜間に長い授乳間隔があくと排卵が再開することからも,持続時間よりも頻度のほうが決定的である可能性が強い（Wood, 1994）.

　哺乳類の排卵調節のメカニズムは,絶食や激しい運動の影響を強く受ける.先進国の女性の排卵調節機構は比較的良好に保たれており,約28日ごとの排卵が保持されるが,カラハリ砂漠中央部に住むサンの女性は激しい労働と栄養不足の影響で,1年のうち初春にしか出産がみられない.初夏から秋にかけての食物を得やすい時期にだけ排卵が起こっていると考えられる（田中, 1998）.日本でも若い女性が無理なダイエットから無月経になることが時折みられるが,カニクイザルを使った実験の結果でも,絶食をさせている間は無月経となることが知られている.インスリンの投与によっても同様な現象が引き起こされることから,絶食によって血糖の利用性が低くなり,LHサージ（下垂体からの黄体化ホルモン分泌の急増のことで,これが卵巣からの排卵を誘起する）が起こらなくなると考えられる.

　生殖機能は,ストレスによって抑制されることが知られている.社会心理的ストレスばかりではなく,痛み,激しい運動,低栄養,マラソンなどによる肉体的なストレスによって,それらのストレスに耐えるためにオピオイドニューロンが活性化され,視床下部-脳下垂体-性腺系を介して性ホルモンの分泌が低下し,全体として生殖機能が抑制される（市川ら, 1998）.

　北極近くに住むイヌイットの女性は1日中暗闇の冬季には排卵が抑制されると

いう報告があるほか，ヨーロッパ，カナダ，日本などでの歴史人口についての詳細な解析から出産には季節性があり，しかもそのパターンが夏に多くなるアメリカ型や早春と秋に多いヨーロッパ型など地域によって異なることが明らかになっている．これは性行動が生理的および社会的に季節性の影響を受けることばかりでなく，精子の質や早期胎児死亡の季節差などとの相互作用によることを示唆している（三浦，1983）．

6.7 再生産への文化人類学的な接近

近代化以前の出産は，女性のライフコースにとって，生命を落とす危険もあり，大イベントであったに違いない．パプアニューギニアの村では産後長期間の授乳をするため，産後無月経期間が長くなって，出産間隔は数年あるのがふつうだった．出産に伴ってさまざまな文化的なしきたりが行われるのだが，これは，松岡（1991）によれば，一種の通過儀礼ととらえることができる（図6.3）．しかし，現代の日本をはじめとする先進諸国では，病院や診療所で医学的に管理された分娩が大部分になり，出産に伴う危険が低下すると同時に，自律性も低下してきたことが指摘されている．

伝統社会では，出産とは，共同体に新しい成員が加わるということであり，一大セレモニーとして村をあげて祝われるのがふつうであった（共同体にとっては，出産そのものよりも，それを経て新しいヒトが共同体に入ってくる方が一大事であったと思われ，そういう共同体では，その意味では出産以上に名づけの式・成

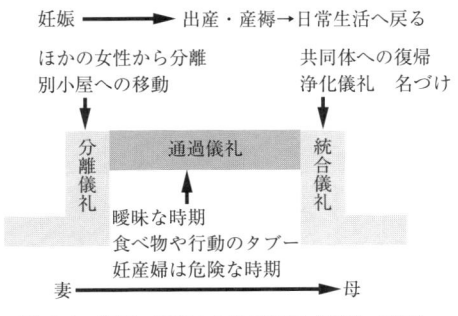

図 6.3 妊娠・出産の文化的意味（松岡，1991）

人式の方が重視された).近代社会では共同体意識自体も薄れ,出産のセレモニー性も薄くなる一方である.

6.8 出生力転換はなぜ起こったか

ヒトの再生産を考える上で,先にふれた出生力転換がなぜ起こったのかは大きな謎であり,これまでにも多くの説が唱えられてきた.社会経済的説明についてはよいレビューがあるので(例えば大淵,1988),ここでは詳しくふれないが,出生力転換が実在したかどうかを確認しておくと,ヨーロッパ諸国で出生力が長期的に低下したことを示したのは,Ansley J. Coale が中心となってヨーロッパの出生力転換を研究した,いわゆる「プリンストン研究」であった.データが不十分な18世紀,19世紀のヨーロッパ各地の出生力,結婚,結婚出生力の統一的な尺度として,いくつかの間接的出生力指標が考案された.ハテライト指標とよばれるこれらの指標は,人口史上の最大自然出生力集団であるハテライトの年齢別出生率を基準とした相対指標なので,出生力転換をデータで示すときに広く使われている.対象とする集団の x 歳女子人口を W_x, x 歳有配偶女子人口を $W_x(\mathrm{m})$, x 歳無配偶女子人口を $W_x(\mathrm{um})$, 年間総出生数を B, 年間嫡出出生数を $B(\mathrm{m})$, 年間非嫡出出生数を $B(\mathrm{um})$, ハテライトの年齢別出生率を $f_x(\mathrm{H})$ として,4つのハテライト指標が定義された.

総合出生力指標 $(I_f) = \dfrac{B}{\sum\{W_x \times f_x(\mathrm{H})\}}$

嫡出出生力指標 $(I_g) = \dfrac{B(\mathrm{m})}{\sum\{W_x(\mathrm{m}) \times f_x(\mathrm{H})\}}$ (有配偶出生力指標)

非嫡出出生力指標 $(I_h) = \dfrac{B(\mathrm{um})}{\sum\{W_x(\mathrm{um}) \times f_x(\mathrm{H})\}}$ (無配偶出生力指標)

結婚指標 $(I_m) = \dfrac{\sum\{W_x(\mathrm{m}) \times f_x(\mathrm{H})\}}{\sum\{W_x \times f_x(\mathrm{H})\}}$ $\left(I_m = \dfrac{I_f}{I_g} \times \dfrac{B(\mathrm{m})}{B}\right)$

このフレームでは,$I_f = I_g I_m + I_h(1-I_m)$ が成立することから,出生力を結婚と結婚出生力に分けて考えることができる.つまり,晩婚なら I_m が低くなり,早婚なら I_m が高くなるので,晩婚化が出生力低下の主な要因であるならば I_g はそれほど低下せずに I_m が小さくなることによって I_f が小さくなるという現象が起

きる．19世紀末から20世紀にかけてのヨーロッパ諸国のI_gの変化をみると，どの国でも半減以上に減っていたことから，ヨーロッパ諸国の出生力低下においては，真に有配偶出生力の低下があったといえる（Coale and Watkins, 1986）．20世紀末以降の日本の出生力低下は，長らく晩婚化と生涯未婚率の上昇が主な原因であって有配偶出生力は低下していなかったが，最近は有配偶出生力も低下している．

　途上国での20世紀後半のそれや，日本の戦後20年間の急速な出生力低下については，政府の介入の役割も無視できない．家族計画キャンペーンを行って避妊実行率を上げてきたことは，間違いなく出生率低下に大きく寄与したし，「子どもは授かるもの」という考え方から，「子どもを何人もつか」という能動的でコントロール可能なものという考え方に意識が変わったことも出生率低下への影響が大きかったことは自明であるが，十分に理論化されていない．

　経済学では通常，ヒトが合理的な行動をするものと仮定されているので，出生力が低下した原因としては，子どもの需要が低下した，価値観の多様化によって子どもをもちたい意欲が減少した，といったさまざまな仮説やモデルが提唱されてきた（大淵，1988）．しかし，ヒトは必ずしも合理的に行動しないし，個人差も大きいので，社会学・経済学の理論だけで出生力転換を十分に説明することは難しい（もっとも，経済学でも近年は，ヒトの行動の合理性を前提としない行動経済学の理論が脚光を浴びるようになった）．本章で述べたとおり，再生産は文化，社会，生物学的なプロセスが複合的実体として進行するので，出生力転換の解釈についても，人類生態学的なアプローチが必要であろう．

BOX 3

遺伝子文化共進化

　遺伝子文化共進化とは，文化進化論において，ある文化を特徴づける人間行動が，特定の遺伝子を発現した個体の包括適応度を上げることに寄与することによって，その文化の一部として代々伝えられていく可能性が高まる現象として定式化された概念である（Durham, 1991）．別の視点からいえば，遺伝子文化共進化とは，文化の伝達と世代間での遺伝子の受け渡しが相互作用する中で起こる現象である．文化の伝達は社会的学習によって「観察者」が「モデル」の示す行動を獲得することで起こる．伝達された文化は情報として脳のどこか

に存在するには違いないが，実体は不明である．遺伝子の世代間での受け渡しには，最低でも1世代という，相対的に長い時間がかかることもあり，研究することが難しい．

しかし，Richard Dawkins のミームという概念（Marcus Feldman と Luigi L. Cavalli-Sforza の文化形質，Charles J. Lumsden と Edward O. Wilson のカルチャゲンも，ほぼ同じものと考えられる）を用いれば，文化進化の定量的な扱いが可能である．つまり，遺伝子のアナロジーで社会的学習によって伝播できる情報の単位をミームと定義すれば，文化の伝達も数理モデルとして定量的に扱える．遺伝子は垂直にしか伝達されないのに対して，ミームは垂直にも水平にも伝達されるという特徴をもつ（Aoki, 2001）．

遺伝子文化共進化の最も有名な例は，成人になっても乳糖を分解できる遺伝子の遺伝子頻度が高い地域が，牧畜を主な生業としている地域と重なっているというものである（青木，1995；Beja-Pereira et al., 2003）．このことは，牧畜文化というミームが，成人でも乳糖を分解できる酵素をもつ遺伝子と互いにその頻度を高めるように作用するというモデルで説明がつく．ヒトの歯と顎が小さいこと，体毛がないことなどは，加熱調理する技術や衣服を着る文化の伝達に反応する遺伝子を考えると説明しやすい（Henrich et al., 2008）．このことを自己家畜化ととらえる研究者もいる（例えば Brune, 2007）．　　[中澤　港]

引用文献

青木健一（1995）乳利用と乳糖分解酵素：遺伝子と文化の共進化．『講座　地球に生きる4―自然と人間の共生』（福井勝義編），pp. 95-109. 雄山閣．

Aoki, K. (2001) Theoretical and empirical aspects of gene-culture coevolution. *Theoretical Population Biology* **59**：253-261.

Beja-Pereira, A., Luikart, G., England, P. R., Bradley, D. G., Jann, O. C., Bertorelle, G., Chamberlain, A. T., Nunes, T. P., Metodiev, S., Ferrand, N. and Erhardt, G.(2003) Gene-culture coevoution between cattle milk protein genes and human lactase genes. *Nature Genetics* **35**（4）：1-3.

Brune, M. (2007) On human self-domestication, psychiatry, and eugenics. *Philosophy, Ethics, and Humanities in Medicine* **2**：21. [doi: 10.1186/1747-5341-2-21]

Durham, W. H. (1991) *Coevolution: Genes, Culture and Human Diversity*. Stanford University Press.

Henrich, J., Boyd, R. and Richerson, P. J. (2008) Five misunderstandings about cultural evolution. *Human Nature* **19**：119-137.

6章　引用文献

Bongaarts, J. (1978) A framework for analyzing the proximate determinants of fertility. *Population and Development Review* **4**: 105-132.
Bongaarts, J. (1982) The fertility-inhibiting effects of the intermediate fertility variables. *Studies in Family Planning* **13**: 179-189.
Carlsen, E., Giwercman, A., Keiding, N. and Skakkebaek, N. E. (1992) Evidence for decreasing quality of semen during past 50 years. *British Medical Journal* **305**: 609-613.
Charnov, E. L. (1993) *Life History Invariants: Some Explorations of Symmetry in Evolutionary Ecology.* Oxford University Press.
Coale, A. J. and Watkins, S. C. (eds.) (1986) *The Decline of Fertility in Europe.* Princeton University Press.
Denny, C. (1997) A model of the probability of survival from birth. *Mathematical and Computer Modelling* **26**: 69-78.
榎本知郎（1999）繁殖と性行動.『霊長類学を学ぶ人のために』(西田利貞, 上原重男編), pp. 203-225. 世界思想社.
Ehrlich, P. R. (1968) *The Population Bomb.* Ballantine.
Ehrlich, P. R. and Ehrlich, A. H. (1990) *The Population Explosion.* Simon and Schuster.
長谷川真理子（1993）『オスとメス＝性の不思議』講談社.
Hawkes, K., O'Connell, J. F., Blurton-Jones, N. G., Alvarez, H. and Charnov, E. L. (1998) Grandmothering, menopause, and the evolution of human life histories. *Proceedings of National Academy of Sciences* **95**: 1336-1339.
Holman, D. J. (1996) *Total Fecundability and Fetal Loss in Rural Bangladesh.* Doctoral Dissertation, Pennsylvania State University.
市川眞澄, 岡　良隆, 小林牧人ら（1998）『脳と生殖-GnRH神経系の進化と適応』学会出版センター.
稲葉　寿（2007）人口分析の基礎.『現代人口学の射程』（稲葉　寿編), pp. 219-252. ミネルヴァ書房.
蒲原聖可（1998）『ヒトはなぜ肥満になるのか』岩波書店.
国際人口学会編（1994）『人口学用語辞典』厚生統計協会.
Leridon, H. (1976) Facts and artifacts in the study of intra-uterine mortality: a consideration from pregnancy outcome. *Population Studies* **30**: 319-335.
MacArthur, R. H. and Wilson, E. O. (1967) *The Theory of Island Biogeography.* Princeton University Press.
松岡悦子（1991）『出産の文化人類学　儀礼と産婆［増補改訂版］』海鳴社.
三浦悌二（1983）『生まれ月の科学』篠原書店.
中澤　港（1999）ヒトの精子数は"全世界"で減少しているか—減少地域で危険因子の追究を. 科学 **69**: 58.
中澤　港（2003）日本の年齢別出生力パタンのトレンドの分析. 山口県立大学看護学部紀要 **7**: 67-76.
中澤　港, 石森大知（2004）急速な人口増加の成因と帰結.『ソロモン諸島　最後の熱帯林』(大塚柳太郎編), pp. 35-53. 東京大学出版会.

Nakazawa, M. and Ohtsuka, R. (1997) Analysis of completed parity using microsimulation modeling. *Mathematical Population Studies* **6** (3): 173-186.
大淵 寛 (1988)『出生力の経済学』中央大学学術図書.
鈴木 透 (2007) 日本人口絶滅へのシナリオ.『現代人口学の射程』(稲葉 寿編), pp. 44-58. ミネルヴァ書房.
舘 稔 (1963)『人口分析の方法』古今書院.
田中冨久子 (1998)『女の脳・男の脳』日本放送出版協会.
堤 治 (1999)『生殖医療のすべて』丸善.
Voland, E., Chasiotis, A. and Schiefenhövel, W. (eds.) (2005) *Grandmotherhood: The Evolutionary Significance of the Second Half of Female Life*. Rutgers University Press.
Wedekind, C. and Füri, S. (1997) Body odour preferences in men and women: do they aim for specific MHC combinations or simply heterozygosity? *Proceedings of Royal Society, London B: Biological Sciences*. **264** (1387): 1471-1479.
Wood, J. W. (1994) *Dynamics of Human Reproduction: Biology, Biometry, Demography*. Aldine-de-Gruyter.
Wood, J. W., Holman, D. J., Yashin, A. I., Peterson, R. J., Weinstein, M. and Chang, M. C. (1994) A multistate model of fecundability and sterility. *Demography* **31** (3): 403-426.
山田昌弘 (2007)『少子社会日本-もうひとつの格差のゆくえ』岩波書店.
山元大輔 (2004)『男と女はなぜ惹きあうのか:「フェロモン」学入門』中央公論新社.

7章

生態の構成要素としてみた化学物質

　現代の都市社会に生きる我々は化学物質に囲まれて暮らしている，という表現に違和感を抱く人はあまりいないだろう．この時の「化学物質」という言葉で何をイメージしているのかは人によってさまざまであるとして，人間が地球に登場したころには存在しなかったもの，元来人間の生存に必須ではなかったものを考えていることが多いのではないか．にもかかわらず，我々は化学物質に囲まれて生活しており，現代の人間の生存は化学物質に強く規定されている．

7.1 現代生活の中の「化学物質」

　化学物質という言葉の定義は意外に厄介である．例えば化学物質排出把握管理促進法（PRTR法）（1999年）では「元素および化合物」と定義されており，およそこれにあてはまらない物質はない．環境問題を論じる多くの書では，環境中にあって何らかの形で人間に（主として有害な）影響を及ぼす物質と限定している場合が多いが，人間と「化学物質」とのかかわりを考える際に害作用のみをみていては十分ではない．人為的に合成された化合物は「化学物質」に含めるとして，この章では，人為的活動によって（化学的にみた）物質の局在が天然の状態と大きく変化するようなものも含め，曖昧さは承知の上で「化学物質」とよぶことにしたい．したがって，精錬された金属単体や，植物から抽出して弓矢に使われたクラーレなどは化学物質に含まれる一方で，山火事に伴って生じたダイオキシンは含まれないことになる．ただし，化学物質に含まれるものとそうでないものとを分類できるような化学構造上の違いはない．

　我々の生活する世界は化学物質に満ちており，屋内の家具を含め都市の景観の

大部分は合成プラスチック・化学繊維・アルミニウムなどの金属・コンクリートやアスファルトで構成されている．1日に手にとるもので，この化学物質の定義にあてはまらないものがあるかどうか考えてみれば，その浸透ぶりが理解できよう．直接目にはみえなくとも大気・水などの環境媒体中，食物中には種々の汚染物質，残留農薬や食品添加物が含まれる．途上国の農村においても農薬や肥料をまく姿は日常的であるし，医薬品も頻繁に利用されている．村の雑貨店にある黒いビニル袋を含め，農薬・肥料・医薬品などのプラスチック包装も随所に捨ててあるのをみかける．民家にも化学物質をふんだんに使ったテレビ・冷蔵庫が入りつつある．道路の普及，新しい建材の使用，(自給でなく)購入食品に含まれる種々の食品添加物など，それまでに存在しなかった化学物質が次々ともたらされつつある．

7.2 化学物質はどのように人間の社会に浸透してきたか

　採集狩猟民時代の生活はほぼ「天然素材」に依存していたと考えられる．「薬草」利用に類する行動は霊長類でも観察され，人類も古くから薬草を利用した考古学的証拠があるが，これらは植物性食物の摂取の域を出なかったであろう．その意味で最も早い「化学物質」利用の1つは，中石器時代からの矢毒使用で，アコカンテラに含まれる物質やサポニンを用いていた可能性が指摘されている．農耕革命ののち，約3500年前から青銅器，遅れて鉄器が農具・食器として使用されるようになった．武器の使用ともあわせて，これらの金属は集団の生存を有利にしたであろう．ギリシャ・ローマ時代から中世の期間も新たな化学物質の生産と導入は行われていた．錬金術（紀元前のエジプトから11世紀のヨーロッパまで）はそれ自体誤った考えであったものの，化学知識の蓄積にはおおいに貢献して化学薬品の合成などを促したし，石鹸製造，蒸留法の改良によるアルコール精製，酸・ガラス製造などの技術の進展と一般への普及があり，人びとの生活に大きな変化を及ぼした．また，火薬の原型は7世紀に発明され，14世紀ごろに至って黒色火薬が開発されるなど，戦争が技術進展の刺激剤になっていた（安原，1999）．

　本格的な化学物質生産が始まり，合成化学物質の種類・量が爆発的に増加したのは，18世紀の産業革命によって合成・生産のための技術的基盤が育ち，19世紀において化学理論の発展があったのちである．すなわち，産業革命で需要が増

加したコークス製造の副産物で用途のなかったタール成分を分析・分離・精製して活用する目的で有機化学が発展し，当時進展著しかった構造化学の理論を応用して，複雑な有機化合物をつくり出す合成化学が確立したのは19世紀中盤であった．その後，我々を取り囲む化学物質の種類は急増した．日本で1973年に化学物質審査規制法（化審法）が成立した際，当時製造・輸入されていた化学物質は約2万種にのぼった．化学物質の大きなデータベースであるCASには，2004年時点で2500万種類以上の分子が登録されている．またOECDは，加盟国の1ヵ国以上で年間1000 t以上生産されている化学物質のリストを公表しているが，2004年版で4800種類を超える化合物・元素が掲載されている．

7.3 食生態と化学物質

食生態に関係する化学物質は多い（表7.1）．農薬は使用目的により，殺虫剤，

表 7.1 食生態と関連する化学物質

	ベネフィット	リスク	合成品の使用開始と使用の現状
農薬	・食料生産の安定 ・農作業労働の軽減（時間および作業エネルギーの軽減） ・疾病媒介昆虫・動物の駆除による感染症の減少	・職業曝露による急性中毒：年間300万件，死亡22万件（それぞれ90，99%が途上国）． ・微量長期曝露による神経系などへの影響（発達影響を含む）．生態系のダメージ（鳥類・魚類など）	1930年代から． 第二次世界大戦終了時，世界の農薬生産量は5万t程度． 1965年には100万t， 1985年には300万t（安原，1999；WHO／UNEP，1988），その75%が途上国で使用される．
化学肥料	・食料生産の安定（世界の全作物が必要とする窒素の4割を供給（FAO，2003） ・農作業労働の軽減	・水系の富栄養化 （水資源への損害）	化学肥料の使用は，19世紀半ばから．ボルドー液（生石灰に硫酸銅を混ぜたもの）．1930年代より，種類・量ともに著増した．
冷蔵・冷凍（冷媒）	・食品の長期保存・貯蔵：日本の冷凍食品消費量は約236万t（2009年）；その4割は輸入食品（日本冷凍食品業界，2009）． ・食材の長距離輸送可能に．	・冷媒（フロン）によるオゾン層破壊 ・冷蔵・冷凍食品の増加による「フードマイレージ」の増加：日本は9億t・km，米国の3倍，ドイツの4.5倍．	断熱膨張を繰り返す「冷媒」が技術の要で，19世紀に導入．初期にはアンモニアを使用．フロンは1928年から登場．
食品添加物	・食品の保存・品質保持・腐敗防止 ・外見・味をよくする	・健康リスク	

除草剤，殺菌剤に大別される．化学物質を用いて虫やネズミを駆除する技術は古くからあって，硫黄，ヒ素，ニコチン，植物由来のストリキニーネやピレトラム，タバコの粉などが用いられていた．19世紀末のヨーロッパでは，ブドウやジャガイモに硫酸銅を含む殺菌剤であるボルドー液が用いられることもあったが，当時でも作物の病害虫制御手段は，品種のローテーションおよび鋤などによる機械的な除草であって，合成農薬の種類と量が一気に増えたのは1930年代である（Matthews, 2006）．農薬にはきわめて多くの種類があるが，有機塩素系農薬は環境残留性と生態系影響が問題となり多くの国で使用禁止となっており，有機リン系，カーバメート類，さらに低毒性のペルメトリン系などが用いられている．また，フェニル水銀（毒性が強く禁止された）や無機ヒ素化合物など金属類も利用されてきた．

農薬の効果については，除草剤導入前後におけるコムギ・ワタなどの収量増加（2～4倍：米国，イギリス），水田の除草作業時間の著しい短縮（50→2時間；日本）などの食糧生産の向上や，DDT導入によるマラリア死亡の激減（8年間で75万人→1500人；インド）などが報告されている（Matthews, 2006）．こうした縦断的な比較には，農薬以外の要因も寄与しているであろうが，農薬が現実的に人口収容力を高め，疾病負荷を減少させてきたのは確かであろう．しかし，現在においても主要な作物の26～40％程度は害虫・雑草などの疫病により失われているという推定がある．

農薬は生物毒であるので，ヒトや生態系に害作用を及ぼす危険は高く，職業曝露時の中毒事故が途上国を中心に依然として大きな問題である．地下水や食物から微量の農薬を長期間にわたって摂取した場合，胎児・新生児の生殖・免疫・神経機能の発達への影響が最も心配されているが，十分なデータが得られていない．生態系影響については，塩素化合物の項で述べる．

作物の生育に必要な栄養分は，土壌中から吸収されるが，これを外から補うのが施肥である．施肥の技術自体はエジプト文明のころから存在したというが，化学反応で得た無機肥料（窒素・リン酸・カリウム）による近代的施肥が始まったのは，植物の生育の仕組みが科学的に明らかになってきた19世紀半ば以降である．現在，世界の全作物が吸収する栄養素の4割が肥料によってまかなわれているという統計があり，現代の農業生産を支える技術であることを示している．堆肥や厩肥などの有機肥料に比べて，合成化学肥料は有効成分の含有率が圧倒的に

高く，例えば有機肥料の1/100の重量で等量の窒素が供給できる．つまり，化学肥料は生産を維持するのみならず労働負荷も軽減していることになる．一方で作物に吸収されなかった窒素やリンが環境中を移動し，最終的に湖沼や湾に流入すると富栄養化が起こり，水産資源に被害を与えたり，水の利用価値を低くしたりする．

冷凍・冷蔵も現代の食生態に大きな影響を与えている．低温・凍結による食物の保存技術自体は紀元前のメソポタミアにも存在したとされるが，寒剤や断熱膨張の原理が応用されたのが19世紀，一般家庭への普及は20世紀前半であった（シェパード，2001）．現在の冷凍・冷蔵技術を支えるのは「冷媒」であり，初期にはアンモニアが用いられたが，1928年に開発されたクロロフルオロカーボン（CFC；いわゆる「フロン」）は低毒性で化学的に安定した冷媒として長い間重宝された．しかし，フロンによるオゾン層破壊が問題となり，1987年のモントリオール議定書によって製造・使用が禁止され，かわってオゾン層破壊性の弱い「代替フロン」が登場した．最近では二酸化炭素あるいはアンモニアを冷媒とする冷蔵・冷凍機が市販されるようになった．冷凍・冷蔵技術によって食材の長距離移動が可能になったことは，食物入手にかかわるエネルギー消費を肥大させることともなった．日本の冷凍食品の4割は輸入食品で，食物の輸送量に移動距離を乗じた「フードマイレージ」という指標では，日本は世界のトップである（中田，2004）．

食品を塩や砂糖につけて日持ちをよくする技術も古来からあったもので，食品添加物はその延長上の技術といえる．現在，日本では天然・合成を合わせて800種類に及ぶ食品添加物が認可されている（2008年）．食品添加物は食品の日持ちをよくし，食中毒の危険性を下げるという直接の効能以外に，食品を流通に乗せて輸送することを可能にすることで生産の無駄をなくすほか，ある地域集団における食物の入手可能性（摂取可能性）を拡大し，栄養状態の改善にも貢献していると考えられる．一方で過剰な摂取により健康への悪影響が出ないよう，添加量に規制が設けられているものもある．

7.4 医療・公衆衛生と化学物質

3～6千年前のエジプトあるいは3世紀の中国には，すでに薬草に関する体系

的な知識や技術が存在した．しかし，疾病に対抗するための化学物質の本格的な利用が始まったのは，感染症の本体としての「病原体」の重要性が認識されるようになった19世紀後半以降である（ライリー，2008）．20世紀の冒頭，明らかに治療効果が認められた薬は，キニーネ・ジギタリス・アヘンなどごく限られていたとの指摘もある．解熱剤であるアスピリンは消炎・解熱に有効な植物抽出物中の有効成分を分離し，構造修飾するという化学的操作で製造され，1899年に販売が始まった．病原体に特異的なアプローチの代表であるワクチンや，抗生物質であるペニシリンは1940年代に登場している．現在，日本で利用可能な医療用医薬品のデータベースには2万種類弱の薬品がリストされている．

20世紀前半に登場したサルファ剤・予防接種・ワクチンなどは，感染症に対し絶大な効果を示した（Roush et al., 2007；表 7.2）．感染症で命を落とすのは，主として若い世代（乳幼児）であるから，感染症の制御により平均寿命は大きく伸びる．1950年代以降の途上国の平均寿命の伸びに，医薬品の導入が寄与していることは疑いないが，同時期に起こった食糧供給の確保や衛生状態の向上の寄

表 7.2　医療・公衆衛生と関連する化学物質

	メリット（用途）	デメリット	合成品の使用開始
医薬品一般	・生命を救う 　サルファ剤（20世紀初頭）により，細菌性赤痢の致命率が80〜90％から5〜10％へ低下．ワクチン接種事業の前後の比較において，13種類の疾病中12種の有病率・死亡率が80％低下（Roush et al., 2007）． ・疾病の程度を軽減 ・有病期間の短縮 ・QOLの改善（痛みの軽減その他）	・いわゆる副作用． ・薬剤耐性の出現 　新たな感染症の脅威， 　治療成績の低下， 　予防手段の無効化．	ワクチン・化学合成剤：19世紀終盤（天然痘ワクチンは18世紀から）． アスピリン販売：1899年から． 抗生物質：ペニシリン1940年代から．
上水の塩素処理	消化器系感染症の防止	発がん性をもつ副生成物（トリハロメタン）の生成；処理水中のフミン質が生成に関与？	20世紀初頭（ロンドン）．
消毒薬	感染・感染症防止・予防（手術，分娩など，公衆衛生上の目的）		19世紀半ばのフェノールの分離がきっかけ．

与と区別することは困難である．

　医薬品には副作用のリスクが必ずついてまわるが，それ以外の問題も多い．薬剤耐性の出現は最も深刻な問題の1つであろう．クロロキン耐性のマラリア原虫の分布はアフリカを中心に広域に広がり，疾病対策上の大きな障害になっている．MRSA，VMR，多剤耐性結核菌などの出現とともに，医薬品の不適切な使用法に起因する部分が大きい．最近は，家畜への抗生物質の使用，医療機関や一般家庭で使用され廃棄された医薬品による環境汚染などにも目が向けられている．

　医薬品以外に健康関連領域で使用される重要な化学物質として，上水道の塩素処理および消毒薬があげられよう．水の塩素処理は20世紀初頭にロンドンで開始され（常石，1999），現代の水道設備には必須であるが，上水処理による発がん物質生成の問題が生ずるなど，課題は残されている．消毒は，19世紀中盤に確立された合成化学により，フェノールが分離されたことで，手術場などでの実践が普及した．

7.5　石油化学製品と塩素化合物

　化石燃料は生体に由来するため多種類の有機物質を含んでいる．産業革命の結果，石炭からコークスの生成が盛んになったが，生成副産物であるコールタールにはほとんど使い途がなかった．その使途を開発すべく，コールタールを分離・精製・分析する研究が進展したことが，19世紀中盤の合成化学の誕生につながった（Rodricks，2007）．初期のアニリン青の合成（1856）は，低価格によって天然色素を市場から追い出し，消毒薬（フェノール）の精製は，手術現場での消毒の実施などに結びつくなど，この新しい技術のインパクトは大きかった（Rodricks，2007；常石，1999）．第二次世界大戦後，合成化学の出発物質がそれまでの石炭（コールタール）から石油に転換し，石油化学が成立したことによって，合成繊維・合成樹脂を含め無数の合成化学物質が出現する基盤がつくられた．日本において，2005年の石油国内消費の19.5％が化学製品の原料に充てられている．石油化学製品の使途は多岐にわたり，2000年における内訳（重量ベース）は，ポリエチレン，ポリスチレン，ポリプロピレンなどのプラスチック類（60％），ナイロンなどの合成繊維（10％），ラテックスなどの合成ゴム類（6％）となっている．

アルカリ（苛性ソーダ）は，ガラス・石鹸・紙・繊維の製造に使用される．19世紀後半，アルカリへの需要が高まり，新しい製法として電解法が開発された結果，塩素と水素という有害な副産物が生成，その有効利用が課題となった（Thornton, 2000）．第一次世界大戦で塩素ガスは化学兵器として使用された．1920年代終盤から有機塩素化合物が市場に出回るようになり，耐火性に優れたPCB類は変圧器やポンプの潤滑用として，フロンが冷媒としてそれぞれ普及した．30年代半ばには，殺虫効果が見出されたDDT，あるいは塩化ポリビニル（PVC）などが開発された．塩素の利用は加速的に広がり，1900年ごろに2万5千t程度にすぎなかった年間生産量は，40年代終盤には200万tに到達した（Thornton, 2000）．有機塩素化合物は，プラスチック，溶剤，医薬品，農薬など広範囲の用途がある．やや古い数値ではあるが，日本では有機化学製品の13％以上，プラスチックの18％，農薬では生産量の46％が塩素を含んだ化合物という統計もあり（白石，1995），塩素化合物は，化学工業製品の中で量的にも重要な位置を占めていることがわかる．

　有機塩素化合物には環境残留性が強いものが多く，生態系への影響が問題となる．DDTやPCBは，地球規模で広範囲に拡散し，海洋哺乳類（イルカ，アザラシなど）や鳥類に蓄積，再生産に影響することが示されている．ヒトの健康への懸念とともに，生態系への影響を想定して，有機塩素系農薬は多くの国で1970年代以降禁止になった．残留性有機汚染物質（POPs）に関するストックホルム条約の規制対象のほとんどは農薬を含む有機塩素化合物である．

7.6　金　　属

　鉄器や銅器は古くから登場しており，合成化学物質と比較すれば金属とのつきあいの歴史はきわめて長い．現在ではその用途は多岐にわたっており，強度と耐久性とをもった構造物の骨格として建造物・交通機関（航空・船舶を含む）・機械などに使われるほか，その電導性によって電気電子機器・送電線などに広く利用されている．金属は合成化学物質ではないが，人間はこれを地殻から取り出し，精錬という作業で純度を高めて環境中に放出している（表7.3）．

　鉛による大気汚染が古くからあったことがボーリングによって得られた氷や土の分析によってわかっている．スイスの土壌サンプルを1万2千年前までさかの

表 7.3　有害金属の現状

金属	ベネフィット（使途・曝露源）	リスク（現代の環境レベル曝露）	堆積量・放出量などの動向*
水銀	フェニル水銀：かつて消毒薬，農薬として利用．金属水銀：小規模の金採鉱でアマルガム形成に利用．メチル水銀：主要な摂取源は魚（特に大型肉食回遊魚）．	金属水銀：気化水銀蒸気による急性中毒，採鉱使用後に廃棄された水銀による環境リスク メチル水銀：発達神経障害（妊娠時における母親の摂取による）．	堆積量（deposit）：工業化以前の 1.5～3 倍．
カドミウム	電池，錆び止め	腎障害．	堆積量：20 世紀後半；工業化前の 8 倍．90 年代半ば；3 千 t 弱（全世界）．放出量：1950～1990 年；2 倍　90 年代；半減（先進国）
鉛	使用の 8 割はバッテリー．かつてアンチノック剤としてガソリンに添加されていた．	発達神経障害（小児期曝露）．神経機能低下の加速（加齢時）？	堆積量：グリーンランドの氷に堆積する 20 世紀後半は工業化前の 8 倍．放出量：90 年代；9 割減（先進国）1983 年～10 年強；33 万 t→10 万 t（全世界）

*データはいずれも UNEP のレポートに基づく．

ぼって分析した結果（Shotyk et al., 1998），鉛の採掘と精錬による大気汚染が 3 千年前から始まったことが示唆された．近年，先進国での環境放出量は激減したが，途上国での使用は続いている上に，先進国から輸入された含鉛製品による環境・健康問題が生じている．

　カドミウムは亜鉛採鉱の副産物として産出される．1990 年以降，亜鉛の精錬法の改良により先進国では産出量が減少する一方で，アジアでは産出量が急速に増えた．鉛と同様に，途上国では依然として使用（塗料など）が続く上に，先進国からの輸入製品に含まれるカドミウムへの曝露が問題となっている．カドミウムも鉛も大気中に放出された場合の滞在時間は比較的短く，大陸間移動は起こるものの，その目的地における局所濃度への寄与は小さいと推定されている．

　水銀も古くから「朱」に使われるなど利用の歴史は長く，火山活動などで地殻から環境中に放出され，低濃度ながら大気や遠洋を含む海水中に存在していた．UNEP（2005）によると，産業革命後の人為活動により，大気中水銀濃度が産業革命前に比較して 3 倍，環境中への蓄積程度が 1.5～3 倍にそれぞれ増加したと推定されている．

7.7 化学物質とどうつきあうか

　現在使用されている化学物質のほとんどは，有益な面と同時に有害な面を有する．化学物質に起因する健康障害の大きさについて，WHO／IPCS が試算（2002）したところでは，鉛の健康影響は化学物質による健康影響全体の一部にすぎないにもかかわらず，同年の全 DALY（10 章参照）（約 15 億人年）の 1 ％に近い 1290 万 DALY であり，鉄欠乏性貧血（1222 万），糖尿病（1619 万）などに匹敵する大きさである．化学物質による急性中毒全体の損害は 750 万 DALY と試算されている．化学物質に限定されてはいないが，WHO は最近の試算で，全疾病負荷の 24 ％，全死亡の 23 ％が「環境要因」に起因するとしている．

　従来，こうした化学物質の二面性を踏まえ，リスクという概念を用いてそのマイナス面を評価し，評価結果に基づいて管理するというアプローチがとられてきた．リスク（R）は，望ましくないできごとの程度の大きさ（深刻さ；D）とそれが起こる確率（P）の積（$R = D \times P$）として表現するのが一般的であり，さらに結果に関しての文化・地域・時代に基づく価値判断の違いという社会科学的要素を加味する場合もある（池田ら，2004）．評価法の詳細については数多い成書を参考にしてほしい（IPCS, 1999）．手短に述べると，リスクの特徴や大きさを実験や疫学調査のデータに基づいて定量的に推定するのがリスク評価，その結果に基づいて評価対象の扱い方を決定するのがリスク管理であって，後者は科学の範疇の外としたものも多い．リスク評価で頻繁に用いられてきたのが，既存の知見に基づき，最も敏感な影響について，害作用のない最大量である最大無毒性量（NOAEL：no observable adverse effect level），あるいは，害作用を受ける人の割合を一定量（例えば，曝露のない集団に比べて 5 ％）増加させる量であるベンチマークドーズ（BMD）を推定し，NOAEL あるいは BMD に安全係数を加味して，一生曝露され続けても健康に影響の生じない量（例えば，耐容一日摂取量（TDI：tolerable daily intake））を求めるという方法である．このようなリスク評価法は，公害に代表されるような，単一の化学物質に起因し，物質特異性が高く，重篤な健康影響を対象とする場合に有効であったが，基本的に「ゼロ・リスク」を求める考え方であり，TDI の値が独り歩きして本来の確率的な考え方が無視されやすいことや，TDI を導く基準となっているエンドポイント自体につ

いて統一的な採用基準がないなどの問題があった．最近になって，以下のように，このアプローチの単純な適用が困難な事例が増えてきている．

　第一が，混合物への曝露に伴うリスク評価である．例えば，いわゆる内分泌かく乱化学物質（EDs；endocrine disruptors）は，個々の物質に注目する限り，一般環境中に存在する濃度でヒトに害作用を及ぼすという明確な証拠は今のところ得られていない．しかし，実験的には単独で影響を示さない量の物質が，(1)複数共存すると影響が認められる，(2)内因性ホルモンの作用を修飾することが示されている（Carpernter et al., 2002；Kortenkamp, 2007）．内分泌系の正常な機能に影響する化学物質は，多くが次世代の脳や生殖機能の発達障害をエンドポイントとするので，最終的な影響は収束する可能性が高い．このような場合に，個々の物質のリスク評価のみでは十分な対応ができない可能性が否定できない．毒性メカニズムの共通性が高い物質群については，相対的な毒性による個々の物質の重みづけを行うことで統一的な評価が可能である．表7.4にあげたダイオキシン類，有機リン系農薬はこのアプローチを採用している．EDsに関しては作用メカニズムが多様であるので，共通のエンドポイントによって物質を分類する方法を提案する研究者もいる（Kortenkamp, 2007）．この考え方は，例えば有機塩素化合物と重金属のように，エンドポイント以外に毒性学的共通性のない組み合わせにも応用できるが，これからの検討課題である．

表 7.4　混合物のリスク評価

化合物群	毒性メカニズム	評価方法の概要
ダイオキシン類（ジオキシン・ジベンゾフラン・コプラナーPCBからなる200種類以上の化合物群）	共通性あり．アリル炭化水素受容体（AhR）がほとんどの毒性発現に必須．	既存のデータに基づき，化学種ごとに，毒性等価係数（TEF）を定める．TEFはその化学種1gが毒性最強の2,3,7,8-TCDDの何gに相当するかの指標．TEFと実際の存在量との積，毒性等価量（TEQ；toxic equivalent qactor）を求め，混合物ならばさらに全成分のTEQを加える．
有機リン系農薬	共通性あり．アセチルコリン（Ach）受容体に結合することが，毒性症状の原因．	既存のデータに基づき，メタミドフォスの毒性を1としたときの，相対的な毒性の強さとして，relative potency factor（RPF）を提案（US EPA, 2006）．毒性は，メスラット脳のAchエステラーゼ活性阻害を指標として用いている．
内分泌かく乱化学物質	共通性はない．例えばエストロゲン様作用をもつ物質でもエストロゲン受容体に結合するとは限らない．	加法性が成立する保証がないので，TEF・RPFのようなアプローチを用いるのは不適切．暫定的には，類似のエンドポイントをもつ物質を同じ分類に束ね，分類毎にリスクを評価する（Kortenkamp, 2007）．

化学物質の問題に限らずリスク評価が定まらない問題について，予防原則（precautionary principle）という考え方によって対策をとる場合も増えてきている．予防原則は，リスク評価が定まらない状況で対策をとらないことが，将来的に大きな損害につながりうる場合に，現時点で対策をとるための理論的根拠であって，リスク評価と対立するものではない．

第二にリスクとベネフィットが切り離せず，従来のような「ゼロ・リスク」を目指すと，ベネフィットが目減りしてしまうような場合である．魚の摂取を巡っての最近の議論は，合成化学物質の問題ではないが，この典型例である．海洋の食物連鎖は，陸生のそれに比較して一般に栄養段階の数が多く，肉食の大型回遊魚は高い栄養段階にいる．この種の魚には，「生物濃縮の拡大」(biomagnification；脂溶性で代謝されにくい物質が食物連鎖の段階ごとに濃縮されていく現象)によって，メチル水銀やPCB／TCDD類などの化学物質が高度に蓄積される．一方で，魚類はタンパク質源あるいは不飽和脂肪酸（PUFA）類などを高濃度に含む食品でもあるので，魚を食べることは汚染物質のリスク（出生児のIQ低下）と栄養学的ベネフィット（PUFAによるIQ向上，成人における心血管系疾患防止）の両方をもたらす．両者のバランスを検討する目的で，リスク・ベネフィットのそれぞれをquality-adjusted-life-year（QALY；質を調整した生存年）で表現して比較することが試みられている．それらによると，魚の摂取に注意を喚起する場合，人びとの反応によって注意喚起の効果が著しく変化すること（Cohen et al., 2005），選択するモデルによって結果が大きく変わること，ベネフィットの評価についての個体差が考慮されないこと（Guevel et al., 2008）などの問題が指摘されている．魚の摂取以外の事例も含めて，一般的にリスクとベネフィットのバランスについて留意すべき3つの点を表7.5に補足する．

第三に，ベネフィットのない化学物質を削減しようという場合には，コストと削減されるリスクとの比較が問題となる．アフラトキシンは，ピーナッツに生えるカビによって産生される強力な発がん物質である．規制レベルを厳しくすることで，がんの発症数が少なくなるが，より多くの食材を市場から追放するためにコストがかかる．ダイオキシン類はベネフィットのない「非意図的生成物」で，日本における主要な発生源はゴミ焼却である．この排出削減はすでに実施されたが，削減目標を厳しく設定すると必要コストは格段に増える．ダイオキシン類は，中等度の強さの発がん物質であるが，非職業的な曝露における最も重要な影響は

表 7.5 リスク-ベネフィットのバランスにおける留意点と具体例

ベネフィットの定量的表現の難しさ
* 食品保存料による食中毒のリスクの軽減，食品レパートリーの拡張，栄養状態の改善の評価．
* 農薬：疾病媒介昆虫の駆除→疾病による生命や健康の損失の軽減→疾病予防による社会の安定化，虫刺されの不快感による作業効率の低下や睡眠妨害の軽減，のそれぞれについて，農薬の貢献（寄与率）は？
* 多用途の化学物質：合成繊維，プラスチック，コンクリート・アスファルト，ガソリン・灯油など

集団による価値判断の違い
* 魚肉中の汚染物質（メチル水銀）と栄養（タンパク質・多価不飽和脂肪酸）：心疾患の有病率が高い集団，タンパク質源が乏しい集団で，ベネフィットを相対的に重視．
* 有機リン系農薬（OP）の解毒代謝にかかわる paraoxonase 1 型酵素に遺伝的多型があり，酵素活性もそれに依存する．遺伝的多型の分布には集団間差（民族差）が認められるため，OP のリスク-ベネフィットのバランスが集団によって変わる可能性．

対象範囲の限定のしかたによってバランスが異なる
* DDT の効果・影響を検討する対象：
 ・生態系リスク→環境残留性が強く，生態系リスクが大→（リスク大→多くの国で使用禁止）
 ・ヒトの健康→マラリアを媒介するハマダラ蚊への有効性がきわめて大
 （→ベネフィット大→流行地域における使用を WHO が容認（2006））
 次世代への影響→十分なリスク評価がない．

発がんではなく，神経発達・免疫機能・生殖器における次世代影響である．神経発達への影響について，メチル水銀による出生児の IQ 低下を生涯獲得賃金の減少に換算して，社会的コストとして推定した例（Trasande et al., 2005）がある．これらの例では，健康リスクの軽減を経済価値に置き換えて，コストとのバランスを評価しており，換算方法そのものの技術的問題とともに，経済価値に換算すること自体にも検討の余地があろう．

7.8 化学物質の利用と持続可能性

人間の創出したさまざまな技術の中で，多種・大量の化学物質を利用するという技術は新しいものである．つまり，人間がある程度予測可能なやり方で天然にない多様な「化学物質」を生産・利用するようになってからたかだか 150 年しか経過していない．植物のアルカロイドに代表されるような「化学防御」あるいはヘビやハチが利用する毒などのように，ヒト以外の動植物も細胞活動の維持には必須ではない化学物質を，生存を有利にする目的で利用しているが，これらと比較した場合，人間の「化学物質」利用の歴史はきわめて短く，自然・社会による淘汰を十分受けていない．1951 年，全米化学会はその 75 周年を祝ったが，その

時の標語は,「化学,よりよい生活への鍵」であり（Truhaut, 1977）,化学物質が生活に浸透し,これを快適で便利なものにしていった時代の雰囲気をよく反映していた.そのわずか4年後に水俣病が報告され,環境中に排出された化学物質の有害性を改めて認識させるとともに,次世代になって顕在化する毒性の存在を世に知らしめた.1962年にRachel Carsonが著した『沈黙の春』は,有機塩素化合物による野生動物の被害を指摘し,化学物質の影響を受ける対象としての環境・生態系についての警鐘を鳴らした.PCB・フロンは,安定で低反応性という人間にとっては好都合な性質が,重大な環境リスクの原因となった.1990年代以降注目を集めたEDsの問題は,従来の毒性試験やリスク評価では十分に対処できない可能性がある.そして,汚染化学物質としてはほとんど注目されていなかった二酸化炭素が,現在人類の直面している最も深刻な問題の主犯である.これらの大きな問題は,いずれも人間の描いた図式の外で起こり,そのたびに人間はリスクやベネフィットを考える枠組みの変更をせざるをえなかった（図7.1）.見方によっては,多種・大量の化学物質の利用は,始めからトラブル続きであったともいえるのである.化学物質の利用を技術の1つととらえる際には,その歴史の短さと,技術としての未熟さとを常に念頭においておく必要がある.

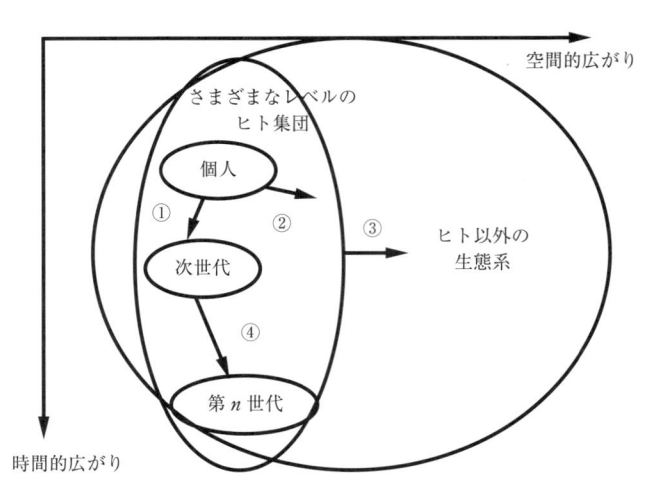

図7.1 化学物質のリスクとベネフィットを考える枠組みの変化
ある程度限定された集団（例えば職業集団や小地域の住民など）.① 次世代影響（メチル水銀など）,② 遺伝的・環境的背景の異なる集団あるいは地球規模集団,③ 生態系影響（農薬・DDTなど）,④ 次世代を超えた後続世代（エピジェネティックな影響など?）.

化学物質の利用が技術としてどのように発展していくか予想することは難しいが，いくつかの方向性は出てきている．まず，化学物質に関する超国家的な枠組みによる取り決めが増えてきたことが指摘できる（表7.6）．CFCによるオゾン層破壊やPOPsによる広域海洋汚染，多くの有害重金属の広域汚染といった地球規模の化学物質の問題（UNEP, 2005）がこの背景にある．国際的な化学物質管理のための戦略的アプローチ（SAICM）の「ハイレベル宣言」には，人間の持続可能性を確保するためには適正な化学物質の管理が必須であると述べられており，化学物質の扱い方を地球の持続可能性とのかかわりを念頭において決める場面が増えてくるに違いない．多種類の化学物質が登場する一方で，こうした動きの中で使用禁止となった化学物質も多いこと，またSAICMで目標とされ，あるいは有害金属のところでふれたように，生産・放出量を大きく削減する努力が行われていることなど，「化学物質削減」の方向が模索されているのも事実であろう．さらには，現在のような化学工業的プロセスではなく，バイオテクノロジーを用いることで，より環境負荷の小さい（エネルギーを使わない，廃棄物の少ない，また産物の毒性も弱い）化学物質生産を目指す提案（Gavrilescu and Chisu, 2005）もある．進化プロセスを経て洗練されてきた生物学的プロセスを利用することのメリットはあると思われる一方で，遺伝子組換え作物の議論にみるように，バイオテクノロジーの産物が必ずしも「自然」であるわけではないことには注意が必要である．これらの方向性を含めて，化学物質とのつきあい方がこれか

表 7.6　化学物質に関する国際的取り決め（2008年まで）

条約名	担当機関	年	概要
モントリオール議定書	UNEP	1989発効	オゾン層破壊防止のためのCFC（フロン）の製造・使用の削減・禁止．
化学物質管理のための戦略的アプローチ（SAICM）	UNEP	2002決議	2020年を目標年とし，化学物質の利用による健康・環境影響の最小化を目標とする．
化学品の分類および表示に関する世界調和システム（GHS）	UN	2003	国際的に化学物質の有害性による分類・表示を統一．
ストックホルム条約（POPs条約）	UNEP	2004発効	塩素化合物を中心とする12物質について，製造・使用の禁止・制限，排出削減などの義務付け．
RoHS指令	EU	2006	特定の有害物質を一定濃度以上含有する電子・電気機器の市場からの締め出し．
REACH規則	EU	2007	欧州における化学物質に関する登録，評価，認可，制限における規則．事業者へのリスク評価の義務づけなど．

ら大きく変わる可能性はあるだろう．自然界で十分に淘汰を受けていない分子を環境中に放出する行為自体の潜在的危険を十分に認識し，それに見合うベネフィットがあるのかどうか慎重に評価することが要求されるようになるであろう．

　上記のような技術の変化がグローバルなレベルで予想されるとすると，ローカルなレベルでは何がこれから起こるのだろうか．化学物質の利用についての地域集団を対象とした人間の生態学的研究は，リスクを扱ったものを除くと数少ない．人間の生態学的研究と一般の疫学研究との違いは，対象とする化学物質を他の環境要因，あるいは集団のおかれたコンテクストとの関連でとらえようと試みてきた点，集団内の応答のバラつきに着目した点にある．これらについては，別のところで(17章参照)具体例が述べられる．技術としての化学物質利用をベネフィットと関連させて検討した例も少ない．農薬のベネフィット（収穫量の安定，農作業労働の軽減），石油化学製品・塩素化合物のベネフィットは，地域集団に属する人間の生死・健康・福祉（well-being）や環境といった観点からどのように定量化できるのか，これらの評価を行う適切な時空間的範囲はどの程度か，健康状態をコンテクストを考慮しつつ定量化する方法の開発など考えうる課題は多い．化学物質利用のリスクやベネフィットは，物質そのものの性質のみならず，使用の様態に強く依存することを考えると，こうした課題にローカルのレベルで答えることも人間の生態学の役割といえよう．

7章　引用文献

Bisset, N. (1989) Arrow and dart poisons. *Journal of Ethnophamacology* 25：1-41.
Carpenter, D., Arcaro, K. and Spink, D. (2002) Understanding the human health effects of chemical mixtures. *Environmental Health Perspectives* 110：25-42.
Cohen, J. *et al.* (2005) A quantitative risk-benefit analysis of changers in population fish consumption. *American Jounral of Preventive Medicine* 29：435-334.
FAO. 肥料の使用と穀物収量．http://www.fao.org/waicent/FAOINFO/AGRICULT/magazine/0306sp1.htm
Gavrilescu, M. and Chisu, Y. (2005) Biotechnology：a sustainable alternative for chemical industry. *Biotechnology Advances* 23：471-499.
Guevel, M. *et al.* (2008) A risk-benefit analysis of French high fish consumption: a QALY approach. *Risk Analysis* 28：37-48.
池田三郎，酒井泰弘，多和田真（2004）『リスク，環境および経済』勁草書房．
IPCS (1999)『化学物質の健康リスク評価．Environmental Health Criteria 210』丸善．
Kortenkamp, A. (2007) Ten years of mixing cocktails: a review of combination effects of endocrine-disrupting chemicals. *Environmental Health Perspectives* 115：98-105.

久馬一剛（1997）『食糧生産と環境：持続的農業を考える』化学同人．
Matthews, G.（2006）*Pesticides-Health, Safety and the Environment*. Blackwell.
中田哲也（2004）食料の総輸入量・距離（フード・マイレージ）とその環境に及ぼす負荷に関する考察．農林水産政策研究所レビュー **11**：7．
日本冷凍食品業界（2009）平成 21 年統計データ．http://www.reishokukyo.or.jp/statistic-img/h21statistic.pdf
ジェイムス・ライリー（門司和彦訳）（2008）『健康転換と寿命延長の世界誌』明和出版．
Roush, S., Murphy, T. V. and V.-P. D. W. Group（2007）Historical comparisons of morbidity and mortality for vaccine-preventable diseases in the United States. *JAMA* **298**：2155-2163.
Rodricks, J.（2007）*Calculated Risks*（2nd ed.）．Cambridge University Press.
スー・シェパード（赤根洋子訳）（2001）『保存食品開発物語』文藝春秋．
白石寛明（1995）環境中の化学物質―特殊な事例と一般的な現象―．国立環境研究所ニュース **14**（2）．
Shotyk, W. *et al.*（1998）History of atmospheric lead deposition since 12,370 ^{14}C yr BP from a peat bog, Jura mountains, Switzerland. *Science* **281**：1635.
常石敬一（1999）『NHK 人間講座　20 世紀の化学物質』日本放送出版協会．
Thornton, J.（2000）*Pandora's Poison*. MIT Press.
Trasande, L., Landrigan, P. J. and Schechter, C.（2005）Public health and economic consequences of methylmercury toxicity to the developing brain. *Environ Health Perspect* **113**：590-596.
Truhaut, R.（1977）Ecotoxicology: objectives, principles and perspectives. *Ecotoxicol Environ Safety* **1**：151-173.
UNEP（2005）Global Mercury Assessment. http://www.chem.unep.ch/mercury/Report/Final%20Assessment%20report.htm
USEPA（2006）Organophosphorus cumlative risk assessment-2006 update.
http://www.epa.gov/oppsrrd1/cumulative/2006-op/op_cra_appendices_part1.pdf
安原昭夫（1999）『しのびよる過悪物質汚染−地球誕生・生態系・科学文明における化学物質汚染の系譜』合同出版．

8章

食 物 と 栄 養

　食と栄養は，ヒトの生存にとって最も基本的である上に，ヒトの生物学的・文化的・社会的側面によって大きく影響されることから，人間の生態学において重要な研究テーマである．本章では，初めに栄養素と栄養必要量について簡単にふれ，次にヒトがどのように食物を利用してきたか，そして世界が急速に近代化する過程においてどのような問題が生じているのかを述べる．最後に，フィールドで行われる食事調査の方法について紹介する．

8.1 栄養とは

8.1.1 栄養とは何か

　栄養とは，生命維持，成長，臓器や組織の正常な機能維持，エネルギー産生のために食物を摂取し利用するプロセスであり，そのプロセスに関与する物質を栄養素という．ヒトは，摂取した栄養素を利用して，体の構成成分につくり変えたり（同化作用），分解（異化作用）してエネルギーを産生したりすることで，生命を維持している．栄養素には，糖質（炭水化物），タンパク質，脂質，ビタミン，ミネラルがあり，ヒトは，これらの要素を食事から摂取しなければならない．

　糖質（炭水化物）は，ヒトのエネルギー源として最も重要なものである．集団や個人によって差異が大きいが，糖質は食品からの総摂取エネルギーの40〜80％を供給している（FAO, 1998）．糖質は，炭素，水素，酸素からなり，一般式 $C_m(H_2O)_n$ で表されるので，炭水化物ともよばれ，単糖の重合度によって単糖類，オリゴ糖類，多糖類に分類される．また，生体内において，細胞や組織の構成成分および生理活性物質としても重要な役割をもつ．

脂質は，糖質とともにエネルギー源として利用されるほか，脂溶性ビタミン（ビタミン A，D，E，K）のようなほかの必須栄養素の輸送担体でもある．また，細胞膜や細胞内小器官（ミトコンドリアや小胞体など）を構成する膜などあらゆる生体膜の基本成分となる．

タンパク質は，多数・多種のアミノ酸が直鎖状に重合した高分子物質である．タンパク質の分子は大きく，そのままでは消化吸収できないため，アミノ酸に分解して腸粘膜から吸収される．タンパク質は，人体の全重量（水分を除く）の1/2以上を占める．タンパク質のアミノ酸配列がタンパク質の総体的な構造や機能を決定し，酵素として生体内の化学反応を触媒するもの，体の構成成分（毛髪や爪のケラチンや，結合組織のコラーゲンなど）やホルモンの材料，栄養素運搬物質（アルブミンなど）となるものなどがある．また，エネルギー源としても重要な役割をもつ．

ビタミンは微量で物質代謝を正常にする有機化合物で，生命の維持に不可欠なものであり，13種類存在する．これらのうち11種類は，体内でほかの栄養素から合成されないため，必ず外部から摂取しなければならない（ビタミン A，B_1，B_2，B_6，B_{12}，C，E，K，葉酸，ビオチン，パントテン酸）．欠乏するとそのビタミン固有の欠乏症状を呈する．残りの2つ（ナイアシンとビタミン D）は，それぞれアミノ酸のトリプトファンと日光が十分に存在すれば体内で合成できる．多くのビタミン，特にB群は補酵素として重要な生理作用を有する．

ミネラルは，有機物を主に構成する元素（酸素・炭素・水素・窒素）以外で，人体での必須性が確認されている元素である．ミネラルの機能は，骨や歯などの硬組織，酵素の活性化因子，ビタミンやホルモンの成分など，体を構成する成分としての機能と，体液の浸透圧調整，酸−塩基平衡などの体を調節する機能の2つに分かれる．ミネラルの中で，Ca，P，K，S，Na，Cl，Mg の7元素は人体に比較的多量に含まれ（多量元素），鉄（Fe）および鉄より含有量が少ない Zn，Cu，Cr，I，Co，Se，Mn，Ni，V などは微量元素とよばれる．例えばカルシウム（Ca）とリン（P）は骨の構成成分となり，鉄（Fe）はタンパク質と結合してヘモグロビンとなり酸素の運搬にかかわっている．カリウム（K）やナトリウム（Na）は陽イオンとなって体液の浸透圧の調節を担っている．ミネラルにはそれぞれヒトの生存に適した濃度範囲があり，欠乏や過剰によって健康への障害が生じることがある．

8.1.2 栄養所要量

「栄養所要量」は,「人間が健康体を保持し,正常な活動を行うために必要で摂取することが望ましいエネルギー・栄養素の量を表す値」と定義され,各国政府および国際機関によって,さまざまな推定がなされている.ただし,過剰摂取が問題となるエネルギーについては,所要量の算定方法が栄養素とは異なる.望ましいエネルギー摂取状態とは,エネルギー摂取量とエネルギー消費量が釣り合っていて,体重に変化のない状態であり,摂取量が少なければ,体重減少,やせ,タンパク質・エネルギー栄養失調症をもたらし,摂取量が多すぎれば,体重増加や肥満を引き起こす.よって,エネルギー所要量は,ある性・年齢階級・体重の人の平均必要量が設定される.なお,「必要量」とは,生理的に必要な最小量を意味し,出納実験などの実験的根拠をもつものである.一方,ほとんどの栄養素に関しては,摂取量が多少多くても健康問題をもたらすものではない.よって,栄養素の所要量は,ある性・年齢階級に属する人びとのほとんどの人の必要量を満たす推奨量(国際的には平均必要量 + 2 SD が用いられることが多い)が設定されている.なお,日本では 2005 年から従来の「所要量」に代わって個体差などを考慮し,確率的な考え方を取り入れるとともに,過剰摂取の問題にもより注意を払った「食事摂取基準」を策定している.

具体的に,エネルギーとタンパク質の所要量の設定方法をみてみよう.ヒトが必要とするエネルギーは,BMR(basal metabolic rate;基礎代謝量),身体活動に要するエネルギー,体温調節のためのエネルギー,食事による熱産生のためのエネルギーを合計したものである.さらに,成長期の子どもには成長に要するエネルギーが,妊婦や授乳婦には胎児や乳児に与える分のエネルギーが加わる.エネルギー所要量を推定する式は数多く提案されているが,WHO による推奨値は世界的に広く使われているものの 1 つである(FAO・WHO・UNU, 1985).その推奨値は,Schofield の予測式(Schofield $et\ al.$, 1985)に基づいて求めた性と体重ベースの BMR(表 8.1)に身体活動レベル(PAL;physical activity level)を乗じて求められる.18 歳以上に適用される PAL を表 8.2 に示すが,日常の活動レベルによって係数が異なり,例えばデスクワークが中心の生活の場合は,男性 = 1.55,女性 = 1.56 という数値が用いられる.また,妊婦や授乳婦は,上記式で求めたエネルギー所要量に,妊婦 = 285 kcal(1190 kJ),授乳婦 = 500 kcal(2090 kJ)を追加することが推奨されている.

8.1 栄養とは

表 8.1 体重 [Wt, kg] に基づく BMR（基礎代謝量）推計式

年齢	BMR [kcal/日]	
	男性	女性
0～2.9	60.9(Wt) − 54	61.0(Wt) − 51
3.0～9.9	27.7(Wt) + 495	22.5(Wt) + 499
10.0～17.9	17.5(Wt) + 651	12.2(Wt) + 746
18.0～29.9	15.3(Wt) + 679	14.7(Wt) + 496
30～59.9	11.6(Wt) + 879	8.7(Wt) + 829
60+	13.5(Wt) + 487	10.5(Wt) + 596

（FAO・WHO・UNU, 1985）

表 8.2 成人（18歳以上）の職業タイプ別 PAL（身体活動レベル）

性別	PAL			
	非常に軽い	軽い	普通	重い
男性	1.40	1.55	1.78	2.10
女性	1.40	1.56	1.64	1.82

（FAO・WHO・UNU, 1985）

タンパク質所要量は，窒素の摂取量と体内からの排出量（尿，便，汗からの）をモニタリングする出納実験に基づいて計算される．WHOは，複数の窒素出納実験の結果に基づき，成人のタンパク質必要量を体重1kgあたり0.6g，タンパク質推奨量を体重1kgあたり0.75g（必要量＋2SD）としている（FAO・WHO・UNU, 1985）．また，上記の値に，妊婦は6g，産後6ヵ月未満の授乳婦は17.5g，それ以外の授乳婦は13gを追加することが推奨されている．ただし，これらの値は，タンパク質が動物性食品由来の高品質なものであることが前提であり，植物性由来のタンパク質への依存度が高い集団においては，タンパク質の消化率とアミノ酸スコアの違いを補うために補正が必要である．タンパク質の消化率とは，動物性タンパク質を基準値100としたときの各食品の消化率吸収の比を示したものである．植物性食品は繊維質を含むため消化率が低下し，例えばコメ，トウモロコシ，大豆の消化率は，それぞれ，93，89，82である．

人体を構成する一般的なタンパク質は約20種類のアミノ酸から構成されるが，うちヒトの体内で合成できず，食事から摂取する必要がある9種類のアミノ酸を必須アミノ酸とよぶ．ヒトは，これらのアミノ酸をバランスよく摂取する必要があるが，植物性食品においては，食品中に含まれるアミノ酸量にばらつきがある．アミノ酸スコアとは，ヒトが摂取する理想的な必須アミノ酸量と，各食品中の必

須アミノ酸量とを比較し，最も不足している必須アミノ酸（制限アミノ酸）が理想値の何％に相当するかを示す値である．例えば，コメ，大豆，小麦粉のアミノ酸スコアは，それぞれ，65, 86, 44 である．

8.1.3 ヒトの成長パターン

　ヒトは，摂取した栄養素を利用して身体を成長させるが，その成長パターンはほかの哺乳動物と異なる．Barry Bogin (1999) は，ヒトの成長段階を，新生児期（neonatal period；出生から生後28日まで），乳幼児期（infancy；生後1ヵ月から離乳が完了する2歳11ヵ月まで），子ども期（childhood；3歳から6歳まで），若年期（juvenile；男児は7歳から12歳，女児は7歳から9歳．若年期の終わりには10日間程度の性ホルモンが劇的に分泌される puberty がある），思春期（adolescent；puberty から19歳までであり，急激な成長スパートがある），成人期（adulthood；20歳以降）とに分類しているが，ヒトの成長パターンの特徴は，子ども期と思春期，閉経があることだと説明している．

　多くの哺乳動物は，乳児期（出生から離乳までの時期）の終わりとともに性成熟をとげ，成人期になる．一方で，社会性哺乳類（ゾウ，ライオン，霊長類など）は，離乳後すぐに成人期に入るのではなく，乳児期と成人期の間に若年期をもち，成人になるまでの時間が長くなった．若年期は，乳児期に比べて成長速度が緩やかであり，少ない食料でも生存できる．この飢餓のリスクが低い期間に，社会性哺乳類は，餌の獲得方法や再生産の技術など，生存に必要な術を学習することに時間を費やすことができた．そして，ヒトはさらに，子ども期と思春期という2つの成長段階をもった．子ども期は離乳期に続く時期であるが，子ども期の開始とともに，ヒトの身長の成長は5 cm/年程度で安定する．ヒト以外の種では，乳児期以降は身長（体長）の成長が減速を続けるが，ヒトでは減速がストップするのである．また，子ども期と若年期の間には小さな成長スパート（mid-growth spurt；6〜8歳の年齢に現われる成長速度の増大現象）がみられることも，ヒトの特徴である．この現象は，アドレナーキ（副腎皮質が副腎アンドロゲンを分泌し始めること．これらのホルモンには弱い男性化作用があり，骨成熟，腋毛や陰毛の発生，体の成長を促進させる．ふつうの子どもでは6〜8歳にみることができる）の時期に相当するが，アドレナーキ自体もヒトにのみみられる現象である．

　ヒトの思春期は社会的・性的成熟をとげる時期であり，ゴナダーキ（性腺［精

巣，卵巣] が成熟し，その結果，性腺ホルモン［アンドロゲン，エストロゲン］が分泌し始めること）とともに開始する．性ホルモンの分泌が盛んになることで，初潮，精通，陰毛の発生，声変わり，乳房の発達，外生殖器の発達，皮下脂肪の発達などの二次性徴が発現する．このような性成熟の過程には多くの社会性哺乳類に共通するものもあるが，ヒトはほかの種と異なる以下の2つの特徴をもつことから，この時期を思春期として区別している．1つ目の特徴は，ヒトは，初潮から第一子出産までの期間が長いということである．サルや類人猿は，初潮から親になるまでに3年未満かかるが，ヒトの場合は5～8年かかる．2つ目の点は，思春期成長スパート（性成熟と同じころに起こる体の成長の劇的な増加）があることである．ほかの霊長類には，このような急激な骨格系の成長はみられない．この成長スパートが完了して成人身長になり，性的成熟が完了すると，思春期が終わり，成人期に入る．

　それでは，ヒトが子ども期と思春期を獲得したことは，どのような意味をもつのだろうか．まず，子ども期ができたことにより，母親の出産間隔が短くなり，再生産が容易になった．子ども期の子どもは，食事をもらうために大人に依存はしているものの，授乳という手段で母親に100％依存する必要性がない．つまり，この期間に母親が次の子どもを産むことが可能となったのである．チンパンジーやオランウータンなどの霊長類は，第一大臼歯が出現する6歳ごろまで離乳しないが，ヒトは，平均3年で次の子どもを産む．ヒトは，授乳期間を短くし，子ども期を設けたことで，ほかの霊長類よりも高い出生力を保持したのである．一方，思春期は，親になるための複雑な社会的スキルを獲得するための訓練期間として進化したと考えられている．身長の最大成長をとげた少女は，翌年に初潮を迎えるが，多くの場合，初潮後1～3年は無排卵月経を経験する．このことはチンパンジーなどの類人猿にもみられることであり，この間に，成人としての社会的・性的行動を学習する．このような不妊の期間をもつことは，ヒトも類人猿も共通しているが，類人猿はヒトよりも早く成人になる．ヒトが性的に成熟するには，初潮後5年を要する．例えば，アメリカの平均初潮年齢は12.4歳だが，性的成熟が完了するのは17～18歳である．その年齢に満たなくても子どもを産むことは可能だが，母親が性的に未熟であるために，母親の高血圧のリスクや，児の低出生体重，未熟児のリスクが高まる．これらのリスクは，18歳以降急激に低下し，妊娠・出産がうまくいく確率は急激に上昇するのである．また，生殖が骨盤の成

長に続いて起こることも，ヒトに特有の点である．ヒトは骨盤の成長が遅く，身長の成長が完了してからの数年間，ゆっくりと成長し続ける．多くの伝統的社会では，まるでこの点を知っていたかのように，初婚年齢が19歳程度となっている．このように骨盤が独自の成長をとげる理由は明らかにはなっていないが，1つの要因は，ヒトが直立二足歩行を獲得したことにあるようである．ヒトが直立二足歩行を獲得したことで，骨盤が狭く，産道が狭くなった．骨盤の成長が遅いことは，初潮後，性的成熟が完了するまでに時間を要することのよい説明になる．その間，少女は生殖適応度を向上させるために重要な行動を学習する機会を得るのである．

このように，子ども期と思春期を獲得したことは，ヒトの成長において特徴的なことだが，加えて，閉経があることもヒトにしかみられない特徴である．Steven N. Austad（1994）によれば，ほとんどの哺乳類は死ぬまで生殖能力をもつ．その能力は加齢とともに低下するものの，ヒトのように突然シャットダウンされるものではない．閉経後の女性の再生産戦略は，子孫を援助することである．食事の準備，子どもの世話や教育を行う「おばあちゃん」の存在は，多くの人間社会において，子どもの生存に有利なように機能してきた．このように，ヒトは，閉経後のライフステージを最大限に活用するような生存戦略を展開してきたのである．

8.1.4 栄養状態の評価

ヒトの栄養状態，それも長期的な状態を反映する指標として，身体計測値が用いられる．中でも一般に利用されるのが，身長と体重の測定値を用いて計算したBMI（body mass index；体重（kg）を身長（m）の2乗で割ったもの，kg/m^2）という指標である．BMIは，WHOによって，18.5〜24.9が標準，BMI＜18.5は低栄養，BMI＝25〜29.9は過体重，BMI＞30は肥満と定義されている（WHO, 1995）．

身長と体重以外では，皮下脂肪を測定して体脂肪を評価することもある．また，個人のビタミンやミネラルの状態は，血中と尿中の栄養素の濃度とそれらの代謝物の測定か，特異代謝応答の試験のいずれかを用いて評価する．

栄養状態の評価として，BMIを利用する上で注意しておかねばならないことは，BMIは体組成を反映するものではないということである．同じBMIでも，脂肪と除脂肪の割合が異なる場合があり，それゆえに循環器疾患や糖尿病のリス

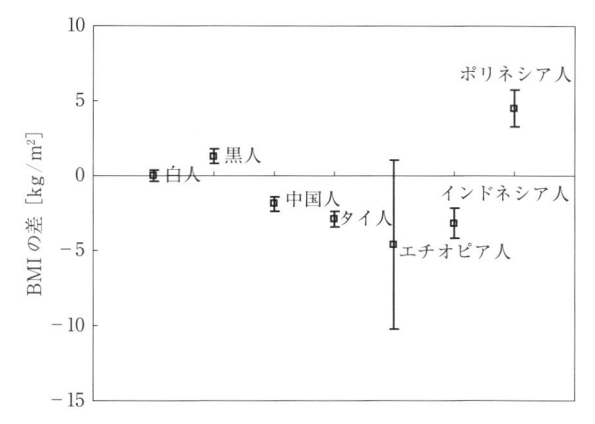

図 8.1 さまざまな民族集団と年齢，性，脂肪率が等しい白人集団との BMI の差（Deurenberg *et al.*, 1998）

クが異なることが指摘されている．図 8.1 は，同じ脂肪量に対する BMI の違いを集団間で比較したものであるが，特定の BMI において，黒人とポリネシア人は白人よりも体脂肪が少なく，中国人・タイ人・インドネシア人などのアジア人と，エチオピア人では体脂肪が多いことを示している（Deurenberg *et al.*, 1998）．このような集団差は，世界中であてはまる良好な健康についての BMI の基準を定めることを困難にしている．

8.2 食物の利用と適応

8.2.1 食物の利用の歴史

　人類の誕生は，およそ 500 万年前であったと推測されている．それ以降人類は，野生の動植物を狩猟・採集・漁労といった方法によって獲得し，食物として利用してきた．食物の利用に関して，人類にとって最初の大きな革命は，およそ 9000 年前から地球上のさまざまな地域で開始された農耕と家畜飼育である．このことにより，人類は初めて食物を安定して利用できるようになるとともに，定住生活が可能となった．地球上には農耕の起源が複数あったと考えられており，例えば中尾（1966）は世界に少なくとも 4 つの農耕文化があったことを示している．それらのうち，特に貯蔵や輸送が簡易なムギ・トウモロコシなどの穀類を栽培した文化では，農耕という生業活動に費やす時間が短縮され，社会の中で農耕

以外の職業に従事する人びとの出現を可能とした．このことは，後に古代文明が発祥する土台となった．

　農耕と家畜飼育は地球上のあらゆる地域に伝播し，ほとんどの集団において，複数の生業を組み合わせることで多様な食物を入手するようになった．しかし，20世紀に入っても，農耕も家畜飼育も行わず，野生動植物だけに依存する狩猟採集民も存在した．それは特に，植物の生育に適さない寒冷地帯や乾燥地帯においてみられ，例えば寒冷地に居住するイヌイットは狩猟や漁労に強く依存している．また，植物が生育しにくい地域には，家畜飼育に特化した牧畜民が進出した場合も多い．特に中近東，東アフリカ，モンゴルなどの乾燥地帯には，ウシ，ヤギ・ヒツジ，ラクダ，ヤクなどを飼育する牧畜民（遊牧民）が現在も暮らしており，ユーラシア大陸北部のシベリアやラップ地方は最近までトナカイ牧畜民の居住地であった．

　石毛直道（1973）は，Christopher Columbusが新大陸を発見する前の15世紀ごろの世界の主作物を復元し，当時はそれぞれのバイオームに適した作物が栽培されていたことを明らかにしている．ここで15世紀が論拠とされているのは，Columbusによって新大陸原産の作物がヨーロッパにもたらされて以降，世界の食生活が大きく変貌するからである．なお，農耕が開始されてから15世紀までの間に，主作物が変化した地域もある．例えば，島嶼部を含む東南アジアでは，イモ類中心の農耕からイネを主作物とする農耕に変容した．また，ムギは地中海地域が起源であるが，ヨーロッパだけでなくアジアの乾燥地帯に広く伝播した．このことは，農耕が世界に伝播された過程で，人びとが試行錯誤の末に，環境に適し，生存にとって有益な作物を選択した結果であると考えられよう．

　Columbusが新大陸を発見した後には，アメリカ大陸原産の作物が世界のほかの地域にももたらされることとなった．アフリカではトウモロコシやキャッサバが主作物となった地域が多く，ヨーロッパの寒冷な地域ではジャガイモが重要な作物となった．また，ヨーロッパ人が移住した南北アメリカ大陸やオーストラリア大陸では，コムギがもち込まれてトウモロコシとともに主作物となり，大規模な農業が展開されるようになった．

　このように，農耕の開始と伝播によって，世界の人びとの食生活は多様化した．しかし，主作物までほかの地域に依存するようになったのは，輸送技術が発達し，輸出入が盛んになった20世紀以降のことであり，それまでは人びとが生活する

環境への依存度が高い食生活を営んでいたと考えられる．そのような中で，人びとは，利用できる食物を効率よく摂取し，利用するために，さまざまな工夫をしてきた．その工夫の方法には，社会文化的なもの（文化的適応）と生物学的なもの（生物学的適応）とがある．

8.2.2 栄養に関する文化的適応

　文化的適応の例としてよく知られるのは，アメリカ大陸の先住民による，トウモロコシのアルカリ処理である．トウモロコシはタンパク質を比較的豊富に含む穀物であるが，必須アミノ酸であるリジンとトリプトファン，さらにナイアシンが不足しているため，トウモロコシが中心の食事だと，栄養不良やナイアシン欠乏であるペラグラ（皮膚炎や下痢，痴呆症などの精神症状をもたらす）のリスクが高まる．しかし，アメリカ大陸の先住民達が伝統的に行っていた，トウモロコシを調理する前に石灰水につけておくという処理法によって，ナイアシンと制限アミノ酸の濃度が高まり，栄養価が高まることが指摘されている（Katz *et al.*, 1974）．さらに，Solomon H. Katz らは，アメリカ大陸全体の 51 の伝統社会における調査結果から，アルカリ処理の技術が発達している集団ほど，トウモロコシの生産量と消費量が高いことを示した．一方，トウモロコシへの依存度が高いにもかかわらず，石灰処理の技術をもたないアフリカなどの国々では，ペラグラがよくみられる（Katz, 1987）．

　また，南米のアンデス高地では，ジャガイモの毒性成分を除去する処理法が伝統的に行われてきた．アンデス高地（標高 3000～4500 m）に生育する栄養価の高い種のジャガイモには，ジャガイモのえぐ味成分であるグリコアルカロイドが高濃度に含まれる．アンデス高地のような厳しい環境下で生育が可能な作物は非常に限られるため，アンデス高地の先住民達は，ジャガイモからグリコアルカロイドを除去する処理法をいくつか開発した．その 1 つは，ジャガイモを一晩外に放置して凍結させ，数週間，浅い泉か小川につけておくというものである（Werge, 1979）．この処理法によって，ジャガイモからグリコアルカロイドが滲出し，その濃度はもとの 3 % にまで低下する．アンデス高地の人びとは，摂取エネルギーの 4 割以上をジャガイモとそのほかの根茎類に依存していたため，このような処理法は，彼らの生存にとって非常に重要な意味をもっていた（Leonard and Thomas, 1988）．

最後に，北極圏に住むイヌイットにみられる文化的適応を紹介しよう．先述のように，彼らの生業は狩猟や漁労であり，主要な食物は魚介類や狩猟獣である．植物性食品の摂取量が極端に少ないため，ビタミン類の不足が危惧されるが，彼らは魚介類や狩猟獣といった動物性食品を加熱調理せずに食するため，ビタミン類を破壊されない状態で摂取することができている．このような食物の摂取パターンは，文化適応の興味深い例といえよう．

8.2.3 栄養に関する生物学的適応

生物学的適応の例として最もよく知られているのは，ラクトース耐性である（Simoons, 1970；McCracken, 1971；Kretchmer, 1972）．ラクトースは，小腸絨毛において，ラクターゼによってグルコースとガラクトースに分解され，小腸上皮の糖輸送系によって吸収される．多くの哺乳類では，小腸内のラクターゼ活性は離乳後に著しく低下し，子ども期，成人期には乳糖を消化できなくなる．ヒトも同様で，3～7歳でラクターゼ活性が低下する．しかし，動物を家畜化し，乳を日常的に摂取してきた北欧やアフリカの牧畜民は，成人になってもラクターゼの活性が高いままである．これは，ラクターゼ活性を持続させるような遺伝子が突然変異によって出現し，そのような遺伝的特質をもつ集団が進化した結果だと考えられている．なお，このような特質は，常染色体優性遺伝によるものであることが指摘されている（Scrimshaw and Murray, 1988）．しかし，このような遺伝的特性をもたないヒトでも，牛乳を習慣的に摂取すれば，1日コップ1杯程度であれば，牛乳を消化できるようになる（Scrimshaw and Murray, 1988）．

また，アフリカ系アメリカ人がナトリウムの貯蔵を効率よく行うメカニズムも，生物学的適応の例である．アフリカ系アメリカ人は，高血圧の割合がほかの集団よりも高いと指摘されてきた．1991年の調査によれば，アフリカ系アメリカ人の成人男女の37％，31％が高血圧であり，ヨーロッパ系アメリカ人（男性；25％，女性；18％）よりも割合が顕著に高い（NCHS, 1996）．その理由として最も有力なモデルは，熱帯環境下でナトリウムの貯蔵を効率的に行えるような遺伝的適応である．アフリカのような熱帯環境下では，ナトリウムがあまり入手できない上に，汗でナトリウムが流れてしまうために，ナトリウムを効率よく代謝するような遺伝的性質が選択されたと考えられている（Denton, 1982）．このモデルを支持するものとして，多くの伝統的な熱帯社会では塩が通貨として使用さ

れるほど高価で，ほとんど食事に利用できなかったことや（Denton, 1982），アフリカのバンツー系集団やサンは，汗の量が少ない上に，汗に含まれるナトリウムの濃度がヨーロッパ人に比べて低いことが指摘されている（Wyndham, 1966）．このような生物学的特徴は，利用できるナトリウムが限られている伝統社会においては適応的であった．しかし，現代の西洋社会では，添加物として食品から大量のナトリウムを摂取するようになったため，高血圧という問題をもたらしている．一方で，文化的な要因の影響も指摘されている．すなわち，アフリカ系アメリカ人は，長い奴隷制度の歴史をもつだけでなく，現代社会においても貧困や政治的差別といった社会的ストレスが高い環境にあるために，交感神経の活性が高まり，高血圧になっているという説である．いくつかの研究結果においては，そのような社会文化的要因の影響が見出されており（Dressler, 1991），アフリカ系アメリカ人の高血圧は，遺伝的要因と社会的要因の両方の影響によるものと考えられている．

　最後に，II型糖尿病についてふれる．II型糖尿病は，膵臓のインスリン分泌能低下や，糖を取り込む側の細胞におけるインスリン作用の減弱（インスリン抵抗性）といった遺伝的異常に，生活習慣の影響が加わって発症する疾患であり，特に肥満は，筋肉・脂肪細胞のインスリン受容体の数を減らすことで直接的に糖尿病に関与すると考えられている．II型糖尿病の罹患率の集団差については30年以上研究が蓄積されてきたが，James V. Neel（1962）は集団遺伝学の立場から，II型糖尿病は遺伝的適応によるものであり，そのような遺伝的性質は，食事やライフスタイルの変化によって不利（不適応）になったという仮説を提唱した．すなわち，倹約遺伝子とは，食料が豊富な時にグルコース貯蔵を高めるため，インスリンが速やかに分泌されるような遺伝子であり，食物の利用可能性の季節・年間変動の大きい狩猟採集民において，このような性質をもつ遺伝子が選択されたという説である．このような性質をもつ人びとが，現代的なライフスタイルに移行し，脂肪と単糖類が多く含まれる食事を豊富に安定的に摂取できるようになり，インスリンの産生を過剰にし，グルコースを分解する標的細胞の感度を低下させることで，かつて適応的であった遺伝子が肥満をもたらすようになったというのである．これらのモデルは，アメリカ大陸の先住民に関して提唱されたが，オーストラリア・アボリジニや太平洋地域の諸集団においても同様の傾向がみられている．この現象の説明として，David Barker（1994）は，倹約表現型仮説を提唱

した．すなわち，周産期の栄養不良が，後に成人病リスクを増加させるというものである．この場合，成人期に栄養過多になると，糖尿病になると考えられている（BOX 4 参照）．このように，II 型糖尿病は，遺伝的要因と環境要因の相互作用によって複雑に決定されると考えられる．

8.3 近代化と食の問題

　20 世紀に入り，輸送技術の発達や世界の市場経済化により，各国間の食品の輸出入が盛んになった．また，「緑の革命」をはじめとするさまざまな農業技術革新，食品工業の発達，メディアを通じた食の情報化などによって，人びとが利用できる食物は多様化し，食生活は変貌した．例えば，日本の大都会のレストランでは世界のほとんどの地域の料理を堪能できるし，日本人は総摂取エネルギーの 6 割を海外から輸入された食品に依存している（農林水産省，2009）．このような食生活の変化によって，それまでは入手できなかった食材をいつでも入手できるようになり，人びとはおおいに恩恵を受けている一方で，新しい問題も生じている．

　その 1 つは，それまで集団が獲得してきた適応的仕組みが，疾病をもたらす結果となっていることである．先述のように，アフリカ系アメリカ人は，低ナトリウム摂取の環境に適応し，ナトリウムの利用効率をよくするという仕組みを獲得していたが，近代化に伴ってナトリウム摂取量が増加した結果，高血圧のリスクが高まった．また，アメリカ大陸の先住民にみられる II 型糖尿病は，さまざまな遺伝・環境因子に起因するものの，その一因として，倹約遺伝子をもつ人びとの食事やライフスタイルの急激な変化が考えられる．アメリカ大陸の先住民にみられる II 型糖尿病は，倹約遺伝子をもった人びとの食生活が急変した結果とも説明されている．

　また，多くの開発途上国では肥満と栄養不足という二重の栄養問題に直面している．現在，世界で 13 億人の人が肥満（BMI＞30）または過体重（BMI＝25～29.9）であり，特に開発途上国における肥満率の増加が顕著である（Popkin, 2007）．図 8.2 には，Reynaldo Martorell らが行った開発途上国 38 ヵ国の 1987 年以降の国別代表的栄養調査の解析結果を示す（Martorell *et al.*, 2000）．過体重のレベルは，南アジアで著しく低く，サハラ以南のアフリカではまれであるが，

8.3 近代化と食の問題

□ 過体重：BMI＝25〜29.9　■ 肥満：BMI＞30

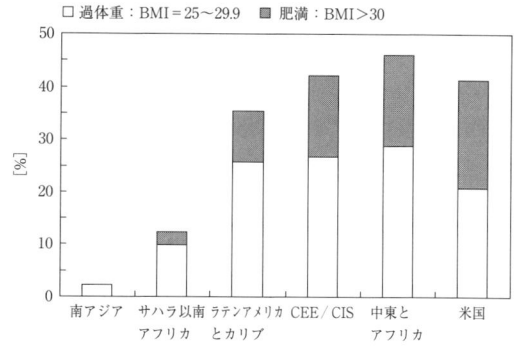

図 8.2 開発途上国の地域別および米国の 15〜49 歳女性の過体重と肥満の％分布
CEE/CIS＝中央東ヨーロッパ/独立国家共同体．(Martorell *et al*., 2000)

表 8.3 中国の成人（20〜45 歳）の食物摂取状況の変化（China Health and Nutrition Study, 1989〜1997）

	平均摂取量 [g/人/日]					
	都市部		農村部		合計	
	1989	1997	1989	1997	1989	1997
総穀物量	556	489	742	581	684	557
野菜	309	311	409	357	377	345
果物	14.5	35.9	14.9	16.7	14.8	21.7
肉・肉製品	73.9	96.9	43.9	57.6	53.3	67.8
鶏肉	10.6	15.5	4.1	11.7	6.1	12.7
卵・卵製品	15.8	31.6	8.5	19.6	10.8	22.7
魚介類	27.5	30.5	23.2	26.9	24.6	27.9
乳・乳製品	3.7	4.0	0.2	0.9	1.3	1.7
植物油	17.2	40.4	14.0	35.9	15.0	37.1

(Caballero and Popkin, 2002)

世界のそのほかの地域では 4 人に 1 人が過体重の現状にあることを示している．多くの開発途上国では，身体活動量の低いライフスタイルに移行し，カロリーの高い甘味料や植物油，動物性食品を摂取するようになった．特に，表 8.3 に示すように，中国などでは植物油の摂取量がここ 10 年間で急激に増加している（Caballero and Popkin, 2002）．その結果，肥満が糖尿病や心疾患などの爆発的増加をもたらしている．この点においても，先述の倹約遺伝子との関連性が指摘されている．すなわち，アジアやアフリカの開発途上国では，度重なる飢饉を乗り越えるために脂肪を効率的に蓄えるような生理的適応が起こっていたため，そ

ういった国々の肥満の人びとは,欧米の肥満者よりも糖尿病や高血圧を発症しやすいということである.倹約遺伝子をもつヒトが太ると,心臓と肝臓の周囲に脂肪がたまりやすく,糖尿病や心血管障害のリスクが上昇するといわれている.中国では,特に都市部において肥満の割合が急速に上昇し,人口の1/3が高血圧であるといわれている.

一方で,世界で8億人の人びとが食物を購入するだけの経済力がなく,飢餓状態にある(FAO, 2006).そのうちの75%は途上国の農村部で生活し,土地や職業をもたない場合も多い.現在の世界の穀物生産量は,世界の人びとを食べさせるのに十分なものだが,政治・経済的な条件によって,食物を十分に利用できない人びとが存在するのが現状である.1996年に開催された世界食糧サミット(WFS)では,1990〜2015年の25年間に,世界の飢餓人口を8億人から4億人に減らすことで合意したが,現在も飢餓人口はほとんど変わっていない.このように,多くの途上国では,肥満やそれに伴う疾病に苦しむ世帯と,栄養不足と飢えに苦しむ世帯とが共存するという二重の栄養問題を抱えており,国家間,あるいは,国内部における食物の不均等な分配の問題の解決が重要な課題である.

そして,食の安全性の問題である.地産地消から遠産遠消へと世界の食生活が変化するにあたり,農作物の商品価値を高め,長距離の輸送に耐えうるようにするために,農薬をはじめとする化学物質が,農作物の生産・輸送過程において使用されるようになった.また,食品工業においても,味や外観,保存性の向上を目的に,多種多様な食品添加物が使用されている.こういった化学物質に関する安全性の認識には国による違いが大きく,法的な規制や検査体制が国際基準を満たしていない場合も多い.そのため,特に日本などの輸入食品への依存度が高い国においては,輸入食品の安全性の確保が喫緊の課題となっている.

8.4 栄養素摂取量の把握

8.4.1 食事調査法

最後に,食事調査法についてふれておこう.フィールド調査で集団の食物・栄養素摂取量を把握する方法には,直接秤量法,24時間思い出し法,食物摂取頻度調査法の3種類がある.それぞれの調査法には長所と短所が存在し(表8.4),実際の調査においては,その目的に応じた方法を採択することになるが,人類生

8.4 栄養素摂取量の把握

表 8.4 代表的な食事調査法の比較

	概要	長所	短所
直接秤量法	摂取した食物を，調査者が秤量する．食品成分表を用いて栄養素摂取量を計算する．	・対象者の記憶に依存しない．	・対象者の負担が大きい． ・調査期間中の食事が通常と異なる場合がある．
24時間思い出し法	24時間以内に摂取した食物について，調査者が対象者に質問する．調理器具，食品モデルや写真を用いて目安量をたずねる．食品成分表を用いて，栄養素摂取量を計算する．	・対象者の負担は比較的小さい． ・比較的高い参加率を得られる．	・対象者の記憶に依存する． ・コーディングに手間がかかる． ・食品成分表の精度に依存する．
食物摂取頻度調査法	数十～百数十項目の食品の摂取頻度を，調査票を用いて質問する．その回答をもとに，食品成分表を用いて栄養素摂取量を計算する．	・簡便に調査を行える．	・対象者の記憶に依存する． ・食品成分表の精度に依存する．調査票の精度を評価するために，妥当性研究を行う必要がある． ・日間変動に関する情報が得られない．

（坪野吉孝・久道茂（2001）『栄養疫学』南江堂より一部改変）

態学の調査においてこれまで最も頻繁に用いられてきた方法は直接秤量法である．直接秤量法とは，対象者が1日に摂取する全ての食物を秤量することで定量化し，食物中の栄養価に換算することで，栄養素摂取量を計算するものである．個人の食物摂取量は，日間変動が大きい（特に平日と休日との差が大きい）ため，各対象者に対して7日間行うことが最も信頼性の高い方法である．人類生態学の調査では，スポットチェック法に基づく活動調査と並行して行われることも多い（Jiang *et al.*, 2006；Murayama *et al.*, 1999）．また，直接秤量を世帯ベースで実施し，係数を用いて個人換算する場合もある（Umezaki *et al.*, 2000）．

　直接秤量法は，実際に摂取された食物を全て秤量するため，得られたデータの信頼性は高いが，唯一にして最大の欠点は，調査の負担，とりわけ対象住民にとっての負担が非常に大きいということである．食物の秤量のためには，対象世帯の台所へ入り込んだり，購入した食品をチェックしたり，食事の様子を観察したりといった，プライバシーの侵害ともいえる行為が必要となってくる．このような調査を，途上国のフィールドで住民と意志の疎通ができない状況で実施しようとしても，調査を拒否されたり，調査者に隠れて食事をされたりして，往々にして失敗する．しかし，長期のフィールドワークを通じて，対象住民と親密な関係を

確立している場合は，意外にすんなりと受け入れてもらえるものである．また，食生活を全て観察することで，調査者が想定していなかったような食品を摂取していることや，食物に対する認識が調査者と対象住民とで違うことなどを発見することができる．さらに，食事調査を通じて対象住民の生活のありのままを観察することで，彼らの実際の生活や抱える問題点についての理解が大きく深まるという利点もある．

食物中の栄養価については，通常，対象とする集団について出版されている食品成分表を用いるが，フィールドで食物サンプルを収集し，その成分を直接化学分析する場合もある（Umezaki et al., 2001 ; Imai et al., 1997）．

24時間思い出し法は，24時間以内に摂取した食物について，対象者に質問する方法である．摂取量を定量化する際には，世帯で日常的に使用されている調理器具，食品モデルや写真を用いて，量を推定する．利点としては，対象者・調査者の負担が小さいこと，一度に多くの対象者をカバーできることなどがあげられるが，対象者の記憶力や申告する能力によって信頼度が低くなる，摂取量を正確に推定することが困難であるという欠点がある．

食物摂取頻度調査法は，過去の一定期間における習慣的な食物摂取状況を把握するために用いられる方法である．この方法は，特定の食品の摂取状況や，食品を通して摂取される環境化学物質への曝露状況を把握したい場合などにおいて，有効である．食物摂取頻度調査票に取り入れる食品項目は，調査の目的によって異なる．すなわち，調査者が食物摂取量全体を把握したい場合は，食事全体を代表する食品を取り入れ，特定の栄養素を把握したい場合は，その栄養素を豊富に含む食品を取り入れる．栄養素の値は，食品リスト上の食品ごとに割りあてる．質問票を作成する際には，その信頼性や再現性をあらかじめ評価する必要がある．食物摂取頻度調査法の利点は，質問票が標準化されているために調査者による個人間変動が小さいこと，対象者・調査者の負担が小さいため高い回答率が期待できることなどである．欠点は，過去の食物摂取に関する記憶が要求されること，調査票の作成とその試験に時間がかかること，日間変動に関する情報が得られないことなどである．食物摂取頻度調査票は，南アジア農村部など食事パターンが単調な地域においては，応用性が高いと考えられる（Sudo et al., 2004）．

それでは，このような食事調査は，人類生態学研究においてどのような意味をもってきたのか，最近の研究例をあげて考えてみたいと思う．

8.4.2 人類生態学と食事調査

　人類生態学研究において，食事調査のデータは，生業，人口，土地利用，疾病や成長など，集団の生活に関するさまざまな指標と関連づけながら利用・解釈されてきた．個々の研究内容・目的は異なるものの，最近行われている研究は以下の内容に大別できよう．

　まず，集団の生存戦略との関連をみたものである．この場合，食事のデータは，生存戦略が適応的かどうかを判断する1つの指標として用いられる (Jiang et al., 2006；Umezaki et al., 2000)．例えば，Hong Wei Jiang らは中国海南島での長期フィールド調査に基づき，換金作物栽培の程度と食物摂取状況の関連を検討し，換金作物栽培に成功している世帯では食物摂取状況が良好であることを示した (Jiang et al., 2006)．世界のさまざまな集団が社会文化的な変化に直面している中で，このような研究の応用性は高いと考えられる．

　また，肥満などの疾病との関連，子どもの成長への影響などを検討した研究も多い．前者では，身体活動レベルとエネルギー摂取量を測定し，そのバランスを検討するのが一般である．山内太郎らは (Yamauchi et al., 2001)，パプアニューギニアの高地民であるフリ族について，都市部への移住グループと農村部に残ったグループとを比較し，移住グループにみられる高脂肪摂取と身体活動レベル (PAL) の低下が，肥満と慢性疾患のリスクを高めていることを指摘した．食の多様化に伴って肥満が世界的な問題となる中で，そのメカニズムの解明や問題解決のために，今後ますます，妥当性の高い食物摂取量のデータが必要となるだろう．また，Huan Zhou らは，中国の子どものエネルギー・栄養素摂取量を24時間思い出し法によって推定し，タンパク質摂取量が少ない子どもは，寄生虫症への罹患の有無に関係なく，成長が遅滞していることを明らかにした (Zhou et al., 2005)．

　さらに，集団の社会文化的価値観が食物摂取状況に及ぼす影響についても研究がされている．須藤紀子は，バングラデシュとネパールにおいて計4回に及ぶ食事調査を実施し，両国においてエネルギー・栄養素摂取に顕著な性差がみられることが，女性の貧血症や低栄養に影響を及ぼしている可能性を指摘した．このような性差は，高価で栄養価の高い食品は男性が優先的に摂取するという文化的慣習によるものであり，栄養素・エネルギー摂取において，社会における女性の地位という文化的な要因の影響が大きいことが明らかになった (Sudo et al.,

2004, 2006).

　今後の展開としては，まず方法論的な検討があげられる．すなわち，食事調査のデータと毛髪などの生体試料から推定される栄養素摂取状況との関連を検討し，両者の方法論的な妥当性や精度を検討する．また，環境保健学的な見地からは，近代化に伴って人びとが経口摂取するようになったさまざまな化学物質（食品添加物のみならず，食品中に含まれる農薬なども含まれる）の摂取量の推定と，生体試料測定によって明らかにされる化学物質への曝露量のデータを組み合わせることで，化学物質への曝露経路を解明し，リスク回避への方策を提示することが考えられる．

BOX 4

Barker 仮説

　イギリス・サウザンプトン大学の疫学者 David Barker らが発表した学説で，虚血性心疾患や高血圧，糖尿病といった生活習慣病が，胎児期の低栄養に由来するというもの．当時のイギリスの虚血性心疾患の死亡率が貧困地区，低所得者層の中で顕著に高いことに疑問をもった Barker らは，1968～1978 年の虚血性心疾患による死亡率と 1921～1925 年の乳児死亡率には強い地理的相関があることを見出し，乳児期までの貧しい栄養状態が虚血性心疾患のリスク因子となるという仮説を立てた（Barker and Osmond, 1986）．その仮説を検証するためには，同一個人について，出生時や乳幼児期の成長および死因という長期的な記録が必要となるが，イギリスのハートフォードシャーにおいて 1900～1945 年の出生住民に関する詳細な記録が残されていた．そこで，Barker らはハートフォードシャーで 1911～1930 年に生まれた 5654 名の男性を追跡調査し，出生体重および 1 歳時体重が最も軽い群で虚血性心疾患死亡率が最も高いというデータから，循環器疾患と胎児期・乳幼児期の栄養との関連を初めて直接的に示した（Barker *et al.*, 1989）．さらに，イギリスのシェフィールドで 1907～1925 年に生まれた 1586 名の男性について，循環器疾患による死亡率が出生体重，出生時の頭囲，ポンデラルインデックス（kg/m^3）と逆相関することを示した（Barker *et al.*, 1993）．同様の結果は欧米やアジアの国々からも報告され，胎児期・乳幼児期の栄養状態が成人期における循環器疾患，脳卒中，II 型糖尿病，高血圧などの慢性疾患のリスク因子であることはほぼ正しいという結論に至っている（Barker *et al.*, 2009）．

　そのメカニズムについて，Barker らは胎児期・乳幼児期の栄養不良が体内

の構造や機能を「プログラミング」するためと説明しており，「胎児起源説」といわれる．具体的には，胎児期に利用できる栄養素が不十分であると，血中ブドウ糖を倹約的に利用できるように血中ブドウ糖を取り出して筋肉などの組織に運搬するインスリン機能が抑制されるため，低出生体重児はインスリン抵抗性をもつ．また，胎児期に低栄養状態であると，胎児期の発達において優先順位が低い臓器の細胞数が削減され，出生後の機能低下につながる．特に，腎臓の構成単位であるネフロンは妊娠後期に形成の感受期があり，出生時に一生の細胞数が決まってしまう．そのため，低出生体重児はネフロン数が減少しており，各ネフロンへの血流量を増やすなどして少ないネフロンで機能を維持しようとするため，加齢によるネフロンの細胞死を加速させたり血圧を高めたりする（Bateson *et al.*, 2004；Barker *et al.*, 2009）．

このような胎児期の影響は，子ども期以降の成長によっても修飾されることが明らかとなってきた．Barker と C. Nicholas Hales は，胎児期に低栄養に曝されると出生後の飢餓状態に適応するために代謝・内分泌機構を倹約型に転換させるという倹約表現型（thrifty phenotype）仮説を提唱したが（Hales and Barker, 1992），その後，thrifty phenotype を獲得した子どもが「母親の予言」と異なる過栄養な環境に育つと逆に不適応となり，成人後の健康問題をもたらすと説明している（Hales and Barker, 2001）．実際に，出生時期および乳幼児期の成長が小さく，その後キャッチアップするパターンの成長をとげた場合，成人後の虚血性心疾患や耐糖能異常のリスクが最も高くなると考えられている（Robinson, 2001）．

Barker 仮説の考え方や概念は拡大し，成人後のさまざまな疾患発症（炎症，腫瘍，精神疾患）が受精卵環境，胎内環境，乳児期環境に関連するという developmental origins of health and disease（DOHaD）説に発展している（板橋ら, 2008）．さらに，その環境因子は栄養環境だけではなく，ストレス，感染，ホルモン，物理化学的環境も，成人期疾病の発症に重要な役割を果たすと議論されるようになっている．また，インスリン抵抗性に関連するPPAR-γ遺伝子のPro12Pro多型の効果が低出生体重児だった成人にのみ見受けられるなど，遺伝子と出生体重の相互作用についても関心が高まっている（Barker *et al.*, 2009）．

最後に，人間の生態学からみた Barker 仮説の重要性についてふれたい．人間は現在，かつてないスピードで生活環境を変化させていることは多くの章で説明されているとおりである．そのような急激な環境変化への適応が人間にとっての課題であるが，人体が生物学的に適応をとげるのには時間を要する．出生体重をはじめとする胎児期・乳幼児期の成長は，母親の栄養状態だけではなく母親の体格の影響を受けるが，小さい母親から生まれ，そのような環境に子

宮内で適応して生まれてきた子どもが，生まれた後に非常に豊かな食生活を行うとかえって不適応になり，将来の生活習慣病のリスクを高める可能性がある（Bateson *et al.*, 2004）．このことは，栄養転換が急速に進んでいる多くのアジア途上国においては重要な問題である．現在，胎児期・乳幼児期の環境の影響に対して人がどれだけ可塑的であるか，そのメカニズムの解明が急がれているところであるが，人間にとって適切な栄養を考える上で，集団の環境変化や母親の影響などを丁寧に観察する必要があることは，間違いなさそうである．

[関山牧子]

引用文献

Barker, D. J. P. and Osmond, C. (1986) Infant mortality, childhood nutrition, and ischaemic heart disease in England and Wales. *Lancet* **327** (8489)：1077-1081.

Barker, D. J. P., Osmond, C., Winter, P. D., Margetts, B. M. and Simmonds, S. J.(1989) Weight in infancy and death from ischaemic heart disease. *Lancet* **334** (8663)：577-580.

Barker, D. J. P., Osmond, C., Simmonds, S. J. and Wield, G. A. (1993) The relation of small head circumference and thinness at birth to death from cardiovascular disease in adult life. *British Medical Journal* **306**：422-426.

Barker, D. J. P., Osmond, C., Kajantie, E. and Eriksson, J. G. (2009) Growth and chronic disease: findings in the Helsinki Birth Cohort. *Annals of Human Biology* **36** (5)：445-458.

Bateson, P., Barker, D., Clutton-Brock, T., Deb, D., Dudine, B., Foley, R. A., Gluckman, P., Godfrey, K., Kirkwood, T., Mirazoin Lahr, M., McNamara, J., Metcalfe, N. B., Monaghan, P., Spencer, H. G. and Sultan, S. E. (2004) Developmental plasticity and human health. *Nature* **430**：419-421.

板橋家頭夫，松田義雄編（2008）『DOHaD その基礎と臨床』金原出版．

Hales, C. N. and Barker, D. J. P. (1992) Type 2 (non-insulin-dependent) diabetes mellitus: the thrifty phenotype hypothesis. *Diabetologia* **35**：595-561.

Hales, C. N. and Barker, D. J. P. (2001) The thrifty phenotype hypothesis. *British Medical Bulletin* **60**：5-20.

Robinson, R. (2001) The fetal origins of adult disease. *British Medical Journal* **322** (7283)：375-376.

8章 引用文献

Austad, S. N. (1994) Menopause: an evolutionary perspective. *Experimental Gerontology* **29**, 255-263.

Barker, D. J. P. (1994) *Mothers, Babies, and Disease in Later Life*. BMJ publishing group.

Bogin, B. (1999) *Patterns of Human Growth*. Cambridge University Press.

Caballero, B. and Popkin, B. M. (2002) *The Nutrition Transition: Diet and Disease in the*

Developing World. Academic Press.
Denton, D. (1982) *The Hunger for Salt: An Anthroplogical, Physiological, and Medical Analysis*. Springer-Verlag.
Deurenberg, P., Deurenberg-Yap, M. and Guricci, S. (2002) Asians are different from Caucasians and from each other in their body mass index/body fat percent relationship. *Obesity Reviews* **3** : 141-146.
Dressler, W. W. (1991) Social class, skin color, and arterial blood pressure in two societies. *Ethnicity & disease* **1** : 60-77.
FAO (1998) Food and agriculture organization/world health organization expert consultation on carbohydrates in human nutrition. Carbohydrates in human nutrition: report of a joint FAO/WHO expert consultation. *FAO Food and Nutrition Paper* no. **66**.
FAO (2006) The state of food insecurity in the world 2006.
FAO・WHO・UNU (1985) Energy and protein requirements (report of joint FAO・WHO・UNU expert consultation. *WHO Technical Report Series* no. **724**).
石毛直道（1973）『世界の食文化』ドメス出版.
Imai, H., Kashiwazaki, H., Rivera, J. O., Takemoto, T., Moji, K., Kim, S-W., Kabuto, M., Hongo, T. and Suzuki, T. (1997) Selenium intake status in an Andean highland population. *Nutrition Research* **17** : 599-602.
Jiang, H. W., Umezaki, M. and Ohtsuka, R. (2006) Inter-household variation in acceptance of cash cropping and its effects on labor and dietary patterns: a study in a Li hamlet in Hainan Island, China. *Anthropological Science* **114** : 165-173.
Katz, S. H., Hediger, M. L. and Valleroy, L. A. (1974) Traditional maize processing techniques in the New World. *Science* **184** : 765-773.
Katz, S. H. (1987) Food and biocultural evolution: a model for the investigation of modern nutritional problems. In : *Nutritional Anthropology* (eds. Johnston, E. E.) pp. 41-63. Alan R. Liss.
Kretchmer, N. (1972) Lactose and lactase. *Scientific American* **227** : 71-78.
Leonard, W. R. and Thomas, R. B. (1988) Changing dietary patterns in Peruvian Andes. *Ecology of Food and Nutrition* **21** : 245-263.
Martorell, R., Khan, L. K., Hughes, M. L. and Grummer-Strawn (2000) Obesity in women from developing countries. *European Journal of Clinical Nutrition* **54** : 247-252.
McCracken, R. D. (1971) Lactase deficiency: an example of dietary evolution. *Current Anthropology* **12** : 479-517.
Murayama, N. and Ohtsuka, R. (1999) Seasonal fluctuation in energy balance among farmers in Northeast Thailand: the lack of response of energy intake to the change of energy expenditure. *European Journal of Clinical Nutrition* **53** : 39-49.
中尾佐助（1966）『栽培植物と農耕の起源』岩波書店.
National center for health statistics (NCHS) (1996) *Health, United States, 1995*. Public health service.
Neel, J. V. (1962) Diabetes mellitus: a 'thrifty' genotype rendered detrimental by 'progress' ? . *American Journal of Human Genetics* **14** : 353-362.

農林水産省（2009）平成 21 年度食料需給表. http://www.maff.go.jp/j/press/kanbo/anpo/pdf/100810-03.pdf

Phillips, D. I. W., Baker, D. J. P., Hales, C. N., Hirst, S. and Osmond, C. (1994) Thinness at birth and insulin resistance in adult life. *Diapbetologia* **37**：150-154.

Popkin, B. M. (2007) Understanding global nutrition dynamics as a step towards controlling cancer incidence. *Nature Reviews Cancer* **7**：61-67.

Schofield, W. N., Schofield, E. C. and James, W. P. T. (1985) Basal metabolic rate-review and prediction, together with an annotated bibliography of source of material. *Human Nutrition: Clinical Nutrition* **39**C：1-96.

Scrimshaw, N. S. and Murray, E. B. (1988) The acceptability of milk and milk products in populations with a high prevalence of lactose intolerance. *American Journal of Clinical Nutrition* **48** (suppl. 1)：1083-1159.

Simoons, F. J. (1970) Primary adult lactose intolerance and the milking habit: a problem in biologic and cultural interrelations II. A culture historical hypothesis. *The American Journal of Digestive Diseases* **15**：695-710.

Sudo, N., Sekiyama, M., Maharjan, M. and Ohtsuka, R. (2006) Gender differences indietary intake among adults of Hindu Communities in lowland Nepal: assessment of portion sizes and food consumption frequencies. *European Journal of Clinical Nutrition* **60**(4)：469-477.

Sudo, N., Sekiyama, M., Watanabe, C., Bokul, A. T. and Ohtsuka, R. (2004) Gender differences in food and energy intake among adult villagers in northwestern Bangladesh: a food frequency questionnaire survey. *International Journal of Food Sciences and Nutrition* **55**：499-509.

Umezaki, M., Kuchikura, Y., Yamauchi, T. and Ohtsuka, R. (2000) Impact of population pressure on food production: an analysis of land use change and subsistence pattern in the Tari Basin in Papua New Guinea highlands. *Human Ecology* **28**：35.

Umezaki, M., Natsuhara, K. and Ohtsuka, R. (2001) Protein content and amino acid scores of sweet potatoes in Papua New Guinea highlands. *Ecology of Food and Nutrition* **40**：471-480.

Yamauchi, T., Umezaki, M. and Ohtsuka, R. (2001) Influence of urbanization on physical activity and dietary changes in Huli-speaking population: a comparative study of village dwellers and migrants in urban settlements. *British Journal of Nutrition* **85**：65-73.

Zhou, H., Ohtsuka, R., He, Y., Yuan, L., Yamauchi, T. and Sleigh, A. C. (2005) Impact of parasitic infections and dietary intake on child growth in the schistosomiasis-endemic Dongting Lake Region, China. *The American Journal of Tropical Medicine and Hygiene* **72**：534-539.

Werge, R. W. (1979) Potato processing in the central highlands of Peru. *Ecology of Food and Nutrition* **7**：229-234.

WHO (1995) Physical status: the use and interpretation of anthropometry. Report of a WHO expert committee.

Wyndham, C. H. (1966) Southern African ethnic adaptation to temperature and exercise. In：*The Biology of Human Adaptability* (eds. Baker, P. T. and Weiner, J. S.). Clarendon.

9 章
生体指標からみた人間の生態

　環境がヒトに与える影響を個体レベルで調べるには，対象となる環境要因（化学的，物理的，生物的など）とヒトの影響とを別々に調べ，両者の関連を検討しなければならない．環境要因を調べる方法を大きく分けると，2つのアプローチがある．1つは，環境の側を計測・調査する方法であり，もう1つが本章の主題となる，生体側を計測・調査する方法である．有害物質に関し，職業保健や環境保健の分野では，前者を環境モニタリング（environmental monitoring），後者を生物モニタリング（biological monitoring）あるいはバイオモニタリング（bio-monitoring）とよんでいる．

9.1 環境の調査・計測

　ヒトは生きていくために呼吸し，ものを食べ，水を飲んでいるわけであるが，これら食物，飲料物，空気などは全てヒトの外囲である「環境」である．こうした環境の取り込みの際に，生態学的，行動学的，生理学的，遺伝的などさまざまな次元での仕組みによって生じる，栄養素の摂取量や有害物への曝露量の多寡が個体レベルでのヒト健康を形作ると考えられる．こうした観点から，あるヒトが食べたもの，吸った空気，飲んだ水中に含まれる栄養素や有害化学物質などの種類と量を調査することは，環境評価の最も基本的なアプローチといえよう．食物摂取調査および成分の分析や大気モニタリング，水質モニタリングなどがこのアプローチに沿った調査方法である．環境因子には気温や湿度，騒音・振動，電磁波・放射線量などの物理的な因子，ウイルスや病原菌など生物学的な因子も含まれる．環境モニタリングは上述のように本来，環境中の有害物の計測を意味する

のであるが，ここでは栄養素を含め，ヒトにとっての環境因子の側を調査・計測することを，広い意味での「環境モニタリング」ということにしよう．

9.1.1 曝露と用量

ところで「食べたもの」「吸った空気」「飲んだ水」に含まれる栄養素や化学物質は，実際にそのヒトに影響を与えるそれとまったく同じではない可能性があることにも注意が必要である．化学物質を例として説明しよう（IPCS, 2000）．

化学物質のヒト健康影響を扱う分野では，ヒトが化学物質にさらされることを曝露（exposure）という．ヒトが化学物質に曝露するルートには経口（oral exposure），吸入（inhalation exposure），経皮（dermal exposure）の3つのルートがあることがまず重要である．曝露に始まり有害影響が現れるまでの過程は，図 9.1 のように細分化されてとらえられている（IPCS, 2000）．

曝露濃度（exposure concentration）とは，吸入曝露の場合，鼻の穴近傍の空気中に含まれる有害物などの濃度，および，経口曝露の場合には口に入る飲食物など中の濃度を表す．潜在用量（potential dose）とは，実際に口や鼻に入った，あるいは皮膚に塗布された量を表す．適用用量（applied dose）とは，潜在用量

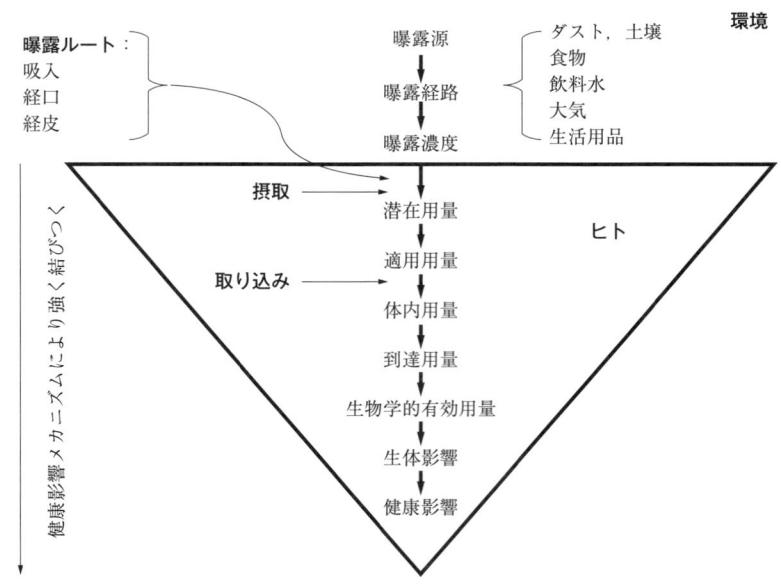

図 9.1 曝露と用量（IPCS, 2000；一部改変）

のうち，実際にヒトの吸収面（呼吸器や消化管粘膜表面，皮膚表面）に届いた量を表す．吸収面の直前まで届いた潜在用量のうち，一部は吸収のための担体と接触することなく排泄されてしまうものもありうるので，潜在用量とは区別されるのである．ここで消化管内，気道内は，体内ではなく外界としてとらえられることは重要である．体内用量（internal dose）は，吸収面を通過し，細胞内，血液内に取り込まれた量を表す．到達用量（delivered dose）は，体内用量のうち，血流などによってその化学物質が毒性を表す組織・臓器（標的器官，標的組織 target tissue/organ）などに届いた量を表す．体内用量のうち，ある部分は標的器官に届く前に代謝されたり排泄されたりすることが起こるため，体内用量とは区別される．生物学的有効用量（biologically effective dose）とは，到達容量のうち，実際に毒性発現の場に届き，影響を引き起こす量を表す．例えば標的器官の入り口の血管まで運搬された到達用量は，実際に標的となる細胞の，標的となる細胞内小器官などに届いた量とは区別される必要があるからである．生物学的有効用量こそが，実際に健康影響を引き起こす量であり，最も重要な量といえよう．

　以上のように，化学物質の曝露から影響発現までの各ステップにおける用量については，非常に詳細な整理と区分がされている．栄養素についても曝露濃度を摂取量などと読み替えれば，これと同様の整理が可能である．しかしながら，ここにあげた用量のほとんどは概念的なものであり，実測ができる類のものではないことはわかるであろう．動物実験の場合に限り，いくつかの用量は既知となる．例えば胃管などで消化管内に直接投与する場合，潜在用量は既知である．また静脈注射により投与する場合は，体内用量が既知となる．またヒトにおいても，体内用量は，例えば血中濃度を測定することなどにより，推定可能である．この点についてはバイオマーカー法として次で説明する．

　栄養，化学物質の双方にとって重要な概念である生物学的有効性（bioavailability）は，この図を使って表すと，曝露濃度に占める体内用量の比率ということとなる．

9.1.2 「環境モニタリング」の限界

　化学物質の曝露量と影響との関係を記述する用量−影響関係（dose-effect relationship）あるいは用量−反応関係（dose-response relationship）を明らかにする

際には，本来的には生物学的有効用量と影響・反応との関係が示されるべきではあるが，実際には用量として曝露濃度を用いることがふつうである．生物学的有効用量というのは概念的な量で，計測が困難なのに対し，曝露濃度（栄養素でいえば食品中濃度あるいは摂取量，化学物質の場合は大気・食物中の濃度）は計測しうるからである．ここでは曝露濃度∝生物学的有効用量であるとみなされている．しかしこのような比例関係が成り立たない場合も多く，それが「環境モニタリング」的アプローチによる環境把握の限界でもある．以下にいくつか実例をあげてみよう．

大気に含まれる粒子状物質は，その粒径（より正確には空気力学的直径，aerodynamic diameter）によってヒトの健康への影響が異なることがよく知られている．粒径ごとのヒト気道内での挙動を図9.2に示した．空気中に含まれる粒子のうち，粗大な粒子は鼻毛などに捕らえられ，咽頭まで届くことなく排除される．粒径が100 μm 程度のもう少し小さな粒子だと咽頭から気管に達するが，そこで気道粘膜上の線毛および粘液層に捕らえられ，線毛の働きで口側へと運ばれ，痰となって気道から排除されるか，食道から消化器に至る．したがってこのような粒径の粒子状物質量は，吸入曝露評価の立場からは潜在用量にはなりうるが，適用用量にはなりえない．ところが粒径が10 μm 以下になると，気管支から細気管支を通り肺胞に届き始め，適用用量となる．1 μm 以下になると肺胞への沈着率はかなり高率となる．したがって，粒子状物質によるヒト健康影響を調査するにあたっては，大気に存在している全粒子状物質を計測しても意味はなく，粒径が10 μm 以下のもの（浮遊粒子状物質，PM10）だけ，あるいは2.5 μm 以

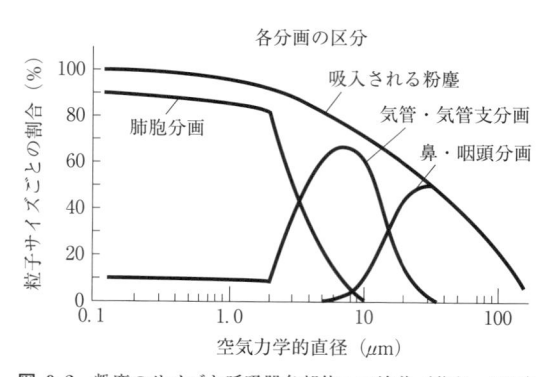

図 9.2 粉塵のサイズと呼吸器各部位への沈着（荒記，2002）

下のもの（PM2.5）だけを計測しなければならないのである．

　日本人のカルシウム摂取量は不足がちである，とよく話題になるが，同じカルシウム摂取量であっても，実際に体内に取り込まれるカルシウム量はヒトによって，また同じヒトでも状況によって大きく異なりうることもよく知られている．食物や飲料中のカルシウムは小腸で吸収されるが，カルシウムと共存する成分によって小腸での吸収率が異なる．例えばシュウ酸やフィチン酸，リン酸が多量に共存すると，小腸管内で不溶性のシュウ酸カルシウムやリン酸カルシウムとなり，適用用量とはなるものの，吸収されにくくなり（生物学的有効性が低下し），体内用量とはならない．逆にビタミンDが共存すると，カルシウム吸収率が上がる．したがって単純に摂取するカルシウム量だけでは，時として実際のカルシウム栄養について誤った判断をしてしまうことがある．

9.2 バイオマーカー

　環境要因の把握における「環境モニタリング」的アプローチの短所を補うものとして，生物モニタリングがある．これは生体の側に記録された情報を読み取ることによって，環境要因への曝露を見積もる方法で，生体に記録された情報をバイオマーカー（biomarker）という．バイオマーカーには生体と環境要因との相互作用の結果として生体内に生じたものあるいは生体の反応そのものが含まれる．具体的には，環境要因として化学物質を想定した場合には，生体組織・体液中の当該化学物質あるいはその代謝産物，あるいは当該化学物質と生体との反応の結果としての酵素活性やそのほかの生化学的物質のことを指す（IPCS, 1993）．

9.2.1　バイオマーカーの類型

　バイオマーカーは3種類に分類される．第一にあげるべきは，この章の主題となる曝露のバイオマーカー（biomarker of exposure）である．これは図9.1における体内用量～生物学的有効用量までのどれかを表す指標である．したがって，「環境モニタリング」により得られる摂取量・曝露量（曝露濃度）に比べると，曝露のバイオマーカーは，より生物学的有効用量に近い用量を表すことになる点が最大の特徴である．職業保健の分野で多用される有害化学物質の曝露のバイオ

マーカーを表9.1に，栄養素については表9.2に，それぞれあげた．栄養素の場合は，摂取量のバイオマーカーと栄養状態のバイオマーカーの両方を含む．表9.1，9.2にも示されているように，バイオマーカーとは組織や体液中の化学物質，代謝産物，タンパク質そのほかの生化学的物質や酵素活性だけではなく，ある種の試験（例えば後述するDLW試験，9.2.2項参照）の結果の場合もある．

以下はこの章の主題とは異なるが，同じバイオマーカーであるので，簡単にふれておくことにしよう．第二が影響のバイオマーカー（biomarker of effect）であり，環境因子によって体内に生じた生化学的，生理学的，行動学的あるいはそのほかの変化で，疾患と関連のあるようなものを指す．表9.3に例を示す．栄養

表 9.1 代表的な曝露のバイオマーカー（IPCS, 1993）

化学物質	バイオマーカーの例
無機ヒ素	尿中［無機ヒ素＋モノメチルアルソン酸＋ジメチルアルシン酸］
ベンゼン	尿中フェノール，血中ベンゼン
カドミウム	尿中カドミウム，血中カドミウム
フッ素	尿中フッ素
n-ヘキサン	尿中ヘキサジオン
メタノール	尿中メタノール，尿中ギ酸
水銀	尿中水銀，血中水銀
ペンタクロロフェノール（PCP）	尿中PCP，血漿中PCP
トルエン	血中トルエン，尿中馬尿酸
テトラクロロエタン（TCE）	呼気中TCE，血中TCE
1,1,1-トリクロロエタン	呼気中トリクロロエタン，血中トリクロロエタン
キシレン	尿中メチル馬尿酸

表 9.2 栄養素の栄養状態，摂取量のバイオマーカー（木村・小林，2007）

栄養素	バイオマーカーの例
全般的栄養状態	BMI
エネルギー	DLW
タンパク質	尿中窒素（摂取量），血清総タンパク質
ナトリウム，カリウム	尿中ナトリウム・カリウム
鉄	血清フェリチン，血清トランスフェリン，血清鉄
亜鉛	血清亜鉛，白血球亜鉛，亜鉛負荷試験結果
銅	血漿銅，血漿セルロプラスミン
ビタミンA	血中レチノール，相対投与量反応試験結果
ビタミンC	血漿ビタミンC，白血球ビタミンC
リボフラビン	尿中リボフラビン
ナイアシン	尿中N^1-メチル-ニコチンアミド，尿中N^1-メチル-2-ピリドン-5-カルボキサミド
ビタミンB6	血漿ピリドキサール5'-リン酸
葉酸	血清葉酸，赤血球葉酸，血漿総ホモシステイン

表 9.3 代表的な影響のバイオマーカー (IPCS, 1993)

毒性，疾患など	バイオマーカーの例
腎毒性	血清クレアチニン，β_2マイクログロブリン，尿中アルブミン，尿中 N-アセチルグルコサミニナーゼ活性など
肝毒性	血清中酵素活性（アミノトランスフェラーゼ，乳酸デヒドロゲナーゼ，アルカリホスファターゼ，γ-グルタミン酸トランスペプチダーゼなど）
免疫毒性	皮膚反応（パッチテスト），血中 IgE，白血球サブタイプ
肺毒性	肺機能（FEV, PEF など），気管支肺胞洗浄液中白血球組成・タンパク・乳酸デヒドロゲナーゼ活性・サイトカイン，尿中ヒドロキシプロリン・ヒドロキシリシンなど
生殖毒性(男性)	精子数，血中 FSH・LH・テストステロン，尿中テストステロン，唾液中テストステロン
発達毒性	集団中の奇形，低体重，染色体異常，精神遅滞頻度
神経毒性	血漿・赤血球中アセチルコリンエステラーゼ活性，神経伝達速度，神経生理学的試験結果，脳 PET・MRI 像
遺伝毒性	リンパ球の DNA 付加体，タンパク（アルブミン，ヘモグロビン）付加体，染色体損傷（断裂など構造異常・数的異常），姉妹染色分体交換（SCE），小核形成

素や有害物の摂取・曝露の影響を個人レベルで調べるには，このような影響のバイオマーカーが利用できる．ある場合には，影響のバイオマーカーであるか曝露のバイオマーカーであるか，区別が難しい場合もある．たとえばある種の DNA 付加体の場合，遺伝毒性物質（例えば芳香族炭化水素）の生物学的有効用量の指標とみなすべきか，実際に DNA に及ぼされた影響をみているものか，区別が難しい．

第三は感受性のバイオマーカー（biomarker of susceptibility）である．栄養学や毒性学の分野では，ヒトの遺伝子型や表現型の多様性が栄養素や有害物の代謝や排泄などに大きく影響し，結果として健康や疾病の個人間変動の大きな要因となっていることが注目されてきている．タバコを吸う人であっても，肺がんになる人とならない人がいる，などというのがそのよい例であろう．こうした影響の個人差は，例えば栄養素や有害物の代謝などにかかわる酵素をコードする遺伝子の多型（polymorphism）という観点から解釈でき，遺伝子多型［例えば一塩基多型（SNPs：single nucleotide polymorphism）］や遺伝子の発現を，栄養素や有害物への感受性のバイオマーカーとみなすことができる．これらのバイオマーカーは，栄養素や有害物の摂取・曝露による影響を調べる際の，修飾要因の指標として活用されるようになってきた．

9.2.2 バイオマーカーの適用例①：摂取量・曝露量調査の不確かさの評価

フィールド調査によって対象とする人びとの栄養素摂取量を推定する際，あるいは栄養疫学（nutritional epidemiology）的調査において，食物摂取調査の結果と食品の栄養素含有量データとを掛け合わせて栄養素摂取量が算出される．すなわち職業保健や環境保健における化学物質曝露評価でいうところの「環境モニタリング」的手法が用いられる．しかしながらこれには食物摂取量データに不可避的に存在する偏りと，含有量データの代表性など，さまざまな不確かさの源が存在することは周知の事実とされている．バイオマーカー法はこうした調査に替わる，より精確な栄養素摂取量推定値を提供する方法と考えられ，食物摂取調査の信頼性を評価するための絶対的（definitive）データとみなされている．

例えばエネルギー摂取量の推定には，二重ラベル水（doubly labeled water, DLW）を用いたバイオマーカー法（表9.2）が用いられる．これは水素原子と酸素原子の両方を安定同位体でラベルした $^{2}H_{2}^{18}O$ を対象者に飲ませ，そのあと経時的に尿をサンプリングして，排泄される水素，酸素原子の安定同位体組成から CO_2 発生量を算出し，エネルギー消費量を求める方法である．この方法で求めたエネルギー消費量（≒摂取量）と，自記式24時間思い出し法（24HR）あるいは摂取頻度（FFQ；food frequency questionnaire）による食物摂取調査結果との比較（Subar et al., 2003）では，両者の間には有意な相関関係がみられるものの，常に前者が後者より高いことが知られている．つまり自記式ではDLW法に比べ過小報告が行われる傾向にあるということである．また，FFQ（-30％）のほうが24HR（-12％）に比べて，より小さく見積もるという特徴がある．興味深いことに，この過小報告の大きさは，対象者のBMIあるいは対象者のボディーイメージと比例するということがよく知られている（Hill and Davies, 2001）．

同様にタンパク質の摂取量は，尿中に排泄される窒素をバイオマーカーとし（表9.2），24時間尿中窒素濃度と尿量とに基づいて次の式で精確な摂取量が求められるとされる．

摂取タンパク質量（g/日）=[窒素排泄量（g/日）÷0.81]×6.25

バイオマーカー法で求めたタンパク摂取量と自記式調査結果との比較では，エネルギー消費量同様，後者が常に低い値となる（Suber et al., 2003）．

アフラトキシンというのはピーナッツなど種実類や穀物類のカビが産生する天

然の発がん物質として有名である．18000人以上の中年中国人をコホートとして設定，追跡した結果，70000人年のうち55名の肝細胞がんが見出された．コホート設定時に面接調査を行ってアフラトキシンの摂取源となりうる食物アイテムの摂取頻度を調査し（FFQ），それらのアイテム中アフラトキシン濃度を測定し，マーケットバスケット法により対象者のアフラトキシン摂取量を推定している．これらの推定摂取量と肝細胞がんの発症との関連をコホート内患者対照研究により調べたところ，アフラトキシン摂取量に伴う相対リスクの上昇はみられなかった．ところが，同じくコホート設定時に採取したスポット尿中アフラトキシン代謝産物（アフラトキシン P_1, M_1）および DNA 付加体（アフラトキシン–N_7–グアニン）濃度など，曝露のバイオマーカーと肝臓がんの間には高度に有意な関連がみられた，という報告がある（Qian et al., 1994）．かなり丁寧な食物摂取調査を行っても曝露の misclassification が起こっている可能性がある．

以上のように，エネルギー，タンパク質といったマクロな栄養素であっても，アフラトキシンのような微量有害物質であっても，「環境モニタリング」的アプローチによる摂取量の推定には大きな誤差が含まれる可能性があり，バイオマーカーによる推定値の評価，補正が重要な場面が多い．

9.2.3　バイオマーカーの適用例②：生理学的変異を考慮する

パプアニューギニア高地に住む人びとのタンパク質摂取量とタンパク栄養状態との間の不一致の例はたいへん有名である（奥田，1984）．パプアニューギニアの高地には，動物性食品をほとんど食べず，サツマイモや野草だけを食べるため，タンパク栄養が貧しいと考えられるにもかかわらず，筋骨隆々とした体格の人びとがいる．彼らを対象に，丁寧な食物摂取調査を行ってタンパク質摂取量を推定したところ，体重1kgあたり約0.6gで日本人の摂取量（同1.3g）の約半分と，通常であると低タンパク血症に陥っても不思議のない摂取レベルであった．しかし，ヘモグロビン濃度など（低タンパク影響の）バイオマーカーの測定結果から，人びとの間には貧血やタンパク栄養状態の低下はみられなかった．この人びとの窒素出納を調べることにより，非タンパク性の窒素源を利用して体タンパク質を合成する生理学的適応を果たしていると考えられている．例えば ^{15}N でラベルした尿素窒素の投与実験により，尿素態窒素の生理学的利用が示されている．これもバイオマーカー法を用いて初めて明らかとなった事実であろう．パプアニュー

ギニア高地人の例は，低タンパク摂取量に生理学的な適応をとげた例であり，このようにヒトは環境へ適応をとげうるので，「環境モニタリング」的食物摂取調査結果だけでは栄養状態を判断できないことを教えてくれる．

9.2.4　バイオマーカーの適用例③：マルチルート曝露（化学物質）

栄養素は食物，飲料の経口摂取のみが摂取ルートであるが，化学物質はそれに加えて経気道（吸入），経皮の曝露がありうる．したがって「環境モニタリング」により個人レベルで摂取量・曝露量を精密に見積もるためには，すべてのルートからの摂取・曝露量をとらえなければならない．バイオマーカーは，摂取・曝露経路にかかわらず，体に取り込まれた対象物質の総量を表すことから，摂取・曝露経路が複数想定される場合，未知の経路がある可能性が高い場合など，きわめて有用な評価手法となる．

フタル酸エステルは，プラスチックに柔軟性をもたせる役割をもつ可塑剤として世界的に広く用いられてきた化学物質で，特に塩化ビニル樹脂に柔軟性をもたせ，壁紙などとして利用する際には不可欠な物質であった．長いこと毒性は低いと考えられ，大量に生産・使用されてきたが，近年になって内分泌かく乱化学物質の1つとして知られるようになった．

一般公衆のフタル酸エステルへの曝露レベルを調べるために，「環境モニタリング」的アプローチで，食べ物・飲料水・空気からのフタル酸エステルの曝露量を加算して求めた摂取量と，ヒト尿中に排泄されるフタル酸エステルの代謝産物量から推定した摂取量とを比較したのが図9.3である（Suzuki *et al.*, 2009）．図中，DMP, DEP, DnBP, BBzP, DEHP はそれぞれフタル酸ジメチル，フタル酸ジエチル，フタル酸ジ-n-ブチル，フタル酸ブチルベンジル，フタル酸ジ（2-エチル）ヘキシルという，フタル酸エステルの種類を表す．この図に示したように，DEP や DnBP は，尿中排泄物から推定したほうが大きい値である．これは，食べ物，水，空気以外のどこからか，これらのフタル酸エステルに我々が曝露していることを示している．フタル酸エステルの用途を調べると，各種プラスチックの可塑剤としてだけでなく，化粧品や塗料の溶剤としても使用されている．塩化ビニル製壁紙から揮発して室内空気を汚染したり，食品包装材としてのプラスチックから溶出して食品・飲料を汚染したりしているだけでなく，化粧品などの使用に伴って皮膚から吸収されるような曝露ルートが存在することをバイオマー

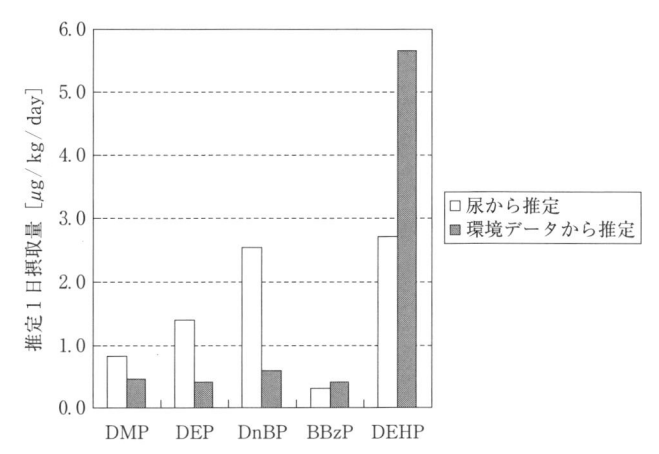

図 9.3 環境データとバイオマーカーから推定したフタル酸エステル類摂取量の比較（Suzuki *et al.*, 2009）

カーがよく示している．なお DEHP の摂取量を環境データから推定したほうがかなり大きいのは，厚生労働省による DEHP 規制の前の環境データを使用したためと考えられる．

9.3 バイオマーカー法の問題点

　バイオマーカーの適用例をいくつかあげ，その有用性を示してきたが，その使用にあたっては考慮するべき問題点もある．

　第一に，バイオマーカー法では対象者から血液や尿，体組織などの生体試料を得ることが必須である点である．このような侵襲的な試料採取にはそれなりのリスクがあるので，対象者に受け入れられる必要がある．そのためには研究の目的，手段，試料採取にかかるリスクなど，十分な説明をした後，対象者の自発的な同意を得る，ということが必要である．さらに，生体試料からは遺伝情報を含めた個人情報が得られることになるので，試料およびデータの取り扱いには，プライバシー保護の観点からも十分な注意が必要である．以上の点については，いまでは研究のための倫理指針にのっとって適切に行われるよう，事前に試験研究機関の倫理審査を経ることが必須となっている．対象者の同意を得る過程はコミュニケーションをベースとしているので，対象者が乳幼児であったり外国人であった

りする場合には特段の注意が必要である．また，伝統的社会の人びとを対象とする場合，倫理的配慮は当然としても，まずは研究者がその社会に受け入れてもらうことが最優先課題である．また，社会によっては生体試料が呪術的な意味をもつ場合などがあるため，しばしば試料採取が困難な場面がある．

　第二に，第一の点とも関連するが，摂取や曝露の評価に最も適切な生体試料が得られるとは限らない点があげられる．評価対象とする栄養素や化学物質の体内での代謝などを考慮した場合，得られる生体試料が生理学的にみて適切な試料であるか，吟味が必要である．例えば同じ排泄量を計測するにしても，尿中排泄量は体内に吸収された成分量を表しうるが，糞中排泄量は，消化管で吸収されなかった成分と吸収後に再度消化液中に分泌された成分の合計量である，というような特徴を頭に入れておかねばならない．頭髪や尿は血液などと異なり非侵襲的に得られる生体試料なのだが，外部汚染（頭髪）や尿量による希釈・濃縮の問題などを考慮しない不適切なデータ利用例が多くみられる．

　第三に，化学物質の場合であるが，バイオマーカー法では曝露の総量はわかるが，曝露経路がわからない，という点が指摘できる．総量がわかるので用量−影響関係の解明などリスクアセスメントでは有力である．しかし，曝露経路がわからないと，リスクマネジメントの場面で限界がある．バイオマーカー法で知ることのできる総曝露量のうち，最も大きな寄与をする曝露経路がわかれば，その経路からの曝露を減らすことによって総曝露量を低減化する，という対策の方針を立てられるからである．

　この点については，生体試料中の対象成分の同位体比や同族体組成を指標とした，摂取・曝露源解析手法を用いると解決できる場合がある．炭素や窒素の安定同位体組成，鉛の安定同位体比，ダイオキシン類の同族体パターンなど，食品ごと，あるいは汚染源ごとにそれぞれ独特の値・パターンをもつ場合に，生体試料中のそれと比較することで，どの摂取源・曝露源がどれだけ寄与しているか，見積もることができる．図 9.4 は日本人小児の血中鉛とその小児の家庭環境中のさまざまなものに含まれる鉛の安定同位体比を比べた図である（Takagi *et al.*, 2011）．この図から，対象とする小児の血中鉛はハウスダストの同位体比と近く，ハウスダストからの曝露が大きいことがみてとれる．

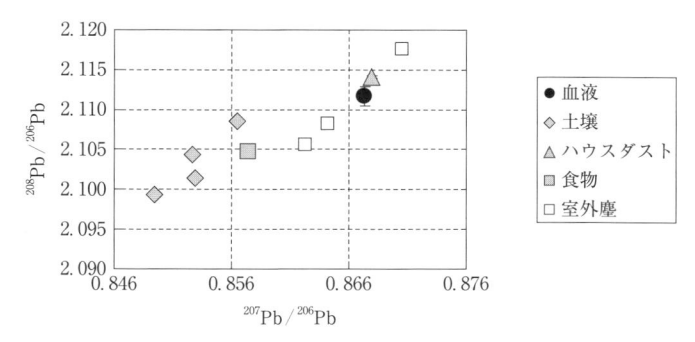

図 9.4 日本人小児の血中鉛と環境中鉛の安定同位体比 (Takagi *et al.*, 2011)

9.4 バイオマーカーと意識の中に投影された環境

　以上に紹介したように，バイオマーカーは，環境（食物，大気，水，土壌…）中に存在する栄養素や化学物質をヒトが体内に取り込んだ結果として体組織や体液中に存在する，取り込まれた栄養素・化学物質そのもの，あるいはそれらの代謝産物である．しかしヒトが環境から取り込んでいるのはこうした「もの」ばかりではない．例えばメンタルマップ（mental map）というものがある．これはある特定の街などについて，ヒトの意識の中に形作られた「地図」であり，実際の地形や建物の配置そのままではなく，そのヒトの認知・評価を経て意識（脳内）のなかに形成されたその街の姿である．したがって同じ街についてであっても，ヒトごとにまったく異なるメンタルマップが存在しうる．そうした地形や建物の配置の中で何に重点をおいて意識しているか，ヒトによって異なるからである．また，意識の中に形作られた自分の体型のことをボディーイメージ（body image）といい，摂食障害や手術・外傷などによる身体的障害をもつ人びとのボディーイメージやその変化について多くの研究がある．メンタルマップやボディーイメージは環境中に物理的に存在するものを，ヒトが視覚的あるいはほかの感覚的情報としてとらえ，意識の中に投影したものを具現化したものであり，環境を体内に取り込んだもの，という点においては，バイオマーカーと同じである．このように外囲としての環境を何らかの形でヒトが取り込むことを鈴木継美は「環境の内在化」とよんだ（鈴木・大塚, 1980）．

　さらに鈴木は環境を，① 環境モニタリングによってとらえられる環境，② 取

り込まれ，バイオマーカーとして表される環境，③ 意識の中に投影された環境，の三層の重層構造になっていると論じている（鈴木・大塚・柏崎，1990）．ここでいわゆるバイオマーカーと意識に投影された環境は，どちらも内在化された環境であるが，これを分けている点が特徴である．意識の中に投影された環境は，ヒトの行動戦略の元になっている，という点でバイオマーカーと異なる役割をもっているからである．バイオマーカーはどちらかというと化学的な色合いが強いものであるが，ヒトと環境とのかかわりを研究するためには心理学的な側面も見逃すことはできない．

9章　引用文献

荒記俊一編（2002）『中毒学―基礎・臨床・社会医学―』朝倉書店．

Hill, R. J. and Davies, P. S. W. (2001) The validity of self-reported energy intakes as determined using the doubly labeled water technique. *British Journal of Nutrition* **85**: 415-430.

International Program on Chemical Safety (IPCS) (1993) Biomarkers and risk assessment: concepts and pronciples. *Environmental Health Criteria* **155**.

IPCS (2000) Human exposure assessment. *Environmental Health Criteria* **214**.

Bowman, B. A. and Russell, R. M.（木村修一・小林平平訳）（2007）『最新栄養学　第9版』建帛社．

奥田豊子（1984）パプアニューギニア高地人の栄養生態．『栄養生態学』（小石秀夫・鈴木継美編），恒和出版．

Qian, G-S., Ross, R. K., Yu, M. C., Yuan, J-M., Gao, Y-T., Henderson, B. E., Wogan, G. N. and Groopman, J. D. (1994) A follow-up study of urinary markers of aflatoxin exposure and liver cancer risk in Shanghai, People's Republic of China. *Cancer Epidemiology, Biomarkers and Prevention* **3**: 3-10.

鈴木継美，大塚柳太郎編（1980）『環境　その生物学的評価』篠原出版．

鈴木継美，大塚柳太郎，柏崎　浩（1990）『人類生態学』東京大学出版会．

Subar, A. F., Kipnis, V., Troiano, R. P., Midthune, D., Schoeller, D. A., Bingham, S., Sharbaugh, C. O., Trabulsi, J., Runswick, S., Ballard-Barbash, R., Sunchine, J. and Schatzkin, A. (2003) Using intake biomarkers to evaluate the extent of dietary misreporting in a large sample of adults: the OPEN study. *American Journal of Epidemiology* **158**: 1-13.

Suzuki, Y., Niwa, M., Yoshinaga, J., Watanabe, C., Mizumoto, Y., Serizawa, S. and Shiraishi H. (2009) Exposure assessment of phthalate esters in Japanese pregnant women by using urinary metabolite analysis. *Environmental Health and Preventive Medicine* **14**: 180-187.

Takagi, M., Yoshinaga, J., Seyama, H. and Tanaka A. (2011) Isotope ratio analysis of lead in blood and environmental samples by multi-collector inductively coupled plasma mass spectrometry. *Analytical Sciences* **27**: 29-35.

10 章

健康と疾病

　ある生物の種（species）の生態学とは，「その種の個体と個体群のそれをとりまく環境の中での生まれ方，生き方（再生産を含む），死に方を研究する学問」である．人間の生態学も環境の中でどのように生活し，生き残り，生殖（再生産）してきたかを現象として把握し，そのメカニズムを知ることが研究の中心となる．本章では死亡（率）に影響を与える要因としての健康と疾病を考える．一部，栄養や外傷についてもふれる．人間はほかの生物によって捕食されなくなったので，現在の死亡の主な原因は疾病や飢餓，交通事故などの外傷，戦争などによる殺人，加齢による衰弱（最終的には疾病を伴う）である．本章では（1）健康と疾病の定義，（2）ヒトの進化と疾病，（3）農耕・牧畜が始まって以降の健康と疾病，（4）1800年以降の健康転換と今日の健康問題について概観する．

10.1 生態学的にみた健康と疾病

10.1.1 健康の定義

　残念ながら「完全なる健康」の定義は存在しない．それは，「完全なる健康」というものが存在しないからであり，その理由は，生物は環境とのダイナミックな関係の中で生きており，生物たる人間の個体もその変動するシステムの一部として「変動するシステム」だからである．生物に永遠の命はない．人間は必ず死ぬ．したがって，未来永劫の「完全なる健康」というものは，「完全なる適応」がないのと同様にないわけである．健康はそのような生態学的動的状態である（デュボス，1977；1985）．しかし，それは健康が実在しないということではない．後述するように，健康は部分的には測定可能で，比較可能である．

ところが，世界保健機関（WHO；World Health Organization）は1946年のWHO憲章の前文（1948年4月より有効）で，戦後の理想主義のもと，健康を，「身体的・精神的・社会的に完全に良好な状態であり，単に病気あるいは虚弱でないことではない」とし，さらに「達成しうる最高の健康水準を享受することは，人種，宗教，政治的信念，貧富，階級に関係なく全ての人間の基本的権利である」「政府は保健的方法と社会的方法によって自国民の健康に責任をもつ」と規定した．これは，社会目標としては正しかったが，一方で，完全なる健康を求める「健康至上主義」の下地をつくった．また，WHOの健康の定義は，その後の現実的健康改善の指標としては役に立たなかった．例えば，「2000年までに全ての人びとに健康を！」という1978年のアルマアタ宣言は，病気と病人が完全になくなることを意味しており，非現実的であった（鈴木，1989）．健康を考える時，「権利としての健康を求めることの正当性」と「生物学的に完全なる健康は存在しないこと」の両者を正しく認識する必要がある．

10.1.2 疾患・やまい・病気

一方，健康と比べれば「病気」は簡単に定義されると思いがちであるが，これも簡単にはいかない．身体あるいは精神に何らかの変調をきたすと人間は具合が悪くなる．頭痛がしたり，咳がでたり，熱っぽくなる．この具合の悪さは身体の部分的なものかもしれないが，それによって個人総体として具合が悪くなり，寝込んだり，仕事を休んだりする．この状態を「やまい（illness）」とよぶ．生物医科学（bio-medicine）とよばれる近代西洋医学が発展するまで，「やまい」の原因はよくわからず，「体液のバランスが崩れた」とか，「熱い・冷たいのバランスが崩れた」とか，「誰かの呪いやたたりのせい」などの説明がなされ，それに従った専門家による伝統医療や，個人や家族による民間療法が行われていた．今でもこのような説明と対処は日本を含む世界各地で日常的になされている．

何を「やまい」とするかは，個人によって異なるし，その判断は社会の価値観の影響も受ける．特に，精神的な具合の悪さは，社会的文脈の違いもあり，どのような具合の悪さを「やまい」とするかは，個人，社会によって異なる可能性が大きい．

家族の一員が「やまい」になって仕事ができなくなったり，寝込んだりすると，家族や社会がそれを認知し，看病をしたり，仕事の代わりをしたりする．これは，

「やまい」が単に個人のものではなく,「社会的意味」をもつことであり,そのように社会に認識された状態を「病気（sickness）」とよぶ.何を「病気」とするかも社会によって異なり,「病気」となった人間がどのように振る舞うべきかも社会によって異なる.

近代西洋医学が発達し,感染症に対する病原体説が Louis Pasteur や Robert Koch によって実証され,「やまい」の「本体」に対する理解が深まった.この概念は「疾患（disease）」とよばれる.「コレラはコレラ菌に感染することによって起こる下痢症である」「マラリアはマラリア原虫に感染することによって起こる発熱・悪寒などの症状を伴う疾患である」という理解が広まり,それぞれの疾患名が確立していく.その後,感染症以外でも「脚気はビタミン B_1 欠乏で起こる」などのように,「やまい」の本体がわかり,「やまいは人が疾患にかかることによって起こる」という命題のもとで,近代医学は疾病の発見・同定とそのメカニズムの解明と治療・予防に取り組んだ.その成果として,予防接種,消毒,抗生物質,手術法などについての近代科学的説明がなされるようになり,それぞれの分野が大きく進歩した.また,食事前に石鹸で手を洗うことが予防として重要であることなども科学的根拠をもって社会に伝えられるようになった.

一方で,疾病がある特定の原因によって起こるという感染症から出発した病因論（これは「特異的病因論」とよばれる）が生物医科学の中心テーゼとなることによって,後述するような生活習慣病に対する病因論（これを「非特異的病因論」とよぶ）の発展が遅れた.

疾患・やまい・病気は当然のことながら重複しており,日常,多くの場合は区別されずに使われる.本章ではそれらをまとめた概念として疾病という言葉を使う.存在する疾病数は,分類を細分化していけばきりがなく,正確には不明だが,「疾病,傷害および死因統計分類提要（ICD-10,2003 年版準拠）」では,14000 の分類項目を設定している（厚生労働省,2006）.ただし,ICD の分類項目は,分類のための項目であって疾病名を表しているものではない.現在,日本の医学部では医学生は 5000 余の疾病について習うといわれている.

10.1.3 健康指標

集団の健康水準を測る指標としては,(1) 死亡（mortality）,(2) 有病（morbidity）,(3) 死亡と有病の組み合わせをみるものがある.

(1) 死亡によって判断するもの

粗死亡率，年齢調整死亡率，年齢別の死亡率から計算される平均寿命，乳児死亡率（出生児が1年未満で死亡する割合，出生1000対の値として示される），5歳未満死亡率（出生1000あたり5歳未満で死亡する児の割合），妊産婦死亡率（妊娠・出産によって女性が死亡する率，通常，出産（出生と満22週以降の死産の合計）あるいは出生10万対で示される）など．世界の5歳未満死亡率と妊産婦死亡率の現状は図10.1，図10.2に示すとおりである．集団間で驚くべき差が存在している．

(2) 有病によって判断するもの

疾病や障害の割合（有病率），発生率や，絶対数をみるもの．例えばWHOによれば，日本の糖尿病患者は2000年の680万人から2030年の890万人に増加すると推定されている．一方，バングラデシュでは2000年の320万人から2030年の1110万人に増加すると推定されている．

(3) 死亡と有病の両者を加味したもの

障害調整生命年（DALY；disability adjusted life year）の損失（一生を無障害生存と有障害生存に分け，有障害生存の年数をその重篤度で死亡と無障害生存に振り分け，無障害年数を合計した値を，理想とされる一生の長さから引いた値）や健康寿命（健康［多くの場合は介護を要さない自立状態］で生存する平均年数）など．

個人の健康を測る指標も色々と提案されており，以下のように，活動レベルでみるもの，主観的健康度を聞くもの，生理的検査や臨床診断で評価するものなどがある．個人の健康を測る指標は，集団内でのその指標の値の分布を調べることにより集団の特性の比較にも利用される．

① 活動レベルをみるもの：a) 日常生活動作（ADL；activities of daily living），入浴，更衣，移動（ベッドからイス），食事，排泄などが介助なしでできるかをみるもの，b) 日常生活活動（IADL；instrumental ADL），外出，買い物，食事の用意，洗濯，乗り物の利用，金銭管理など社会的活動が介助なしでできるかをみるもの．

② 生活の質（QOL；quality of life），あるいは主観的健康度を測ろうとするもの．

③ 血圧，体格，理学的検査，生理学的検査結果から判断するもの．

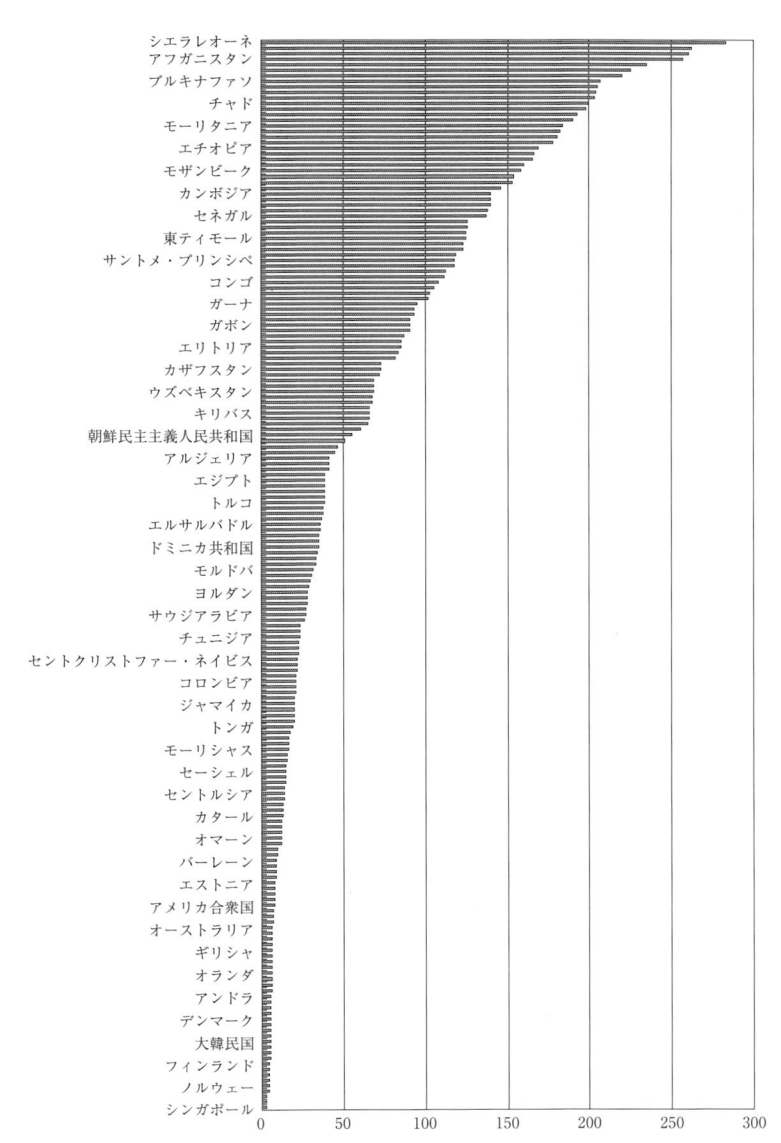

10.1 生態学的にみた健康と疾病

図 10.1 世界の5歳未満死亡率（出生1000対，2003年の推計値）シンガポールの3からシエラレオーネの283まで大きくバラついている．(http://www.who.int/whr/2005/annex/annex2a.xls). 横軸の国名は一部抜粋．

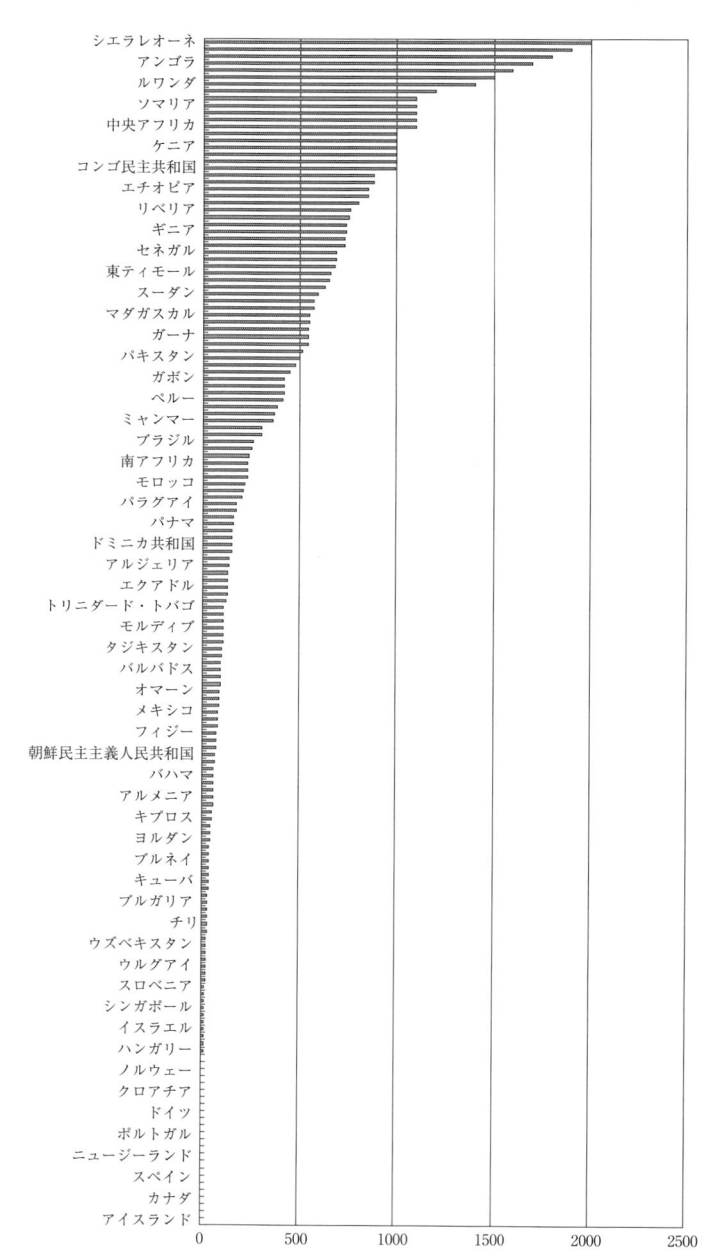

図 10.2 世界の妊産婦死亡率（出生 10 万対，2000 年の推計値）
アイスランドの 0 からシエラレオーネの 2000 まで大きくバラついている．
(http://www.who.int/whr/2005/annex/annex8.xls) より詳しくは（WHO *et al.*, maternal mortality in 2005: http://www.who.int/whosis/mme_2005.pdf) を参照のこと．横軸の国名は一部抜粋．

④ 臨床的に診断された疾病の有無によるもの.

10.2 人間の進化上の特徴と健康リスク

　以下に生物としてのヒトの進化と健康の関連について，現在，考えられているところを記す．ただし，過去のことについては証拠も不十分であり，学説として一致をみないものも多く，今後も書き換えられ続けるものと思われる．その点を理解した上で読み進んでいただきたい．

　今から700万年前，ヒト亜科がチンパンジーの系列から分岐した．タンザニアのラエトリでは370万年前にアウストラロピテクスの3人連れが残した足跡が発見されている．現生人類に比べ身長は2/3，脳容量は1/3，つま先はまだ平坦でなく少し湾曲し，主に菜食（非肉食）で，会話は構文を発達させていなかった．樹上生活から地上に降りることによって，肉食獣に捕食され，土壌伝播寄生虫に感染し，土壌にいる破傷風に感染するリスクが増えた（McMichael, 2001）．

　次に寒冷化した新生代第四紀（258.8万年前）になって，大きな脳を発達させ，道具をもち，肉食傾向の強いヒト属が現れ，生活圏を拡大していく（Oppenheimer, 2004）．ホモ・エレクトスはアフリカから拡散し，ユーラシア大陸に広がった．さらに我々の祖先であるホモサピエンスが20万年前ごろに出現し，8万年前ごろにアフリカから拡散し，世界に広がった．現在のヒトはこれらのそれぞれの時代の環境に適応しつつ進化してきたのであり，近代的な生活に長く適応して今日に至ったわけではない．

10.2.1　難産と妊産婦死亡

　人類は直立二足歩行を始めたことにより，骨盤が直立姿勢を維持するように適応し，産道が狭くなった．直立二足歩行は，現代人に腰痛，膝関節痛，胃下垂，痔，鼠径ヘルニアなどの障害をもたらしたが，それ以上にヒトの適応上重要な利点である大きな脳と器用な手を発展させる基盤となった．しかし，脳が直立歩行後に巨大化したことにより，ヒトはきわめて難産になった．妊産婦が死亡する確率は，ほかの霊長類のメスに比べて異常に高い．ゴリラは体重90 kgのメスが2 kg弱の子どもを産むが，ヒトはその約半分の体重で3 kgの子どもを産む．

　世界各地（特にアジア）には妊娠中の食物禁忌（タブー）が多く，妊婦は肉や

豆などを食べてはいけないというものが多い．これは，今日的にみれば，非人道的にも思えるし，ビタミン B_1 欠乏による新生児脚気の原因になるなど栄養学的にも問題である．実際，2500 g 未満の低出生時体重児では乳幼児死亡率が高いことが報告されている．しかし，これらの食物禁忌は伝統社会で母親の出産に伴う死亡を防ぐために小さな子どもを産ませようとして発達してきた経験的知恵だったと考えられる．

現在でもサハラ以南のアフリカ諸国では妊産婦死亡率が高く，1 回の出産での死亡確率は 0.5 ％ を超え，最高では 2 ％ に達している．西アフリカなどでは女性 1 人あたりの生涯の平均出産数が 6 を超えており，女性は出産に関連して死亡するリスクが生涯で 3 〜 10 ％ 以上あることになる．これと比較すると，日本では妊産婦死亡率も出産数も少なく，1 人の女性が一生のうちに出産に関連して死亡する確率は 1/10000 未満である．このため，ミレニアム開発目標（MDGs）では「2015 年までに妊産婦の死亡率を 1990 年の水準の 4 分の 1 に削減する」ことを 8 目標の 1 つとし，医師・助産婦の立ち会いによる医療施設での出産割合を増やそうとしている．しかし，出産は「病気」ではなく，伝統的に家庭で産むものという考えも強く（松園ら，2008），達成にはさらなる努力が必要である．

10.2.2　胎児の栄養状態と生涯の健康

一方，David Barker らは，出生体重と，心疾患，II 型糖尿病，耐糖能異常の関連を研究し，胎児期・乳幼児期の栄養状態が成人後の健康事象と関連があることを発見し，倹約表現型（thrifty phenotype）仮説（その後，胎児起源説と改名．Barker 仮説といわれる［BOX 4 参照］）を提唱した．この仮説は，James V. Neel の倹約遺伝子仮説に対比させる形で提出された．Neel は，倹約遺伝子仮説を人類共通の特性として指摘したが，それが民族間の遺伝子頻度の差として取り扱われたことが問題だとは指摘されている（Pollard, 2008）．成人の糖尿病や肥満に遺伝と環境の両方が関連していることは疑いない．しかし，母体の栄養状態，胎児の発育状況，インスリン分泌とインスリン抵抗性，その後の発病の関連は複雑でメカニズムはまだ十分に解明されておらず，今後の重要な研究課題である．

10.2.3　早産と乳幼児死亡

ヒト以外の哺乳類は胎児期に脳が大きく発達し出生後はあまり大きくならな

い．一方，ヒトは出生後も脳の発育が続く．これに基づくと，産道の大きさに制限がないならば，ヒトの妊娠期間は現在の9ヵ月ではなく，18ヵ月ぐらいであると考えられ，ヒトは生理的に早産な動物だとされる．早産であることは，難産を少しでも軽くし出生後も脳が大きくなることを許したが，一方で，非常に世話を必要とする新生児（晩成性といわれる）をつくることになった．注意しなくてはいけないのは後述するようにヒトは特に脳と生殖に関してゆっくり成長しライフスパンも長くなったので，妊娠期間の絶対値は長くなっているという事実である．例えばチンパンジーの妊娠期間は8ヵ月弱で，ヒトより短い．ここで早産という意味は，出産後も新生児の脳が発達すること，多くの世話を必要とすることを指している．ヒトの赤ん坊が長い間世話を必要とすることがヒトの家族や社会，文化を形成したと考えられている．あるいはそのような体制ができたことによってより晩成性の赤ん坊をヒトが産むようになったのかもしれない．

ヒトの生理的早産が，新生児死亡率，乳児死亡率に与える影響はあまり言及されていない．出生後は，胎内よりも感染症にかかるリスクや栄養不良になるリスクは増大する．そう考えると，ヒトは本来，乳児死亡率が高い動物だといえるかもしれない．特に，ヒトがより大きな集団で住むようになった時に，未熟な新生児・乳児が多くいることは感染症の流行を促進する要因になった可能性がある．

10.2.4 大きな脳と飢饉

一方，ヒトは脳が大きくなったことにより，多くのエネルギーを必要とするようになった．新生児は安静時代謝の87％を脳の成長と機能に使う．5歳児で44％，成人で20〜25％を使用する．チンパンジーは新生児で45％，5歳で20％，成体で9％である（Leonard and Robertson, 1992）．このため，食料不足に対しての脆弱性が生まれた．それがまた，感染症への脆弱性を強めた．現在でも乳幼児の感染症死亡の6割に栄養不良が関連している．ヒトは，食料不足や飢饉には弱くなったが，発達した脳により道具を使用し食料を確保し，3年ほどの授乳期間中，母親が必要な栄養を提供することによって生き延びたと考えられている．二足歩行による移動能力の増加も食料獲得に寄与した．また，食物を加熱したり，道具を使って食べやすく消化しやすくしたことも生存に有利に働いたと考えられる．

10.2.5 言語の発達と誤嚥性肺炎

もう1つのヒトの特徴は言葉によるコミュニケーションの発達である．それによる社会集団の維持がなされ，集団による狩猟採集にも寄与した．しかし一方で，それは食物による窒息死の原因ともなった．そもそも，全ての脊椎動物は呼吸用の気管と食物を飲み込む食道が交差するという進化上の不都合を共有している．ヒトの場合，発声能力促進に関連し，ほかの哺乳類より気管の開口部が喉の奥にある．このため，毎年10万人に1人が食物による窒息死で死亡する（Nesse and Williams, 1994）．日本でも正月に餅を喉に詰まらせて死亡するケースが高齢者で多い．人口高齢化に伴い多くなっている嚥下障害と誤嚥性肺炎も人間の進化の足跡に関連している．

10.2.6 ヒトの成長パターンと病気

Barry Bogin (1999) は，ヒトの成長の特徴として，乳児期から成人期までの期間が長いこと，思春期（puberty；10日間くらいの短期間に性ホルモンが劇的に分泌される時期）以降の青年期(adolescence)に急激な成長スパート(adolescent growth spurt)がみられること，子ども期（childhood）と少年期（juvenile）の間の7歳ぐらいに小さな成長スパート（mid-child spurt）が観察されること，再生産期に達するのが遅いこと，比較的出産間隔が短いこと，比較的離乳までの時間が短いこと，女性の閉経後の生存期間が長いことをあげている（8章参照）．Boginは乳児期の後に7歳ぐらいまでの成長の早くない子ども期が「挿入された」ことがヒトの成長の大きな特徴だと考えている．

大きな脳，頭骨の薄さ，小さく平面な顔，体毛の退化などのヒトの特徴を説明する仮説として「ネオテニー（幼形成熟）（グールド，1987；門司，1995）」がある．これは，ある種が祖先種の幼形を維持したまま成体となる，つまり，性的に成熟することをいう．一般に，ヒトの子どもがチンパンジーの成体に似ているのではなく，ヒトの大人がチンパンジーの子どもに似ていること，あるいは，ヒトの大人がヒトの子どもに似ている程度は，チンパンジーの成体がチンパンジーの子どもに似ている程度よりも大きいことなどがその説明に使用される．しかし，ネオテニーで人類進化の全ては説明できない．例えば，ヒトの長く丈夫な脚はネオテニーでは説明できない．また，思春期成長スパートも説明できない．この領域は進化発生生物学の発展によって今後，ヒトの形態と発生におけるモザイク進

化が解明されると期待できる（Carrol, 2005）．

10.2.7 ヒトの生殖，長寿と疾病

ヒトがほかの霊長類と違うもう1つの点は，メスの発情期がなく，性行為がいつでもなされることである．また，排卵についてはメスも自覚できないし，オスからもわからない（自覚できないが，実際にはわかっているという研究も発表されている（Moalem, 2009））．この特徴は，配偶者間の絆を強め，家族の起源に貢献したと考えられている．このことが後に性病の流行にどれだけ寄与したかは不明である．

霊長類は一般に少ない子孫を残し，その世話をして子孫の死亡率を下げるK戦略者であるといわれる（6章参照）．子どもを産み始めるまでの期間が長く，1回に通常1個体のみを出産する．しかし，ヒトは生理的早産になったために出産間隔が短くなった．狩猟採集の時代は，頻繁な授乳によって出産後の排卵を阻止し一定（4～5年）の出産間隔を保っていたが，農耕と定着の導入とともに，子どもを多く産むr戦略者的能力を身につけ，それが今日の人口増加の根底となった．ただし，女性には閉経があり，無秩序にr戦略者になることは避けられている．加熱した離乳食によって授乳期間が短縮され，出産間隔が短縮した可能性がある．その一方，離乳後の親への依存期間が延長した．

閉経については，ヒトの子どもに世話がかかることから，一生産み続けるよりもある年齢（50歳前後）で再生産を止めて，孫の世話をする方が有利なために進化したという祖母仮説が提出されている（スプレイグ，2004）．これも，ヒトが難産であり妊産婦死亡率が高いことから，産まないほうがよいという戦略が選択されたものと考えられる（6, 8章参照）．

ヒトは，体の大きさを補正してほかの霊長類と比較すると，1.5倍程度長生きである．それは，上述の通り，ゆっくりとした成長をするように進化したからである．この長い成人期，高齢期を健康で生きられれば問題はないが，生殖にかかわらない老後の遺伝子は自然選択の直接的対象とはならない．高齢者の存在が多くの知識や加護を子孫にもたらすので長寿の家系が有利なために間接的に選択された可能性はあるが，老後に健康でいる遺伝子が直接的に選択されたわけではない．したがって，多くの疾病や障害をもったまま老後を過ごすこととなる．例えば，血圧を上昇させることは直立姿勢の維持には有効であったが，それが高齢に

おける循環器障害の発生の要因ともなる．老後をどう健康に生きるかは，高齢までの生存率を高くすることに成功した今日のヒトが直面する重要な課題である．

10.3 農耕・牧畜の始まりと疾病

　我々の種，ホモ・サピエンスは小集団で移動しながら狩猟採集に依存した生活を行い，氷期と間氷期を生き抜き，2万年前のウルム期の最終氷期のピーク，1.2万年前のヤンガー・ドリアス寒冷期も生き抜いて今日に至った．狩猟採集時代は，怪我による死亡や肉食獣に捕食される危険はあったし，アフリカから出たことによって未知の病原体との遭遇もあった．しかし，今日，我々がかかる多くの疾病はなかった．あったのは，EBウイルス，ヘルペスウイルス，肝炎ウイルスなど，小集団の中でも個人に長く感染して生き延びられる病原体だとされる．マラリアもあったが，農耕が始まる以前は被害はそれほど重篤ではなかった．大勢が一ヵ所に定住し，作物を栽培し，家畜を飼うようになると多くの健康問題が生じた．新たな動物由来感染症，飢饉や特定栄養素の不足，定住・密集による環境の悪化による糞口感染・土壌伝播寄生虫感染の増加などである．

10.3.1 マラリア

　マラリアは今日でも，結核，HIV／AIDSと並んで，世界的に流行し，公衆衛生学的に大きな問題となっている（BOX 5参照）．熱帯熱マラリア原虫の起源には諸説あり，一時はトリマラリアから直接ヒトに感染するようになったと考えられたが，現在では，ゴリラ由来であると考えられている．1万年前ごろアフリカが媒介蚊であるハマダラカの成育に適した高温・多湿になり，ヒトが定住的になり蚊に刺されやすくなったなどの条件が重なって流行が拡大した（ジョンウティウェスら，2004）．鎌型赤血球遺伝子，サラセミア，G6PD欠損症（赤血球膜のG6PD酵素が欠損），ダッフィ血液型陰性など，さまざまなマラリア抵抗性を示す遺伝的変異が知られていることからマラリアはヒトにとって非常に大きな選択圧だったと考えられる．

　マラリアは，媒介するハマダラカの性質が流行に大きく影響する．ヒトのマラリアを媒介するハマダラカは60種以上に及ぶ．アフリカでマラリア対策が難しいのはガンビエハマダラカという媒介効率のよい蚊がいるからである．この蚊は，

ヒトの血を好み，日のあたる浅い泥水の水たまりなどで繁殖し，夜間に吸血し，マラリア原虫が感染可能になるまでの生存率が高いので，生息地ではマラリアが流行する．アフリカ大陸におけるトウモロコシ栽培の拡大がガンビエハマダラカの生息域を拡大し，マラリアの流行を広げた可能性がある．また，ローマ帝国設立時からマラリアは存在したが，後に北アフリカと南アジアからより媒介効率のよい蚊が侵入し，ローマ帝国の衰退に影響したという．マラリア対策は媒介蚊の生態・環境と人びとの活動に着目しながら，その地域での最善の策を打っていくことが不可欠である．

10.3.2　農耕と動物由来感染症

　家畜とともに暮らし，定住してネズミも定住地に増えると多くの感染症が動物からヒトの世界に侵入した．Nathan D. Wolfe ら（2007）は，現在と過去の主要25疾患を，熱帯性の10疾患と温帯性の15疾患に分け，熱帯性疾患では家畜由来のものがないのに対し，温帯性疾患では，半数以上（ジフテリア，A型インフルエンザ，麻疹，耳下腺炎（おたふく風邪），百日咳，ロタウイルス，天然痘，結核）が家畜由来だと述べている．

　麻疹（はしか）は8000年前に羊かヤギ，あるいは犬からヒトに感染するようになったと考えられている．天然痘は4000年前に馬か牛からヒトに感染するようになった．ハンセン病は水牛由来であり，風邪は馬からといった具合である．おたふく風邪，水痘，百日咳，インフルエンザ，結核もそのようにしてヒトに特化した病原体になった（McMichael, 2001）．これらの感染症の多くは，侵入当初には重大な被害を与えたであろう．また，一部のものは引き続いて主要な死因として残った．麻疹は50万人程度以上の集団でないと存続できないと考えられている．農耕の発展により徐々に都市など大集落が形成されたことが多くの疾病の定着へとつながった．

10.3.3　飢饉・特定栄養素不足・下痢・環境衛生の悪化

　農耕と牧畜の発明は人類に豊かな生活を保障したと思いがちであるが，実際に発掘された遺骨などから身長が低くなるなどの低栄養傾向が報告されている．それは，人間が集中して住み，数少ない栽培作物に頼ったからだと考えられている．同時に主食の炭水化物に頼る傾向からビタミンC不足となり，だるさ，抑うつ，

歯茎からの出血などの壊血病の症状が出て，感染への抵抗力が減少した．定住により汚物処理も問題となり，糞口感染，水系感染による下痢も増加した．回虫や十二指腸鉤虫は狩猟採集時代からもいたであろうが，定住するようになって感染強度が増した．条虫類など家畜に感染する寄生虫にも感染した．また，家屋の中に住むことによって風邪や肺炎，結核に罹るリスクも増大した．

10.3.4　文明の交流と疾病のグローバリゼーション

　農耕と牧畜が導入されてからも，それぞれの文明が孤立しているうちは病気も地域特有の風土病的なものが多かった．しかし，文明間の交流が進むにつれて地方から地方に感染症が流行していった．感染症は風土病的になれば，ある社会に壊滅的被害を与えることは少ない．一方，免疫のない集団に流行病として導入された場合には大きな影響を与える．それについて，ペストと，南米への天然痘，麻疹などの移入を紹介する．

a.　ペスト・黒死病

　皇帝ユスティニアヌス統治下の東ローマ帝国で542年から翌年にかけてペストが大流行し，人口の半分を失った．この流行は547年までに西ヨーロッパに伝わり，約200年にわたり流行を繰り返した．ペストはノミを媒介とするペスト菌によるげっ歯類の疾患であるが，ノミがヒトから吸血することによってヒトに感染する．

　次の流行は1300年ころから始まり1800年ごろ終結したもので，黒死病とよばれた．この流行の背景には，13世紀にユーラシア大陸のほぼ全域をモンゴル帝国が支配しヒトとモノの往来が盛んになったこと，10〜14世紀初めまでの中世の温暖期にヨーロッパ人口が増加していたこと，14世紀途中から小氷期が始まり飢饉になっていたこと，クマネズミが港湾を中心に増加していたことなどがあげられる．一説では，モンゴル帝国の支配下にあった雲南省で流行し，交易ルートにのり，中央アジア黒海からコンスタンチノープルを経て，1347年にイタリア・シチリア島のミッシーナに上陸した（ほかにアラビア起源説もある）．黒死病は7年間続きヨーロッパの大部分に流行を広げた．15世紀初頭までに人口が約1/3減少したとされる．イスラーム圏，中央アジア，中国でも被害を受け，全世界で7000万人が死亡した（村上，1983）ノミに噛まれることが原因ではなく，肺ペストが主体でヒトからヒトへ飛沫感染したという説もある．また，ペストだけで

なく炭疽やウイルス出血熱が同時に流行したという説もある．

18世紀中ごろから中央アジアで第三回目の流行が始まるが，ヨーロッパはオスマン帝国からの侵入を厳しく検疫したので，流行はみられなかった．また，14世紀の黒死病の結果，ヨーロッパではペストに強い形質をもった遺伝子が選択された可能性もある（Moalem and Prince, 2007）．一方，中国とインドには広がり，海運を通して香港，ボンベイ，カルカッタに広がった．日本には1899年に神戸港に上陸し，1926年までに約3000人の患者を出したが，ネズミ駆除対策が功を奏し，1926年以来，発生がない（塚野，2004）．

b. 新大陸の悲劇

免疫のない集団に新しい感染症が移入された場合の壊滅的な影響の例は，15世紀以降の西欧人とアメリカ先住民の接触で典型的にみられる（McNeil, 1976；Diamond, 1997）．前述のWolfeらの25疾患のうち多くは旧世界由来であり，新世界由来がはっきりしているのはシャーガス病だけで，梅毒と結核については意見が分かれている（このほか，ロタウイルス，風疹，破傷風，発疹チフスは起源不明）．コルテスがアステカを征服し，ピサロがインカ帝国を征服するのに，天然痘の果たした役割は大きかった．その後，麻疹が流行し，続いて発疹チフスとインフルエンザが流行し（これはヨーロッパ人も感染し被害を受けた），ジフテリアとおたふく風邪も侵入し，人口が1割になった地域も報告されている（McNeil, 1976）．

10.4 産業革命・健康転換と生活習慣病

上記のような流行を経験しながら世界が1つにつながりだし，人口が増加すると，疫病の発生数も増加した．世界の各地で気候変動に伴う飢餓と人口停滞，感染症流行，それからの回復と人口増加が報告されている．しかし，文明間の接触が進むと徐々に新しい疫病は減少し始め，イギリスなどでは，1800年までに疫病による死亡は減少し，麻疹などの一般的な小児感染症や結核での死亡が中心となり，それらの感染症による死亡も徐々に制御されるようになった．

10.4.1 結　　核

現在生きている人口の1/3が結核に感染しており，そのうち1/10〜1/200が排

菌している．毎年約200万人が結核で死亡する．多くの感染者が活動性感染性結核患者として他人に感染させながら何年も生存し続ける点が結核菌の生存戦略が成功した理由である．結核菌はこの能力を数千年にわたる人類との共進化によって獲得した．結核菌は比較的効率が悪いとされる経気道感染によって伝播するので，結核菌の適応度は感染者が長く生存し，動き回れるほうがより高まる．媒介昆虫によるマラリア感染や，水系感染によるコレラ感染では患者が動く必要がないのとは異なり，結核の場合，適応上，患者が動くことが結核菌にとっては都合がよい（Ewald, 2002）．結核は18世紀のヨーロッパから流行が始まり，米国，日本，中国，インド，アフリカの順で感染のピークが移動した．現在，日本での感染者はほとんど高齢者であり，その再発が問題であるが，エイズとは接点が少ない．日本では1931～1950年まで結核が死因のトップであったが，生活水準（特に住居と栄養）の改善と医学的対策が成功して死亡率は減少した．ただし，結核は治療まで時間がかかり今でも公衆衛生学上の重要な問題である点に変わりはない．一方，現在のアフリカでは若者がエイズと結核の両方に感染するため事態が深刻である．

10.4.2 コレラ

1817年にベンガル湾から拡大したコレラの流行が，ヨーロッパに達し，近代的な環境衛生・公衆衛生への関心，個人衛生の重視，科学的解明のきっかけになった（Giesecke, 2002）．以下に述べる健康転換が進み，全体的な死亡率，特に感染症による死亡率が減少し，寿命が延長し始めた．

10.4.3 健康転換

先進国では1800年以降に「死亡（力）転換（mortality transition）」という現象が進み，死亡率が減少し，寿命が延長した．それとともに，主な死因と死亡年齢が，乳幼児の感染症から成人期以降の非感染症（心疾患，がん，脳血管疾患）に変化した．このような，死亡率の減少と，それに伴う死因と主要疾患の変化，およびその変化をもたらした社会的変化の総体を「健康転換」という．健康転換はその後，世界各地でみられるようになった．1800年ごろまでの人類の寿命は20～35歳程度だったが，20世紀末には世界平均で67歳に達している．健康転換に寄与した社会の発展・変化として，James Riley（2001）は，公衆衛生，医学

医療，経済的発展，栄養状態の改善，世帯と個人の価値観と行動の変化，教育・識字の6領域をあげている．このほかに，出生力の低下も，栄養改善や個人の行動変化を介して死亡率を減少させ，健康転換に影響を与えた．健康転換は世界的な現象ではあるが，その進行の動因は世界各地で異なり，上記の各領域への重点のおき方，各領域での政策の違いなどが，各国の健康と疾病のプロフィールを規定している．

社会が変わり，疾病構造が変化し，死亡率の減少が始まってしばらくすると，出生率も減少することが多くの社会で認められている．これは人口転換の中の「出生（力）転換 (fertility transition)」という現象である（6章参照）．出生転換によって，子ども数が減少し，小児疾患の絶対数の減少，人口増加の抑制，人口の高齢化がもたらされる．出生転換も社会の健康・疾病プロフィールに大きな影響を与えている．

10.4.4 近代的ライフスタイルと健康

上述したようにヒトが進化してきた環境は現在の環境とは大きく異なる．現在では摂取する食物エネルギー量は多く，内容も狩猟採集時代とは異なる．また，身体活動レベルも極端に減少した．これらのいわゆる近代西洋的生活スタイルは，途上国でも急激に広がり，肥満，高血圧，耐糖能異常，高インスリン血症，（以上の組み合わせはメタボリックシンドロームと称される），糖尿病，高脂血症，心臓病，がん，アレルギー疾患の基盤となっている (Pollard, 2008)．また，喫煙，アルコール摂取，ストレスも関連している．これらのライフスタイルに関連した疾患（生活習慣病）は，特定の原因で起こるのではなく，長期間にわたり，さまざまなリスク要因に曝露されることによって起こるが，近年では人類進化との関係でこれらをとらえる試みがなされている (Stearns and Koella, 2008).

10.4.5 エイズ・新型インフルエンザ

一方，健康転換と生活習慣病を強調することは，人類が感染症から自由になったことを意味しない．感染症が生物間の相互作用の主要な形態の1つである以上，ヒトは感染症からは逃れられない．多くの感染症に罹患しなくなったことによって，免疫がなくなり，感染症が流行する潜在的リスクは増加している．HIV感染によるエイズが世界的に流行してしまったのも現在の人類社会の脆弱性を物

語っている．ヒトとモノが頻繁に自由に世界中を駆け巡る中で，人類は新型インフルエンザなどの感染症から完全に逃れることはできない．それはSARS(severe acute respiratory syndrome；重症急性呼吸器症候群）の流行からもわかることである．しかし，人類は，同時にその被害を最小限に食い止める科学や技術，社会制度を発展させているのも事実である．また，世界が狭くなり未知のヒト感染症が存在しないことは，致死的な大流行が即座に起こるリスクを低減させている．動物由来の感染症がヒトの感染症になるには時間がかかるので，その間に適切な対策を怠らなければ，中世の黒死病が再現するようなことはない．また，我々 *Homo sapiens* が一属一種として生存していることも，他種からの感染症侵入のリスクを低下させている．

10.4.6 地域・地球環境問題と健康

近代文明がもたらしたもう1つの健康リスクは，産業化や都市化に起因する化学物質への曝露，環境汚染（大気，水質，土壌，食物），さらには地球温暖化などの健康影響である（7, 18, 20章参照）．古くから職業疾患として多くの中毒が知られていたが，多くの人工的な化学物質が環境中に蓄積されるようになり，その地域および地球規模での影響が顕著になり始めている．また気候変動や生態系の大規模な破壊・攪拌は，将来の人類の生存と健康の大きな脅威となっている．現在，人類文明そのもののあり方を見つめ直し，環境影響の緩和策と環境変化への対応策，持続可能な社会に向けての対応が求められている．

健康転換は人口転換（6章参照），栄養転換（8章参照）と相互に影響しあいながら各地で進行し，私たちの生存のあり方を形づくった．その間に私たちを取巻く環境も変化し，私たちと環境のかかわり方も変化した．例えば，利用するエネルギー源が変化し化石燃料を多量に消費するようになった．産業化が進み化学物質による健康影響が問題となった．今後，このような環境と人びとのかかわり方の変遷を人類生態転換（human ecological transition）としてとらえ，地球規模で研究を進めることが求められている．

10.5　健康への生態学的アプローチ

以上，人類の進化と歴史を追いながら，健康と疾病の変化を追った．紙面の関

係で説明が不十分な点も多いので興味のある方は参考文献を辿っていただきたい．近年，ダーウィン医学（進化医学），疾病・医学史，医療人類学，進化発達生物学，人類生態学などの分野で多くの業績が蓄積されており，きっと興味をもてると思う．Anthony McMichael（2001）は，人類の生態と疾病パターンの変化の長い歴史には，以下の3つの側面があるとしている．（1）人類社会が長い間に多くの新しい環境ハザードに遭遇してきたこと．（2）生活条件の変化によってヒトの生物としての適応ニードが変化し，適応能力が選択されてきたこと（BOX 3参照）．（3）近年，人口高齢化と都市化によって健康と病気のパターンが影響を受けていること．これらは，環境を改変するという意味で特異な種であるヒトの健康と病気についてのユニークな進化的経験を反映している．

　本節で言いたかったことは，（1）健康と疾病は人類の生態を形成する重要な自然選択圧として働いてきたこと，（2）そのような生物・社会的歴史の上に我々の健康・疾病プロフィールがあるということである．疾病や健康は狭義の医学や公衆衛生学の対象になるだけでなく，本節で紹介したような進化的，歴史的，生態学的な視点からのアプローチも可能であり，そこから現実に役立ったり，より本質的理解に至ったりする新しい知見を得ることが可能である．この分野ではまだまだ未知で解明しなければならないことが山ほど残っている．

BOX 5

マラリア

　マラリアは，マラリア原虫（*Plasmodium* 属）がヒトの肝細胞，ついで赤血球中で増殖し，高熱や貧血などの病態を発する病気である．古くは「瘧」（おこり）とよばれ，日本にも広く分布していたし，アレキサンダー大王など，歴史上の有名な人物でもマラリアが死因とされる人は多い．2006年には全世界の罹患数が2億5千万人，そのうち死亡例は約88万人で，患者の大半はサハラ以南のアフリカの住民だが，東南アジアや中南米にも少なくない（WHO, 2009）．

　ヒトを宿主とするマラリア原虫は5種が知られている．そのうち三日熱（*P. vivax*），四日熱（*P. malariae*），卵型（*P. ovale*）の3種はヒトだけを宿主とし，症状は比較的軽い．三日熱という名は，発熱後3日目に次の発熱があることからきている．原虫が赤血球の中で同期して増殖するのが48時間周期であり，赤血球膜を破ってたくさんの原虫が血中に出ていく時に発熱するというメカニ

ズムによる．それに対し，熱帯熱マラリア原虫（*P. falciparum*）はサルにも感染するし，赤血球中での増殖サイクルが同期していないので常に発熱している状態になり，重症化することが多い．近年わかったのが，*P. knowlesi* という東南アジアのサルに感染する原虫が，マレーシア領ボルネオやフィリピンでヒトにも広く感染するようになってきたことである（van Helemond *et al.*, 2009）．*P. knowlesi* は赤血球中での増殖が 24 時間周期のために二日熱マラリア原虫ともよばれるが，症状は比較的重い．

　マラリアには免疫がつきにくい．何度も繰り返しかかっている大人は，徐々に細胞性免疫がついていくが，抗体による液性免疫がなかなかできない．理由としては，熱帯熱マラリア原虫の場合，感染時に煙幕抗原をばら撒くために免疫システムが混乱して無駄な抗体ばかりつくり出してしまうことになるからと考えられてきた．これに加えて，複系統（multi-strain）仮説によれば，熱帯熱マラリア原虫はいくつもの遺伝的系統のものが同時に 1 つのヒト集団中に流行していて，1 つの系統に感染し治癒しても別の系統のものに対する免疫ができない（Gupta *et al.*, 1994）．さらに，マラリア原虫は，ヘルパー T 細胞を抑制する物質を放出しているという報告もある．真の理由ははっきりしないが，有効なワクチン開発ができていないのも，そうしたさまざまな免疫回避システムが存在するためだろう．

　マラリア原虫は，ヒトからヒトへ直接伝播することはできない．患者から次の患者となるヒトへ原虫を媒介するのはハマダラカ（*Anopheles* 属）である．ハマダラカは行動特性や吸血嗜好性が多様であり，アフリカで多い *An. gambie* 対策として有効な DDT の屋内残留噴霧は，早晩屋外吸血性をもつソロモン諸島の *An. farauti* No.1 にはあまり有効でない．DDT 噴霧以外の対策としては蚊帳配布がある．住友化学が開発しタンザニアに技術移転してつくっているオリセットネットは，殺虫剤を徐放性の微粒子に入れたものを練りこんだ樹脂を原料とするので，定期的な殺虫剤含浸をしなくても有効な期間が長く，全世界で使われている．

　蚊が媒介しているため，マラリアの流行には地域生態系の条件がもたらす影響が大きい．地球温暖化が問題となり始めた 1990 年代初めは，それに伴う流行地の拡大が危惧され，100 年間で 1～3 割の分布拡大が予測された（AIM Developing Team, 1994）．しかし，その後のモデル研究では，温暖化がマラリア流行地の拡大に与える影響はそこまで大きくないとする予測が多い．例えば，アフリカでの予測では，患者は 16～28％増加するものの，その多くはすでに流行している地域で流行期間が延長することによって起こり，標高の高いところへの分布も広がるけれども，緯度方向の拡大は少ないことが示された（Tracer *et al.*, 2003）．マラリア流行には気温以上に社会的影響や経済的影響，

医療水準の影響が大きいので，温暖化の影響を強調すべきでないとの指摘もある（Reiter, 2008）．温暖化以外のヒトの活動が原因となって蚊の分布が変わることは多い．例えば，ハマダラカには水田を発生地とするものが多いが，人口増加に伴う水田面積の拡大とともにマラリア患者が増加した事例が各地で報告されている．さらに，短幹で倒伏抵抗性がある水稲の多収量品種の作付面積の拡大とともに水面への日照性がよくなり，蚊の産卵・幼虫生育が増大し，より患者が増えた例もある．逆に，水田の拡大によって非媒介性の潜在種を爆発的に発生させ，在来のマラリア媒介蚊と交替したために患者が減った事例も報告されている（池庄司，1993）．

　ヒトの行動適応として，サルディーニャ島の事例が有名である．ここの牧畜民は，通常とは逆に高地に定住し，冬だけ低地にヒツジの群れを移動させる逆移牧をする．牧畜業としてはいろいろ不都合だが，冬から春の間は低地でもマラリアが流行しない利点がある．一方，低地に定住する農耕民の居住地は密集しており，女性は，特に妊娠中には密集居住地を離れることが伝統的にタブーとされている．主要媒介蚊は生息環境として水田を好むため，刺咬リスクが比較的低く保たれている（Brown, 1986）．

　栄養適応としては，マラリアの高度流行地におけるフェイバ豆摂取とG6PD欠損症の関係，ビターキャッサバ摂取と鎌型赤血球貧血およびG6PD欠損症の関係が有名である（柏崎，1990）．これらの食習慣は，それだけでマラリアに対する栄養適応であるのと同時に，マラリア抵抗性遺伝子との共進化を起こしたといえる（Durham, 1991）．逆に，難民キャンプで栄養補給したところ，かえってマラリアを発症しやすくなった「給食マラリア」の報告もある（Murray, et al., 1975）．パプアニューギニア医学研究所による長期間の調査の結果，鉄欠乏性貧血の乳児に鉄投与を行うとマラリア感染割合が上昇することが確認され，流行地では血清鉄レベルを低く保つような適応がされているという「低鉄血症適応仮説」が唱えられた（Oppenheimer et al., 1984；1986；Kent and Dunn, 1993）．

　最後に，人間の生態学という視点で，人間-生態系としてのマラリア（malaria as anthropo-ecosystem）というフレーム（Kondrashin and Kalra, 1987-1991）に注目しておきたい．彼らは，感染症としてのマラリアが3つの要素（宿主，媒介者，寄生虫）からなるシステムであることに着目し，疾病，すなわち公衆衛生上の問題としてのマラリアを5つのサブシステムからなる人間-生態系としてとらえる．サブシステムとは，マラリア感染サブシステム，環境サブシステム，人口サブシステム，社会活動サブシステム，そして社会集中サブシステムであり，各々のサブシステムも多様な要素からなる．研究のメインターゲットは，サブシステム相互間，およびその要素間の関連性の分析になる．彼

らは，これらの生態学的データに対して統計的方法を用い，異なる構成要素における変動がシステム全体の状態に与える影響を予測することができると主張している．これまでのマラリア対策は薬物で原虫を叩くか蚊帳や殺虫剤で蚊を叩くかのどちらかであり，最近でもヒトの防御を加えたくらいなので，システムとしての把握が不十分であった．これこそが耐性原虫や耐性蚊の出現などによって対策が失敗した原因なので，仮にワクチンが開発できたとしても，人間－生態系としてのマラリアを把握しないと，有効に使えない可能性がある．

[中澤　港]

引用文献

AIM Developing Team (1994) An estimation of climatic change effects on malaria. *AIM Interim Paper*, Tsukuba.

Brown, P. J. (1986) Cultural and genetic adaptations to malaria: problems of comparison. *Human Ecology* 14：311-332.

Durham, W. H. (1991) *Coevolution: Genes, Culture, and Human Diversity*. Stanford University Press.

Gupta, S., Hill, A. V. S., Kwiatkowski, D., Greenwood, A. M., Greenwood, B. M. and Day, K. P. (1994) Parasite virulence and disease patterns in Plasmodium falciparum malaria. *Proceedings of National Academy of Sciences* 91：3715-3719.

池庄司敏明 (1993)『蚊』東京大学出版会．

柏崎　浩 (1990) 食生活と栄養．『人類生態学』(鈴木継美，大塚柳太郎，柏崎　浩編), pp. 67-82. 東京大学出版会．

Kent, S. and Dunn, D. (1993) Etiology of hypoferremia in a recently sedentary Kalahari village. *American Journal of Tropical Medicine and Hygiene* 48：554-567.

Kondrashin, A. V. and Kalra, N. L. (1987) Malaria as anthropo-ecosystem. Part I: general cencept. *Journal of Communicable Diseases* 20：79-86.

Kondrashin, A. V. and Kalra, N. L. (1988) Malaria as anthropo-ecosystem. Part II: diversity of malaria infection sub-system. *Journal of Communicable Diseases* 20：349-359.

Kondrashin, A. V. and Kalra, N. L. (1989) Malaria as anthropo-ecosystem. Part III: diversity of MAES. *Journal of Communicable Diseases* 21：62-70.

Kondrashin, A. V. and Kalra, N. L. (1989) Malaria as anthropo-ecosystem. Part IV: adaptation of elements of MAES. *Journal of Communicable Diseases* 21：171-182.

Kondrashin, A. V. and Kalra, N. L. (1990) Malaria as anthropo-ecosystem. Part V: self-regulation and stability of MAES. *Journal of Communicable Diseases* 22：12-22.

Kondrashin, A. V. and Kalra, N. L. (1991) Malaria as anthropo-ecosystem. Part VI:

demographic subsystem (DSS). *Journal of Communicable Diseases* **23**：89-99.
Murray, M. J., Murray, A. B., Murray, N. J. and Murray, M. B. (1975) Refeeding-malaria and hyperferraemia. *Lancet* **1**：653-654.
Oppenheimer, S. J., Gibson, F. D., Macfarlane, S. B., Moody, J. B. and Hendrickse, R. G. (1984) Iron supplementation and malaria. *Lancet* **1**：388-390.
Oppenheimer, S. J., Gibson, F. D., Macfarlane, S. B., Moody, J. B., Harrison, C., Spencer, A. and Bunari, O. (1986) Iron supplementation increases prevalence and effects of malaria: report on clinical studies in Papua New Guinea. *Transactions of the Royal Society of Tropical Medicine and Hygiene* **80**：603-612.
Reiter, P. (2008) Global warming and malaria: knowing the horse before hitching the cart. *Malaria Journal* **7** (1)：S3. [doi：10.1186/1475-2875-7-S1-S3]
Tracer, F. C., Sharp, B. and le Sueur, D. (2003) Potential effect of climate change on malaria transmission in Africa. *Lancet* **362**：1792-1798.
van Hellemond, J. J., Rutten, M., Koelewijn, R., Zeeman, A.-M., Verweij, J. J., Wismans, P. J., Kocken, C. H. and van Genderen, P. J. J. (2009) Human *Plasmodium knowlesi* infection detected by rapid diagnostic tests for malaria. *Emerging Infectious Diseases* **15** (9)：1478-1480. (Available from http://www.cdc.gov/EID/content/15/9/1478.htm)
World Health Organization (2009) *World Malaria Report 2009*. World Health Organization.

10章　引用文献

Bogin, Barry (1999) *Patterns of Human Growth* (2nd ed.). University of Cambridge Press.
Carroll, S. B. (2005) *Endless Forms Most Beautiful*. W. W. Norton.（邦訳：渡辺政隆，経塚淳子訳 (2007)『シマウマの縞　蝶の模様』光文社.）
Diamond, J. (1997) *Guns, Germs, and Steel: The Fates of Human Societies*. W. W. Norton.（邦訳：倉骨　彰訳 (2000)『銃・病原体・鉄（上下）』草思社.）
ルネ・デュボス（田多井吉之介訳）(1977)『健康という幻想』（新装版）紀伊國屋書店.
ルネ・デュボス（木原弘二訳）(1985)『人間と適応（第2版）』みすず書房.
Ewald, P. (2002) Virulence management in humans. In : *Adaptive Dynamics of Infectious Diseases* (eds. Metz, J. A. J., Sabelis, M. W. and Sigmund, K.). Cambridge University Press.
Giesecke, J. (2002) *Modern Infectious Disease Epidemiology* (2nd ed.). Edward Arnold.（邦訳：山本太郎ら訳 (2006)『感染症疫学』昭和堂.）
Gould, S. J. (1977) *Ontogeny and Phylogeny*. The Belknap Press of Harvard University Press.（邦訳：仁木帝都，渡辺政隆訳 (1987)『個体発生と系統発生』工作舎.）
Hales, C. N. and Barker, D. J. (1992) Type 2 (non-insulin-dependent) diabetes mellitus: the thrifty phenotype hypothesis. *Diabetologia* **35**：595-601.

ジョンウティウェス・ソムチャイ，岩崎琢也（2004）マラリアの進化：その年齢は？．科学 **74**：954-964.

厚生労働省（2006）『疾病，傷害および死因統計分類提要（ICD-10 2003年版準拠）』厚生統計協会.

Leonard, W. R. and Robertson, M. L. (1992) Nutrition requirements and human evolution: a bioenergetics model. *American Journal of Human Biology* **4**：179-195.

丸山　務（2004）エルシニア感染症.『人獣共通感染症』（木村　哲，喜田　宏編），pp. 211-214. 医学ジャーナル社.

松園万亀雄，門司和彦，白川千尋編著（2008）『人類学と国際保健医療協力』明石書店.

門司和彦（1995）身体と環境.『生態人類学を学ぶ人のために』（秋道智弥，市川光雄，大塚柳太郎編），世界思想社.

村上陽一郎（1983）『ペスト大流行』岩波書店.

McMichael, A. (2001) *Human Frontiers, Environments and Disease: Past Patterns, Uncertain Futures*. Cambridge University Press.

McNeill, W. H. (1976) *Plagues and Peoples*. Anchor Press/Doubleday.（邦訳：佐々木昭夫訳（2007）『疫病と世界史（上下）』中央公論新社.）

Moalem, S. and Prince, J. (2007) *Survival of the Sickest*. William Morrow.（邦訳：矢野真千子訳（2007）『迷惑な進化―病気の遺伝子はどこから来たのか』日本放送出版協会.）

Moalem, S. (2009) *How Sex Works*. Harper Collins.（邦訳：実川元子訳（2010）『人はなぜSEXをするのか？―進化のための遺伝子の最新研究』アスペクト.）

Nesse, R. M. and Williams, G. C. (1996) *Why We Get Sick: The New Science of Darwinian Medicine*. 1st Vintage Books.（邦訳：長谷川真理子，青木千里，長谷川寿一訳（2001）『病気はなぜ，あるのか―進化医学による新しい理解』新曜社.）

Oppenheimer, S. (2004) *Out of Eden: The Peopling of the World*. Constable and Robinson.（邦訳：仲村明子訳（2007）『人類の足跡10万年全史』草思社.）

Pollard, T. M. (2008) *Western Diseases: An Evolutionary Perspective*. Cambridge University Press.

Riley, J. (2001) *Rising Life Expectancy: A Global History*. Cambridge University Press.（邦訳：門司和彦，金田英子，松山章子ら訳（2008）『健康転換と寿命延長の世界誌』明和出版.）

ディビッド・スプレイグ（2004）『サルの生涯、ヒトの生涯―人生計画の生物学』京都大学学術出版会.

Stearns, S. C. and Koella, J. C. (eds.) (2008) *Evolution in Health and Disease*. Oxford University Press.

鈴木継美（1989）『人類生態学と健康』篠原出版新社.

塚野尋子（2004）ペスト.『感染症の事典』（国立感染症研究所学友会編），pp. 226-228. 朝倉書店.

Wolfe, N. D., Dunavan, C. P. and Diamond, J. (2007) Origins of major human infectious diseases. *Nature* **447**：279-283.

第 3 部

人間の生態学の成果

- 11章　個体群としての人間の適応―パプアニューギニアのギデラ人
- 12章　近代化と人口増加，適応戦略の変容―パプアニューギニア高地
- 13章　食と人間の安定同位体生態学
- 14章　市場経済化する辺縁地域の生態史―海南島・黎族社会
- 15章　環境要因の生体影響におけるバリエーション
- 16章　病気と健康への生態学的アプローチ―アフリカでの住血吸虫対策
- 17章　アジアにおける生業の転換と化学物質の導入

1. 発想の原点

　日本における人間の生態学（人類生態学）の調査研究は，少数の研究者によって1960年代後半から始まった．その中心となったのが，日本で初めて人類生態学という名を冠した研究ユニットとして新設された，東京大学医学部人類生態学教室（当時の名称）であった．この分野の研究は，さまざまな試行を繰り返しながら徐々に進展し，1980年代からは，研究者の数も増え調査研究の対象や内容も多様になってきた．この傾向は，1990年代さらには2000年代に入りますます顕著になっている．第3部の序章として，我々の考え方の原点を振り返り，ここで取りあげている調査研究が行われた背景などを紹介したい．

最初のころの調査は，国内の小さな漁村や離島で研究者が1人で行うことが多かった．調査を1人で行ったのは，各自のアイディアを重視しようという意図が働いたためだったと思う．小集団を対象にしたのは，1人で調査することから必然でもあったが，1964年から始まっていた世界の生態系を対象とした国際生物学事業計画（IBP）において，島嶼生態系を対象とする動植物の適応研究の影響が大きかったように思う．地理的な境界が明瞭な島嶼において，生物と環境にかかわる多くの要因の関連性が明らかにされ始めたことが，我々に大きな刺激になったからである．

　我々の主たる関心は当然のことながら人間であり，対象集団の人びとが周囲の環境に働きかける活動（行動）を観察し記録することや，現在および過去の出生・死亡・人口移動などを把握し，生息地の環境と地域集団との交互作用を理解することを目指した．我々は，生産と消費と人口再生産が，個体群レベル（後述）での人間の生存・健康を理解する鍵になると考えていたからである（Suzuki and Ohtsuka, 1987）．ただし，多岐にわたる事項を把握するには莫大な時間が必要なので，個々の調査は特定のテーマに焦点をあてて行われた．多くの事項を同時に把握する試みは，著者自身が1971～72年に1年間行ったパプアニューギニアのギデラ人の調査（11章参照）のように，長期におよぶ調査が実施されるようになってからである．

　生産のための活動として特に着目したのは，食物を生産（獲得）する生計活動（生業活動）であり，活動が行われる時間と空間を観察し記録することから始めた．データの分析では，活動効率や生計活動の場としての微小空間がもつ意味などに特に注目した．消費については，食物獲得（生産）と関連づける一方で，栄養・健康状態を理解するために食物・栄養素の摂取量を把握した．具体的には，観察・計量を中心とする食物摂取調査により，個人あるいは世帯レベルでの摂取量を把握し，エネルギーや各栄養素の摂取量を推定した．個人，世帯，あるいはより大きな集団のレベルで推定されるエネルギー・栄養素摂取量は，生体計測値に基づく栄養状態などと関連づける一方，食物の購入・分配のような社会経済条件とも関連づけて考察した．

　人口再生産は，人間集団の長期にわたる適応・生存を反映する．人口再生産の指標として一般的な人口再生産率は，出生率や死亡率と同じように，

国のような大きな集団を対象に1年間の資料から計算されるのがふつうである．ところが，人間の生態学の調査対象は偶発的なバイアスを避けにくい小集団であり，データの信頼性を保つには長期にわたるデータが必要になる．そのため，生産と消費に関する調査が観察・測定を中心とするのに対し，人口再生産の調査はインタビューによって，過去の出生・死亡・結婚・移住などのイベントを高精度で再構成する方法の開発に向けられた．

2. 個体群という対象

人間の生態学の特徴の1つは，個体群（population）としての人間の生存・健康に着目することである．個体群は「ある空間に生息する同一種の個体の集まり」と定義され，その中で生殖が行われ個体が再生産される単位になることからも，個体群生態学は動植物生態学の重要な分野になっている．人類生態学の視点や方法論について先駆的な業績を残した鈴木継美（1980）が，「環境評価における個体水準と個体群水準」と題して展開した論旨は，ヒト（人間）を上記の定義にあてはまる存在として把握し適応について考察する必要性であった．

動物の個体群の場合，各個体群の構成員および生息地は，ほかの個体群のものとは明確な境界で隔てられていると暗黙の含意がなされている．さらに，各個体群は閉鎖性（独立性）が高い状態で生存していることも含意されている．ところが，人間（ヒト）の個体群は，占有する地理的な境界があいまいで，再生産に深くかかわる通婚圏も不明瞭な場合が多い．実際，動物の個体群にみられるような特性をもつヒトの個体群は皆無かもしれない．しかし，11章で取りあげるギデラ人のように，個体群の特性を濃厚に保持している集団もあるし，そうでないとしても，長期にわたる人間の生存を理解する上で個体群生態学の視点は有意義である（Little and Haas, 1989 ; Ohtsuka and Suzuki, 1990）．

動物の個体群生態学の成果の中で，人間の個体群生態学（ヒト個体群生態学）にも重要と考えられる1つの例として，個体群を構成する個体間の類似性・異質性があげられよう．動物の個体群生態学の研究の多くは，個体間の遺伝的な異質性が大きいことが，個体群としての生存の安定に寄与することを指摘してきた．例をあげれば，極端に寒い（または暑い）異常気候が起きると，寒い（暑い）気候下で生存しやすい遺伝特性をもつ個体

が含まれていることが，個体群全体としての生存（適応）に有利に働くというのである．

人間の場合も，同一の個体群の成員にみられる異質性は重要な意味をもっている．ただし，人間の場合には先天的な遺伝要因だけでなく，むしろ後天的な環境要因や社会的な要因が生産・消費・再生産の個人差に深くかかわっている．例えば，行動にみられる異質性は性や年齢に基づくだけでなく，同一の性・年齢の個人間でもきわめて顕著である．このことが，我々が人びとの活動（行動）を丁寧に把握しようとしてきた理由でもある．鈴木（1980）が強調するように，人間の個体群の構造と機能を理解する際，異なる性・年齢の個人からなるだけでなく，「平均的な個人」ではなく「多様な個人」の集合として，世代を超えて生存することに着目してきた．

付け加えると，多様性は個体群の成員間にみられるだけではない．生息地の地理的な環境もミクロにみると多様である．特に人間は，微細に異なる生息地の環境特性を巧みに利用するだけでなく，居住や食糧生産のために自然環境をさまざまに改変してきたので，それぞれの個体群の生息地のミクロな環境の理解が不可欠になる．

3. 研究の枠組み

我々が考えてきた，人間の生態学の調査研究の枠組みを単純化して示したのが下図である．ここでは，人間の適応を便宜的に「生存の側面」と「健

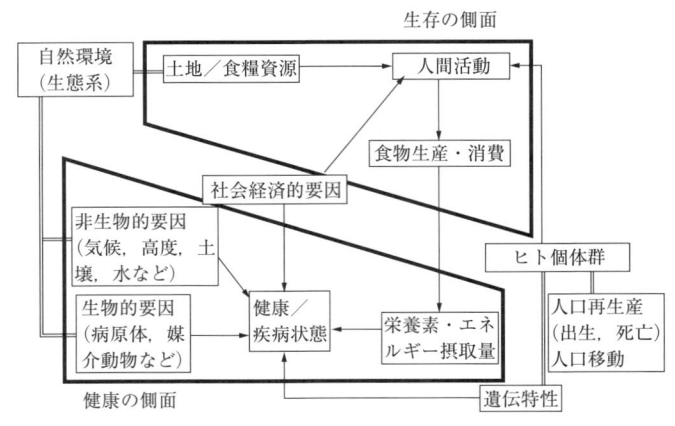

図　人間の生態学の調査研究における重要な事項の関連図

康の側面」の2つに分け，主要な項目の連関を示している．取りあげた項目が限られているし，生存と健康に二分したために両者の密接な相互関連性が不明瞭になっているものの，私たちが目指す基本的な特徴が示されていよう．

第一は，生息地の自然環境（生態系）がもつさまざまな属性に注目することである．ここでは，「生存」にかかわる属性を土地の性状や生育する食糧資源に，「健康」にかかわる属性を気候，高度，水，土壌，および病原体・媒介動物に代表させている．第二は，人間の個体群としての特性の把握が重要なことに加え，個体群に属する成員の遺伝特性を介した健康／疾病への影響と，成員が行う活動を介した生存への影響も重視していることである．第三は，人間活動の中でも特に注目する食物の獲得（生産）・消費が，健康の側面に含まれる栄養素・エネルギー摂取量に強くかかわることである．第四は，社会経済的要因が生存の側面では人間活動に，健康の側面では健康／疾病状態に強く関連することである．第五は，健康／疾病状態は図中の矢印が集中していることからもわかるように，多くの要因の影響を受けることである．

最後に付け加えると，この図に示されているのは，1つの集団（個体群）についてある1時点における要因の関連ということである．いいかえると，ここに示される要因関連図を，異なる集団間で比較することもありうるし，同一集団に対し時間経過の中で繰り返し把握することも考えられる．

ついで，個体群を重視する発想とも関連させ，人間の生存・健康を把握する視点について説明しよう．下の表は，対象を個体（個人）と個体群に，その期間を「短期」と「長期」に二分し，それぞれに該当する典型的な評

表 時間スケールと個体／個体群から分類した，人間の生存と健康にかかわる主要な評価項目

	個体（個人）	個体群
短期 （1年間）	食物獲得活動 食物消費活動 栄養状態 健康状態	環境管理・資源管理 協業／分業 食物などの分配 期間死亡率・出生率
長期 （1世代）	成長・発達 結婚（年齢，期間） 生存年数（寿命） 完結出生力	生態学的融通性＊ 技術革新 環境持続性 人口増加率・再生産率

＊利用する環境の種類数（森林，草原，湿地，川沿い，など）．

価項目をあげたものである．まず短期と長期であるが，短期といっても数日とか数週間ではなく，季節が一巡する1年間を想定している．一方，長期とは再生産の単位でもある1世代くらいの期間を想定している．「短期」を1年間としたのは，人びとの生存・健康は季節による影響を受けるからであり，例えば冬季あるいは雨季が生存に厳しい環境に暮らす人びとの場合は，このような季節における適応が重要な意味をもつのは当然であろう．「長期」については，長期間の観察が必要な人口変動の理解に有用なだけでなく，異常気候のようなまれに起こる環境変動の影響や，都市化・近代化に伴う影響を理解する上でも，人間の1世代に相当する20〜30年くらいの期間を視野に入れる必要があろう．

　ところで，実際にデータを収集するときに，対象期間の「短期」と「長期」の違いをどのように扱うかについて述べておきたい．「短期」のデータの多くは，観察および測定によって得ることが可能である．観察・測定によるデータは精度・信頼度も高いという特徴がある．しかし，過去にさかのぼる長期的なデータが必要な場合，あるいは人びとの認識や判断に関する理解が不可欠な場合，インタビューを行うことになる．重要なのは，インタビュー調査によるデータの信頼性は，調査者が関連情報を把握している程度に強くかかっていることである．いいかえると，信頼性の高い「長期」のデータをインタビュー調査によって入手するには，「短期」のデータ（あるいは関連する情報）を十分に把握しておくことが不可欠なのである．

　最後に，「個体（個人）」と「個体群」との評価項目の違いにふれておこう．個体群レベルでの評価項目は，個体レベルでは評価することに意味がないものもあるが，元になるデータは個人レベルで収集する必要があるものも多い．例えば，食物の分配における贈り手と受け手の関係，あるいは人口再生産率（人口置き換わり率）を考えるとわかるように，データの収集段階では各個人を対象とし個人を超えるレベルで分析することになる．

4. 研究の進展

　これまで，人間の生態学の研究方法としてユニークな面を強調してきた．このような視点に立ちながらも，各研究は対象と目的に沿って多様であったが，特に1990年代以降は調査方法にも分析方法にも，新たな視点の導

入が多くみられている．第3部で取りあげていないものも含め，この特徴は以下の4点にまとめられよう．

第一は，研究対象がアジア・オセアニアを中心とする多くの国々に広がったことである．そして，各国で自然環境および社会文化環境が異なる多くの農村部，そして都市部を対象としてきた．最近では，17章で紹介するように，6ヵ国について各国から複数の地域を対象に同時に研究も行われている．なお，アジア・オセアニアに比重が高くおかれてきたのは，我々の多くにとってのアクセスなどの条件のためである．住血吸虫症の罹患が多いアフリカの集団について，人間を生態系の中で暮らす存在としてとらえることの重要性を紹介する16章からもわかるように，アフリカなどの地域が人間の生態学の対象として重要なことは論をまたない．

第二は，研究方法が進展したことである．観察やインタビュー調査の方法論の進展もあったが，生体試料・環境試料を分析する実験手法，コンピュータ・シミュレーション，人工衛星画像分析などを組み込んできたことが，人間の生態学の研究レベルを引き上げてきた．第3部の3つの章で中心テーマとして取りあげているのは実験手法に基づくもので，人間の毛髪および食物中の安定同位体分析の例（13章）と，飲料水中のヒ素の生体影響（15章），それに野外でのデータとの関連分析としての生体および環境中の化学物質濃度（17章）である．各章に示されているように，ここで強調したいのは，人間の生態学の研究では，方法論が先にあって研究目的や対象を決めるより，研究目的や対象があってそれに適した方法を探ってきたことである．

第三は，主たる研究対象がアジア・オセアニア諸国であり，途上国を中心に人間−環境系が急速に変容していることを反映し，研究の視点に適応（生存）状態および健康状態の変化に焦点をあてるものが増加していることである．第3部で取りあげた成果に限っても，「近代化」や「市場経済化」などの一般化された概念だけでなく，「生態史」や「生業転換」などの新たな概念も提起されている（14，17章）．

第四は，対象地域において解決が急がれる問題の解明に貢献する研究が増加したことである．特に途上国では，環境とライフスタイルの急激な変化により，人びとの生存・健康にかかわる多くの問題が引き起こされている（Ohtsuka and Ulijaszek，2007）．私たちが取り組んできたテーマは，

罹患率が下がらないマラリアや住血吸虫症などの感染症，農村-都市移住などと関連した個体群レベルでの人口動態，都市化・ライフスタイルの変化に関連した人びとの活動量や栄養状態，地下水中のヒ素による中毒など環境起因性の健康影響など多岐にわたっている．

　最近の研究の特徴をいくつかの項目に分けて整理してみたが，人間の生態学の研究は，その視点や方法論を含めて，現在も開発が進行中というべきであろう．例えば，政策論との関連性の分析や，変化する過程における「ドライブ要因・変化の状態・影響」という枠組みでの理解などにみられるように，新たな展開を目指すことが人間の生態学の発展に不可欠なのである．

引用文献

Little, M. A. and Haas, J. D. (eds.) (1989) *Human Population Biology: A Transdisciplinary Science*. Oxford University Press.

Ohtsuka, R. and Suzuki, T. (eds.) (1990) *Population Ecology of Human Survival: Bioecological Studies of the Gidra in Papua New Guinea*. University of Tokyo Press.

Ohtsuka, R. and Ulijaszek, S. J. (eds.) (2007) *Health Change in the Asia-Pacific Region*. Cambridge University Press.

鈴木継美 (1980) 環境評価における個体水準と個体群水準．『環境—その生物学的評価』（鈴木継美，大塚柳太郎編），pp. 17-28. 篠原出版．

Suzuki, T. and Ohtsuka, R. (eds.) (1987) *Human Ecology of Health and Survival in Asia and the South Pacific*. University of Tokyo Press.

11章
個体群としての人間の適応
――パプアニューギニアのギデラ人

　動物の個体群とは，ある空間を占有する単一種の個体の集まりである．個体の再生産（繁殖）がそれぞれの個体群の中でなされるので，個体群は遺伝子プールの単位ともいえる．個体群生態学の視点の重要性は動物生態学では広く認められ，重要な研究分野の1つになっている．それに対して，本章の冒頭でも述べた通り，人間の場合は個体群レベルで適応を把握する意義はあるとしても，ほかの動物種のように個体群そのものが特定しにくいため，人間を対象とする個体群生態学がフィールドワークの対象になることはまれであった（Little and Haas, 1989；Ohtsuka, 2007）．

　パプアニューギニアは，人口が600万くらいと少ないにもかかわらず，住民は750もの言語族に分かれることでよく知られている．言語族のサイズは小さく，成員数が1000～1万人くらいの場合が多い．社会言語学者の多くは，ニューギニアでは各言語族の成員が自らの言語を周辺の言語族の成員に理解させないため，独自性を高めるよう変化させてきたと考えている（Foley, 1992）．実際，隣接する言語間でも語彙は大きく異なっている．その結果，異なる言語族の成員間の通婚は少なく，少ない人口にもかかわらず言語族が独立性の高いヒト個体群としての特徴をもつ場合が多い（Attenborough and Alpers, 1992）．本章で取りあげるギデラ語を話す人びとも，少人数でヒト個体群としての基本特性をもっており，ヒト個体群としての環境適応を考えるのに適している．著者は1960年代における予備調査を経て，1970年代初頭にギデラ人の調査を開始し，1980年代からは多くの研究者と共同調査を継続してきた（Ohtsuka, 1983；大塚, 2002）．

11.1 ギデラ人とその遺伝特性

　ニューギニア島の中央南部には，パプアニューギニア領を流れるフライ川とインドネシア領を流れるディグール川に挟まれた，オリオモ平原とよばれる大きな三角州が広がっている．ギデラ人が暮らすギデラランドはその東部に位置している（図11.1）．著者が調査を開始した1970年代初頭に，彼らは1850ほどの人口で13村落に別れて住んでいた．調査の結果，全ての既婚者のうち，13村落以外で出生し転入してきた者は5％強にすぎなかった．一方，過去数世代におきた婚姻を分析すると，97％がギデラ人のあいだで成立してきた．また，彼らの口頭伝承からも，最近の数世代のあいだに他集団と合流したことはなさそうである．

　ギデラ人が個体群としての特性を強くもつことが確認できたが，長期にわたる生存史を理解するためにも彼らの遺伝特性を分析することにした．ほとんどのギデラの成人の協力により採取できた血液サンプルを用い，ミトコンドリアDNAとHLA（ヒト白血球抗原）を解析した．

　ミトコンドリアDNAについては，ギデラ人の中で家系的に独立性が高い66名と，アフリカ，ヨーロッパ，アジア，アメリカ（アメリンドとよばれる先住民）の205名，合計271名を対象に遺伝子の近縁度に基づく系統樹を作成した（Horai et al., 1996；大塚, 2006）．その結果，図11.2にみられるように，ギデラ人の2名を除く64名は5つのクラスター（C1からC5）のどれかに分類された．この系統樹から4つの特徴が読み取れる．第一は，ギデラ人は多様性に富んでおり，全員が合体するポイント（系統樹の枝が一緒になるところ）の位置が系統樹の根に近いことである．すなわち，図11.2に含まれる全ての個人が合体する年代は143000年前と推測されるので，ギデラ人の全成員が合体するのも123000年前にさかのぼることになる．

　第二の特徴は，5つのクラスターのうちC4とC5はギデラ人とギデラ人以外の個人を含むものの，C1, C2, C3はギデラ人だけからなることである．後者の特徴に着目すれば，ギデラ人は隔離性の高い集団といえる．それと同時に，C4とC5のクラスターの存在は，別系統のグループが，C1, C2, C3の遺伝子をもつグループに混入したことを示唆している．

　上記の特徴とも関連するが，第三の特徴としてあげられるのは，C1クラスター

11.1 ギデラ人とその遺伝特性

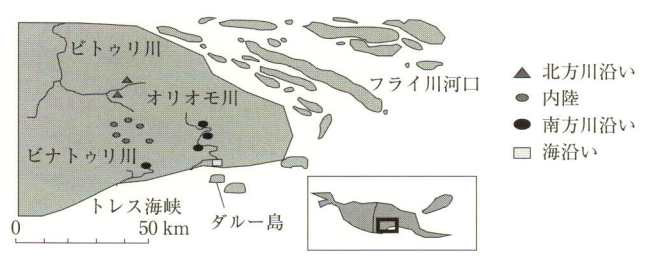

図 11.1 ギデラ人の 13 村落

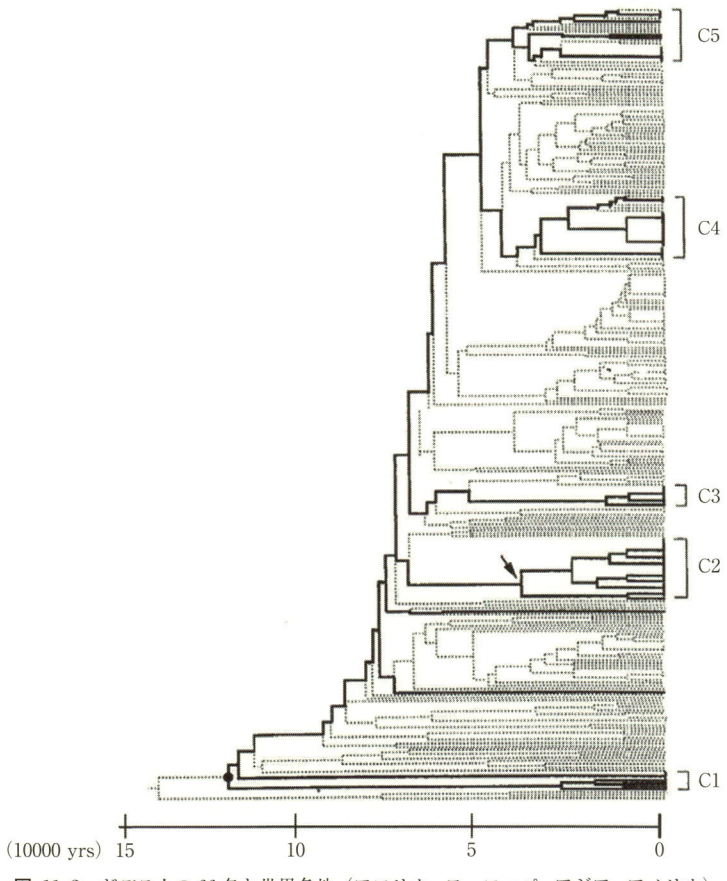

図 11.2 ギデラ人の 66 名と世界各地（アフリカ，ヨーロッパ，アジア，アメリカ）に住む 205 名からなる 271 名のミトコンドリア DNA に基づく系統樹　ギデラ人については実線で，ほかの人びとは破線で示されている．ギデラ人は，2 名を除き 5 つのクラスターに含まれる．矢印は，C2 クラスターに含まれる全成員が合体するポイントを示す．(Horai *et al.*, 1996)

に含まれる個々人は，系統樹の根から直接派生する3名（図11.2の最下部に位置する者で，全てアフリカ人）について，きわめて古い時期に分岐した系統に属することである．すなわち，ギデラ人の祖先（少なくとも，その一部）は現生人類が誕生した直後に，アフリカからユーラシア大陸に移住したグループの子孫と考えられる．

　第四の特徴は，ギデラ人の成員だけからなる3つのクラスターが合体する年代も古いことである．最も古いC2クラスターの場合，合体する年代（図11.2に矢印で示されている）は43000年前になる．すなわち，C2クラスターに含まれる個々人の遺伝子にみられる多様化は，ニューギニア島（約1万年前までは，地球が寒冷で海面が低下しており，オーストラリア大陸と地続きで形成されていたサフル大陸の一部）の内部で生じたと考えてよいであろう．43000年前という年代は，人類が初めて海を渡りアジアからオセアニア（サフル大陸）に移住した年代に近い（大塚，1995）．

　このように，2000名ほどの小さな言語集団であるギデラ人のミトコンドリアDNAの分析から，彼らの複雑な歴史の一部が復元された．彼らは，新人が誕生してからそれほど経たないうちに，アフリカを後にしてアジアに移住したグループの遺伝子を残している．そして，ニューギニア島（サフル大陸）に到達してから，隔離性の高い集団としてその内部で遺伝子の多様化が進む一方で，周辺の集団とも混血したとみるのが妥当であろう．

　集団間の遺伝的な距離を明らかにするために，ミトコンドリアDNA以外の遺伝特性もよく用いられる．特に集団レベルでの関係を明らかにするには，多型性が高く既存の分析データも多いヒト白血球抗原（HLA）遺伝子が適している．ここではHLAのハプロタイプ（対立遺伝子のうち片方の親由来の遺伝子の並び）を用い，オセアニアの主要な集団である，オーストラリア人（オーストラリア・アボリジニともよばれ，4万年以上前にサフル大陸に移住した人びとの子孫），ニューギニア島を中心に居住する非オーストロネシアン（オーストラリア人とともにサフル大陸に移住した人びとの子孫で，約1万年前にサフル大陸が分裂後はニューギニア島などに居住），ニューギニア島を含むメラネシアとポリネシアなどに居住するオーストロネシアン（数千年前にアジアからオセアニアに移住した集団）との遺伝的な距離を検討した（Yoshida *et al.*, 1995；大塚，2002）．図11.3の(a)に示すように，ギデラ人に最も近いのは非オーストロネシアンのゴ

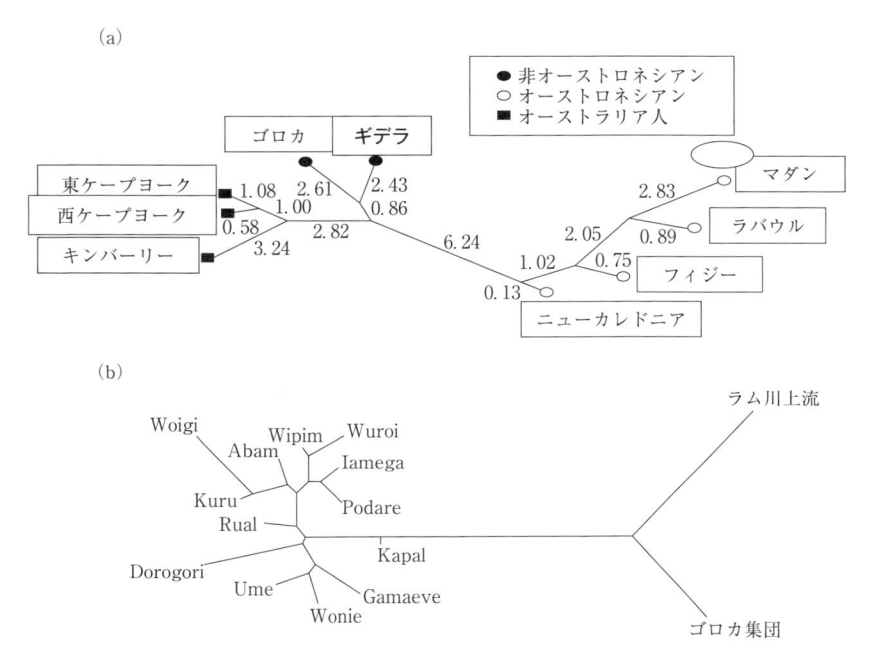

図 11.3 (a) ギデラ人と周辺の 8 集団間の，HLA-DRB1 遺伝子頻度に基づく系統樹．数字は，各集団および複数集団の結節点との間の遺伝距離を示す．(Yoshida et al., 1995)
(b) ギデラ人の 13 村落（左側に集中）とオーストロネシアンのラム川上流集団（右上）とゴロカ集団（右下）の，HLA-DRB1 遺伝子頻度に基づく系統樹．(Ohashi et al., 2000)

ロカ集団である．さらに興味深いのは，オーストラリア人の 3 集団との距離が，ニューギニア島とその周辺のメラネシアに住むオーストロネシアンとの距離より短いことである．すなわち，ギデラ人はオーストロネシアン集団とは隔離されたまま，非オーストロネシアンとしての遺伝特性を保持し続けてきたことを示している．

図 11.3 の (b) は，ギデラ人の HLA のハプロタイプを 13 村落別にして，上述のゴロカ集団ともう 1 つの非オーストロネシアンであるラム川上流集団の平均値とともに，15 のユニットとして遺伝距離（系統樹）を示したものである（Ohashi et al., 2000）．ギデラ人の 13 村落間で，遺伝特性がかなり大きく異なっていることがわかるであろう．すなわち，ギデラという個体群を遺伝子からみると，分個体群ともよぶべき村落集団がある程度の独立性を保持していることになる．

11.2 生息地の環境の多様性

　ギデラ人の居住地であるギデラランドは，約 400 km² に及んでいる（図 11.1）．南はトレス海峡に面し，北はフライ川の近くまで伸びている．ギデラランドで通年水をたたえている川は，南のトレス海峡に注ぐオリオモ川とビナトゥリ川，北のフライ川に注ぐビトゥリ川である．そのほか，雨季にはクリークが多くみられるが，乾季には干上がってしまう．ギデラランドは全体に低湿地とはいえ，標高が数十 m の分水嶺が中央部を東西方向に走っている．気温は年間を通してほとんど変化せず月平均気温は 25〜28 ℃で，約 2000 mm の年雨量の 8 割は 12 月から 5 月の雨季に集中している．ギデラランドの本来の植生は熱帯モンスーン林である．ただし，人びとが長年にわたり野火を放ってきたために，分水嶺の付近はチガヤが優勢なサバンナになっている．

　自然環境の違いは，人びとの日常生活にも大きく影響する．川および海に面する村の住民は，移動する時に道を歩くよりカヌーを利用する．カヌーを利用すると，特にサゴデンプンやイモ類などの畑作物，あるいは薪などの重い物を運搬するのに身体への負荷が著しく軽減される．海沿い・川沿いの村の土地に広がる低湿地と内陸の村に広がるサバンナでは，蚊やヒルの生息密度が大きく異なっている．特に重要なのは，マラリアを媒介するハマダラカである．我々の調査では定量的なデータは入手できなかったが，ハマダラカの密度は内陸の村で顕著に低く，川沿いそして海沿いの村の順に高くなっている．

　動物を対象とする個体群生態学の研究では，生息地の物理化学的な意味での自然環境の違いと，それに対する遺伝・生理・行動的な適応に関心が注がれてきた．人間の場合には，それらに加え社会文化的な環境の違いも重要になる．ギデラ人の 13 村落は，自然環境および社会文化環境（特に町へのアクセスの違いを反映する）から 4 つに大別できる（図 11.1）．北側でビトゥリ川の上流付近に位置する 2 村落（「北方川沿い」とよぶ），中央部で標高が若干高いところに位置する 6 村落（「内陸」），南側でオリオモ川かビナトゥリ川に面する 4 村落（「南方川沿い」），そして海に面する 1 村落（「海沿い」）である．なお，ギデラ人の口頭伝承によると，彼らの遠い祖先は内陸の地域だけに村をつくっていたが，徐々に北方と南方の川沿いにも進出するようになった．著者は後述するように，この原因は緩やか

とはいえ長期間に人口が増加したためと考えている．一方，海沿いの村ができたのは最近のことで，その経緯はよく覚えられている．対岸のダルーの町にマーケットや学校ができ始めたのに伴い，川沿いにあった村が1940年代に移動してきたのである．

11.3 弾力性のある生業適応

　ギデラの人びとが行う生業活動のレパートリーは，野生動植物を入手する狩猟，漁労，採集と焼畑農耕である．彼らの最重要な食物は，淡水性低湿地に自生するサゴヤシの髄から取り出すデンプンである．若いサゴヤシの側枝は移植可能であるが，ほとんどのサゴヤシは自生しており，サゴデンプンを入手する活動は採集とみなしてよいであろう．ところで，パプアニューギニアでは多くの地域でブタ（イノシシ）の飼育が行われているが，ギデラの社会ではみられない．ブタの飼育が始まらなかった理由は，人口密度が低い環境下で野生動物を比較的容易に入手できるためであろう．ギデラ人が飼育するのは，狩猟に用いることもあるイヌだけである．

　ギデラ人の生業のパターンは，自然環境の違いを反映し村落によって大きく異なっている．村落による生業適応の違いを端的に示すのは，食物摂取パターンであろう．表11.1は，食物摂取調査の結果からエネルギーとタンパク質の摂取量を食品群別に示している．この調査は，4つの村落タイプのそれぞれから1村落を選び，著者を含む4名の研究者が1981年に長期にわたって滞在した時に行われた．具体的には，各村で6〜8世帯を対象に，乾季の連続する2週間にわたり摂取された食物を直接秤量したものである．この表では，食物が6分類されている．「サゴヤシ・野生植物」は，摂取量のほとんどがサゴヤシ（サゴデンプン）である．一方，「焼畑作物・ココヤシ」も多くが焼畑作物であり，摂取量が多いのはタロイモ，ヤムイモ，バナナである．

　動物性食物に関しては，内陸の村の人びとがほぼ狩猟しか行わず陸生動物に強く依存するのに対し，北方川沿いの村，南方川沿いの村，海沿いの村の順に漁労により入手する水生動物への依存度が高まっている．植物性食物に関して，村落による違いを引き起こしている最大の要因はサゴヤシの生育密度である．サゴヤシは塩分濃度の高い湿地には生育しないので，サゴヤシ林は海沿いの村の周囲に

表 11.1 4村落における成人男性1人1日あたりに換算したエネルギーとタンパク質摂取量

村落	植物性食物			動物性食物			合計
	サゴヤシ／野生植物	焼畑作物／ココヤシ	購入食品	陸生動物	水生動物	購入食品	
エネルギー [kcal]							
北方川沿い	2139	1076	205	82	45	6	3553
内陸	1553	1601	216	179	0	0	3549
南方川沿い	615	1654	537	76	95	2	2979
海沿い	211	1410	1326	27	118	130	3222
タンパク質 [g]							
北方川沿い	12.7	12.5	4.6	16.8	7.5	0.2	54.3
内陸	2.8	22.7	6.2	36.2	0	0	67.9
南方川沿い	2.4	20.7	12.9	16.8	15.1	0.1	67.6
海沿い	0.4	18.9	22.2	4.0	21.3	6.4	73.2

は存在しないし，南方川沿いの村の周囲にも少ない．これらの村の人びとは遠く離れたところにサゴヤシ林をもっている．サゴデンプンの摂取量が少なくなるほど，焼畑耕作への依存度が高まるといえよう．

食物摂取パターンは近代化の程度にも影響される．ギデラ人の場合，摂取される購入食品の量に反映されるが，購入食品を入手するプロセスは，村人がダルーの町に焼畑作物，ココヤシの果実，サゴデンプン，狩猟獣，魚介類などを運んでローカル・マーケットで売却し，その収益でコメ，小麦粉，魚の缶詰などをスーパーマーケットで購入することである．したがって，物の運搬がしやすい海沿いの村，ついで南方川沿いの村で摂取量が多くなる．なお，パプアニューギニアに独特な特徴であるが，村から運ばれマーケットで売られる食物の価格は相対的に高く，例えば200〜300 gのタロイモが500 gの米（オーストラリア産）と等価である．

食物摂取パターンは，季節によっても異なるし年によっても異なっている．伝統的な食物に限っても，環境の変化によって変動することが確かめられた．内陸の村では，1981年と同じ方法による食物摂取調査が，1971年と1989年にも乾季のほぼ同一の時期に行われた．その結果から，変動が大きい植物性食物の摂取に焦点をあて，食物エネルギー量として示したのが表11.2である．

サゴデンプンの摂取量がやや減少している．この理由として，購入食品の摂取量の増加などが考えられる．なお，2週間という調査期間だけのデータでは明らかにならないが，1971年，1981年，1989年における村人全体のサゴデンプンの

表 11.2 内陸の村における 1971 年, 1981 年, 1989 年における植物性食物からのエネルギー摂取量 [kcal]

	1971	1981	1989
野生植物	117	2	2
サゴデンプン	1827	1551	1479
焼畑作物			
タロイモ	439	556	0
ヤムイモ	16	352	772
バナナ	314	76	293
サツマイモ	11	364	43
ほかの焼畑作物	138	243	214
ココヤシ	317	10	322
購入植物性食物	0	216	215
合計	3179	3371	3360
(動物性食物も含む合計)	(3323)	(3550)	(3642)

成人男性 1 人 1 日あたりに換算.

生産量はほぼ同じであったと推定している．すなわち，サゴデンプンの生産量がほぼ一定なのに対して，村の人口が増加したために，1 人あたりに換算したサゴデンプンの摂取量が減少した可能性が高い．野生のサゴヤシが大幅に増えることはないのである．

　サゴデンプンを除くと，どの食物も大きく変動している．野生植物については，1971 年に摂取量が多かったのは，アーモンドに似たグネツムの種子の収穫の最盛期にあたったためであり，通常はこれほど多くのエネルギーを野生植物から入手することはない．しかし，ほかの食物の変動をもたらした理由ははっきりしている．最も重要な焼畑作物であったタロイモが 1989 年に摂取されなくなったのは，1980 年代後半からギデラランドを含むパプアニューギニアの広域で，サトイモ疫病菌 (*Phytophthora colocasiae*) が蔓延しまったく食用にならなくなったためである．バナナの摂取量が 1981 年に減少したのは，インコの一種の個体数が急増し成熟前の果実の多くを食べてしまったためである．さらに，ココヤシが 1981 年にほとんど摂取されなかったのは，ネズミの一種 (*Uromys caudimaculatus*) が大発生し成熟する前のココヤシの果実を食べ尽くしたためである．

　一方，1981 年よりヤムイモとサツマイモの摂取量が増加したのは，それぞれ別の理由に基づいている．ヤムイモは，古くからギデラの人びとのあいだで栽培されてきたし，実際に比較的多く摂取されていた村もあったが，この内陸の村では「味を好まない人びとが多い」という理由で人気がなかった．それが，タロイ

モが壊滅状態になったために急速に摂取量を増やすこととなった．一方のサツマイモは，1980年に州政府の役人から生産性の高い品種の苗がもたらされ，1981年に収穫量が一時的に増大したためである．ただし，サツマイモは土壌があわないのか，翌年以降の生産量は激減した．

このように，ギデラの人びとの食物摂取パターンには，環境条件が異なる村間で多様性が高いだけでなく，同一の村でも年による変動が大きい．生業適応という視点から整理すると，環境の多様性あるいは変動に対し，ギデラ人は食生活を安定化させる弾力性の高い戦略をもち合わせているといえよう．

11.4 環境の多様性と適応のダイナミズム

個体群生態学の視点として重要なのは，短期間より長期間の適応，あるいは適応機構の長期間の変化を評価することであろう．そのための1つの指標として，長期にわたる人口の置き換わり率を取りあげたい．まず，全村落の村人を対象に少なくとも2世代，多くの場合は3世代以上に及ぶ詳細な家系図を作成した．この家系資料から，各既婚女性（母親）ごとに出産した女児で結婚した者を同定し，出生年代に基づく母親の年齢群ごとに，母親の総数に対する結婚した女児の総数の比を求めた．この比（DMR；daughter-mother ratio）が世代間の人口置き換わり率であり，DMRに基づいて人口増加率を推定することも可能である．なお，この方法では女児が結婚年齢に達している必要があるので，分析対象となった母親はほぼ1920年以前に出生した者に限られる．

その結果が表11.3である．(a)に示したのは，全ての母親を対象として，母親を出生年代により3群に分けた場合である．DMRは3群間で比較的近似している．この表の脚注に示した数式に従って計算すると，年人口増加率は約0.2%となった．0.2%という人口増加率は，人口が2倍になるのに約350年かかることを意味している．この増加率のレベルが高いか低いかも興味深いが（Ohtsuka and Suzuki, 1990），ここでは4つの村落タイプ間の人口増加率の比較を中心に考えたい．

前節で紹介した村落タイプ別のエネルギー・タンパク質摂取量の違いから，長期間の人口変動に強くかかわる特徴を2つあげることができる．第一は，主要な植物性食物であるサゴヤシと焼畑作物を比べると，前者が生産の安定性に富むこ

表 11.3 DMR に基づく過去の人口増加率の推定結果

(a) 全対象者における DMR と年人口増加率の推定値
母親のグループごとの推定出生年は，C が 1860〜1880 年，B が 1880〜1900 年，A が 1900〜1920 年．

母親のグループ (n)	女児で結婚まで生存した数	DMR	年人口増加率 [%]*
C (176)	184	1.0455	0.198
B (211)	217	1.0284	0.125
A (266)	282	1.0602	0.260

*平均出産年齢を 22.5 歳として，[年人口増加率] = $1/t \times \ln[\text{DMR}]$（ただし，$t$ は平均出産年齢，ln は自然対数の底）により計算．

(b) 母親を出生村落で分類した場合の DMR と年人口増加率の推定値

出生村落 (n)*	DMR	年人口増加率 [%]
川沿い (332)	1.160	+0.658
内陸 (287)	0.885	−0.543

*ギデラランド以外で出生した 34 名の母親を除く（これらの母親から生まれた女児で結婚した総数は 44）．

とである．第二の特徴は，サゴデンプンが純粋なデンプンに近いことに関係している．サゴデンプンに強く依存する集団では，ほかの栄養素，特にタンパク質をほかの食物から大量に摂取する必要があり，ギデラ人の場合も特に時代をさかのぼるほどタンパク質不足に陥った可能性が高い（大塚，1994）．ギデラ人が行う主たる動物性食物の入手方法は狩猟と漁労である．狩猟の方法は現在でもほとんどが弓矢猟であり，捕獲量や捕獲効率が大きく変化したとは考えにくい．一方の漁労では，金属をつけた銛先や水中眼鏡などが普及しており，以前より捕獲がしやすくなり捕獲量（摂取量）も増加したと推測される．このように過去の生業適応を推測すると，内陸の村落のほうが現在以上に有利であったことになる．

人びとの適応，特に生死を強く規定する要因として感染症の罹患率があげられる．多くの熱帯地域と同様に，ギデラ人の居住地でも人口動態に最も強くかかわった感染症はマラリアである．著者らは，大多数の成人の協力を得て，彼らの血液中の抗マラリア抗体価を測定することができた（Nakazawa et al., 1994）．その結果，サバンナが優勢でマラリア媒介蚊が多い内陸の村落の住民は，川沿い・海沿いの村落の住民よりも抗体価がはるかに低かった（図 11.4）．

表 11.3(b) が，母親を出生村落で 2 群に分け（海沿いの村落は，かつて川沿いに位置していたので川沿いの村落に含めている），DMR を比較している．注

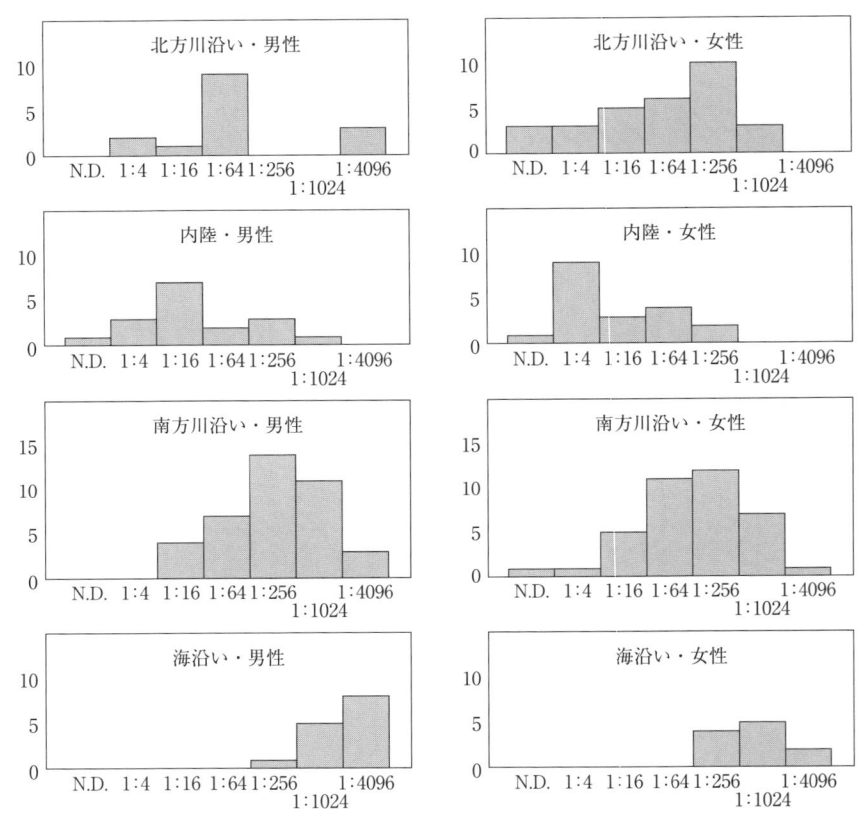

図 11.4 4 村落別の抗熱帯熱マラリア抗体価の頻度分布（N.D. は検出レベル以下）脾臓の触診による陽性者は，1：64 以上の抗体価にほぼ相当する．（Nakazawa *et al.*, 1994）

目されるのは，内陸の村落生まれの母親だけをみると人口が増加するのに対し，川沿いの村落生まれの母親では人口が減少することである．この違いを引き起こした原因は，マラリアの罹患率の違いが主たるもので，栄養状態の違いもかかわった可能性が高い．なお，川沿いの村落の人口が減少しなかったのは，内陸の村から川沿いの村へ移住するケースが多くみられたためである．

これらのことから，著者はギデラ人の長期にわたる適応を以下のように考えている．彼らは，マラリアなどの熱帯感染症のリスクが低い内陸部の環境で，サゴヤシ採集と狩猟，それに焼畑耕作を加えた生業パターンを確立し持続的な適応に成功したのであろう．しかしながら，緩やかとはいえ長期間に人口が増加を続けた結果，環境収容力（人口支持力）を超えたのであろう．具体的には，彼らの最

大の主食であるサゴヤシの生育数が不足した可能性が高い．したがって，時期ははっきりしないものの，川沿いの環境にも進出するようになった．川沿いの環境では，マラリアの罹患率の上昇などの悪条件のために死亡率が上昇したと推測されるが，ギデラ集団全体として増加を続けた人口が生存できる場としての役割を果たすこととなった．

　ヒト個体群の適応という視点から改めて考えると，ギデラ集団全体として人口が増加していることは重要である．この過程で，川沿いという新たな環境を居住地に組み入れなければ，人口増加は起きなかった可能性が高い．人口増加が適応のパラメタとすれば，新たな環境をも居住地に加えたことを含め，ギデラ人は適応力を高めたといってよいであろう（Ellen, 1982）．しかし，分集団ともいえる川沿いの村落で人口減少を伴ったことの評価は難しい．

　増加する人口を養うために新たな環境に進出することは，多くの社会で起こったのであろう．ニューギニア島全体を視野に，標高が約1600 m以上の高地とその辺縁部との間での，人びとの生存の歴史にもあてはまりそうである．人口と疾病との関係を研究した疫学者によると，ニューギニア高地では熱帯感染症による死亡が少なく，サツマイモという生産性の高い主食が導入されたために人口が増加し，過剰な人口が周辺の標高が低い地域に押し出され，そこでマラリアなどの感染症により死亡率が上昇し人口を減少させたのである（大塚, 2002）．このニューギニア島の高地–山麓部の関係も，ギデラ集団の内陸の村落–川沿いの村落の関係も，新たな環境での技術革新がみられない段階で外部からの近代化の影響を受けることになる．しかし，新しい環境を居住地に組み込むことは，世界の各地でみられた普遍的な現象であり，新たな環境に適応する技術革新に成功した場合も多いのである．

11.5　近代化の影響

　著者が調査を開始した1960年代から1970年代初頭は，ギデラの社会にも近代化の影響が及び始めた時でもあった．主たる内容は，現金経済の受け入れ，外来食品の摂取，学校教育の導入，保健医療サービスの開始などである．これらの影響は，海沿いの村の対岸に位置するダルー島の町からもたらされた．ダルーには，1940年代ころから教会，マーケット，学校などがつくられ始め，1960年代に入

ると病院を含む施設整備が進んでいた.

　表11.1, 11.2からも,ギデラの人びとの食物摂取パターンの近代化が進んだことは明らかであるが,より大きな変化は死亡率の急速な低下である.著者が最初にギデラの居住地を訪れた1960年代には,乳児のほぼ半数は生後数ヵ月以内に死亡していたと推察されるし,成人を含めマラリアによると思われる高熱に冒されるケースは多かったにもかかわらず,マラリア治療薬はなかなか入手できない状況であった.ところが,徐々にマラリア治療薬が入手されるようになりマラリアによる死亡は顕著に低減した.また,乳幼児に対する破傷風と百日咳の予防接種の導入などにより乳児死亡率は激減した.

　図11.5は,著者が収集した人口学的なデータに基づいて推定した,粗出生率と粗死亡率の推移である.死亡率は一貫して低下しているが,最大の要因は予防接種による乳児死亡率の激減であろう.そして,マラリアの死亡率の低下とともに,妊娠に伴う母親の死亡もほとんどなくなった.一方で,乳児の多くが死亡した過去の記憶が強く残っていることもあり,人びとは避妊に対してきわめて消極的である.1990年代ころからパプアニューギニア政府も家族計画のよびかけを行っているが,実施者は海沿いの村などにごく少数いるだけである.その結果,死亡率の低下と出生率の上昇が続き,人口増加率(図中のrの値)は3%を超えることとなった.

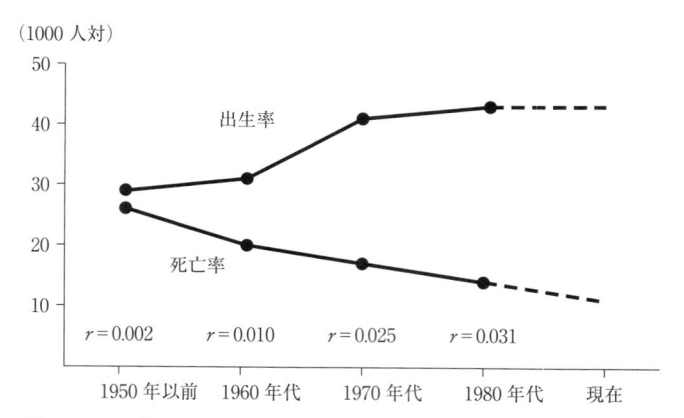

図 11.5 パプアニューギニアに居住するギデラ族の人びとの粗死亡率と粗出生率の変化
1980年代までの実線で示す値はOhtsuka and Suzuki (1990)により,それ以降の点線は未発表資料に基づく推定値.rは年人口増加率.

表 11.4 内陸の村と他の村の成人における肥満および高血圧者の割合 [%]

	男性				女性			
	肥満		高血圧		肥満		高血圧	
	1981	1989	1981	1989	1981	1989	1981	1989
内陸の村の住民	0	9.5	9.1	9.5	0	11.1	8.7	3.7
その他の村の住民	10.0	18.7	18.7	19.9	15.3	18.1	27.0	37.9

肥満は，BMI（body mass index）が 24 以上，高血圧は収縮期血圧が 140 mmHg 以上．

　このような人口学的な変化とともに，人びとの栄養状態はよくなったといえるが，栄養状態の急速な変化は肥満に代表される生活習慣病（メタボリックシンドローム）の急上昇を招くこととなった．表 11.4 が，1981 年と 1989 年に行った身体計測と血圧測定結果の一部を示している．BMI が 24 以上を肥満とした場合，内陸の村の住民では 1981 年には肥満者が皆無であったのに対し，同じ年のほかの村落の住民には 10～15 %ほどみられたし，1989 年には内陸の村人の 10 %が肥満であった．一方，高血圧者割合には村落差と年代差が明確ではないが，先進国の住民に比べて低くないことが特徴といえよう．このように，近代化に伴う健康影響が急速に拡大していると考えるべきであろう．

　本章のテーマである個体群としての適応という視点から，ギデラの人びとの長期にわたる生存史を紹介してきたが，同一の個体群に属する人びとの適応も，分個体群によって異なるとともに，時間経過とともに大きく変化していることが理解できるであろう．ギデラ人のように少人数で個体群の特性をもつ集団はまれであり，本章で紹介したような調査をほかの地域において実施することは困難であろうが，ここで得られた結果からも，個体群生態学の視点が人間の適応と健康の理解に有用なことは明らかであろう．

11章 引用文献

Attenborough, R. D. and Alpers, M. P. (eds.) (1992) *Human Biology in Papua New Guinea: The Small Cosmos*. Oxford University Press.

Ellen, R. (1982) *Environment, Subsistence and System: The Ecology of Small-Scale Social Formations*. Cambridge University Press.

Foley, W. A. (1992) Language and identity in Papua New Guinea. In: *Human Biology in Papua New Guinea: The Small Cosmos* (eds. Attenborough, R. D. and Alpers, M. P.), pp. 136-149. Oxford University Press.

Horai, S., Odani, S., Nakazawa, M. and Ohtsuka, R. (1996) The origin and dispersal of modern humans as viewed from mitochondrial DNA. *Gann Monograph of Cancer Research* **44**：97-105.

Little, M. A. and Haas, J. D. (eds.) (1989) *Human Population Biology: A Transdisciplinary Science*. Oxford University Press.

Nakazawa, M., Ohtsuka, R., Kawabe, T., Hongo, T., Suzuki, T., Inaoka, T., Akimichi, T., Kano, S. and Suzuki, M. (1994) Differential malaria prevalence among villages of the Gidra in lowland Papua New Guinea. *Tropical and Geographical Medicine* **46**：350-354.

大塚柳太郎（1994）多様な植物資源の利用戦略．『地球に生きる3　資源への文化適応』（大塚柳太郎編），pp. 47-68．雄山閣．

大塚柳太郎編（1995）『モンゴロイドの地球2　南太平洋との出会い』東京大学出版会．

大塚柳太郎（2002）サゴヤシ採集民ギデラの生態史．『ニューギニア―交錯する伝統と近代』（大塚柳太郎編），pp. 51-86．京都大学学術出版会．

大塚柳太郎（2006）人類の進化と多様性―そのダイナミズムと気候変化の影響．『環境理学』（野上道男編），pp. 193-218．古今書院．

Ohashi, J., Yoshida, M., Ohtsuka, R., Nakazawa, M., Juji, T. and Tokunaga, K. (2000) Analysis of HLA-DRB1 polymorphism in the Gidra of Papua New Guinea. *Human Biology* **72**：337-347.

Ohtsuka, R. (1983) *Oriomo Papuans: Ecology of Sago-Eaters in Lowland Papua*. University of Tokyo Press.

Ohtsuka, R. and Suzuki, T. (eds.) (1990) *Population Ecology of Human Survival: Bioecological Studies of the Gidra in Papua New Guinea*. University of Tokyo Press.

Ohtsuka, R. (2007) Biocullural adaptation and population connectedness in the Asia-Pacific region. In: *Health Change in the Asia-Pacific Region* (eds. Ohtsuka, R. and Ulijaszek, S. J.), pp. 44-63. Cambridge University Press.

Yoshida, M., Ohtsuka, R., Nakazawa, M., Juji, T. and Tokunaga, K. (1995) HLA-DRB1 frequencies of Non-Austronesian-speaking Gidra in south New Guinea and their genetic affinities with Oceanian populations. *American Journal of Physical Anthropology* **96**：177-181.

朝倉書店〈生物科学関連書〉ご案内

生物の事典
石原勝敏・末光隆志総編集
B5判 560頁 定価17850円（本体17000円）（17140-2）

地球には，生物が，微生物，植物，動物，人類と多様な形で存在している。本事典では生命の誕生から，生物の機能・形態，進化，生物と社会生活，文化とのかかわりなどの諸事象について，様々なテーマを取り上げながら，豊富な図表を用いて，基礎的な事項から最新の知見まで幅広く解説。生物を学ぶ学生・研究者，その他生物に関心を寄せる人々の必携書。〔内容〕生命とは何か／生命の誕生と進化／遺伝子／生物の形，構造，構成／生物の生息環境／機能／行動と生態／社会／人類

植物ゲノム科学辞典
駒嶺 穆・町田泰則・斉藤和季・三位正洋・藤村達人・田畑哲之編
A5判 416頁 定価12600円（本体12000円）（17134-1）

分子生物学や遺伝子工学等の進歩とともに，植物ゲノム科学は研究室を飛び越え私たちの社会生活にまで広範な影響を及ぼすようになった。とはいえ用語や定義の混乱もあり，総括的な事典が求められていた。本書は重要なキーワード1800項目を50音順に解説した最新・最強の「活用する」事典。〔内容〕アブジシン酸／アポトーシス／RNA干渉／AMOVA／アンチセンスRNA／アントシアニン／一塩基多型／遺伝子組換え作物／遺伝子系統樹／遺伝地図／遺伝マーカー／イネゲノム／他

植物の百科事典
石井龍一・岩槻邦男・長谷部光泰・矢澤 進・矢原徹一・和田正三著
B5判 516頁 定価21000円（本体20000円）（17137-2）

植物に関わる様々なテーマについて，単に用語解説にとどまることなく，ストーリー性をもたせた形で解説した事典。章の冒頭に全体像がつかめるよう総論を掲げるとともに，各節のはじめにも総説を述べてから項目の解説にはいる工夫された構成となっている。また，豊富な図・写真を用いてよりわかりやすい内容とし，最新の情報も十分にとり入れた。植物に関心と好奇心をもつ方々の必携書。〔内容〕植物のはたらき／植物の生活／植物のかたち／植物の進化／植物の利用／植物と文化

分子生物学大百科事典
T.E.クレイトン編　太田次郎監訳
B5判 1176頁 定価42000円（本体40000円）（17120-4）

21世紀は「バイオ」の時代といわれる。根幹をなす分子生物学は急速に進展し，生物・生命科学領域は大きく変化，つぎつぎと新しい知見が誕生してきた。本書は言葉や用語の定義・説明が主の小項目の辞典でなく，分子生物学を通して生命現象や事象などを懇切・丁寧・平易な解説で，五十音順に配列した中項目主義（約450項目）の事典である。〔内容〕アポトーシス／アンチコドン／オペロン／抗原／抗体／ヌクレアーゼ／ハプテン／B細胞／ブロッティング／免疫応答／他

分子生物学大百科事典 II
T.E.クレイトン編　太田次郎監訳
B5判 1280頁 定価45150円（本体43000円）（17141-9）

『分子生物学大百科事典』の続巻。前巻と同様に原書の約3分の1を精選して翻訳し，2冊で原書の主だった項目のほとんどを収録する。分子遺伝学・免疫生物学・生化学・細胞生物学などの分子に関係する生物学全分野の重要項目約500を詳説。分子生物学を通して生命現象・事象を総説的にまとめ，最新の成果を含めて平易に解説した。〔主な項目〕アミノ基／エチレン／グルタミン酸／酵素／コラーゲン／システイン／タンパク質／ペプチド／水／メチオニン／リパーゼ／老化／他

図説生物学30講
楽しく学ぶ生物学の入門書

〈動物編〉1 生命のしくみ30講
石原勝敏著
B5判 184頁 定価3465円（本体3300円）（17701-5）

生物のからだの仕組みに関する30の事項を，図を豊富に用いて解説。細胞レベルから組織・器官レベルの話題までをとりあげる。章末のTea Timeの欄で興味深いトピックスを紹介。〔内容〕酵素の発見／細胞の極性／上皮組織／生殖器官／他

〈動物編〉2 動物分類学30講
馬渡峻輔著
B5判 192頁 定価3570円（本体3400円）（17702-2）

動物がどのように分類され，学名が付けられるのかを，具体的な事例を交えながらわかりやすく解説する。〔目次〕生物の世界を概観する／生物の普遍性・多様性／分類学の位置づけ／研究の実例／国際命名規約／種とは何か／種分類の問題点／他

〈動物編〉3 発生の生物学30講
石原勝敏著
B5判 216頁 定価4515円（本体4300円）（17703-9）

「生物のからだは，どのようにできていくのか」という発生生物学の基礎知識を，図を用いて楽しく解説。各章末にコラムあり。〔内容〕発生の基本原理／卵割と分子制御／細胞接着と細胞間結合／からだづくりの細胞死／老化と寿命／他

〈植物編〉1 植物と菌類30講
岩槻邦男著
B5判 168頁 定価3045円（本体2900円）（17711-4）

植物または菌類とは何かという基本定義から，各々が現在の姿になった過程，今みられる植物や菌類たちの様子など，様々な話題をやさしく解説。〔内容〕藻類の系統と進化／種子植物の起源／陸上生物相の進化／シダ類の多様性／担子菌類／他

〈植物編〉2 植物の利用30講
岩槻邦男著
B5判 208頁 定価3675円（本体3500円）（17712-1）

人と植物の関わり，植物の利用などについて，その歴史・文化から科学技術の応用までを楽しく解説。〔内容〕役に立つ植物，立たない植物／農業の起源／栽培植物の起源／遺伝学と育種／民俗植物学／薬用植物と科学的創薬／果物と果樹／他

〈植物編〉3 植物の栄養30講
平澤栄次著
B5判 192頁 定価3675円（本体3500円）（17713-8）

植物の栄養（肥料を含む）の種類や，その摂取・同化のしくみ等を解説する，植物栄養学のテキスト。〔内容〕土と土壌／窒素同化／養分と同化産物の転流／カリウム／微量必須元素／有害元素／遺伝子組換え／有機肥料／家庭園芸肥料／他

〈植物編〉4 光合成と呼吸30講
大森正之著
B5判 152頁 定価3045円（本体2900円）（17714-5）

生物のエネルギー供給システムとして重要な「光合成」と「呼吸」について，様々な話題をやさしく解説。〔内容〕エネルギーと植物／葉緑体の光合成光化学反応／藍藻の出現／光合成色素／光呼吸と酸素阻害／呼吸系の調節／光環境応答／他

〈植物編〉5 代謝と生合成30講
芦原 坦・加藤美砂子著
B5判 176頁 定価3570円（本体3400円）（17715-2）

植物は，光エネルギーにより無機物質を有機化合物に変換し，様々な物質を生み出すことによって，生命を維持している。本書は，その複雑な仕組みを図を用いて平易に解説。〔内容〕植物の代謝／植物細胞／酵素／遺伝子発現／代謝調節／他

〈環境編〉1 環境と植生30講
服部 保著
B5判 168頁 定価3570円（本体3400円）（17721-3）

植生（生物集団）は環境条件の指標としてよく用いられる。本書では，里山林・照葉樹林・湿原・草原などの現状，環境保全等を具体事例を掲げ，興味深く解説。〔内容〕植生／照葉樹林／照葉樹林構成種／神社に残された森／里山林／群落／他

知られざる動物の世界〈全7巻〉
貴重な生態写真と解説で"知られざる動物"の世界を活写

1. 食虫動物・コウモリのなかま
前田喜四雄監訳　本川雅治訳　〈2011年9月刊〉
A4変判 130頁 定価3570円（本体3400円）（17761-9）

哺乳類の中でも特徴的な性質を持つ食虫動物のなかま（モグラ・ハリネズミなどの食虫目、およびアリクイ・アルマジロ・センザンコウ）、最も繁栄している哺乳類の一つでありながら人目に触れることの少ないコウモリ類を美しい写真で紹介。

2. 原始的な魚のなかま
中坊徹次監訳　〈5月刊〉
A4変判 120頁 定価3570円（本体3400円）（17762-6）

魚類の中でも原始的な特徴をもつ一冊にまとめて紹介。バタフライフィッシュ、アフリカンナイフ、ヌタウナギ、ヤツメウナギ、ハイギョ、シーラカンス、ピキール、チョウザメ、ガー、アロワナ、ピラルク、サラトガなどを収載。

3. エイ・ギンザメ・ウナギのなかま
中坊徹次監訳　〈8月刊〉
A4変判 130頁 定価3570円（本体3400円）（17763-3）

軟骨魚綱からエイ・ギンザメ類、硬骨魚綱から独特の生態を持つことで知られるウナギ類を美しい写真で紹介。ノコギリエイ、シビレエイ、ゾウギンザメ、ヨーロッパウナギ、ハリガネウミヘビ、アナゴ、ターポン、デンキウナギなどを収載。

4. サンショウウオ・イモリ・アシナシイモリのなかま
松井正文監訳　西川完途訳　〈6月刊〉
A4変判 130頁 定価3570円（本体3400円）（17764-0）

独特の生態を持つ両棲類の中から、サンショウウオ、イモリ、アシナシイモリの仲間を紹介。オオサンショウウオ、トラフサンショウウオ、マッドパピー、ホライモリ、アホロートル、アカハライモリ、マダラサラマンドラなどを収載。

5. 単細胞生物・クラゲ・サンゴ・ゴカイのなかま
林勇夫監訳　石田惣訳　〈10月刊〉
A4変判 130頁 定価3570円（本体3400円）（17765-7）

水中に暮らす原始的な生物を、微小なものから大きなものまでまとめて美しい写真で紹介。アメーバ、ゾウリムシに始まりカイメン、クラゲ、ヒドロ虫、イソギンチャク、サンゴ、プラナリア、ヒモムシ、ゴカイ、ミミズ、ヒルなどを収載。

6. エビ・カニのなかま
青木淳一監訳　武田正倫訳　〈7月刊〉
A4変判 130頁 定価3570円（本体3400円）（17766-4）

無脊椎動物の中から、海中・陸上の様々な場所に棲み45000種以上が知られる甲殻類の代表的な種を美しい写真で紹介。フジツボ類、シャコ類、アミ類、ダンゴムシ類、エビ類、ザリガニ類、ヤドカリ類、カニ類、クーマ類など収載。

7. クモ・ダニ・サソリのなかま
青木淳一監訳　小野展嗣・藤巻玲路訳　〈4月刊〉
A4変判 128頁 定価3570円（本体3400円）（17767-1）

節足動物の中でも独特の形態をそなえる鋏角類（クモ、ダニ、サソリ、カブトガニ等）・ウミグモ類のさまざまな種を美しい写真で紹介。ウミグモ、カブトガニ、ダイオウサソリ、ウデムシ、ダニ類、タランチュラ、トタテグモなどを収載。

生物の多様性百科事典
C.タッジ著　野中浩一・八杉貞雄訳
B5判 676頁 定価21000円（本体20000円）（17142-6）

生物学の教育と思考の中心にある分類学・体系学は、生物の理解のために重要であり、生命の多様性を把握することにも役立つ。本書は現生生物と古生物をあわせ、生き物のすべてを網羅的に記述し、生命の多様性を概観する百科図鑑。平易で読みやすい文章、精密で美しいイラストレーション約600枚の構成による魅力的な「系統樹」ガイドツアー。"The Variety of Life"の翻訳。〔内容〕分類の技術と科学／現存するすべての生きものを通覧する／残されたものたちの保護

シリーズ〈生命機能〉1 生物ナノフォトニクス ―構造色入門―

木下修一著
A5判 288頁 定価3990円(本体3800円) (17741-1)

ナノ構造と光の相互作用である"構造色"(発色現象)を中心に,その基礎となる光学現象について詳述。〔内容〕構造色とは／光と色／薄膜干渉と多層膜干渉／回折と回折格子／フォトニック結晶／光散乱／構造色研究の現状と応用／他

シリーズ〈生命機能〉2 視覚の光生物学

河村 悟著
A5判 212頁 定価3150円(本体3000円) (17742-8)

光を検出する視細胞に焦点をあて,物の見える仕組みを解説。〔内容〕網膜／視細胞の光応答発生メカニズム／視細胞の順応メカニズム／桿体と錐体／桿体と錐体の光応答の性質の違いを生みだす分子基盤／網膜内および視覚中枢での視覚情報処理

シリーズ〈生命機能〉3 記憶の細胞生物学

小倉明彦・冨永恵子著
A5判 212頁 定価3360円(本体3200円) (17743-5)

記憶の仕組みに関わる神経現象を刺激的な文章で解説。〔内容〕記憶とは何か／ニューロン生物学概説／記憶の生物学的研究小史／ヘッブの仮説／無脊椎動物・哺乳類での可塑性研究のパラダイム転換をめざして／記憶の障害

種の起原（原書第6版）

C.ダーウィン著 堀 伸夫・堀 大才訳
A5判 512頁 定価5040円(本体4800円) (17143-3)

進化論を確立した『種の起原』の最終版・第6版の訳。1859年の初版刊行以来,ダーウィンに寄せられた様々な批判や反論に答え,何度かの改訂作業を経て最後に著した本書によって,読者は彼の最終的な考え方や思考方法を知ることができよう。

基礎分子生物学3 細胞

黒岩常祥・三角修己・高野博嘉・伊藤竜一・松永幸大著
A5判 164頁 定価3570円(本体3400円) (17673-5)

生物の基礎単位である細胞の生物学をわかりやすく解説。微生物から植物,動物までを順に取り上げ,生物全体を俯瞰することができる構成となっている。〔内容〕細胞の起源／原核細胞の誕生と増殖／微生物の細胞／植物の細胞／動物の細胞

図説 無脊椎動物学

R.S.K.バーンズ他著 本川達雄監訳
B5判 592頁 定価23100円(本体22000円) (17132-7)

無脊椎動物の定評ある解説書The Invertebrate—a synthesis—(第3版)の翻訳版。豊富な図版を駆使し,無脊椎動物のめくるめく多様性と,その奥にひそむ普遍な《生命と進化の基本原理》が,一冊にして理解できるよう工夫のこらされた力作

図説 日本の植生

福嶋 司・岩瀬 徹編著
B5判 164頁 定価6090円(本体5800円) (17121-1)

生態と分布を軸に植生の姿を平易に図説化。待望の改訂。〔内容〕日本の植生の特徴／変遷史／亜熱帯・暖温帯／中間温帯／冷温帯／亜寒帯・亜高山帯／高山帯／湿原／島嶼／二次草原／都市／寸づまり現象／平尾根効果／縞枯れ現象／季節風効果

植物生態学 —Plant Ecology—

寺島一郎他著
A5判 448頁 定価7875円(本体7500円) (17119-8)

21世紀の新しい植物生態学の全体像を体系的に解説した定本。〔内容〕植物と環境／光合成過程／光を受ける植物の形／栄養生態／繁殖過程と遺伝構造／個体群動態／密度効果／種の共存／群集のパターン／土壌-植生系の発達過程／温暖化の影響

植物ウイルス学

池上正人・上田一郎・奥野哲郎・夏秋啓子・難波成任著
A5判 208頁 定価4095円(本体3900円) (42033-3)

植物生産のうえで植物ウイルスの研究は欠かせない分野となっている。最近DNAの解明が急速に進展するなど,遺伝子工学の手法の導入で著しく研究が進みつつある。本書は,学部生・大学院生を対象とした,本格的な内容をもつ好テキスト。

ISBNは978-4-254-を省略

(表示価格は2011年4月現在)

朝倉書店
〒162-8707 東京都新宿区新小川町6-29
電話 直通(03)3260-7631　FAX(03)3260-0180
http://www.asakura.co.jp　eigyo@asakura.co.jp

12章
近代化と人口増加，適応戦略の変容
——パプアニューギニア高地

12.1　問題の所在

　生態系を流れるエネルギーの源は太陽エネルギーである．十分な水と酸素の得られる環境では，太陽エネルギーを利用した光合成によって生長する植物が，生態系を構成する全ての生物の基となる．当然，単位面積あたりに照射する太陽エネルギーの大きい地域では，そうでない地域よりも大量の植物が生長する．それだけ環境中に存在するバイオマスも大きいため，人間が利用できる資源も豊富である．

　産業革命によって，人間は化石燃料をエネルギー源として利用する仕組みをつくりあげた．農業の分野では，化学肥料・農薬が開発され，大量の食料を安定的に生産できるようになった．工学の分野では，快適な移動を可能にする機械，あるいは安全な生活を可能にする社会基盤が開発され，人類は食糧生産の場から離れた場所に集住すること，すなわち都市を形成することができるようになった．医学の発達は，人間が出生と死亡を自らコントロールすることを可能にした．このような農学，工学，医学の技術は，それが全て化石燃料に依存しているという意味において，産業革命の成果といえるだろう．

　ここでは，産業革命の成果が，社会のなかに取り入れられていく過程を「近代化」と定義したい．産業革命が西欧社会で先行したために，近代化は「西欧化」の特徴を内在している．近代化は，人間の生存を規定するエネルギー源としての太陽エネルギーの寄与が相対的に減少し，化石燃料の寄与が拡大するプロセスである．

本章で対象とするパプアニューギニアにおける近代化は，例えば，近代農耕，購入食品，近代医療の導入などのイメージでとらえることができる．このような近代化による人びとの適応システムの変容には，医学的に望ましいものと望ましくないものが混在している．すなわち，近代化の影響により，集団の死亡率が低下した一方で，人口が急増した．また，栄養状態が改善した一方で，肥満による生活習慣病の有病率が増加した．

人間の生態学の研究として，それぞれの社会における近代化のプロセスとそれが人びとの生存に与える影響を明らかにすることは重要な課題である．これまで，パプアニューギニアの中でこのような調査が行われた地域は，第11章に紹介されている西部低地のオリオモ台地（ギデラ語を話す人びとが生活している），著者が調査を行った西部高地タリ盆地（フリ），東部高地のアサロ地域（トカノ／アレカノ），北部山麓部のトリチェリ地域（コンビオ），島嶼部のマヌス地域（バロパ），高地辺縁部（サモ／クボ，オク），そして首都ポートモレスビー（フリとバロパの移住者）など多岐にわたっている（大塚，2002；大塚ら，1997）．本稿では，この中から西部高地タリ盆地の事例を紹介したい．

12.2 パプアニューギニア高地・フリの社会

12.2.1　パプアニューギニア高地という世界

ニューギニア島は，オーストラリアの北側に位置する．面積は日本列島のおよそ2倍であり，地球上でグリーンランドにつぐ大きな島である．現在，島の西半分はインドネシアのパプア州，東半分がパプアニューギニアである．島の中央部には，オセアニア最高峰のジャヤ山（標高5030 m）をはじめとして，3000 m超級の山々が連なっている．

パプアニューギニアの山岳地帯，標高1200〜2000 mにある盆地や渓谷は，肥沃な土壌と適当な雨量のためサツマイモ農耕に適し，マラリアの濃厚な感染地域ではないという特徴を有している（図12.1）．この地域はパプアニューギニア高地とよばれ，ニューギニア島の中でも高い密度で人びとが居住している．集約的なサツマイモ耕作が行われており，化学肥料に依存することなく連続的な耕作を可能にするためのさまざまな在来技術が存在する．また，「争い」や「婚姻」などの場面への参加とブタの贈与を通した他者へのサポートが社会的に大きな意味

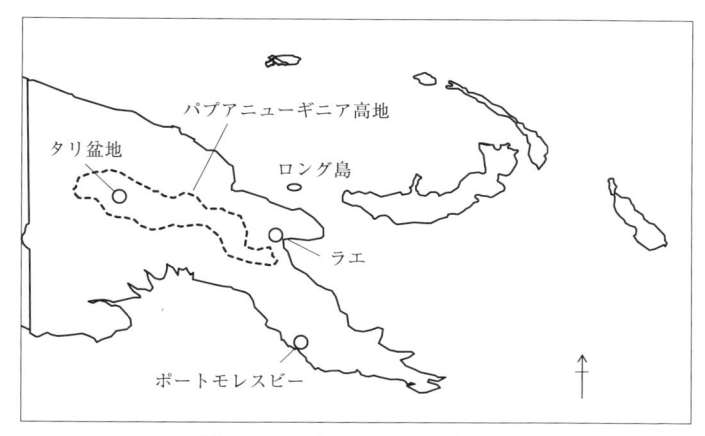

図 12.1 パプアニューギニア概念図

をもっている．より熱心に他者へのサポートを行うことによって，個人は集団の中での発言権を獲得していく．

考古学的な証拠によると（歴史資料の乏しいパプアニューギニアでは 100 年以上前のできごとは考古学の研究対象とされる），およそ 300 年前にニューギニア島北部にあるロング島の火山が爆発し，その時に噴出した大量の灰がパプアニューギニア高地全体に堆積した（Blong, 1982）．そのころの主要作物はタロイモ（*Colocasia* 属）であった．およそ 250 年前には，パプアニューギニア高地の西側からサツマイモが導入され，100 年ほどかけて東部高地へと広がった．パプアニューギニア高地の火山灰土壌と気候がサツマイモの栽培に適していたため，高地では，急速にサツマイモ栽培が受容され，それまでタロイモを栽培することのできなかった標高の高い部分にまで耕作地が拡大した．

現在では，パプアニューギニア高地のほとんどの場所で，生業におけるタロイモ栽培の重要性は低下し，サツマイモが人びとの主食となっている．本章で紹介するタリ盆地など西部高地では，エネルギーベースの食物摂取量でサツマイモの寄与が 70 ％を超える社会も多い．いくつかの状況証拠によれば，サツマイモの導入は「高地」の人口を飛躍的に増加させた．大塚柳太郎（1993）は，サツマイモ導入以降のパプアニューギニア高地における人口増加率を年平均 1.5 ％と試算している．この人口増加率が，250 年前から 50 年前まで継続し，さらに西洋社会と接触し，百日咳の予防接種をはじめとする医療サービスが提供された最近の

50年間の人口増加率を2％と仮定すれば，過去250年間に人口はおよそ50倍に増加したことになる．

著者が現地調査を行ったタリ盆地には，フリ語を話す人びとが居住している．盆地の中心部は標高1600 mほどで，北側と東側は3000 m級の山で囲まれている．標高2000 m付近までが人びとの居住地となっており，盆地の西側はドゥナ語を話す集団の居住地，南側ではエトロ語を話す集団の居住地とそれぞれ隣接している（図12.2）．

フリ語を話す人びとの社会では，ハメイギニ（ハメ＝兄弟，イギニ＝子供）とよばれる親族集団が実際的な意味をもっている．ハメイギニはある特定の範囲の土地の使用権を主張する集団を指し示す呼称であり，またその土地の地名としても用いられる．ハメイギニの呼称は，現在からおよそ5～10世代さかのぼって到達する父系始祖の名前に由来する．始祖より前の世代は「人間」ではなく，サツマイモを知らずタロイモや木の皮を食べる存在だったといわれている．1世代の平均交替間隔が25年と仮定すれば10世代前の始祖が生きていた時期（すなわち人びとがサツマイモを食べ始めたと考えられている時期）は今から250年前と推

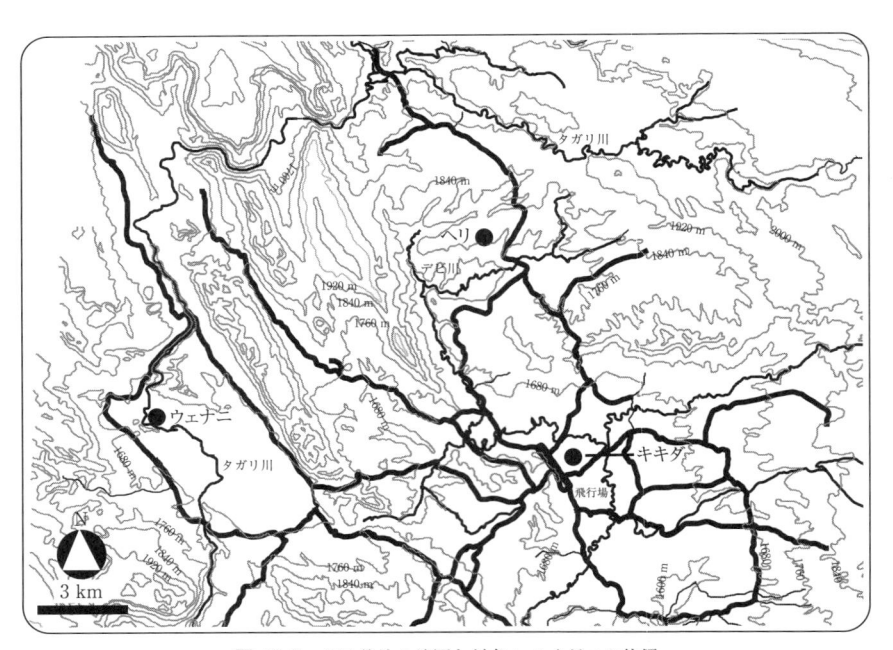

図 12.2 タリ盆地の地図と対象ハメイギニの位置

定される．これはタリ盆地においてサツマイモ耕作が250年前に始まったとする考古学的証拠とおおよそ一致する．

　それぞれのハメイギニは母系や父系にかかわらず始祖の全ての子孫を潜在的な構成員としている．しかしながら，潜在的な構成員がハメイギニの土地に畑を開き，家を建てるためには，少なくともそのハメイギニの始祖との家系図上のつながりを矛盾なく説明できる必要があり，自分の直接の先祖が実際にそのハメイギニの土地で生活していた証拠（先祖が畑に掘った溝，畑の周りに植えられた樹木，先祖の墓など）についての知識を披露する必要がある．さらに，ふだんから戦争への参加，婚資の拠出などを通してそのハメイギニに実質的な貢献をしていなければならない．通常，1人の個人は複数のハメイギニに対して帰属意識をもっており，そのうちのいくつかには家や畑をもっている．ハメイギニは外婚単位でもあり，規範として，自分が帰属意識をもっているハメイギニに帰属意識をもつ異性とは結婚しない．

12.2.2　タリ盆地の生業：サツマイモの常畑耕作

　タリ盆地の生業の中心となっているのは，サツマイモ栽培である．全ての畑にはサツマイモが栽培され，ところどころにサトウキビ，ピトピト（*Setaria palmifolia*），ケレバ（*Rungia klossii*）などの在来の野菜が混植される．かつてタリ盆地の主要な栽培作物であったタロイモ（*Colocasia* 属）は家屋の周辺およびサツマイモ畑の中の湿った場所にわずかに栽培されているにすぎない．家屋のすぐそばにつくる小さなキッチンガーデンでは，バナナ，サトウキビ，マメ類，トウモロコシ，在来の野菜などが栽培される．

　タリ盆地の農耕で特徴的なことは，サツマイモを植えつけるためにマウンドをつくること，畑のまわりに溝を掘ること，そしてサツマイモの生産性に寄与すると考えられている樹木を畑のまわりに植えることである．マウンドの直径は2～3 mもあり，高さは50 cmほどである．地面に肥料になると考えられている種類の草を置き，そこに土をかぶせてマウンドをつくる．サツマイモの蔓は3～4本に束ねて植えつけられる．通常，収穫までに1～2回の草取りが行われ，植えつけから5～7ヵ月ほどで収穫が始まる．最初の収穫では，マウンドの土を丁寧にかき分けながらサツマイモの生育状況を確認し，十分に大きくなったイモだけを選択的に収穫する．それからの数ヵ月間は，成熟したイモを探しながら断続的に

図 12.3 さまざまなサツマイモ品種

収穫が続けられ，最終的にはシャベルを用いるか，ブタを放すかのいずれかの方法でマウンドを壊し，全てのサツマイモを収穫する．植えつけからマウンドを壊すまでの期間はおよそ1年である．

タリ盆地で栽培されているサツマイモの品種はおよそ20である．さまざまな味，色，食感のサツマイモが栽培されており，日本のサツマイモあるいはパプアニューギニアでもサツマイモへの依存が少ない地域のサツマイモに比較すると，タンパク質の含有量が高い（Umezaki et al., 2001）．人びとは新しいサツマイモの品種を導入することに熱心であり，よその地域を訪れた際にはタリ盆地にはないサツマイモの蔓をもち帰ることが多い（図12.3）．

1970年代の終わりに調査を行ったAndrew W. Wood（1985）は，タリ盆地に2つの対照的な農耕システムがあることを報告している．1つは比較的乾燥した斜面において行われる方法（「斜面農耕」とよぶ）で，二次植生（森林または灌木林）に火入れをして畑をつくる焼畑農耕である．ただし，この「斜面農耕」は，パプアニューギニア低地の焼畑農耕に比べると耕作期間が長く（10〜15年），休耕期間が短い（5〜15年）という特徴をもつ．十分に生育した二次植生を開墾した畑（エイマ）は肥沃であり，サツマイモのほかに，マメ類，トウモロコシ，カボチャ，ケレバ・アルバ（*Amaranthus* spp.）などの在来の緑色野菜が積極的に植えられる．この段階でつくられるマウンドの大きさと形は，それぞれの畑の地形に応じて決められる．このうち，集めた落ち葉を覆うようにつくった直径30 cmほどの小さなマウンド（ティンディニ），あるいは特定の樹木（クバロ

図 12.4 十分に生育した二次林を開いてつくった畑（エイマ）

Ficus sp., フビ *Ficus* sp., タバジャ *Albizia falcataria* など）の切り株のまわりにつくられた直径3m以上の大きなマウンド（パンドパンド）は，特に肥沃であるとされる（図12.4）．その後，耕作サイクルを経るごとにマウンドの大きさは直径2～3mに統一され，植えつけられる作物もサツマイモに限られていく．耕作サイクルを経るごとに，サツマイモの生産性は低下し，10年ほどで畑は放棄される．「斜面農耕」を持続的に行うためには，15年以上の休耕により十分な二次植生を生育させることが理想とされるが，現在ではそれよりも短い休耕期間で次の耕作が始められることが多い．後述するように，こうした人口増加に伴う休耕期間の短縮は，耕作地の生産性を低下させ人びとの生活を脅かしつつある（Umezaki *et al.*, 2000）．

もう1つの農耕システムは平坦な湿地帯で行われるものである（「湿地農耕」とよぶ）．「湿地農耕」では，地面に深さ2～3mの溝を掘ることによって土壌の水分含有量を適切なレベルに保つことが重要な作業となる．湿地帯には幅の広い溝が大きな川にむかって何本も掘られ，そこに畑を取り囲む溝から水が流れ込んでいる．湿地帯に新しくつくった畑は土壌水分量が多いので，畑の中にも小さな溝を縦横に掘り，そこからまわりの溝に排水する構造がとられる（図12.5）．「斜面農耕」と同じく，「湿地農耕」でもマウンドを用いたサツマイモの栽培が行われる．ハメイギニ間の戦争に伴う短期間の中断を除けば，ほとんどの畑が少なくとも100年以上連続的に耕作されてきたといわれている．単位面積あたりの生産性は山の斜面につくられる畑の2倍以上である（Wood, 1985）．

図 12.5 ハイブガ湿地の排水溝ネットワーク（Wood, 1985 を改変）

12.2.3 ブタ飼養の社会機能

　タリ盆地には，小型の鳥類を除けば狩猟の対象となる動物は皆無であり，人びとが肉を食べるためには家畜を育てるしかない．ブタはそのような家畜の代表である．「斜面農耕」の行われている地域では世帯あたり1〜2匹，「湿地農耕」の行われている地域では3〜5匹のブタが飼養されている．ブタは，戦争の賠償，争いを終わらせるための贈り物，あるいは婚資として，ハメイギニからハメイギニへと交換される重要な財でもある．

　タリ盆地では「争い」が日常的に発生する．1つの「争い」が起こると，全てのフリの男は，「争い」の当事者の属するハメイギニと自分との「かかわり」，す

なわち，家系図上のつながりとこれまでの結婚，戦争での「かかわり」の実績を検討する．いかなる「かかわり」もないと判断すれば，当面は中立の立場をとることが許される．「争い」の一方の当事者のハメイギニと強い「かかわり」があれば，そのサポートをするために「争い」の現場にかけつける．この場合，中立という選択肢は存在せず，現場にかけつけることは身の安全のためにも必要である．なぜならば，その男が一方の集団と強い「かかわり」をもつ以上，もう一方の集団からは自動的に敵とみなされることになり，突然おそわれる可能性があるからである．「争い」の現場にかけつけたことをきっかけに，そのハメイギニに家と畑をつくり住み始める個人も多い（梅﨑，2009）．

　争いの両方の当事者と「かかわり」があれば，その軽重を過去の経緯，今後の展開を考慮しながら秤にかけ，どちらかのサポートをするか，もしくは「争い」の現場から遠く離れたハメイギニ，あるいは都市部へと避難するかを決める．こうして，さまざまな「争い」が起こるたびに，その当事者がだれであるかによって，敵味方関係は入れ替わるため，ハメイギニ間では頻繁に人口の移動が起こり，成員が入れ替わる．ふだんは市場で談笑する友人同士が，自分たちとは関係のない場面で起こった争いのために弓矢で戦うことになる．争いの終結には，ブタの贈与が不可欠である．例えば，戦争で人が亡くなった場合，その死亡に責任のある人の帰属するハメイギニは，亡くなった人の帰属するハメイギニにブタを贈らなければならない．

　ブタは成長段階ごとに別々の呼称で区別されている．生まれたばかりブタはノゴイギニ，片手で抱けるくらいに成長するとノゴパゴニ，脇に抱えるくらいの大きさのものをノゴアドゴニ，肩に担ぐくらいの大きさはノゴパジェニ，棒にしばりつけて2人がかりで運ぶものをノゴイレニ，そして人間が2人で運べないほどに大きいものをノゴイリアナハベという．それぞれの呼称は，厳密にいえば，成長段階ごとではなく，そのブタを人間がどのように運ぶかによって区別されている．これはブタがタリ盆地で財とみなされていることと無関係ではない．例えば，戦争で亡くなった人の補償として支払われるべきブタの数は，ノゴパジェニより大きいものを90匹，それより小さいものを180匹などと表現される．ここには，肩に担いでもってくるほどの大きさでないと，ブタの財としての価値は十分ではないという含意がある．一方，ノゴイレニやノゴイリアナハベは，財として大きな価値を有しており，そのような大きなブタを拠出することで個人はハメイギニ

図 12.6 石蒸し焼きにされるブタ

の中での発言権を獲得していくことになる（図 12.6）．

なお，タリ盆地に隣接する地域に居住するウォラ語を話す人びとを対象にした観察によると，ブタ飼養は，成長したブタをすぐに屠殺して肉として利用すれば，飼養に費やしたエネルギーの 4〜5 倍のエネルギーを獲得できる効率のよい生業だと判断される．しかしながら，タリ盆地を含むパプアニューギニア高地では，ブタの社会的価値が高いために，成長したブタは交換材として長く生き続ける．結果的に，食料としてのブタから人びとが獲得するエネルギーは，飼養に費やすエネルギーよりも小さくなると報告されている（Sillitoe, 2002）．

12.2.4 「近代化」の歴史

パプアニューギニアの社会にとって，近代化とはキリスト教の布教や植民地政府の介入をきっかけとして，人びとが学校教育・医療サービス・西欧的な食生活を受容するプロセスとともに進んだ．近代化によって，在来の価値観と西欧的な価値観が並存あるいは融合し，ワクチン接種をはじめとする医療サービスによって子どもの死亡率が低下し，コーヒーなどの換金作物が導入され，魚や肉の缶詰・米など購入食品の摂取頻度が増加した．

タリ盆地が西洋社会と初めて接触したのは 1935 年のことだといわれる．Jack Hides と James O'Malley は，10 人の警察官と 28 人のポーターを伴いニューギニア島の南海岸からタリ盆地に入った．1952 年には，現在のタリ飛行場がある場所（ルムルムとよばれていた）にパトロールポストが建設された．ほどなくして，4 つの宗派のキリスト教会が布教を開始した．

タリ盆地における近代化は，ほかのパプアニューギニア高地社会に比べるとゆっくりとしたものであった．主たる理由は，タリ盆地がパプアニューギニアの商業地域から地理的に離れていたことにある．それでも，1980年ごろには，沿岸部の商業都市であるラエとパプアニューギニア高地を結ぶ自動車道路がタリ盆地まで開通した．さらに，1980年代になると，世界銀行の開発プロジェクトの成果もあり，病院，高等学校，農業研究所，医学研究所などが相次いで設立された．

1980年代後半には，タリ盆地の北側にあるカレ山に金鉱山がみつかった．金鉱山の採掘権を取得した企業が操業に失敗した結果，カレ山には多くのフリの人びとが出かけ，砂金採りが行われるようになった．著者がタリ盆地で調査を始めた1993年は，カレ山におけるこのゴールドラッシュのちょうど終わりごろであった．

12.2.5 調査対象としたハメイギニ

実際の調査は，タリ盆地の3つのハメイギニを対象に行った（図12.2）．ウェナニは，タリの飛行場から西に10 kmほどにあるハイブガ湿地に位置するハメイギニである．湿地に排水溝を掘って灌漑した畑で「湿地農耕」によるサツマイモ栽培が行われていた．人口密度はおよそ1 km^{2}あたり100であった．一方，ヘリは，飛行場から北に10 kmほどの山の上にあるハメイギニである．標高はおよそ1900 mで飛行場よりも300 mほど高い．ここでは「斜面農耕」が行われ，人々は近年のサツマイモ生産性の低下を常に懸念していた．もう1つの調査地であるキキダはタリの飛行場に隣接したハメイギニである．人口密度が1 km^{2}あたり400人を超え，住民の中には町で賃金労働に従事する人も多い．本章では，ウェナニとヘリの事例を比較しながら話を進めていきたい．

12.3　適応の諸側面

12.3.1 植樹とサツマイモ耕作

持続的に作物を生産するためには，作物の収穫とともに土壌から収奪される栄養素を，何らかの方法で土壌に補給する必要がある．焼畑農耕では，休耕期間をおくことで，生態系機能による地力の回復が期待できる．現代農業では，作物ご

との栄養要求に応じた化学肥料あるいは堆肥を土壌に加えることで地力が維持される．ところが，タリ盆地の「湿地農耕」の畑では，休耕期間をおくことなく100年以上も連続してサツマイモ耕作が続けられてきたといわれている．また，「斜面農耕」の耕作期間は，パプアニューギニアのほかの地域で行われている焼畑耕作より長く，逆に休耕期間は短い．何らかの化学肥料が使用されているわけではない．

　タリ盆地の男性は，自分が土壌の肥沃さに寄与すると判断する特定の樹種を，自分の使用権を主張する空間に植えつける．畑を取り囲む土塁が樹木を植えつける場所となる．男性は，自分が土壌の肥沃さに寄与すると判断する樹木の幼木をみつけると，それを自宅にもち帰り，小さなポットで栽培する．そして自分の畑に適当なスペースを探し植えつける．また，畑に自然に生えてきた樹木は，それがサツマイモの生産性に寄与すると判断される樹種であれば残され，寄与しないと判断される樹種であれば除去される．二次林に新しい畑をひらく際には，サツマイモの生産性に寄与すると判断された樹種は伐らずに畑に残される．繰り返していえば，樹種は個人の判断により選択され，最も重要視されるのは，その樹種がサツマイモ耕作に寄与するかどうかということである（図12.7）．

　一方，女性は土壌を肥沃にすると考える種類の草を，自分の管理する空間のうち作物の栽培されていないスペース，例えば，畑の周辺部，サツマイモを植えつけるマウンドとマウンドの間，家のまわりなどに繁茂させようとする．土壌を肥

図12.7　モクマオウを植えるとサツマイモの生産性がよくなると考えられている

沃にすることに役立たないと判断された種類の草は選択的に除草される．どの草を除草して，どの草を繁茂させるかは，それぞれの女性の個人的な判断による．

このような植樹と選択的な除草が，タリ盆地におけるサツマイモ耕作の生産性に望ましい影響を及ぼす可能性については，いくつかの間接的な証拠が存在する．タリ盆地の農場における実験的な研究では，パプアニューギニア高地で広く植樹されるモクマオウの仲間（*Casuarina oligodon*）を畑に植えることで，土壌に含まれる窒素量が増加したことが報告されている（Parfitt, 1976）．また，サツマイモのマウンドに鋤き込む草の量とそのマウンドで生産されたサツマイモの量との間には正の相関関係があることが報告されている（Wood, 1985）．タリ盆地のサツマイモ耕作の生産性は 1 ha あたり 12〜15 t であり，これは化学肥料を用いない常畑耕作としては高いレベルである．樹木と草を対象にした人為的植生コントロールが，サツマイモの持続的生産に寄与していると想定することは，ある程度の蓋然性をもつだろう．

ここで強調しておきたいのは，「樹木を畑のまわりに植える行動がサツマイモの生産性を維持するために重要だ」という考え方はほとんどの人びとによって共有されているものの，具体的にどの樹種を植えるかということについては，それぞれの個人の判断で行われているということである．当然，その判断を裏打ちする知識体系には大きな個人差が存在する．たとえば，「フビ（*Ficus* sp.：イチジクの仲間）はサツマイモの生産性を向上させる樹木だ」と主張する男性がいるかとおもえば，「それはサツマイモの生産にとって最悪の樹木である」と説明する男性もいる．そして，そのどちらも自分の知識の正当性を確信に満ちた態度で主張するのである．

実際にどのような樹木が植えられているかを検討するために，タリ盆地における耕作中の畑（全部で 34 プロット）を対象に，それぞれの畑において生育している全ての樹木と草の名前をフリ語で記録した．この調査は系統的な植生調査ではなく，フリの成人男性のもつ植物の民俗分類に基づく植生の把握である．それぞれのハメイギニに居住していた 30 歳前後の調査助手（男性）の助けを借りながら，対象プロットに存在する全ての植物を識別し，その名前を記録した．ただし，食用となる栽培作物については別にリストを作成し，コケ類，キノコ類，寄生植物は記録の対象から除外した．合計 64 プロットのサツマイモ畑・休耕地／放棄された畑を対象にした調査によって，84 の樹木の名前と 102 の草の名前を

記録することができた．Simon G. Haberle（1991）を参照しながら，フリ語の植物名に該当する科名・学名を確認した．

　この中で「植えられた」樹種は全部で54あり，表12.1には，その中で出現頻度の高い25種について，フリ語の名前，和名，科名，学名，そして「植えられた」頻度と「自生した」頻度をまとめた．パジャブ，アラビカコーヒー，タコノキの仲間を除く全ての樹木は，個人がサツマイモの生産性を向上させることを念頭におきながらそれぞれの畑に「植えた」ものである．対象とした34プロットのうち10プロット以上で植えられていたものは，フリ語でパワあるいはパルアとよばれるモクマオウの仲間（*Casuarina oligodon*），ミンディリア（*Casuarina papuana*：モクマオウの仲間），ポゲ（*Ficus copiosa*：イチジクの仲間），パイ（*Castanopsis acuminatissima*：スダジイの仲間），ライ（*Dodonaea viscosa*：ハウチワノキ）であった．著者が最初に話を聞いた村の年長者たちが，サツマイモの生産性を向上させる樹木であると説明したタバジャ（*Albizia falcataria*：マメ科の樹木）とフビ（*Ficus copiosa*：イチジクの仲間）は，それぞれ3プロット，5プロットに植えつけられていただけであった．また，調査の対象とした34プロットの畑に植えられていた54種類の樹木の半分以上は，わずかに1〜2プロットに植えられていたものである．パワなどいくつかの樹木を別にすれば，それぞれの男性が「サツマイモの生産性を向上させる」ために植えた樹木の種類には多様性が大きい（梅﨑，2007）．

　タリ盆地の人びとがサツマイモの生産性に寄与すると判断する樹木を畑に植えつけることの生態学的重要性は，それが地域に生育する樹種の構成に影響を与え，サツマイモの生産に適した自然環境をつくりだす可能性にある．1998年の調査時点でタリ盆地の大部分は耕作地および休耕地として使われ，極相林は成人儀礼のために保全されていたものがわずかに残るのみであった．過去から現在にかけての植生攪乱のプロセスで，サツマイモの生産性を増加させることを目的とした樹木と草の選択が行われてきたとすれば，結果としてのタリ盆地の植生にはサツマイモの生産性を増加させると人びとが判断するような植物が多くみられる可能性がある．別のいい方をすれば，タリ盆地の植生は，人びとがサツマイモの栽培に寄与するかどうかという視点から植物を選択し続けてきた結果として，サツマイモ栽培に適したものに改変されてきたのではないか．考古学的証拠によれば，タリ盆地でモクマオウの仲間が広く植樹されるようになったのは今から900年前

12.3 適応の諸側面

表 12.1 耕作中の畑に植えられた頻度の高い樹木

フリ語の植物名	和名	科名	学名	3地域合計 植えたもの 34プロット	3地域合計 生えたもの	ヘリ 植えた 12プロット	ヘリ 生えた 12プロット	ウェナニ 植えた 12プロット	ウェナニ 生えた 12プロット	キキタ 植えた 10プロット	キキタ 生えた 10プロット
Pajab	センネンボクの仲間	Agavaceae (リュウゼツラン科)	*Cordyline fruticosa*	24	1	8	0	9	0	7	1
Pawa (Parua)	モクマオウの仲間	Casuarinaceae (モクマオウ科)	*Casuarina oligodon*	19	0	4	0	7	0	8	0
Mindilia	モクマオウの仲間	Casuarinaceae (モクマオウ科)	*Casuarina papuana*	18	0	6	0	3	0	9	0
Poge	イチジクの仲間	Moraceae (クワ科)	*Ficus copiosa Castanopsis*	15	1	1	0	7	1	7	0
Pai	スダジイの仲間	Fagaceae (ブナ科)	*acuminatissima*	14	5	2	2	5	2	7	1
Lai	ハウチワノキ	Sapindaceae (ムクロジ科)	*Dodonaea viscosa*	11	17	0	8	9	6	2	3
Coffee	アラビアコーヒー	Rubiaceae (アカネ科)	*Coffee arabica*	7	1	1	0	2	0	4	1
Ururuba (Urunu)	アカミズキの仲間	Rubiaceae (アカネ科)	*Wendlandia* sp.	7	10	0	5	4	2	3	3
Karoma	クロウメモドキ科の樹木	Rhamnaceae (クロウメモドキ科)	*Alphitonia incana*	6	14	1	6	2	4	4	4
Muli	カンコノキの仲間	Euphorbiaceae (トウダイグサ科)	*Glochidion* sp.	6	2	0	0	0	0	6	2
Haro	マテバシイの仲間	Fagaceae (ブナ科)	*Lithocarpus* sp.	5	5	0	2	4	3	1	0
Hubi	イチジクの仲間	Moraceae (クワ科)	*Ficus* sp.	5	14	1	4	3	4	1	6
Tanyo	?	?	?	5	5	0	3	5	1	0	1
Buri	カンコノキの仲間	Euphorbiaceae (トウダイグサ科)	*Glochidion* sp.	5	13	1	6	4	7	0	0
Hiburua (Hiliwa)	マカランガ属の樹木	Euphorbiaceae (トウダイグサ科)	*Macaranga* sp.	4	1	0	0	4	1	0	0
Mandi	トウダイグサ科の樹木	Euphorbiaceae (トウダイグサ科)	?	4	9	1	0	1	3	2	6
Abare	タコノキの仲間	Pandanaceae (タコノキ科)	*Pandanus conoideus*	3	0	0	0	0	0	3	0
Anga	タコノキの仲間	Pandanaceae (タコノキ科)	*Pandanus* sp.	3	0	3	0	0	0	0	0
Nagia	ヒサカキの仲間	Theaceae (ツバキ科)	*Eurya dolichostyla*	3	7	0	5	1	0	2	1
Tabaja	モルッカネム	Leguminosae (マメ科)	*Albizia falcataria*	3	12	1	9	0	0	2	3
Marita (Habara)	タコノキの仲間	Pandanaceae (タコノキ科)	?	2	0	0	0	2	0	0	0
Caster	?	?	?	2	7	0	0	1	0	1	0
Para	エボディア属の樹木	Rutaceae (ミカン科)	*Euodia* sp.	2	7	0	1	1	4	1	2
Tawa	タコノキの仲間	Pandanaceae (タコノキ科)	*Pandanus* sp.	2	0	0	0	2	0	0	0
Teletele	ブレイニア属の樹木	Euphorbiaceae (トウダイグサ科)	*Breynia* sp.	2	2	0	0	1	2	1	0

と推測されている（Habele, 1998）.現在,タリ盆地に広くみられるモクマオウの仲間は,盆地の植生が農耕に適したものへと長い時間をかけて人為的に改変されてきたことの1つの証拠ともいえるのである.

12.3.2　人口増加と土地利用変化

タリ盆地の人口は,サツマイモが導入されてからの300年間急速に増加してきたと考えられている.1930年代のパトロールレポートには,そのころすでに盆地の耕作適地はほとんどがサツマイモ畑として使われており,人びとが高密度で居住していた,との記述をみつけることができる.パプアニューギニア医学研究所が1980～1995年にかけて継続的に収集した人口データによると,その期間の年平均人口増加率は約2％であり,著者がヘリとウェナニを対象に推定した1980～1995年にかけての年平均人口増加率は,それぞれ2.1％,2.5％であった.

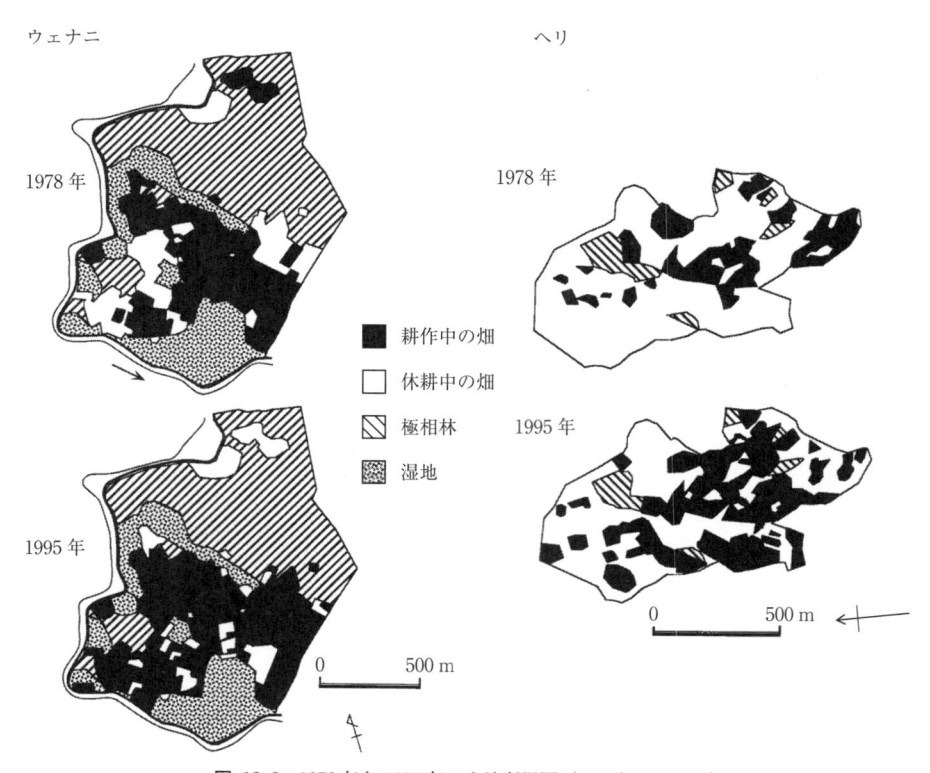

図 12.8　1978年と1995年の土地利用図（ヘリとウェナニ）

12.3 適応の諸側面

このような急速な人口増加によって，ヘリとウェナニの土地利用がどのように変化したのかを検討したのが図12.8である．これは，1978年に撮影された縮尺1/9000の航空写真の目視判読と地上踏査によって作成した土地利用図であり，極相林，耕作中の畑，休耕地，湿地の4つの土地利用分類が示されている．1978～1995年にかけての顕著な変化は，いずれのハメイギニにおいても，休耕地が減少し，耕作中の畑が拡大したことである．「斜面耕作」の行われていたヘリでは，1978年の時点で耕作可能な極相林はわずかであり，1978～1995年にかけて，休耕期間を短縮し，耕作期間を延長することによってサツマイモの増産がはかられたと考えられる．一方，ウェナニでは，休耕地を耕作することによる食料増産がはかられた．なお，ウェナニに残る極相林はほとんどが耕作に不向きな急峻な石灰岩の斜面である．湿地の干拓による耕作地の拡大は技術的には可能であるが，実際には湿地の耕作権を巡る争いによって耕作ができない状況にあった(Umezaki et al., 2000)．

農耕システムが，休耕を前提とするかどうかによって，人口増加に対する対応力には大きな違いがある．ヘリでは，休耕期間の短縮，あるいは耕作期間の延長が進むことで，持続的生産が可能な耕作と休耕のサイクルが維持できなくなり，地力の全体的な低下が進んだと予想される．一方，ウェナニでは，休耕地（湿地農耕では休耕の必要がないので，正確には「使われていなかった耕作地」というべきである）を耕作することによって食料の増産が可能であり，農学的な意味での地力低下は起こっていなかった．しかしながら，1995年時点で，ウェナニでは湿地の63％，休耕地の25％が土地争いの対象となっていた．土地争いが起こるとその場所へ立ち入ることができなくなるために（仮に立ち入ると，それは戦争のきっかけとなる），それだけ地域の食料生産力は低下することになる．なお，ヘリでは，争いの対象となっている土地は存在しなかった．

表12.2は，1人あたり畑面積，1日1人あたり農耕に費やす時間，1人あたりブタの飼養匹数，ブタ1匹あたりに与えるサツマイモの量（1日あたり），単位面積あたり土地生産性，単位時間あたり労働生産性などの生態学的変数を，ヘリとウェナニについてまとめたものである．これらの生態学的変数を推定するために，生活時間調査，食事調査，畑の測量を行った（2章参照）．1人あたり畑面積に単位面積あたり土地生産性をかけて計算した1人・1日あたり食料生産量はヘリが1830 kcal，ウェナニが5730 kcalとなる．ウェナニの値はヘリの値のおよそ

図 12.9 収穫したサツマイモを編み袋で運ぶ

表 12.2 ヘリとウェナニの生業にかかわる変数（1人あたり）

変数	ヘリ	ウェナニ
畑面積 [m²]	1170	1260
農耕に費やす時間 [分／日]	85	98
ブタの飼養匹数	0.6	1.9
ブタ1匹に与えるサツマイモ [kcal]	1550	2060
単位面積あたり土地生産性 [kcal/ha/年]	5.7×10^6	16.6×10^6
単位時間あたり労働生産性 [kcal/時間]	1300	3420

3倍であり，このような食料生産にかかわる大きな差は，上述したように農耕システムの違いに由来する人口増加への対応の違いによってある程度は説明できると考えている（図12.9）．

12.3.3 天候不順への対応力

タリ盆地では，食料生産量とは，サツマイモをはじめとする農作物の収穫量と家畜であるブタの生産量に等しい．一方，必要量としては，個人が生存するために必要なエネルギーおよび栄養素のほかに，ブタなどの家畜を飼養するための農

作物を考慮しなければならないだろう．生産量と必要量を比較した場合，必要量のほうが大きければ，それは食料が不足した状態である．家畜であるブタを育てることができず，人びともエネルギーと栄養素の不足により健康状態が悪化する．それでは，生産量と必要量が等しければ，食料は不足しないのだろうか．これは，食料の余剰がまったくない状況であり，普段の生活では十分な食料を確保できるものの，天候不順による生産性の低下，戦争や選挙による農作業の中断などが発生すると，容易に食料不足の状態に陥る．自然の優先する社会で生きるためには，生産量の中に，天候不順などを乗り切るための余剰をみこまなければならないことになる．集団内における食料の分配システムや，地理的に離れた場所に暮らす親族との相互扶助ネットワークなど，集団レベルの社会システムはこの部分に大きな意味をもっている．

　著者が調査を行った1994年の7～8月にかけて，タリ盆地では毎日のように雨が続いた．タガリ川が氾濫し，ウェナニの湿地およびそこに隣接したサツマイモ畑は完全に水没した．日照不足と過剰な土壌水分量の影響を受け，9～12月にかけてウェナニとヘリではサツマイモの生産性がふだんの約60%に低下した．この時期，サツマイモの不足を補うために，ブタに与えるサツマイモの量が普段より減らされたほか，シダ，セリなどの葉っぱものが大量に摂取された．図12.10は，この時期に行った食事調査の結果を世帯ごとにまとめたものである．図中に示されている身体活動レベル（PAL；physical activity level）とは1日のエネルギー消費量を基礎代謝量（8章参照）で割って求めた指標であり，FAO／WHO／UNU（1985）は「ふつう」から「重い」労働を行う個人の身体活動レベルは1.78～2.10の範囲にあることを報告している．食物摂取量が身体活動レベルを1.78と仮定した場合のエネルギー消費量よりも小さいということは，フリのような農耕社会においては日常的な活動のために必要な食料が得られていない状況を意味する（Umezaki *et al.*, 1999）.

　対象としたウェナニの9世帯のうち7世帯が身体活動レベルを1.78と仮定した場合のエネルギー必要量を摂取量が上回っていた．一方，ヘリでは対象とした12世帯のうち2世帯を除いて，全ての世帯がPALを1.78と仮定した場合のエネルギー必要量を摂取量が下回っていた．なお，ヘリの中で必要量よりも多くのエネルギーを摂取していた2世帯は，いずれも世帯主が賃金労働に従事していた世帯である．

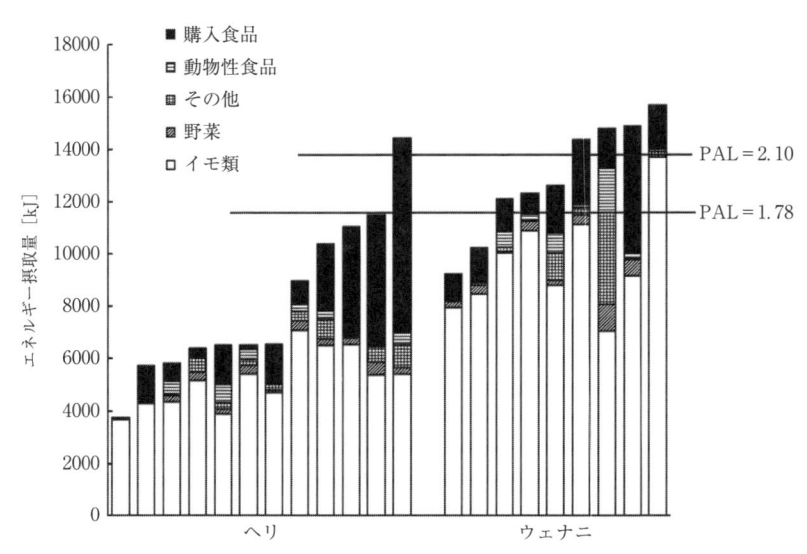

図 12.10 天候不順によってサツマイモの生産性が低下した時期に行った食事調査の結果（世帯別に，成人男性1人あたりに換算）

　これらの結果は，ウェナニでは人口増加によって土地を巡る争いが増えたとはいえ,その影響は人びとの食生活をみる限り顕在化していないことを示している．ウェナニの人びとは，天候不順によって土地生産性が60％に低下した時期ですら，救荒食を集め，家畜であるブタの餌を減らすことによって十分な食料を確保していた．ところが，ヘリでは人口増加による耕作期間の延長あるいは休耕期間の短縮を背景として，土地生産性が低下してきたと予想され，天候不順によるサツマイモ生産性の低下によって，ほとんどの世帯が必要な食料を確保できない状況に陥っていた（図12.11）．

　ここで注意しなければならないのは，天候不順ではない時期には，ヘリの人びとも必要量を上回る食料を生産しているということである．問題は，ウェナニでは必要量をはるかに上回る食料がふだんから生産されており，それが天応不順などによる食料生産性低下への対応を可能にしているのに対して，ヘリでは余剰生産量がわずかしか存在しないために，食料の生産性が低下すると，それが摂取量の不足に直接結びつくということである．ヘリの女性はウェナニの女性に比べて，BMI（body mass index）が有意に低かったこと（ヘリの平均21.6 [$n=21$]，ウェナニの平均23.6 [$n=37$]；$p<0.01$）は，このようなふだんの食料生産と必要量

図 12.11　長雨による洪水で水没したサツマイモ畑

のバランスが，天候不順などにおける食料不足というイベントを通じて人びとの栄養状態に影響してきたことを示唆している．

12.3.4　地域内人口移動

人口増加によって，「斜面農耕」を行う地域の食料生産力が低下してきたとするならば，予想される対応は，「斜面農耕」を行う地域から「湿地農耕」の地域へ人口が移動することによってタリ盆地全体としての人口分布が適正化されることである．フリの人びとは，複数のハメイギニに帰属意識をもっているために，比較的容易に居住地を移動することが可能である．食料の不足する地域から余剰のある地域へと人口が移動することによる調整が機能しなかったのだろうか．

ここでは家系図人口学の手法を用いた人口の再構成の結果を紹介する．出生・死亡・移動などの人口学的変数は，集団の適応を評価する包括的な指標でもあり，人びとの記憶を辿ることによって過去を再現できるという利点をもっている．タリ盆地においては，ウェナニとヘリにおいて，村落内に土地を所有する全ての個人を特定し，その個人から2世代さかのぼった先祖を基点として，その子孫を全て含む家系図を作成した（Umezaki and Ohtsuka, 2002）．さらに，家系図に登場した全ての個人を対象に出生地と現住地／死亡地を記録した．出生地と現住地／死亡地が異なっていた場合を「移住」と定義し，世代によって移住の傾向がどのように異なるかを検討した（Umezaki and Ohtsuka, 2002）．

その結果，1950年代に始まった近代化の初期に再生産期間を過ごした世代から現在の再生産世代までは，人びとは盆地の周辺部（大部分が斜面地域）から中

表 12.3 出生地と現住地／死亡地の比較から推測した世代別人口移動数　　［単位＝人］

		タリ盆地の周辺から中心部への移動	タリ盆地の中心部から周辺への移動	バランス
ヘリ	＋2世代	2	4	－2
	＋1世代	15	6	9
	調査時の再生産世代	42	14	28
	－1世代	19	23	－4
	－2世代	1	6	－5
	合計	79	53	26
ウェナニ	＋2世代	3	0	3
	＋1世代	8	7	1
	調査時の再生産世代	31	12	19
	－1世代	8	18	－10
	－2世代	0	0	0
	合計	50	37	13

心部（湿地帯と斜面地域）へ移動する傾向にあった（表12.3）．ところが，近年になると，移住の方向は逆転し，周辺部への移動数が中心部への移動を上回るようになった．このような傾向は人びとの認識とも一致しており，説明によると，1950年代に始まった近代化の過程では，飛行場の建設，道路の整備，市場の建設などが行われることで，タリ盆地の中に突然出現した「商業の中心」へと多くの人びとが移動したという．盆地の中心部に居住することは，現金獲得機会あるいは生活の利便性からみても魅力的であったようで，周辺部から中心部への移動傾向は長く続いたという．しかし近年では，中心部への人口集中によって，子どもの世代が結婚して独立しようとしても，もはや必要とされる食料を生産するだけの畑を確保することができなくなった．実際，著者が調査を行ったキキダでは，1つの世帯が耕作する畑面積は極端に小さく，タリでの賃金労働に従事するか，もしくは遠く離れたハメイギニで畑を耕作しなければ十分な食料を確保するのは難しい状況であった．キキダの若い世代の中には1つの畑すら確保することができないものも多く，食物生産の場を求めて生産性は低くとも居住密度の低い盆地の周辺部へと移動するものが多かった．また，人口の過密になった中心部では，土地争いとそれに伴う部族間戦争が頻発するようになったことも，周辺部への移住を促す要因となっていた．

12.3.5 都市移住者の生活

　農村部の適応システムの持続性を評価する際に，忘れてはならないのは都市の存在である．パプアニューギニアの都市人口は増加し続けており，都市はパプアニューギニアの人びとにとっての重要な居住の場となりつつある．ただし，都市の歴史は短く，現在の都市住民の多くは農村部で生まれ育った移住者である．1990年に行われた国勢調査によると首都ポートモレスビーの人口に占める移住者（農村部で生まれたもの）の割合は58％に達している．都市住民の中には定職につき職場から提供された家に暮らすものがいる一方で，都市計画では居住地とされていない場所に自然発生的につくられた「セトルメント」とよばれる場所に住み，物売りなどのインフォーマルセクターに従事するものもいる．全体的な比率では，前者には近代化の歴史が相対的に長い島嶼部あるいはニューギニア島南海岸沿いの出身者が多く，タリ盆地など，近代化の歴史の短い地域からの移住者には後者のタイプが多い（図12.12）．

　この「セトルメント」は都市にあって，多分に農村的な要素をもった場所である．なぜなら，セトルメントの住人の多くは一時的な訪問者として都市に滞在し生活のベースを農村部にもっており，そのうち農村部へ戻ることを前提にした都市人口だからである．一方で，このような流動的な人口の存在は，パプアニューギニアの農村にも都市的なものが内在することを示唆している．これらのことを踏まえれば，パプアニューギニアでは，都市と農村を別々の空間ととらえるよりは，相互に関連し連続した空間ととらえる方がより現実的である．都市の適応シ

図 12.12　タリ盆地の空港で到着した飛行機を出迎える

ステムの持続性は，農村における適応システムの持続性にも影響し，タリ盆地のように人口増加によって，適応システムの持続性が問題となっている地域では，都市への移住が農村における生存の「安全弁」となっている可能性が高い (Umezaki and Ohtsuka, 2003).

著者がポートモレスビーのタリ盆地出身者が集住するセトルメントで行った住み込み調査によると，セトルメントにおける典型的な世帯には，夫婦とその子ども，そして世帯あたり平均4人の居候が同居していた．居候のほとんどは農村部から世帯主を訪ねてきた独身男性である．パプアニューギニアでは，「特に都市部において同一言語出身者同士の助け合い精神が強く移住者は職がなくても住居や食べ物に困ることがない」という，理想的な互助精神（メラネシアピジンでワントクシステムとよばれる）の存在が喧伝されることが多い．しかしながら現実には，居候は居候なりに何らかの生業への貢献を期待されており，例えば，世帯の生業がベテルナッツ（東南アジアから太平洋諸国で好まれる嗜好品）売りであれば居候も1日の中で数時間の店番を期待されるし，生業がパン焼きであれば薪集めや販売の手伝いをしなければならない．ブラックマーケットでのビール販売を行っている場合は，酔っ払いが暴れた場合や警察からの手入れに対する用心棒をかって出るのがふつうである．生業に貢献しないならば，何らかの方法（例えば，警備員として働くなど）で金を手に入れて食費を渡すことが期待される．生業への労働貢献，金銭的貢献のいずれもしない居候は，次第に冷遇され，やがて

図 12.13 ポートモレスビー移住者の多くはインフォーマルセクターに従事する

は追い出されるようである（図12.13）．

　都市移住者の生活は，村落部の生活とはさまざまな意味で異なっている．ほとんどの世帯は複数のインフォーマルセクターを組み合わせて収入を得ているが，その収入は学校の先生あるいは公務員よりも多いくらいである（Umezaki and Ohtsuka, 2003）．ただし，都市移住者が農村部の土地を耕作する権利を維持するためには，農村部での争いや結婚などの社会的場面で金銭的な援助をすること，また農村部から訪問者があればその世話をすることが期待されている．このような規範は一種の平準化機能をもっており，農村部とのつながりを維持する限り，個人が蓄財によって富裕層になることは起こりにくい．

　生業では男性と女性が協力するのが基本であり，女性に長時間の労働を強いる農村部とは対照的である（Umezaki *et al.*, 2002）（表12.4）．農村部ではサツマイモを中心とした食生活が営まれているのに対して，都市部では米あるいはパンと肉・魚が頻繁に摂取される．都市部における脂質摂取量は農村部の約3倍である．都市移住者を対象に実施した健康診断では，肥満や血清中性脂肪の増加など心血管疾患のリスクが高いと判断される個人が存在していた（Natsuhara *et al.*, 2000）．都市という空間は，タリ盆地の人びとにとって，ハメイギニ同士の戦争あるいは人口増加による生存基盤の脆弱化の影響を緩和する機能をもつとともに，これまで農村部にはなかった生活習慣病のリスクをもたらす源ともなっているのである．

表 12.4　農村居住する成人と都市に居住する成人の生活時間

生活時間の区分	農村居住者		都市移住者	
	男性	女性	男性	女性
農耕	2.41	3.95		
ブタの世話	0.32	0.32		
採集	0.06	0.21		
インフォーマルセクター			1.71	4.30
賃金労働			1.89	0.00
職探し			0.85	0.00
合計	2.79	4.50	4.45	4.30

［単位：時間］

12.4 集団の生態史と個人のライフヒストリー研究の意味

　パプアニューギニア高地タリ盆地に居住するフリの人びとは，過去50年間にさまざまな近代化のプロセスを経験してきた．そのプロセスには，ワクチン接種に代表される近代医療の導入，生業の市場経済化，道路などインフラの整備，近代的なサツマイモ品種の導入，学校教育の始まり，都市への移住などが含まれる．本稿で紹介したように，人口は急速に増加しつつあり，タリ盆地の標高の高い部分では食料生産性の低下が，湿地帯など人口の密集地域では土地を巡る争いの増加が問題となっている．農村部から都市へ移住する人口はしだいに増加しており，結果的に都市は農村で高まる人口圧の受け皿としての役割を果たしている．

　人間の生態学という学問分野においては，人間の集団あるいは社会が変化を常態とすること，調査者が観察する集団の適応システムは過去からの歴史的経緯の上に成立していることを十分に意識するべきである．例えば，農耕システムと健康のかかわりを明らかにしようとする研究で，斜面農耕と湿地農耕が行われている地域に居住する住民を対象に健康指標の比較を行うのは，タリ盆地における人口の流動性を考えれば必ずしも適切ではないだろう．斜面農耕の行われている地域には，人生の大半を湿地農耕の行われている地域で過ごした個人が移り住んだ可能性があり，現在の斜面農耕の行われている地域に居住しているからといって，その個人が斜面農耕を行ってきたと仮定することはできないからである．

　農村居住者と都市移住者の健康状態を比較する場合も同様で，現住地によって農村居住者と都市移住者を定義すれば，農村居住者には都市に長く暮らし最近になって村に戻った人が含まれ，都市移住者には農村から片道切符で親戚を訪ねた人が含まれることになる．現住地による対象集団の定義，そしてその集団間での生態学的変数あるいは健康指標の比較は，限定的な意味しかもたないというべきである．

　また，現在，食料生産性の低下が懸念されている斜面農耕の行われている地域も，耕作可能な極相林が豊富にあった時期には，極相林を開いて肥沃な畑（エイマ）をつくることが可能だったはずで，洪水で畑が冠水するリスクを抱える湿地農耕の行われる地域よりも，人びとの生存に有利な環境だったと考えられる．調査者が観察を行った時点で，ある個人が，斜面農耕の行われている地域に居住し，

食料の乏しい状況におかれているからといって，その個人が人生の全てをそのような状態ですごしてきたと仮定するのは危険である．

このように考えると，タリ盆地の事例は，ある時点で地理的に定義された集団を単位とした比較研究の限界と，集団の生態史および個人のライフヒストリーを踏まえることの重要性を示唆している．現実的には，地理的に定義された集団を単位とした比較研究は，医学をはじめとするさまざまな分野で有力な研究手法となっているが，その限界を集団の生態史と個人のライフヒストリーの検討を通じてみきわめたうえで結果の解釈をすること，それが人間を生態学的に研究することの意味だと著者は考えている．

BOX 6

里地里山

里地里山という言葉が脚光を浴びるようになった．身近な環境の劣化，ことに雑木林やトンボ・メダカに代表される馴染み深い（と思われている）生き物が周囲から失われつつあることが，その大きな理由であろう．なお，厳密に定義されてはいないが，里山は二次林を指し里地は二次林に農地などを加えた地域を指すことが多い．

里山という言葉を現代社会に蘇らせたのは，森林生態学者の四手井綱英（1911～2009）であり，1960年代になって，林学分野で用いられる「農用林」の代わりに「里山」を提案したことに端を発している．四手井は里地里山を単に里山とよび，林業的な二次的自然と農業的な二次的自然が結合した空間とした．林業的な二次的自然とは繰り返し利用されてきた薪炭林やマツタケ林を，農業的な二次的自然とは水田，水田の畔，ため池，ため池の土手，水路などを指している．見方を変えると，里地里山は林業と農業という活動を長年にわたり行うことにより形成された，歴史的・文化的景観とよぶこともできよう．

水田やため池はもちろん，雑木林，採草地・放牧地などの草原を含む二次的自然は，人手が加え続けられることによって維持される．ところが，農作業に用いる家畜から機械への転換，燃料の薪炭から石炭・石油への転換，さらには近年の過疎化・人口高齢化により，里地里山などの二次的自然が衰退し続けている．

里地里山をはじめとする二次的自然は，生物多様性にとってきわめて重要であり，生息する動植物にもレッドデータブックに取りあげられる絶滅危惧種が多く含まれている．ほかにも注目される理由は多いが，里地里山というモザイク性に富んだ環境では，薪炭林・水田・ため池などの間で物質が循環し閉鎖系

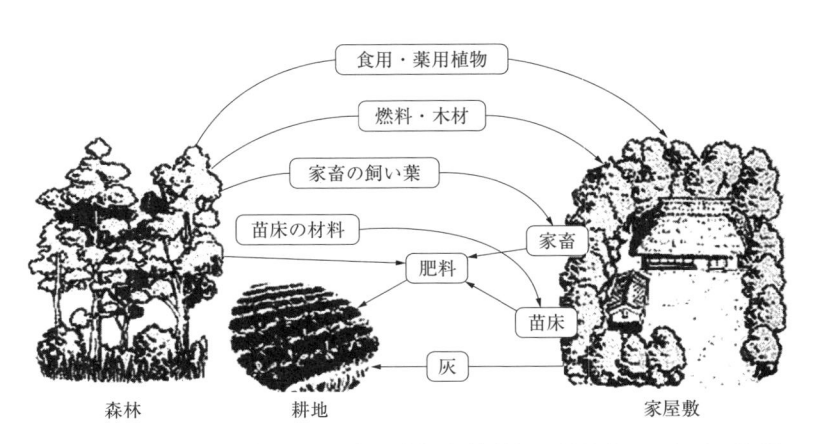

を形成することが特に重要であろう．資源を循環的に利用することは，資源の枯渇を含む環境問題の解決への切り札と期待されているからである．

　里地里山に対する環境省の定義，「都市域と原生的自然との中間に位置し，様々な人間の働きかけを通じて環境が形成されてきた地域であり，集落をとりまく二次林と，それらと混在する農地，ため池，草原などで構成される地域概念」によれば，二次林の面積は約800万ha，農地，ため池，草原などの面積は約700万haで，里地里山は国土の4割程度を占めることになる．

　日本政府（主として環境省と農林水産省）は，持続性に富み循環性も高い里地里山がもつ機能に注目し，荒廃が進んだ農山村環境の改善につなげるべくさまざまな試みを行っている．2010年10月に名古屋で開催された第10回生物多様性条約締約国会議では，日本政府が提案したSatoyama Initiativeも採択され，世界レベルで里地里山に代表される二次的自然の拡大を目指している．

[大塚柳太郎]

12章　引用文献

Blong, R. J. (1982) *The Time of Darkness*. University of Washington Press.

FAO／WHO／UNU (1985) Energy and protein requirements. Report of a joint FAO／WHO／UNU expert consultation, *World Health Organization Technical Report Series* **724**.

Haberle, S. (1991) Ethnobotany of the Tari Basin. Biogeography and Geomorphology Department, RSPAS, Australian National University.

Haberle, S. G. (1998) Late quaternary vegetation change in the Tari Basin, Papua New Guinea. *Palaeogeography Palaeoclimatology Palaeoecology* **137**：1-24.

Natsuhara, K., Inaoka, T., Umezaki, M., Yamauchi, T., Hongo, T., Nagano, M. and Ohtsuka, R. (2000). Cardiovascular risk factors of migrants in Port Moresby from the Highlands and island villages, Papua New Guinea. *American Journal of Human Biology* **12**：655-664.

大塚柳太郎 (1993) 人口からみた適応像. 『島嶼に生きる』 (大塚柳太郎, 片山一道, 印東道子編), pp. 241-253. 東京大学出版会.

大塚柳太郎編 (2002) 『ニューギニア―交錯する伝統と近代』京都大学学術出版会.

大塚柳太郎, 本郷哲朗, 中澤 港, 阿部 卓, 梅崎昌裕, 山内太郎, 安高雄治, 夏原和美 (1997) 『パプアニューギニアにおける人類生態学調査. 精神のエクスペディション』東京大学出版会. pp. 374-382.

Parfitt, R. L. (1976) Shifting cultivation: how it affects the soil environment. *Harvest* **3**: 63-66. [cited in Wood (1985)]

Sillitoe, P. (2002) After the 'affluent society': cost of living in the Papua New Guinea highlands according to time and energy expenditure-income. *Journal of Biosocial Science* **34**: 433-461.

Umezaki, M., Kuchikura, Y., Yamauchi, T. and Ohtsuka, R. (2000) Impact of population pressure on food production: an analysis of land use change and subsistence pattern in the Tari Basin in Papua New Guinea Highlands. *Human Ecology* **28**: 359-381.

Umezaki, M., Natsuhara, K. and Ohtsuka, R. (2001) Protein content and amino acid scores of sweet potatoes in Papua New Guinea Highlands. *Ecology of Food and Nutrition* **40**: 471-480.

Umezaki, M. and Ohtsuka, R. (2002) Changing migration patterns of the Huli in Papua New Guinea Highlands: a genealogical-demographic analysis. *Mountain Research and Development* **22**: 256-262.

Umezaki, M. and Ohtsuka, R. (2003) Adaptive strategies of Highlands-origin migrant settlers in Port Moresby, Papua New Guinea. *Human Ecology* **31**: 3-25.

Umezaki, M., Yamauchi, T. and Ohtsuka, R. (1999) Diet among the Huli in Papua New Guinea Highlands when they were influenced by the extended rainy period. *Ecology of Food and Nutrition* **37**: 409-427.

Umezaki, M., Yamauchi, T. and Ohtsuka, R. (2002) Time allocation to subsistence activities among the Huli in rural and urban Papua New Guinea. *Journal of Biosocial Science* **34**: 133-137.

梅﨑昌裕 (2007) パプアニューギニア高地農耕の持続性をささえるもの: タリ盆地における選択的植樹と除草. 『生きる場の人類学』 (河合 香編), pp. 271-295. 京都大学学術出版会.

梅﨑昌裕 (2009) 昨日の友は今日の敵: パプアニューギニア高地・フリの社会. 『集団-人類社会の進化史的基盤』 (河合 香編), pp. 171-179. 京都大学学術出版会.

Wood, A.W. (1985) *The stability and permanence of Huli agriculture. Department of Geography Occasional Paper* **5** (New Series), University of Papua New Guinea.

13章

食と人間の安定同位体生態学

　11章ではパプアニューギニアのギデラ人を対象に行われたフィールドワークに基づく人間の個体群生態学の成果について述べた．この章で解説されている通り，ギデラ人の生業は，彼らの多様な生息域環境に適応して村落によって分化をとげ，それとともに食物摂取パターンが異なる．ところで"You are what you eat"という言葉がある通り，人間の体は食物として摂取した元素や分子からなっていることは通常我々はあまり意識していないが，厳然たる事実である．このことをタンパク質や脂質のレベルでみたものが，いわゆる「栄養状態」であるが，さらにミクロな原子レベルでみる方法もある．ギデラ人の食物摂取が村落による生態学的な条件で変動するとすれば，ギデラ人自身の原子レベルでの体の組成もそれとともに変動しているはずである．人間が食べているものの側からみた食と，人間の体の側からみた食とは必ずしも一致しないかもしれないことは9章でも述べた通りである．本章では，ギデラ人の食の生態学を，彼らの生体組織や食物の安定同位体分析に基づいて，原子レベルで解析した例を示す．

13.1　生物における同位体の分布

　安定同位体による食の解析手法の原理についてはやや込み入った説明が必要となる．

　生物の体はタンパク質，脂質，炭水化物などの高分子量の有機物からなる．これらはアミノ酸，脂肪酸，単糖・二糖類など，より低分子量の有機物を構成単位とする．捕食者は被食者を捕食することで，これら高分子量有機物を摂取し，それらは消化管内・体内で構成単位である低分子量有機物に分解された後，一部は

エネルギー源としてさらに分解されるほか，捕食者の体を構成する高分子有機物に再合成される．人間の場合もまったく同じで，各種動植物を食物として摂取し，それをもとに自分の体を構成している．これが"You are what you eat"といわれるゆえんである．

ところで，食物連鎖を通して生態系内を流動するこうした有機物の究極の構成単位は炭素，窒素，酸素などの原子である．さらに細かくみるとこれらの原子はそれぞれが複数の異なる質量をもつ安定同位体の混合物である（例えば ^{12}C と ^{13}C, ^{14}N と ^{15}N, ^{16}O, ^{17}O, ^{18}O）．ところが例えば同じ糖類であっても，それを光合成によって合成した植物の種類によって，糖類を構成する炭素の安定同位体の組成が異なることが知られている．図 13.1 に C_3 植物，C_4 植物の植物体を構成する炭素の同位体比の分布を示した（Osmond and Ziegler, 1975）．C_3 植物，C_4 植物とは，2 つの異なる光合成の炭素同化経路，Calvin 回路と Hatch-Slack 回路，をもつ植物であり，高等植物のほとんどはこのどちらかの回路をもつ．後者はより高温・低湿の環境に適応してうまれた回路であると考えられており，例えばサバンナのような環境にみられる草本類が主にこの回路をもっている．なお，人間が食用としている植物はほとんどが C_3 であり，アワ・ヒエなどの雑穀，トウモ

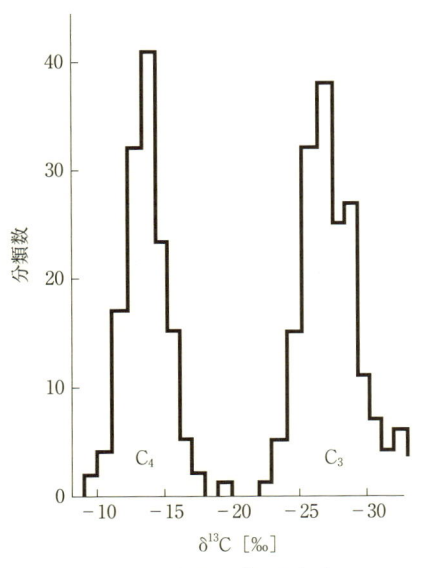

図 13.1　C_3, C_4 植物の $\delta^{13}C$ 分布（Osmond and Ziegler, 1975）

ロコシ，サトウキビなどごく一部が C_4 植物である．両者が質量の異なる炭素の同位体に対して異なる同化割合を示すことが，図 13.1 に示したような同位体比の分布の原因である．なおこの図では炭素安定同位体比は以下の式で得られる δ 値で表されている．

$$\delta = \frac{R_{\text{sample}} - R_{\text{standard}}}{R_{\text{standard}}}$$

この式で炭素の場合は $R = {}^{13}C/{}^{12}C$ であり，窒素や酸素の場合であれば，それぞれ $R = {}^{15}N/{}^{14}N$，$R = {}^{18}O/{}^{16}O$ となる．δ 値は千分率（‰）で表される．また，standard として用いられているのは，国際的に統一して使用されているもので，炭素の場合はある種の貝の化石（PDB），窒素の場合は大気中窒素ガス，酸素・水素は標準海水である．炭素の場合，standard がほかの生物より ${}^{13}C$ を多く含むため，ほとんどのサンプルで $\delta^{13}C$ はマイナスの値となる．

1 次生産者である植物の同位体比の分布は，捕食者である草食動物の体を構成する炭素の同位体比に反映される．図 13.2 はアメリカの砂丘生態系における植物とそれを摂食する昆虫（バッタ，セミなど）および草食のげっ歯類（カンガルーネズミなど）の体を構成する炭素の同位体比である（Fry et al., 1978）．昆虫には C_3 植物と C_4 植物を選択的に摂食する種がいる一方，げっ歯類は種によってあるいは個体によって両方の植物種を食べているために，体を構成する炭素の安定同位体比は C_3 と C_4 の中間の値になる．このげっ歯類の例のように，異なる同位体比をもつ複数種類の動植物を捕食している場合には，捕食者の同位体比は，それら被食者の各々の同位体比に，相対的な摂取割合を重みづけした値となる（isotope mixing）．

炭素にみられるこのような生物種ごとの同位体比の分布の偏りは，偏りの原因こそ異なるが，窒素や酸素，水素などの有機物の主要構成元素に広くみられる．全窒素の約 0.4 ％の存在度の安定同位体である ${}^{15}N$ は，捕食者側により濃縮（比が大きくなる）することが知られている．図 13.3 には栄養段階とともに上昇する ${}^{15}N/{}^{14}N$ の例を示した（Wada et al., 1987）．このような性質を利用して，炭素とともに窒素の安定同位体比は生態学の分野において，食物連鎖・食物網の解析に頻繁に用いられるようになっている（南川・吉岡，2006）．すなわち生物の炭素安定同位体比はその生態系の生産者に関する情報を，窒素安定同位体比は栄

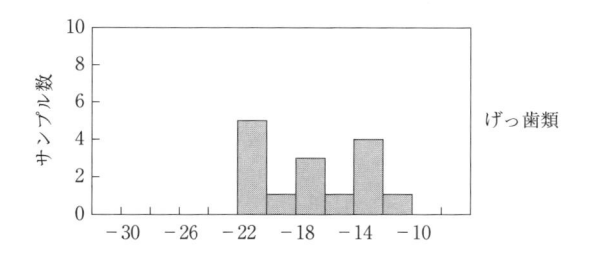

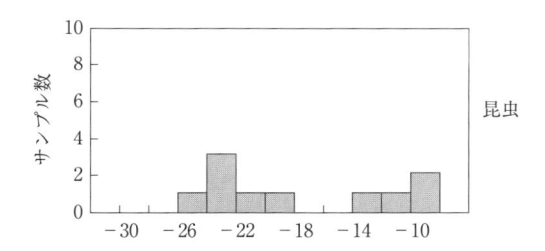

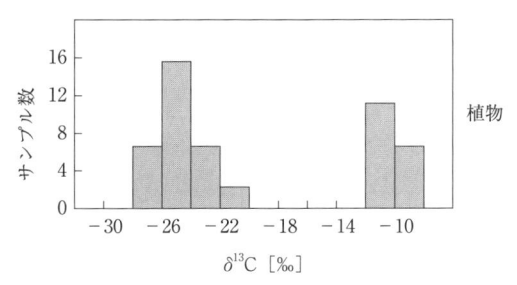

図 13.2 テキサスの砂丘生態系における動植物の炭素安定同位体比（Fry et al., 1978）

養段階に関する情報を，それぞれ与えてくれる．

13.2 人間の「食」と同位体

　生態学の分野で生物の食物連鎖・食物網を解析することを人間にあてはめるならば，人間の食を調べることと同じであることは明らかであろう．したがって人間の体組織の安定同位体分析を行うことで，人間の食に関する情報が得られ，人間を食物連鎖・食物網の中に位置づけることができる．

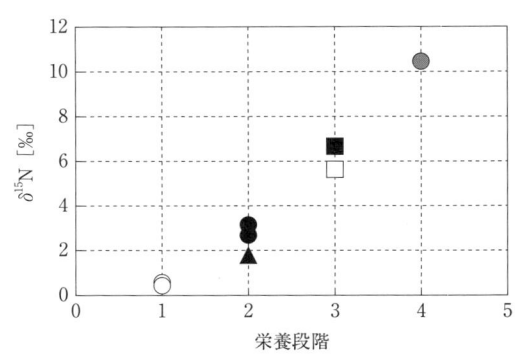

図 13.3 南極海の食物連鎖における栄養段階と窒素安定同位体比の関係
$\delta^{15}N = 3.3[栄養段階] - 3.5 (r=0.997)$. (Wada et al., 1987)
○粒子状有機物, ●*Euphausia* spp.,
▲*Salpa thompsoni*, □*Sagitta maxima*,
■*Coelenienierata*, ●*Trematomas bernacehir*

　人間の食に関する情報を個人レベルで知りたい場合には，通常だとフィールドワークによる調査が行われる．最も典型的には，対象とする人間の口に入る食物を計量し，記録することが行われる．ギデラ人の場合は 11 章に述べられたように，1981 年に 4 名の研究者によって入念な摂取調査がなされている．この方法で得られた情報は，実際に対象者が食べていたものと量が，「事実」として明確にわかる，という利点がある一方，調査に多大な人的時間的コストがかかる点，ある一時点での「事実」しかわからないという点，栄養学の立場からは，食べたものはわかっても，実際に体内に吸収されたかどうかは不明な点などが問題点として一般的にいわれている．

　その点，人間の体を構成する組織に記録された同位体情報を分析によって読み取ることは，実際に体内に吸収・代謝された原子の情報を元にしている点，対象とする組織の代謝速度次第であるが，比較的長期の評価が可能である点などが利点であると考えられている．人間の食と栄養，さらにそれを規定している生態学的な仕組みなど，人体組織の同位体分析によってこれまでと異なる視点からの情報が得られる可能性がある．しかしながら，動物生態学の分野で非常にアプリケーションが多いのに対し，人間に対してはこの種のアプローチはあまり多くない．そこでギデラ人を対象とした同位体分析を行った．

13.3 ギデラ生態系の炭素窒素安定同位体分布

図13.4は，ギデラ人が食物として利用している各種動植物を，炭素・窒素安定同位体比から特徴づけた図である（Yoshinaga *et al.*, 1991；1996）．また食物摂取調査が行われたギデラ人の4村落（内陸，北方川沿い，南方川沿い，海沿い）から収集した頭髪の同位体比（各村落10～15試料の平均値）を＊で表した．図中点線で分割したように，食物として利用されている動植物は大きく分けて4つのまとまりに分けることができる．なお，以下で炭素同位体比が「小さい」，「大きい」とは，それぞれ$\delta^{13}C$の絶対値が大きい，小さいことを表す．炭素，窒素とも小さい同位体比をとるのはタロイモ，ヤムイモ，サツマイモ，バナナなどの植物性食物である（図中◇）．これらはC_3植物である．シカ，ワラビー，鳥類などの草食性の陸棲動物（□）は，これら植物性食物よりやや窒素同位体比が大きい．さらに窒素同位体比が大きいものに，ナマズなどの淡水魚類（●）およびトカゲなどは虫類（○）がある．魚類やは虫類は肉食で栄養段階が高いので，食物連鎖の過程で^{15}Nが濃縮し，同位体比が大きくなる．一方，炭素同位体比が大きく，窒素が低いものは比較的数が少ない．C_4植物がこの区分に入るはずであるが，採取された植物性食物の中にC_4植物はなかったようである．この区分には陸生動物2種と海産貝類が含まれる．陸棲動物のうちの1つはワラビーの一種

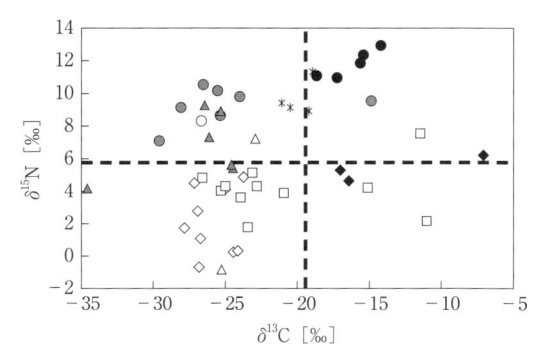

◇ 植物　□ 陸棲動物　○ は虫類　● 海産魚類　◆ 海産動物
● 淡水魚類　▲ 淡水動物　△ 昆虫　＊ ヒト頭髪

図 13.4 パプアニューギニア・ギデラ人が食物としている動植物の炭素窒素安定同位体比の分布（Yoshinaga *et al.*, 1991；1996）

(*Walabia agilis*)で，これはほかのワラビーと異なり，炭素同位体比が大きいことからサバンナ地帯の草本類を摂食するC_4植物摂食者であることが推測される．この種のワラビーを食することは，間接的にC_4植物を食することにほかならない．なお，もう1つはシカで，$\delta^{13}C$の値（-15.1‰）からみてC_3植物もC_4植物も両方摂食しているもの（mixed feeder）と考えられる．炭素，窒素とも大きい値をとるのは，栄養段階の高い海産魚類（●）である．海産物の炭素同位体比が大きいのは，海産植物プランクトンが炭素源とするのは海水に溶けこんだ重炭酸イオンなどの溶存無機炭素であり，これは大気中CO_2よりも約9‰大きな炭素同位体比を示すからである．このようにギデラ人が食物としている動植物の炭素窒素安定同位体比の分布は，これまで知られていた生態系内の各種生物の炭素窒素安定同位体比の分布と矛盾なく一致するものであった．

こうした動植物を食する上記4村落のギデラ人の頭髪の同位体比分析結果（図中＊）は，この4つの食品群の中央付近よりやや上方に分布する．さまざまな生態学的な仕組みによって多様な同位体比をもつ動植物を食べている雑食性の人間は，先ほど述べたisotope mixingの結果として食物群の間に位置することになる．また，こうした多様な食物を摂取した人間の体内には，食物となる生物より栄養段階が一段上がり，食物に比して^{15}Nが濃縮するため（図13.3），頭髪窒素同位体比は上方にシフトする．

村落ごとの頭髪同位体比をもう少し細かくみていくために図13.5に頭髪部分の同位体比を拡大したものを示した．この結果から，ギデラの人びとの頭髪同位体比は，各村落の生態学的立地条件と定性的に一致することがわかる．すなわち，海沿いの村では頭髪同位体比が炭素，窒素とも4村落のうち最高値を示し（-18.9，11.3‰），海産生物（炭素，窒素とも大きい，図13.4）への依存が大きい村の特徴とよくあっている．また水生生物への依存がない内陸の村は炭素同位体比は大きく（-19.2‰），窒素同位体比が小さい（8.9‰）．炭素の結果は，内陸の村がサバンナ地帯にあり，動物性タンパク源として重要なワラビーがC_4植物摂食者と考えられることとよくあっている．さらに，南方川沿いの村や北方川沿いの村では動物性タンパク源として陸棲動物と淡水魚類が入手可能であるが，炭素同位体比は低めで（-20.5，-21.1‰），窒素同位体比は中程度（9.1，9.4‰）と，頭髪同位体比と立地条件とは乖離がない．

この4村落のうち，内陸の村については，女性の頭髪も測定されている．窒素

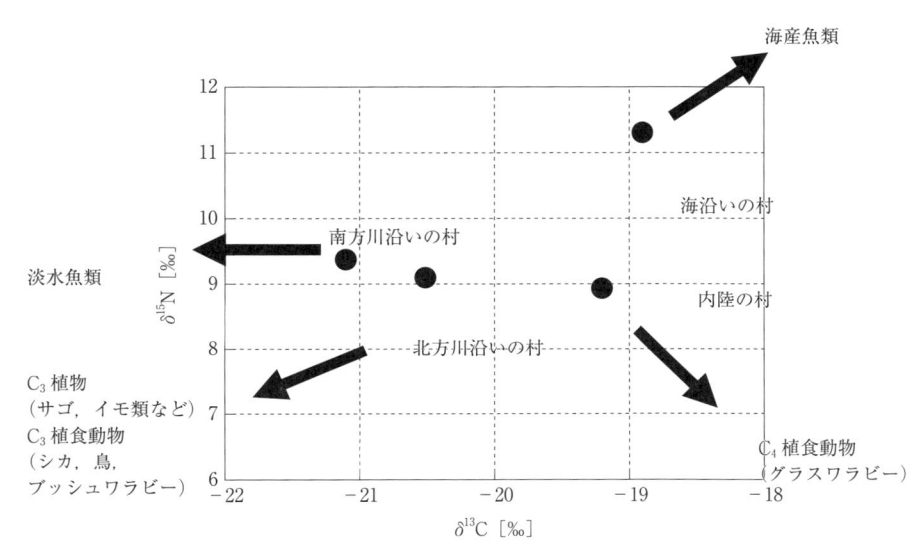

13.3 ギデラ生態系の炭素窒素安定同位体分布　　　　　　　　　　　　　　　　241

図 13.5 パプアニューギニア・ギデラ人の異なる 4 村落から採集した成人男性の頭髪の炭素窒素安定同位体比の分布
図 13.4 の * の部分を拡大したもの．(Yoshinaga *et al.*, 1996)

の同位体比について，男性，女性の平均値±標準偏差は，それぞれ，8.9 ± 0.7（$n = 13$），7.8 ± 0.7 ‰（$n = 10$）であり，有意な男女差がみられた（$p < 0.05$）．この結果から，この村においては男性のほうが女性より動物性タンパク質を多く摂取していることが示唆され，食物摂取調査には現れてこなかった情報が浮かび上がってきた．

　以上のように，定性的にみるとギデラ人の人びとの頭髪同位体比は，村落の生態学的立地条件とよくあうのであるが，1981 年に各村落で 2 週間にわたって入念に行われた食物摂取調査結果から推定される食生活との定量的な一致は必ずしもよくない（Yoshinaga *et al.*, 1996）．サンプリングされた食物試料の栄養素含有量（タンパク質，脂質など）や同位体比の代表性，^{15}N や ^{13}C の人体内での濃縮係数の不確実性など同位体比に基づく推定の側の問題がまず考えられる．また，食物摂取調査結果の代表性の問題も考慮しないといけない．同位体比を測定した頭髪の長さは典型的には 2～3 cm であったから，サンプリングされる前 2～3 ヵ月間（頭髪は 1 ヵ月に 1 cm 伸びるといわれている）の食物摂取状況を平均化したものだからである．

13.4 食物連鎖に沿った有害化学物質の濃縮

図 13.3 に示したように，窒素安定同位体比が栄養段階あたり一定の上昇（^{15}N の濃縮）を示すことを利用して，生態系の中での有害化学物質の挙動，特に食物連鎖に沿った有害化学物質の濃縮（biomagnification）について調べることが可能である．図 13.6 は前述のギデラ人の動物性食物中水銀濃度と窒素同位体比との関連を示したものである（Yoshinaga et al., 1992）．高い正の相関（$r = 0.796$）が得られており，水銀が栄養段階に従って濃縮していくことがみてとれる．この回帰直線（$\text{Log} T_{\text{Hg}} = 0.21\delta^{15}\text{N} - 2.75$）の傾きと図 13.3 の回帰直線の傾き（3.3 ‰/段階）から算出した水銀の濃縮係数は栄養段階あたり約 5 であった．同様の試みはその後，ダイオキシン類（Rolff et al., 1993），ポリ塩化ビフェニル（PCB）そのほかの有機塩素系化合物（Elliott, 2005）などの化学物質についても適用されている．

この図の中にギデラ人の頭髪窒素安定同位体比と水銀濃度との関連をプロットしたものが図中 * である．動植物に比べると全体的に上方（総水銀濃度が高い方

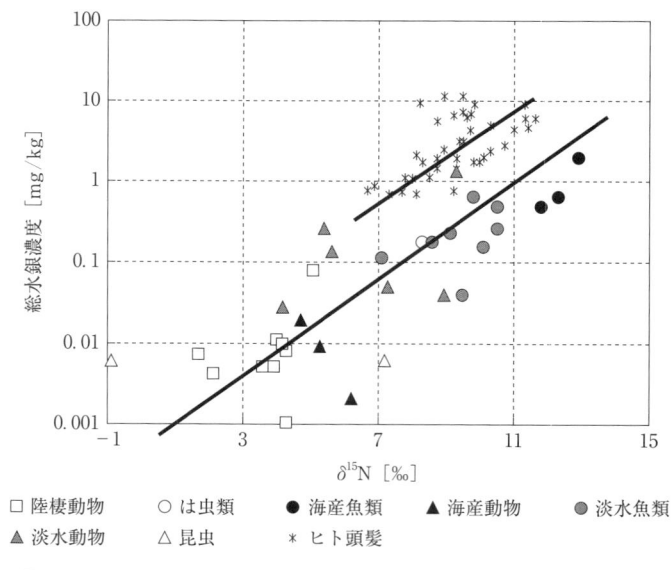

図 13.6 パプアニューギニア・ギデラ人の動物性食物・頭髪の窒素安定同位体比と水銀濃度との関連（Yoshinaga et al., 1992）

13.4 食物連鎖に沿った有害化学物質の濃縮

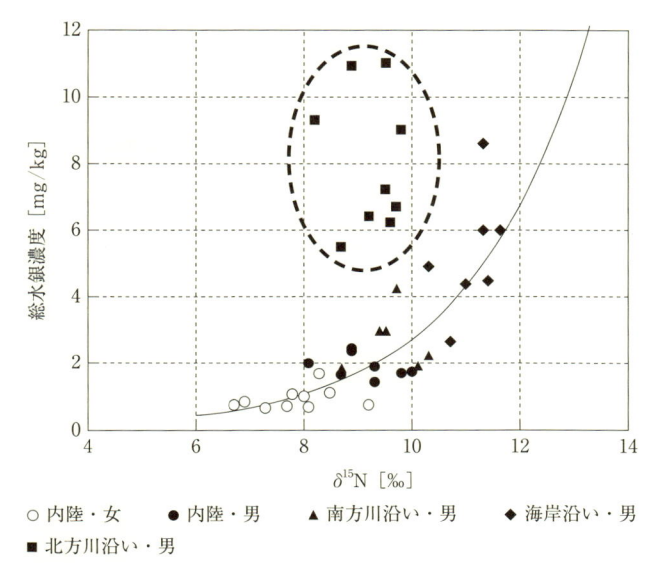

図 13.7 パプアニューギニア・ギデラ人の4村落の住民の頭髪の窒素安定同位体比と水銀濃度との関連（未発表）
図13.6の＊の部分を拡大したもの．

○ 内陸・女　● 内陸・男　▲ 南方川沿い・男　◆ 海岸沿い・男
■ 北方川沿い・男

向）にシフトしているが，頭髪の窒素同位体比-水銀濃度の回帰直線（$\text{Log} T_{\text{Hg}} = 0.19 \delta^{15}\text{N} - 1.32$）の傾きは動物とほとんど同じである．ギデラ人の食生態系の中で，水銀が食物連鎖に沿って濃縮していき，ギデラ人自体がその一員となっていることを示すものである．なお頭髪水銀濃度は頭髪自体の水分含有量が少ないために，湿重量あたりで示した動物の水銀濃度に比較すると高めの値になっていることが上方にシフトする原因であると考えられる．

より詳細に頭髪窒素同位体比と水銀濃度の関係を図示すると図13.7のようになる．全体として頭髪窒素同位体比と水銀濃度の間に正の関連がみられるが，「北方川沿いの村」だけがこの相関関係から外れるようにみえる．栄養段階から推定されるより水銀濃度が高い，というこの結果の原因として，この北方川沿いの村の住民に食物以外の水銀曝露源がある，食物が水銀で汚染している，などの可能性が考えられるが，いまのところそのようなスペキュレーションを裏づける調査データなどはない．しかし北方川沿いの村の住民のみで，この地域全体の水銀のフローから外れていることは指摘できる．鈴木継美は北方川沿いの村では淡水魚類が消費されていることをあげ，それがこの外れの原因に関係していることを示

唆している（鈴木，1991）．

13.5　今後の課題

　以上，パプアニューギニア・ギデラ人の事例で紹介したように，安定同位体比組成を指標にすることで，地域生態系の炭素，窒素，化学物質のフローの中に人間を位置づけることができ，そのわずかな変動を手がかりに，そうした変動を招く生態学的な仕組みの解明にむけた新たな研究が可能になる．物質フローがより広域化，複雑化した現代社会に生活する人間にこうしたアプローチをいかに適用するかが今後の課題として残されているであろう．

13章　引用文献

Elliott, J. E. (2005) Chlorinated hydrocarbon contaminants and stable isotope ratios in pelagic seabirds from the North Pacific Ocean. *Archives of Environmental Contamination and Toxicology* **49**：89-96.

Fry, B., Jeng, W-L., Scalan, R. S. and Parker, P. L. (1978) $\delta^{13}C$ food web analysis of a Texas sand dune community. *Geochimica et Cosmochimica Acta* **42**：1299-1302.

南川雅男，吉岡崇仁編 (2006)『地球化学講座5　生物地球化学』培風館．

Osmond, C. B. and Ziegler, H. (1975) Schwere Pflanzen und Leichte Pflanzen: Stabile Isotope im Photosynthesestoffwechsel und in der Biochemischen Ökologie. *Naturwiss Rundsch* **28**：323-328.

Rolff, C., Broman, D., Näf, C. and Zebühr, Y. (1993) Potential biomagnification of PCDD/Fs-New possiblities for quantitative assessment using stable isotope trophic position. *Chemosphere* **27**：461-468.

鈴木継美 (1991)『パプアニューギニアの食生活』中央公論社．

Wada, E., Terazaki, M., Kabaya, Y. and Nemoto, T. (1987) ^{15}N and ^{13}C abundances in the Antarctic Ocean with emphasis on the biogeochemical structure of the food web. *Deep-Sea Research* **34**：829-841.

Yoshinaga, J., Minagawa, M., Suzuki, T., Ohtsuka, R., Kawabe, T., Hongo, T., Inaoka, T. and Akimichi, T. (1991) Carbon and nitrogen isotopic characterization for Papua New Guinea foods. *Ecology of Food and Nutrition* **26**：17-25.

Yoshinaga, J., Suzuki, T., Hongo, T., Minagawa, M., Ohtsuka, R., Kawabe, T., Inaoka, T. and Akimichi, T. (1992) Mercury concentration correlates with the nitrogen stable isotope ratio in the animal food of Papuans. *Ecotoxicology and Environmental Safety* **24**：37-45.

Yoshinaga, J., Minagawa, M., Suzuki, T., Ohtsuka, R., Kawabe, T., Inaoka, T. and Akimichi, T. (1996) Stable carbon and nitrogen isotopic composition of diet and hair of Gidra-speaking Papuans. *American Journal of Physical Anthropology* **100**：23-34.

14 章
市場経済化する辺縁地域の生態史
——海南島・黎族社会

　人間集団の適応システムは常に変化している．「伝統」社会に対するステレオタイプ化された言葉，例えば，「長く守りつがれた伝統」，「昔のままの技術」などは幻想であり，もし通用したとしてもせいぜい数十年の限定的な時間の範囲においてのものである．

　とはいえ，それぞれの人類社会がおかれた状況によって，変化のスピードが多様なのも確かである．端的にいえば，産業革命以降の人類社会と，それ以前の人類社会を比較すれば，前者がより急速に変化してきたのは間違いないだろう．産業革命以降の社会で育った文化生態学者たちは，産業革命の影響が本格化する前の「未開社会」を目にしたとき，その社会に内在する「変化」よりも「均衡」に実際的な意味を見出した．

　今では，地球上のあらゆる人類社会には産業革命の影響が及び，人びとは都市部へ出稼ぎに出かけ，村では換金作物が栽培されるようになった．文化生態学のモデル，すなわち社会の「均衡」メカニズムを解明する研究が意味をもちうる人類社会は，もはや地球上には存在しない．当然の帰結として，人間の生態学の研究者は，人間集団の適応システムの「変化」を研究の対象とすることになった．

　人間集団の適応システムの「変化」に焦点をあてた研究としては，日本学術振興会の未来開拓学術推進事業による「地域社会に対する開発の影響とその緩和方策に関する研究」プロジェクト（代表者：大塚柳太郎）があげられる．このプロジェクトでは，約30人の研究者が共同して，ソロモン諸島，沖縄，中国・海南島における人間集団の生態史を再構築した．どの社会にも開発など，外部からの介入の影響が強くみられ，それに対するさまざまな人間集団の対応が明らかになった（大塚，2004；篠原，2004；松井，2004；大塚・篠原・松井，2004）．最

近の例では，環境省の地球環境総合推進費による「アジア地域における経済発展による環境負荷評価およびその提言を実現する政策研究」において，インドネシア，中国・海南省，ネパール，バングラデシュ，パプアニューギニア，ベトナムを対象に，およそ30村落の過去50年間の変化が調査されている（17章参照）．

適応システムの変化のありさま，要因，影響は，それぞれの人間集団がおかれたコンテクストによって多様である．それでも，これまでの調査によって，アジア・太平洋地域における最近の「変化」には，いくつかの共有される側面があることが明らかになった．

1つは，インドネシアの「緑の革命」，中国の「ハイブリッド品種の導入」，バングラデシュの「ボロ」とよばれる米品種の導入に象徴されるように，集団の生存基盤となる作物の生産性が劇的に向上したことである（図14.1）．この背景には，食料問題への懸念を背景に進められた農学分野における基礎研究が予想以上の成果をあげたという事情がある．アジア・太平洋地域では全体としての食料生産が安定し，余剰となった土地と労働力が市場経済と連結した活動（換金作物栽培，出稼ぎ労働）へと転用されることとなった．

2つめは，道路，電気，飲料水など，ベーシックヒューマンニーズ（BHN）にかかわるインフラ整備が急速に進んだことである．このことは，Amartya Senなどによって提唱された「下からの」開発論が，1980年以降，国際労働機関（ILO）をはじめとする多くの国連機関における主要な開発戦略となったことと無関係ではないだろう．インフラが整備されたことで，市場経済への参加にかかわる個人

図 14.1　中国で栽培されるハイブリッド品種の種籾

間の公平性が確保されることになり，世帯あるいはコミュニティで余剰となった土地・労働力が市場経済活動へと生かされる基本的な条件が整った．

　もう1つは，市場経済化とインフラの整備が，豊かな食生活を実現し，個人の労働負荷を軽減させた反面，人びとの社会・認識・信仰を裏打ちする存在であった「自然」が減少したことである．ここでいう「自然」とは，バイオマスなど狭義の意味に加えて，「人びとの生活の場」という意味を含むものである．在来農耕が「自然」の中で行われるという性格上，在来農耕に従事する人びとは「自然」のジェネラリストとして深い知識と理解をもっていた．このことは，村の長老にかつての生業について話を聞く際に，とめどなく語られる森や川の生き物，そこに住む霊的な存在，生業にかかわる論理についてのナラティブからうかがい知ることができる．市場経済化とインフラ整備がもたらしたものは，そのような「自然」にかかわる体系の消失である．

　本章で紹介する海南島の五指山地域の人びとは，国家が人びとの生活に強い統制力をもつ中国という社会において，上述したような「変化」をより強調された形で経験してきた地域に住んでいる．五指山地域のある海南島内陸部は，1970年代まで，中国の中で最も開発の遅れた地域の1つであり，逆にいえば，豊かな「自然」が残されていた地域であった．1980年代に，中国政府がそれまでの計画経済・大躍進政策から市場経済化・環境保護政策へと舵をきったことで，五指山地域は環境保全のモデルあるいは観光開発の対象として市場経済化の舞台に躍り出た感がある（篠原，2004）．ここでは，海南島という辺縁地域の村落社会が，激変する中国という政治空間あるいは世界レベルの経済システムの変動の中で，どのように変化してきたかを明らかにすることによって，人間の生態学における生態史研究の意味を議論したい．

14.1 海南島という世界

　海南島は中国大陸の南方に位置し，亜熱帯の気候区に属している（図14.2）．2000年時点の人口はおよそ700万人で，そのうち少数民族である黎族が100万人，苗族が8万人，残りが回族と漢族である．上記のように，海南島は1970年代までは中国の中で最も開発の遅れた地域の1つであった．ところが，1980年代に，中国の国家システムが計画経済から市場経済に移行したことで，海南島において

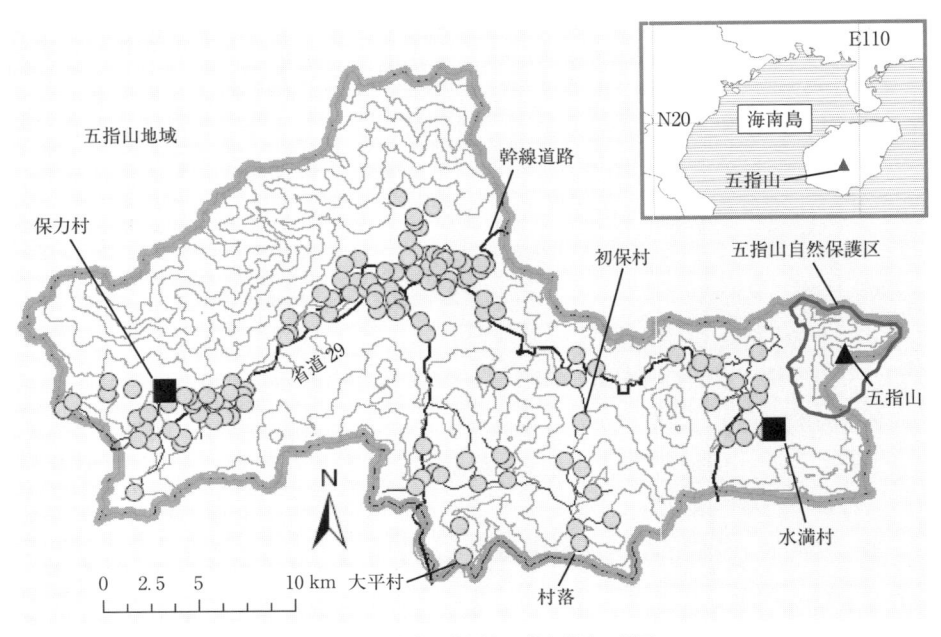

図 14.2 海南島の位置と五指山地域の地図

も，さまざまな開発プロジェクトが始まった（Liang et al., 2003）．1988年には，海南省として広東省から独立し，省全体が経済特区に指定された．その結果，観光，工業，農業セクターに対して，巨額の投資資金が中国大陸部あるいは海外の企業から流れ込み，1990年代には海南島は中国の中でも最も急速に発展する地域となった．

14.2 対象地域

　五指山地域は，海南省の省都海口より南に250 km，観光の中心である三亜より北に90 kmの内陸部にある．五指山地域には五指山市（かつては通什市とよばれていた）およびその周辺地域が含まれ，かつて黎族・苗族の自治政府がおかれていた冲山鎮が経済の中心である．五指山地域は黎族の中でも，チー方言を話す人びとの中心地である．地域の名前にも使われている「五指山」は，標高1867 mの独立峰である（図14.3）．現在でも豊かな極相林が残っており，1986年には自然保護区が設定された．その自然保護区は，1990年代からの観光開発

図 14.3 五指山遠景

の対象資源となっている．一方，五指山地域の中でも標高が低く，幹線道路に近いところでは，バナナ，パラゴム，ライチ，ロンガンなど換金作物の導入が進められた．

調査は，五指山地域の4つの村落を対象に行われた．水満村は五指山の麓（標高600 m）にあり，五指山の自然保護政策と観光開発に大きく影響されてきた村落である．保力村は州道29号線から1 kmほど北側に位置し，1980年代から換金作物の導入による経済発展を目指してきた．大平村は，冲山鎮の市街地のすぐ近くにあり，町の市場で販売するための野菜栽培が盛んである．初保村は，五指山地域の中でも最後まで焼畑が行われ，ほかの調査村に比較すると開発の影響が小さい．本章では，この中から水満村と保力村の事例を紹介したい．なお，海南島におけるプロジェクトは，多数のメンバーとの共同研究の成果である．詳細は，篠原徹（2004）および本章の引用文献を参照されたい．

14.3 水満村の事例

14.3.1 1970年代までの変化

歴史資料によると，かつて五指山地域に居住していた黎族の人びとは，焼畑農耕，狩猟・採集を主たる生業としていたようである（西谷，2004）．水田における稲作が始まったのは20世紀の初めのことであるとされる．1930年代に海南島の全域を踏査したドイツ人の民族学者であるHans Stübelの記録からは，そのこ

ろ五指山の近くの村落（現在の水満村付近）では，水田耕作は行われているものの小規模であり，焼畑農耕がより重要な生業であったことが窺われる．焼畑には，陸稲，トウモロコシ，アワ，シコクビエ，サツマイモ，豆類，カボチャ，タバコなどが栽培されていた．焼畑は村落から離れた場所に作られることが多く，村落周囲の山は定期的な野焼きにより草原となっていた．焼畑の作物を荒らす害獣であるサルや鳥，シカを対象とした狩猟が行われていた．

そのころ，現在の水満村から5kmほど上流に，竹満村と什永村という2つの村落があった．1950年代の終わりに人民公社による農業経営が始まると，これら2つの村落の住民は水満村へと移住させられ，それまでの水満村の人びととともに水満生産小組の組員となった．人民公社による食料生産は1980年ごろまで続いた．その時代，水田耕作，焼畑耕作は共同で行われ，耕起に使う役畜である水牛は，村落から離れた山の上でやはり集団的に飼養されていたといわれる．

14.3.2 1980年代からの変化

1980年代に入ると，中国全体のシステムが計画経済から市場経済へと移行した．それに伴い，人民公社は実質的に解体され，いわゆる「世帯請負制」が導入された．それぞれの世帯に対して水田や山地の請負権（耕作権）が分配され，人びとは自分が耕作権をもつ水田を耕し，山地には自ら選択した作物を栽培するようになった．

五指山自然保護区が設定されたのは1986年のことである（Li *et al.*, 2001）．保護区には，水満村の人びとが焼畑をつくり狩猟を行っていた場所も含まれていた．竹満村と什永村の周辺も保護区の中に入った．保護区の設定に伴い，その区域内での家屋建設，森林伐採，放牧，農耕，土砂・鉱物の採取が禁止された．また同じころ施行された環境保護政策によって，焼畑および火入れが禁止された．狩猟は，リスやネズミなどの小動物や小鳥を対象にしたものに限られるようになった．

生業の変容によって，水満村の人びとの土地利用パターンも大きく変化した．かつて焼畑として使われていた場所，そして火入れにより草原となっていた場所には二次林が回復した．人びとの説明によると，現在，フー（*Haname lidacea*）の優占する二次林はかつて草原だった場所であり，アミガサギリ（*Alchornea liukiuensis hayata*）あるいはアカメガシワ（*Mallotus japonicus*）などのパイオ

ニア種がみられる二次林は焼畑の跡地である（図14.4）．後述するように，このような民俗植物学的知識は，かつての焼畑あるいは草原の分布を推定する際に有用である．

焼畑が禁止されるとともに，いくつかの換金作物が政府によって導入された．現在，水田後背部の斜面では，換金作物としてのバナナ，茶，コウヨウザン（*Cunninghamia lanceolata*，建材），ブタの餌にするためのサツマイモなどが栽培されている．また，村から少し離れた森では益智（*Alpinia oxyphylla*，実を漢方薬として用いる）が栽培されている．ただし，2001年の調査によれば，世帯あたりの換金作物畑の面積は，バナナ 0.18 ha，茶 0.01 ha，益智 0.13 ha，コウヨウザン 0.03 ha とわずかなものである．ブタ，アヒルが飼養され，魚の養殖も行われている．海南島の中でも標高の低い場所で盛んに栽培されているパラゴム，ロンガン，ライチなどの換金作物は，水満村ではほとんど栽培されていない．

水田耕作の集約化は，水満村におけるもう1つの顕著な変化である．人民公社の時代には，品種改良された稲が導入されたほか，水利システムの改善が進められ，ほとんどの水田での二期作が可能となった．1980年代になると中国で開発されたハイブリッド品種の種籾と，それに適合した肥料・農薬が導入された．面積あたりの収量は，1952年には1haあたり1130kgだったものが，1980年には2040kg，2000年代の初頭には3000〜4500kgにまで増加した（Liang *et al.*, 2003）．かつて一期作が行われていた水田の全てで二期作が可能になったことを踏まえれば，2000年代の年間収穫量は1950年代に比べて6〜9倍に増加したと

図 14.4　かつて草原だった村落周辺の斜面

図 14.5 水満村の水田

推定される（図14.5）．

　今日，村落における米の生産量は人びとの消費量を大きく上回っている．余剰米は，政府によって一定額で買い取られるほか，村を1日に何度も訪れる行商人がもってくる肉や魚，野菜と交換されている．

　2001年の調査時点で，水満村の生業は全面的に水田耕作に依存していた．1人あたりの平均水田面積が770 m^2，そこから年間450～690 kgの米が生産された（梅﨑，2004）．調査によれば，1日の1人あたり米の消費量は約500 gであり，1人あたりの年間余剰米は250～500 kgと推定された．1 kgの米の公定価格は1.6元であり，2001年度の1人あたり年間余剰米は，金額にすると400～800元に相当した．余剰米のうちおよそ半分は，肥料，農薬，種籾，農具などを購入するための必要経費に充てられ，残りは行商人がもってくる豚肉や魚，野菜などと交換された．余剰米の全てを豚肉と交換したと仮定した場合，1年に摂取される豚肉の総量は17～33 kgとなる．これは1日あたり50～100 gに相当する．実際，バイクに乗った行商人が村を訪れるたびに，多くの世帯が米を肉や魚と交換する様子が観察された．これは，1980年代とはまったく異なる状況である．当時の村長は，1980年ごろには，米の作柄によっては食べるための米さえ不足する世帯がいくつもあったと説明した．

　水満村では，米，肉，魚に加えて，バナナ畑に混植されるサツマイモ，キャッサバ，トウモロコシ，12月からの農閑期に栽培されるハクサイ，ダイコンなどの冬野菜，水田周辺で採集される可食植物が重要な副食となっていた．森の中に

ヒルが少なくなる期間（12～1月）には，リスやクマネズミなどの野生小動物が狩猟の対象となった．

興味深いのは，水田周辺で採集される可食植物の利用である．著者の調査によると，水路には38種類の草本が確認され，そのうち25種類が可食植物であった．水田の畦畔に生育する29種類のうち5種類，水田内に生育していた19種類のうち8種類が可食植物であった．また水田周辺に生育する植物のうち13種類は薬用植物であった（表14.1）．水満村の人びとは，水田周辺の可食植物あるいは薬用植物を利用するために，畦畔あるいは水路への農薬散布を控える傾向にある．宮崎が実施した植生調査によると，水満村の水田には5つの植物群落が確認されたのに対して，比較対象とした保力村で確認された植物群落は1つだけであった（宮崎，2002）（図14.6）．

このような水田周辺の可食植物の利用について，村の人びとは，焼畑が禁止されたことで，そこで生産されていた副食（栽培植物だけでなく，焼畑の跡地に生育する可食の野草）が不足するようになり，それを補うために，水田周辺の植物をより頻繁に利用するようになったと説明した．焼畑の跡地に生育する可食の野草の代表的なものは，中国語で革命菜（ベニバナボロギク属），白花菜（ソラナム属）という名前がつけられ，五指山市の市場でも売られていることからもわかるように，割に味のよい野草である．観光客向けのレストランでも，野草料理としてメニューに加えられている．それに対して，水田周辺の野草は相対的に食味に劣り，中華鍋に油を熱して炒め味の素を加えるという調理法が水満村に導入されるまでは，副食としての価値が低かったと考えられる．

14.3.3 観光開発の影響

1990年代に入ると，さまざまな企業が観光開発を試みた．最初に本格的な観光開発に成功したのは，五指山観光会社である（Liang *et al.*, 2003）．この会社は，水満村の入り口に入場ゲートをつくり，黎族の「伝統的な」生活文化と五指山周辺の「原始の」自然を売りにしたテーマパークを2002年5月に開いた．観光客は，村の中を歩き回り，「伝統的な」家屋や倉庫，陸稲の干しだなのレプリカをみて，展望台から五指山を望む．2004年には，水満村周辺の森林と河川を巡る全長5kmの遊歩道が整備された（図14.7）．水満村に隣接する場所には，別の観光会社の運営する「蝶の公園」も営業を開始した．

表 14.1 水田周辺で採集される可食の植物

	リー語	和名	食用	薬用		リー語	和名	食用	薬用
畔に生育していた植物	イカンザーイ	ナチシケシダ			水田内に生育していた植物	カンモンリアン	コブナグサ	○	
	イジャナムカーウ	ウリクサ				カンラティーン	ケミズキンバイ		
	イジャヌンターン	?				カンラブシェーイ	キカシグサ		
	イフウアッ	?				カンレ	ナンゴクデンジソウ	○	
	ウザティア	チョウジタデ?			水路に生育していた植物	アーイア	?	○	
	ウジャトウッ	?				イカーン	クワレシダ	○	
	ウジャトントィッツ	ヘビイチゴ属の植物				ウジャージット	イネ科の植物		○
	ウトターン	コミカンソウ				ウジャータット	オギノツメ		○
	ウフーン	タケダソウ	○			ウジャヌーン	?	○	
	ウホンター	?				ウップレイサップサイ	?	○	
	ウモンゴゥォ	?	○			ウップレイファップ	アズキ属ノアズキの仲間		○
	ウモンビヤン	イボクサ	○	○		ウノーン	カンナ科の植物	○	
	カムシュリジョイ	オオアレチノギク				ウホーン	ベニバナボロギク	○	
	カンクオンチー	カッコウアザミ				オアヌオーン	カンナ科の植物	○	
	カンザッターン	?				カナイカーン	キク科の植物	○	
	カンザッハーウ	?				カナイフーン	チドメグサ	○	
	カンシュハーイ	?		○		カヌファン	キンマ	○	
	カンジョムザウー	キハギ属の植物				カムジャー	ツボクサ	○	
	カンティヤーン	スズメガヤ属の植物				カラップティエム	ケミズキンバイ		
	カナイフーン	チドメグサ	○			ガンカイロウ	オオバコ	○	○
	カンペーン	テンツキ				カンクオンチー	カッコウアザミ		
	カンペーン	ヒデリコ				カンザムビアンボ	チヂミザサ		
	カンベッキー	キクイモ				カンジヤー	?		
	カンペラカーン	?		○		カンジャードンビウ	?		
	カンホンジャン	イタチガヤ		○		カンダオカンファオ	カタバミ	○	
	カンレ	ナンゴクデンジソウ	○	○		カンテンテイ	セリ	○	
	シューハイライ	?				カンナムフーン	タケダグサ	○	
	ターリャムサウ	?				カンパーン	キンマ	○	
	ティリャムサーウ	?				カンハウラーイ	オモダカ	○	
水田内に生育していた植物	ウザナムムカーウ	スズメノトウガラシ				カンフービアオ	ツボスミレ		
	カナイフーン	チドメグサ	○			カンプラカーン	?		○
	カンアムティアン	ツルノゲイトウ属の植物				カンホベット	コナギ	○	
	カングアッフーン	チドメグサ	○			カンモンナン	ツユクサ科ヤブミョウガ属の植物		
	カングーンゴーン	ヤナギブタ				サイラウェア	?		
	カンコウホッ	ヤナギブタ				サウユーセムチュー	?	○	
	カンサーイ	ミズワラビ				サップラン	?	○	
	カンネベッテー	ウキクサ				サンユーシムチュー	?	○	○
	カンハウラーイ	オモダカ	○			ネカンザー	チゴザサ		
	カンパッ	タイヌビエ?				ハギャヨコパウ	ミズイモ	○	
	カンフェツ	ウリカワ	○			ボウボーン	オオバコ	○	
	カンブッラーウ	イボクサ	○			ホン（フン）	キイチゴ属の植物	○	
	カンポターイ	フタバムグラ				ミマーイ	?	○	
	カンポッバーイ	ボタンウキクサ							
	カンホベット	コナギ	○						

図 14.6 採集された水田周辺の可食植物

図 14.7 観光会社がつくった遊歩道

　このような観光開発は，水満村の人びとの生活に大きな影響を与えた．村人の中には，建設工事への参加あるいは観光会社に建材（タケやコウヨウザン）を売ることによって現金収入を得たものもいた．また，水満村の人びとが共同で利用していた山地の使用権を会社に譲渡したことに伴い，補償金が分配された．観光会社が営業を開始して7年目の2009年に調査を行った井上によると，水満村の成人男子の約半分が農業以外の仕事に従事するようになり，彼らの主観的健康観は，農業だけに従事する成人男子よりも有意に高かった．また，肉や魚などの摂取頻度，耐久消費財の所有数なども前者が後者よりも有意に高かった（Inoue, 2010）．

一方，水満村の人びとの資源利用にかかわる規範にも変化がみられた．2000年の調査時点における黎族の資源利用規範は，「植えたもの／育てたもの」は植えた／育てた個人にのみ利用権があるのに対して，「生えたもの／育ったもの」にはいかなる個人にも利用権が存在すると規定するものである．例えば，薬用植物，可食植物，野生動物，蜂蜜，野生の茶葉は，それが自然に生えた／育ったものである限り，水満村の人びとに限らず，他村の黎族，苗族，観光客としてやってきた漢族が採集したとしても，特に問題はない．空間的に規定された集団の資源の共同利用規範は存在していなかった．

このような資源利用規範をもつ水満村の人びとは，その自然についての広範な知識と相まって，外部社会から村の資源を目当てに訪れる人びとには都合のよいガイドとみなされた．観光開発の初期，五指山周辺に生息する蝶，オオクワガタ，蘭，霊芝について訪問者に問われた村の人びとが，それぞれがどこにあるかについてためらいなく教える様子が頻繁に観察された．高く売れる資源の場所をどうしてよその人に教えるのかという，著者の疑問に対しては，「生えたもの／育ったもの」だからという説明がなされた．ところが，そのような事例が集積するにつれて，水満村の中にも自分たちの村の周辺にある資源を収奪して外部の人びとが金儲けをするのはおかしいとする意見が聞かれるようになった．「生えたもの／育ったもの」は実際の人びとの需要よりもはるかに多く供給されるからこそ，その利用権について制約がなかったとすれば，「生えたもの／育ったもの」が観光開発をきっかけとして外部市場とつながり，そこに新しい需要が生まれるとともに，その利用権に何らかの制限が生まれるのは自然なことである．具体的には，個人が耕作権をもつ空間に「生えたもの／育ったもの」は，その個人に優先的な利用権があるのではないかとする意見が聞かれるようになった．

14.3.4　自然環境への負荷

2001年3月24日に撮影されたIKONOS衛星の分析により（方法の詳細はUmezaki and Jiang, 2009を参照），かつての草地は，水満村の東側の広い範囲に広がっていたことが明らかになった．この草地は，水牛の放牧および屋根材の採集のために維持されていたものであり，焼畑は草地のさらに外側の山中につくられていたといわれる．現在の生業が，村落に隣接した水田およびその後背地だけで完結していることと比較すれば，過去20年間における生業変化によって村

落周辺の自然環境への負荷が劇的に減少したことがわかる．

14.4 保力村の事例

14.4.1 換金作物の導入

保力村は五指山市の番陽鎮に位置する村落である．海南島の中央部を東から西へ流れる昌河川から北に1kmほどのところにある．標高はおよそ200mである．村落と昌河川の間の沖積平野には水田が広がり，村落の後背部は山地となっている．この村落には，黎語のハー方言を話す人びとが居住している（図14.8）．

1930年代の保力村では，水田での稲作，焼畑農耕，狩猟採集農耕が行われていた．稲作は二期作で行われ，生業に占める焼畑農耕の重要性は水満村よりも相対的に小さかったと考えられる（尾高，1944；Stübel，1937）．1952年には130kgであった1人あたり米の生産量は，1970年代には240kg，2000年には480kgへと増加した（South-Central College for Nationalities，1992；Jiang，2006）．水満村の場合と同様に，これも，ハイブリッド品種の稲が導入されたこと，効果的な農薬と肥料が使用されるようになったこと，水利施設が改善されたことによるものである．2000年ごろは，村落では大量の余剰米が生産されていた．

図14.8 保力村：ロンガンの出荷風景（撮影：井上陽介）

保力村では，地方政府の指導のもと，1980年代より換金作物の導入による農業経営の改善が試みられてきた．最初に導入された換金作物はバナナである．バナナの苗は村落内での生産が可能なので，保力村のほとんどの世帯がバナナの栽培を試みた．1985年になると，換金作物としてパラゴムの栽培を試みる個人が現れた．A氏は，4000 kgの米の価格に相当する投資をして600本のパラゴムの苗を購入し，それを前年に陸稲とキャッサバを栽培した焼畑に植えつけた．1987年には地方政府から無償でパラゴムの苗が配布されたこともあり，保力村の24世帯のうち12世帯がパラゴムの栽培を始めた．しかしながら，ほとんどの世帯は，水はけをよくするための溝堀りや水牛の食害を避けるための柵づくりを怠ったため，保力村のほとんどのパラゴム畑はまもなく放棄されてしまった（図14.9）．

人びとの換金作物に対する見方を根本的に変えるできごとが起こったのは1995年である．村で最初にパラゴムを植えつけたA氏は，ほかの世帯が次々とパラゴム畑を放棄する中，畑の手入れを続け，1995年に初めての樹液の採取（タッピング）に成功した．A氏はパラゴムを売ったお金で，毎日のように肉や魚を購入し，さらには息子を都市部の農業専門学校に通わせた．このできごとによって，保力村の人びとは換金作物で成功することについての明確なイメージをもつことになり，その後，パラゴムをはじめとする換金作物の面積は急速に増加していった．

1998年になると換金作物を巡る状況がさらに転換した．近隣の村落に居住するB氏が熱帯果樹であるロンガンとライチの栽培に成功し，樹木1本あたり400

図14.9 パラゴム林（撮影：井上陽介）

～600元という途方もない現金を手にしたのである．B氏は中央政府から「労働模範」に選ばれ，北京での表彰式に参加した．B氏の成功は，近隣の村落に居住する人びとに衝撃を与え，それ以来，村落のほぼ全ての二次林がライチあるいはロンガンの畑となった．人びとは換金作物の栽培に，より長い時間を費やすようになり，水田耕作の余剰米は肉や魚などを購入するためでなく，換金作物栽培の新たな投資資金として使われた．

14.4.2　土地利用の変化

図14.10は，換金作物栽培が始まった1980年代から2004年にかけての，保力村の土地利用変化を示している（蒋・梅﨑，2009）．1980年代には，保力村の人びとは水田における稲作と焼畑農耕を行っていた．村の後背地には二次林の中に焼畑がパッチ状に点在していた．村落のすぐ裏側には，水牛を飼養するための草地が維持されていた．その後，ほぼ全ての焼畑，二次林，草地は換金作物畑へと変わった．2004年に耕作されていた換金作物畑の総面積は55.6 haであり，それらは1985年ごろ焼畑（46%），二次林（33%），草地（9.6%），水田（2.9%）から転用されたものである（Jiang, 2006）．2004年以降も換金作物畑は拡大を続け，2008年の調査時点で，その面積は71 haに達した（Jiang et al., unpublished data）．

換金作物栽培に，より大きな土地資源あるいは労働資源を費やすようになったことで，保力村ではいくつかの変化がみられた．1つには，水田を耕起する際の

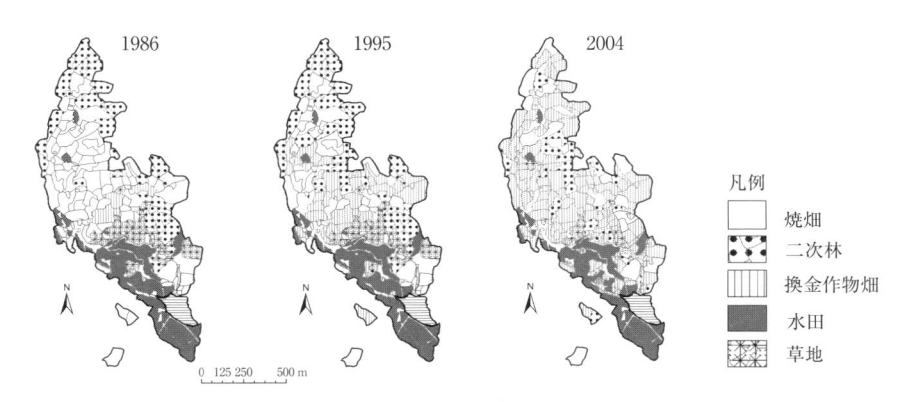

図14.10　保力村における1986～2004年にかけての土地利用変化

重要な役畜であった水牛の飼養が行われなくなった．かつて，水牛は草地あるいは二次林で放牧されていた．その食害を避けるために，水田と焼畑は柵で囲まれていた．ところが，政府の条例によって草地を維持するための火入れが禁止され，村落の後背地の全体が換金作物畑になったことで，水牛を放牧する場所がなくなった．自分の飼養する水牛がほかの世帯の換金作物畑を荒らすことを人びとがおそれたこともあり，水牛は村落内につながれ，水田の畦畔に生える草本を餌として与えられるようになった．結果的に，水牛の飼養には多大な労働力が必要とされるようになり，折しも，2001年に大陸からきた水牛の売人が，小型のトラクターの価格で水牛を買い取ることをもちかけたため，ほとんどの村人が水牛を手放し，小型のトラクターを購入した．その結果，人びとは水牛を飼養する労働負荷から解放され，さらには少ない労働投入で水田を耕起できるようになった．ただし，水牛が自ら再生産し，自然に生える草を餌として生きることができるのに対して，小型トラクターを使うためには燃料を購入しなければならないし，定期的な修理と買い替えも必要である．労働負荷が軽減されたことのトレードオフとして人びとの経済負担は増加することとなった（図14.11）．

そのほか，村落に戸籍のある全ての未婚女性が都市部へ出稼ぎにでていることも，村落の社会機能に大きな影響を及ぼしている．彼女たちは中学校の卒業と同時に都市部へ出稼ぎに行き，サービス業に従事する．村落の両親に仕送りをするほか，正月などの里帰りでは，テレビなど大型の電化製品をおみやげとしてもち帰ることも多い．その反面，村落の男性は結婚相手をみつけることができず，世

図 14.11 かつては水牛が耕起に使われていた

帯あるいは村落の人口再生産は大きく阻害されている．

14.5 五指山地域全体の土地利用変化

　ここまで，五指山地域における市場経済化とそれに伴う人びとの生活変化について，水満村と保力村における具体例を説明した．ここでは，そのような変化によって，五指山地域全体の土地利用がどのように変化したかを明らかにするために，LANDSAT衛星データの分析結果を紹介する．分析に用いたのは，LANDSAT ETM＋衛星データ（1999年12月31日に撮影されたもの）とLANDSAT MSS衛星データ（1980年1月1日に撮影されたもの）である．それぞれの衛星画像から土地利用図を作成することにより，1980年から1999年にかけての土地利用変化を明らかにできると考えた（分析の詳細は，Umezaki and Jiang, 2009を参照）．

　1980年から1999年にかけての最も顕著な土地利用の変化は，灌木林／草地が減少し，極相林の面積が増加したことである．この観察は，人びとの説明とも合致している．1960年代から70年代にかけての人民公社の時代は，広い範囲の二次林が伐採され水田や焼畑がつくられた．村落の周辺では，定期的な火入れにより草地が維持された．さらに，極相林からは有用樹種が盛んに切り出されたという．ところが1980年代になると，自然保護を優先する方針に転じた政府は，草地の維持あるいは焼畑耕作のための火入れを厳禁した．高い山の頂上から，立ち上がる煙が監視されたという．その結果，草地はフー（*Haname lidacea*）の優占する二次林へ，二次林は極相林へと遷移した．二次林に優占するフーは，その葉の形が五指山自然保護区のシンボルマークとして使われている．保力村のように標高の低い地域では，灌木林／草地，二次林，焼畑が換金作物畑へと変わった．五指山地域では，全域で二次林および極相林の面積が増え，バイオマスが増加したが，その原因は標高の高い場所と低い場所，いいかえれば1980年代以降の市場経済化のパターンの違いによって異なっていた．標高の高い場所では環境保全政策による火入れの禁止，自然保護が，標高の低い地域では換金作物の導入が植生の回復の原因となっていた．

14.6 事例の分析

これまで説明してきた村落レベルの詳細な生態史について，最後に分析の試みを紹介したい．生態史の変化の中から，変化をドライブする変数（政策，市場経済の影響，インフラ整備）と，変化そのものを記述する変数（在来農耕のタイプ，換金作物の導入程度，新技術の導入程度など），そして変化の影響を記述する変数（環境ならびに健康への影響；化学物質の蓄積と将来的リスクなど）を抽出し，それぞれの変数間の関連を整理した．

水満村を事例に，この分析を行った結果が図14.12である．水満村における変化をドライブした変数を，政府による経済・環境・農業政策とインフラ整備に分けて整理した．このうち，例えば市場経済化政策は，換金作物の栽培・家畜の飼養と換金作物の出荷を経由して，化学物質への曝露量の変化と健康影響，そして肉食・タンパク質摂取量の増加につながっていた．肉食・タンパク質摂取量の増加が望ましい結果であるのに対して，化学物質への曝露量の変化と健康影響は望ましくない結末であり，水満村における市場経済化政策の評価は，肉食・タンパク質摂取量の増加と化学物質への曝露量の変化と健康影響を比較検討することによりなされるべきであることがわかる．

一方，化学物質への曝露量変化・健康影響につながるパスウェイを逆に辿って

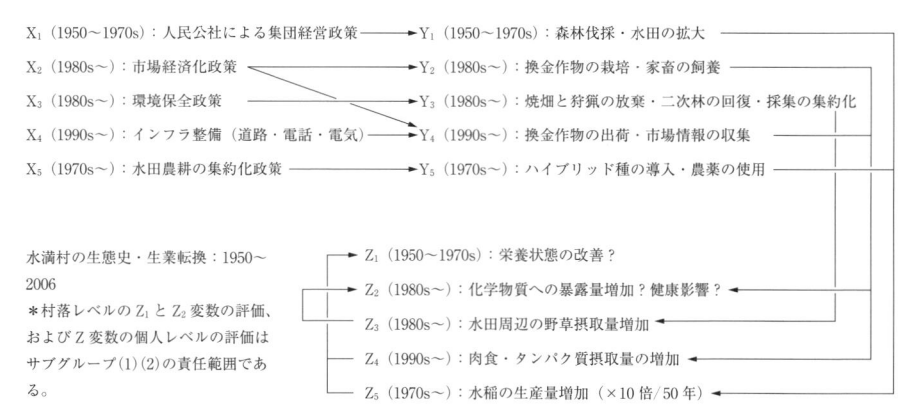

X_1（1950～1970s）：人民公社による集団経営政策 ──→ Y_1（1950～1970s）：森林伐採・水田の拡大
X_2（1980s～）：市場経済化政策 ──→ Y_2（1980s～）：換金作物の栽培・家畜の飼養
X_3（1980s～）：環境保全政策 ──→ Y_3（1980s～）：焼畑と狩猟の放棄・二次林の回復・採集の集約化
X_4（1990s～）：インフラ整備（道路・電話・電気）──→ Y_4（1990s～）：換金作物の出荷・市場情報の収集
X_5（1970s～）：水田農耕の集約化政策 ──→ Y_5（1970s～）：ハイブリッド種の導入・農薬の使用

水満村の生態史・生業転換：1950～2006
＊村落レベルの Z_1 と Z_2 変数の評価、および Z 変数の個人レベルの評価はサブグループ(1)(2)の責任範囲である。

Z_1（1950～1970s）：栄養状態の改善？
Z_2（1980s～）：化学物質への暴露量増加？健康影響？
Z_3（1980s～）：水田周辺の野草摂取量増加
Z_4（1990s～）：肉食・タンパク質摂取量の増加
Z_5（1970s～）：水稲の生産量増加（×10倍/50年）

図14.12 水満村における生態史の分析
政策など外部からの働きかけ（X変数）が，想定外の変容（Y変数）と環境・健康影響（Z変数）を引き起こす事例

みると，換金作物の栽培・家畜の飼養・換金作物の出荷・市場情報の収集，そしてそれをドライブした市場経済化政策とインフラ整備だけでなく，水田周辺の野草摂取増加につながった焼畑と狩猟の放棄，そしてそれをドライブした環境保全政策が化学物質の曝露量変化にもつながることがわかる．すなわち，環境保全政策は二次林の回復をドライブした政策であると同時に，化学物質への曝露量変化をドライブした要因でもあり，水満村における環境保全政策は，環境保全の効果と化学物質曝露を通した人びとの健康影響を比較検討しながら評価しなければならないことになる．

　この発見は，生態史の変化に伴う環境・健康影響という農村地域が直面する問題に対処するための方策として，外部からの単純な政策的アプローチは不十分であるということを意味している．例えば，海南島の水満村で適用された環境保全政策は，村落周辺のバイオマス回復に寄与した一方で，水田周辺の野草摂取を介して人びとの化学物質への曝露量を増加させるという想定外の影響を産んだ．

　生業の変容，環境影響，健康影響のそれぞれを構成する要因は一般化するにはあまりに多様で，しかも要因間の関係性はあまりに複雑である．いいかえれば，政策など「管理」による影響のコントロールが本源的に難しいことを認識することが重要である．世界保健機関（WHO）の提唱する健康影響評価（health impact assessment）の枠組みでは，変化をドライブする変数と変化の影響を記述する変数との関係を解明することが重視されているが，ここまで紹介してきた海南島の分析は，変化そのものを記述する変数を取り込んだ，より現実に即した評価モデルが必要であることを示唆している．

14.7　近代化がもたらしたもの

　我々が調査を始めた2000年より今日までの海南島，あるいは五指山地域の変化は劇的である．沿岸部から五指山地域など内陸部への道はどれも立派な舗装道路になり，三亜や海口などの海南島の主要都市の旧市街は近代的な商業地区あるいは居住地区として再開発された．2000年ごろ，水満村では，夜になると村人が村長の家に集まり村に1つのテレビでドラマをみるのが常であった．それが2010年には，皆が自分のテレビをもち，家族だけでドラマをみるようになった．村から水牛の姿は消え，焼畑で栽培した陸稲で醸造した酒（サンラン米酒）が飲

まれることもなくなった．若者は夜になるとカラオケのおいてある飲み屋に出かけ，ほとんどの人が携帯電話をもち，遠くの村の情報がすぐに共有されるようになった．このような変化の中で，外部からの観察者にとって興味深かったことは，人びとの自分の生活に対する評価がしだいに否定的なものになっていったことである．2000年ごろの村人の生活はある意味で完結的であり，昔に比べて農作業が楽になったこと，米がたくさんとれるようになったこと，肉や魚を食べられるようになったことなど，その時の生活についての肯定的な意見をよく耳にした．それに対して，観光開発が成功したことで，人びとはテレビなどの耐久消費財を購入し，より「近代化」された生活を実現した一方で，ほかの地域との比較による自分たちの生活への否定的な意見が目立つようになった．村の中にコンクリート造りの家ができると，ほかの世帯も競ってそのような家を建て，DVDを購入した世帯があれば，ほかの世帯もそれを購入する．出稼ぎが増え，村落の中でのコミュニケーションは次第に希薄になっていった．

　五指山地域の生態史が示唆することは，「変化」にはさまざまな側面があり，それぞれが相互に影響しながら，さまざまな方向をむいているということである．開発あるいは近代化によって，人びとの健康，幸福感，人と人とのつながり，コミュニティとしての機能などがどのように変化するのかという問題は，人間の生態学においては，適応システムの「変化」としてとらえることができる．この「変化」の個別性と普遍性の解明は，人間の生態学が今後取り組まれなければならない重要な課題であるといえよう．

14章　引用文献

Inoue, Y. (2010) The emergence of inequality and its correlation with QOL in an ethnic minority community in Hainan Island, people's republic of China. A dissertation for master's degree, University of Tokyo.

Jiang, H. W. (2006) Inter-household variation in adoption of cash cropping and its effects on labor, diet and nutritional status: a study in a Li hamlets in Hainan Island, China. A dissertation for Ph. D, University of Tokyo.

蒋　宏偉，梅﨑昌裕 (2009) 市場経済化する中国農村の土地利用変化．『地域研究のためのGIS入門』（水嶋　司，柴山　守編），pp. 51-65．古今書院．

Li, Y., Hu, G., Kai, Q. and Huang J. (2001) *Hainan Yearbook 2001*. Hainan Year Book Press.

Liang, J. Y., Umezaki, M. and Ohtsuka, R. (2003) Advantageous and disadvantageous impacts of tourism development on the living of Li ethnic minority villagers in Hainan Island, China. *Journal of Human Ergology* **32**: 1-7.

松井　健編（2004）『沖縄列島：シマと自然と伝統のゆくえ』東京大学出版会.
宮崎　卓（2002）海南島の水田植生における植物社会学的研究．アジア・太平洋の環境・開発・文化 **4**：149-190.
西谷　大（2004）史書にみるリー族の生活世界．『中国・海南島：焼畑農耕の終焉』（篠原　徹編），pp. 21-35．東京大学出版会.
大塚柳太郎編（2004）『ソロモン諸島：最後の熱帯林』東京大学出版会.
大塚柳太郎，篠原　徹，松井　健編（2004）『生活世界からみる新たな人間-環境系』東京大学出版会.
尾高邦雄（2001）『海南島黎族の経済組織（復刻版）』クレス出版．（初版，1944）
篠原　徹編（2004）『中国・海南島：焼畑農耕の終焉』東京大学出版会.
South-Central Institute for Nationalities. (1992) *Social Investigation of Li Ethnic Minority in Hainan Island*. Guangxi Ethnicity Study Press.
Stübel, H. (1937) Die Li-stämme der Insel Hainan: ein Beitrag zur Volkskunde Südchinas. Klinkhardt and Biermann, Verlag. [in Germany; Japanese/English/Chinese translation available].
梅﨑昌裕（2004）環境保全と両立する生業．『中国・海南島：焼畑農耕の終焉』（篠原　徹編），pp. 97-135．東京大学出版会.
Umezaki, M. and Jiang, H. W. (2009) Changing adaptive strategies of two Li ethnic minority villages in a mountainous region of Hainan Island, China. *Southeast Asian Studies* **47**：348-362.

15 章
環境要因の生体影響におけるバリエーション

　人間の集団と環境との双方向の作用が本書を貫くテーマであるが，この章では，環境から人間集団への影響という方向に重点をおいてみたい．こうした領域の研究は特定の環境要因に焦点をあてて行われてきたし，また，現実に，ある集団（世帯レベルから超国家的な集団まで含めて）が行う環境に関する何らかの働きかけにおいても，特定の環境要因を想定する（例えば，部屋の温度を変えるなど）のがふつうであろう．多くの教科書においても，この問題を扱う場合に，環境を生物学的・社会的に分類し，前者を物理的，化学的，生物学的環境と細分類する，というところから始まるものが多い．しかし，環境は，その総体として，そこに生きる人びととの生存の仕方や健康像に影響を与えており，生物（人びと）の側からいうと，環境の中の特定の要素だけに反応しているわけではない．生物（人びと）は着目していない環境要因とも不断の相互作用を行っており，その相互作用が，焦点をあてている事象にも影響を与えることは多々ある（というよりも，その相互作用の上に，解析しようとする事象は乗っかっていると考えた方がいいかもしれない）．したがって，特定の環境要因にのみ着目する研究であっても，必然的に対象集団の環境の総体に気を配る必要がある．つまり，特定の環境要因の生体影響を調べていても，異なる環境に生きる異なる集団では影響も異なることが当然期待される．

　もう1つのバリエーションは，同一集団の中で特定の環境要因の影響に対して個々人が示す反応における差である．人間の集団は，どんな集団をとっても個人間のバリエーションが大きいのが特徴である．環境要因の影響も，生物学的あるいは社会的な相違と対応して，その程度や性質が変わると考えてよい．本章では，そうした差異の実態と原因を明らかにすることが，学問的にも実践的にも重要で

あることにもふれる．

　人間に影響を及ぼさない環境要因は存在しないという方が真実には近いであろうが，本章では生存・健康と密接な関連をもつ環境要因として水の問題を取りあげる．

15.1 水と人間の生活

　水の量の不足や質の低下は世界のさまざまな地域において問題になってきた．水の浄化が，特に乳幼児死亡率を低下させ，結果として著しい寿命の伸びにつながったことは歴史が示している．先進国のほぼ全ての大都市については，1920年ごろには水の浄化が実施されていた（UNDP, 2006）が，今日でも，衛生的な水にアクセスできない人の数は10億人以上，アジアでは2億人を上回るとされ，衛生施設の不足や不衛生な水に起因する疾病は，世界の総疾病負荷（DALYで表した場合）の4％にものぼり（Young, 2005），国際紛争の火種にもなっている．水にかかわる問題の多くは，開発途上国において特に深刻であるが，水道の普及率が95％を超える日本でも，家庭排水や肥料に起因する富栄養化が湖沼や湾などの閉鎖水系の水質を劣化させて，飲料水がかび臭くなったり，内水面の漁業に被害を与えたりするほか，上水に用いられる塩素殺菌の副生成物（トリハロメタン）の有害性が問題になるなど，水の問題は決してなくなることがないと考えたほうがよさそうである．表層水では微生物学的な汚染が問題となるため，微生物学的汚染のリスクがはるかに小さい地下水を水源として使用している地域も多い．一方で，地下水においては，土壌から溶出する，あるいは表層から浸透してくるさまざまな化学成分が人びとの健康・生活に大きな影響を与えることがある．

　本章では地下水のヒ素汚染の問題を取りあげる．水不足あるいは水の微生物学的汚染の問題に及ばないとはいえ，影響を受ける範囲と人口の多さという点で，地下水のヒ素汚染は化学汚染の中では際立っており，比較的新しい問題であると同時に，生態学的な観点から考察すべきいくつかの点を含んでいるからである．

15.2 水の化学的汚染

15.2.1 地下水のヒ素汚染

　ヒ素は比較的「ありふれた」元素である．地殻での元素の存在比を表すクラーク数が 5×10^{-4}% で，汚染元素でいうと Pb（1.5×10^{-3}%）には及ばないが，Cd や Hg の10倍以上存在している．土壌に含まれるヒ素は，一定の条件が整うと（後述），地下の帯水層中に溶け出してくるので，地下水がヒ素を含むことは珍しいことではない．ヒ素は昔から毒薬として，犯罪や戦争行為に使用されてきたし，現代でもシロアリ駆除など農薬として用いられているように，ヒトを含む動物に対するきわめて強い毒性を有する．ヒ素の毒性学について詳しく述べる余裕はないが，古くから知られていた毒物であるにもかかわらず，その毒性については不明な点が多く，最近10年ほどの間にヒ素の毒性学は大きく変わってきている（Kumagai and Sumi, 2007）（これは金属の毒性学一般についてあてはまるのだが，ヒ素については特に顕著であったと著者は思う）．戦争兵器として使用されていることでもわかる通り，大量の急性曝露は死を含む重篤な障害をもたらすが，本章で問題となる長期的な比較的少量の曝露では，きわめて多彩な症状が出現する．現時点で報告されている健康影響を表15.1にまとめた．

　地下水のヒ素汚染は世界各地に存在する．アメリカにもいくつかの"hot-spot"があるが，多くはいわゆる開発途上国にみられ，アジアでは中国（内モンゴル），ガンジス川中～下流域，インドシナ半島，台湾，ラテンアメリカではアルゼンチン，チリなどで報告されている．日本も無縁というわけではなく，環境省が実施している全国的な井戸水のモニタリング調査でも，許容される濃度（日本では 10 ppb）を超えてヒ素が検出される割合は2％程度（平成18年）と，対象としている化学物質の中では，（生物学的汚染の指標である）亜硝酸性窒素を除けば最も高い．

表 15.1 報告されているヒ素の健康影響

がん（肺，膀胱，皮膚，内臓）　IARC 分類＝1（ヒトに対する発がん性あり）
皮膚症状（角質化，色素代謝異常）
末しょう循環異常（cf. black-foot disease：フミン質？）
肝障害，糖尿病
高血圧・呼吸器・神経系・発達（強い証拠を欠く）

ヒ素汚染が報告されている国々の中で，リスク人口が最も多いとされるのがバングラデシュであり，多くの推定があるが総人口1億6千万の1/3程度の人が，健康に影響が出るような濃度のヒ素を含む井戸水を利用していると推定されている．地下水以外のヒ素汚染としては，中国貴州省において，ヒ素を含む石炭の燃焼によって大気汚染が起こったという例が著名である．

15.2.2　バングラデシュにおけるヒ素汚染の背景

バングラデシュはガンジス河の河口デルタを国土としており，東部のミャンマー国境地域を除くとほとんどが低地である．元来，表層水の豊かな国であったが，人口の増加，家畜の増加により1970年代から表層水の微生物学的汚染により，コレラ・赤痢などの消化器系感染症が目立つようになった．こうした感染症についての明確な統計はないが，「村がなくなってしまう」ようなことがしばしば起こったと話す現地の住民もいる．この窮状を救うため，1970年代より世界銀行とユニセフの主導のもとに，この地域に豊富で，かつ，表層水に比較して微生物学的汚染が少ない地下水を利用する井戸（いわゆる堀井戸（dug-well）ではなくtubewell—図15.1）の敷設が開始された．井戸の敷設の効果についての統計的データは限られているが，当初は井戸水と表層水を併用する人も多く，高学歴・富裕層を除くと下痢症患者はなかなか減らなかったようである（Levin *et al.*, 1976）．予防効果が明らかになるにつれ，次第に井戸水の使用が広がり，下痢症

図 15.1　Tubewell
すべての生活用水が井戸によってまかなわれる．

の発生は結果として激減したと考えられる.

地下水の利用によって感染症リスクは回避されたが,敷設事業が始まって15年ほど経過したころから,原因不明の健康被害が報告され始めた.1993年になって,この原因が飲料水に含まれるヒ素による中毒であることが判明し,バングラデシュ政府も問題の存在を認識するに至った.英国地理協会などにより全国規模の井戸の調査が行われた結果,敷設されている井戸の3割程度で,ヒ素濃度がバングラデシュの許容基準を上回り,健康に悪影響を及ぼす可能性があることが明らかになった.

90年代にも健康被害の実態に関して学術誌などに報告はあったが,病院・診療所に症状を訴えてやってくる患者を対象とした調査がほとんどであり,汚染地域での実態がわかるような報告はほとんどなかった.以下では,そのような時期に開始された我々の調査での観察を中心に,地下水汚染が人びとの健康に与えた影響について述べよう.

15.3 汚染と影響の実態を調べる

15.3.1 調査の概要

以下に述べる調査は主としてバングラデシュ北西部のナワブガンジ県(図15.2),ならびにネパールの南部低地(テライ地方)のナワルパラシ周辺で1998〜2003年の期間に実施された.いずれもガンジス川の流域であり,ヒ素は地質由来である.いずれの地域も水田に依存しており,住民の大部分は農業を営んでいるが,前者では女が農作業に従事することは珍しいのに対し,後者では女も農作業に関与しているといった文化的な違いがある.主な宗教は前者がイスラム,後者がヒンドゥである.

ナワブガンジ県の中心ナワブガンジ市は首都ダッカから北西約200 kmに位置し,現在は車で5〜6時間の距離であるが,著者が調査地を初めて訪れた10年前は道路事情が悪く10時間以上もかかっていた.調査地はナワブガンジ市から車で40分ほどの距離にあるシブガンジ郡にある2つの集落である.この地域は集落が連続的に存在し,成立当時の境界と行政区画の境界とは必ずしも対応しないものと思われる.住民の1割に満たない役人や小学校の教師を除くと,ほぼ全ての住民が水田主体の農作業に従事している.この地域はバングラデシュの中では

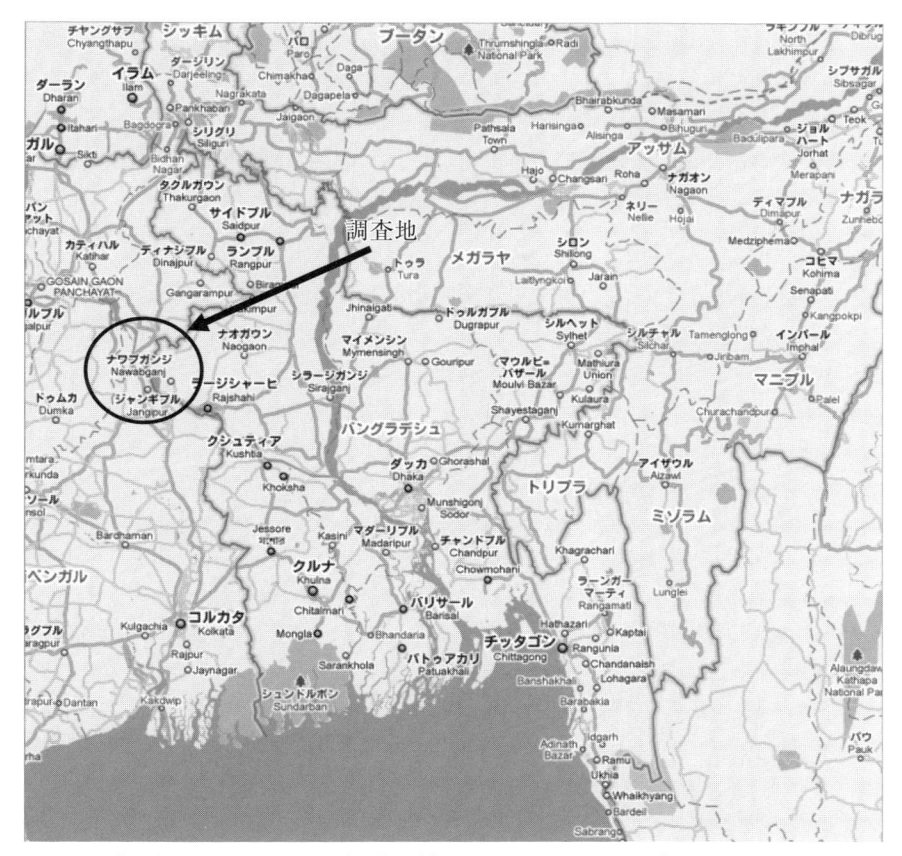

図 15.2 調査地（バングラデシュ北西部）の位置（© 2011 Google−地図データ© 2011 Google, Tele Atlas−）

有名なマンゴの産地であり，調査地に近い車道の両側には横に枝を広げた美しい樹影のマンゴ畑が続く．収穫期ともなると，マンゴを満載した荷車やマンゴ籠を載せた自転車が行きかい，周辺の市場はマンゴだらけになる．いうまでもなく美味であり，多くは国内向けに出荷されている．農業に従事する世帯の間でも，広大なマンゴ畑を所有する世帯と，水田も借りて生活する世帯には大きな貧富の差がある．2つの集落ともに平坦な地形に位置しており，水田・マンゴ畑を除くと，小規模な畑を自宅周辺にもち，トマトなどの野菜を栽培している．これらは主として，自家消費されるか，村や近隣の市場で売られる．家屋の裏に小さな養魚池をもっている世帯も多く，小エビを獲って売っている光景もみかける．上述したように農作業は男の仕事であり，近隣の市場でちょっとしたものを買ってくるの

も男であって，女性が家を離れることは少ない（Ohtsuka et al., 2003）．同じガンジスの下流域で景観的にはよく似たネパール低地のテライ地方で，夫婦ともども農作業に従事するのとは対照的である．

集落のすぐ近くに川はあるが，その水を飲用・調理用に用いる世帯はほとんどなく，住民はもっぱら井戸（tubewell）に頼っている．井戸は個人（一世帯）が所有するものと，政府やNGOが敷設したものを数世帯が共同で用いるものとがあり，前者は親戚関係にある複数世帯が使用している場合もある．そのほかに学校やモスクのような公共の場所にも敷設されている．住民は井戸の（取水部の）深さを把握していて，質問するとすぐに答えが戻ってくる．また，公共の井戸の使用者がだれかを尋ねると，やはりスムーズに答えが返ってくるので，それぞれの井戸の使用権については，住民の間でそれなりに了解があると考えてよい．ただし，歩いていて喉の渇きを潤す程度の使用は，皆に許されているようでもある．

15.3.2　曝露量の評価，尿中ヒ素のインジケータとしての意義

調査は，郡の保健所のヘルスワーカーや集落の住民で英語の話せる人を雇って行われた．彼らがこちらのやりたいことをよく理解してくれるかどうかで，仕事のはかどり方も大きく違う．彼らが住民に対して時として高圧的になるのを適当に諫めることも時には必要になる．集落に着いてまず井戸の位置と使用の実態を確認する．現地の研究機関が使用しているヒ素の検出キットを携行して，井戸水にヒ素が含まれているかどうかを一軒一軒調べていく．どれほどのヒ素を飲用すると危険なのかという問題については後述するが，日本や多くの先進国，WHOは飲料水に含まれるヒ素の許容限度を $10\,\mu g/L$（正確ではないが便宜的な表記法では10 ppb）と定めている．これに対し，バングラデシュやネパールなどでは暫定的な許容限度として50 ppbを採用している．いろいろな理由があるのだろうが，10 ppbを採用した場合，多くの井戸が飲用に不適と判断されるのは確かである．キットは，試験紙の発色からヒ素濃度を判定するもので，各集落における井戸の分布と汚染状況をおおよそ把握することができる．井戸水は日本にもち帰り，原子吸光法あるいはICP質量分析法という特異性・感度の高い方法で測定する．キットの測定とはおおむね相関があるものの，おそらくは共存物質の干渉などにより1割弱の試料では大きな違いが出る．高濃度のヒ素を見逃すエラーだけでなく，ヒ素がほとんど含まれない井戸を危険な井戸と判定してしまうエ

ラーも，井戸の使用者にとってはやはり深刻である．キットの結果をどのように住民に知らせるかにも注意しなければならない．幸いにしてこれらの調査地では，汚染井戸の割合は全体の3割程度であって，人びとは近隣の安全な井戸に乗り換えることが可能であるということを知り，測定結果を逐一知らせることとした．全ての井戸が汚染されていることが予測される場合には，何らかの救済策を用意しておく必要があるだろう．

1つの集落における汚染状況を図15.3に示した．1 km^{2}に満たないこの集落内でも汚染のある井戸とそうでない井戸とが混在しており，非常に近接していても汚染度がまったく異なることがあるのがわかる．全体をみると汚染井戸の多い場所がわかるが，安全な井戸を敷設できる位置を確定するのは難しい．取水部の深さによってもヒ素濃度は大きく変わり，20 m前後の深さをもつ井戸で最も汚染が著しいが，30 mを超える井戸でも高度に汚染されている場合がある．井戸の深さと汚染との関係は地域によってバリエーションがあり，どんな深さでも汚染されている地域もあるが，きわめて深い井戸は一般的に安全である．British Geological Survey（英国地理協会）(1999) は，深度200 mを超えると帯水層が

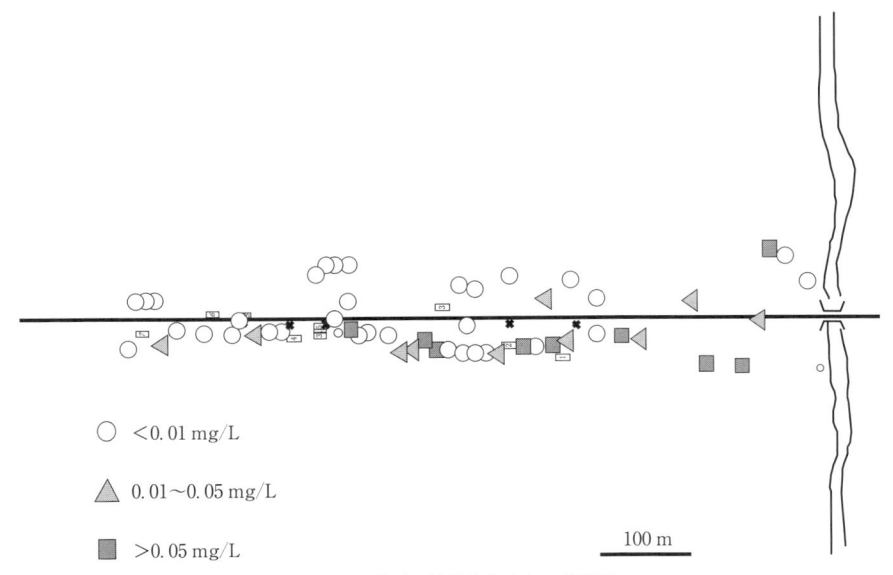

図 15.3 井戸の地理的分布とヒ素濃度

各シンボルが1つのtube wellを示す．ヒ素に関してどの場所で井戸を掘れば安全なのか，簡単には推測できない．

異なり，汚染の確率がきわめて低くなることを指摘している．ただし，名目上の取水深度が深くても，途中のパイプに漏れがあると，ヒ素で汚染された水が吸い上げられることがあるので，深井戸の建設には十分な技術的裏づけが必要となるという．また，深い帯水層から大量の取水があった場合に，十分な補填ができないことを懸念する意見もある．逆に表層水はヒ素汚染が少ないので，新しく掘井戸を掘って用いている世帯も散見された．しかし，掘井戸にヒ素で汚染された水が混入することはあり，我々がモニターしていたいくつかの堀井戸でも 50 ppb を超える濃度を検出することがあった．堀井戸の場合，このほかに地表からのゴミや塵，微生物汚染のある表層水の混入などが問題となる．バングラデシュの政府機関（NIPSOM）は，堀井戸を暫定的な解決策の１つとして推奨しているが，上部に適当な防塵構造をつくり，殺菌処置をする「改良型」堀井戸を提唱している．

　この地域の井戸水はヒ素以外にもいろいろな元素や化合物を含んでいる．特に鉄が高濃度である場合が多い．帯水層では酸素濃度が低く還元状態が保たれているが，汲み上げられて大気にさらされると酸化されるため，水としての性質が急激に変化する．帯水層中で溶存していた高濃度の鉄は，汲み上げられて酸化されると溶存できなくなるため，30 分〜数時間のうちに茶褐色の濁りが出て，放置するとこれが沈殿する（図 15.4）．溶存しているヒ素が鉄とともに共沈するため，放置後の上澄みにはヒ素が含まれない場合もある．現地で試験した結果では，このやり方がうまくいく場合とそうでない場合があり，一般的なヒ素対策として頼るわけにはいかないが，個別には成功する場合があることは重要かもしれない．実際，井戸水を容器に数時間放置してから使用することを NGO に奨められたという人もいた．私達と共同研究を行っていたスイス連邦工科大学のチームも，この共沈を太陽光で促進してヒ素を除去することを試みていたが，共存するケイ酸塩や炭酸塩などの含有量によって成績は異なった．

　井戸水の中に存在するヒ素は通常，亜ヒ酸あるいはヒ酸という無機ヒ素化合物で，両者の違いはヒ素が３価か５価かという点にある．吸収された後のヒト体内での代謝については後述するが，吸収後のヒ素は，主として腎臓を経て尿中に排泄され（ヒトの体内に入った物質の出口は，尿・糞・呼気であり，寄与の小さいものとして汗・毛髪・爪などがある），メチル水銀（脳）・カドミウム（腎）・鉛（硬組織）のような高度の蓄積はみられないと考えられている．そのため，尿中へのヒ素排泄を測定することで曝露量を知ることができる．この指標の欠点は，比較

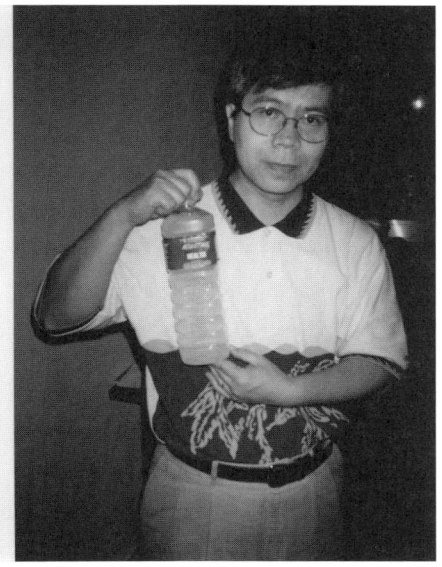

図 15.4 汲みあげた井戸水中の鉄の析出
汲みあげた直後（左）には透明だった水が，30分経たないうちに鉄の析出によって茶色に濁る（右）．

的短期間（3～4日間程度）の曝露しか反映しないことであるが，それでも血中のヒ素よりは長期である．毛髪や爪は尿より長期間の曝露を反映することが期待され，爪のヒ素濃度が発がんリスクと関連することを示したフィンランドでの疫学調査などの例もある．しかし，バングラデシュの場合，汚染水で洗髪をすることにより，毛髪が外部からの汚染を受けるため，曝露指標としては限界があり（実際，毛髪において外部から付着した量と内部から「吸収」された量を識別することは多くの場合不可能である），これは爪についても同様である．尿が短期間の曝露しか反映しないとしても，曝露の程度が毎日ほぼ一定であれば，長期間の曝露の指標と考えてよい．図15.5は，同じ住民のグループから約3ヵ月を隔てて，2度提供してもらった尿試料中のヒ素濃度をプロットしたものである．尿中への排泄量を知るためには，例えば24時間にわたって蓄尿してもらうのが理想であるが，対象者への負担が大きいのでスポット尿（随時尿）で代用した．2回の測定は相関が高いだけでなく，絶対値としてもよく一致した．2回目の測定で著しく低くなった2名は，1回目の調査時に使用していた井戸が高濃度のヒ素を含むことがわかったため，調査終了のすぐ後に新たな井戸を敷設して使用を開始して

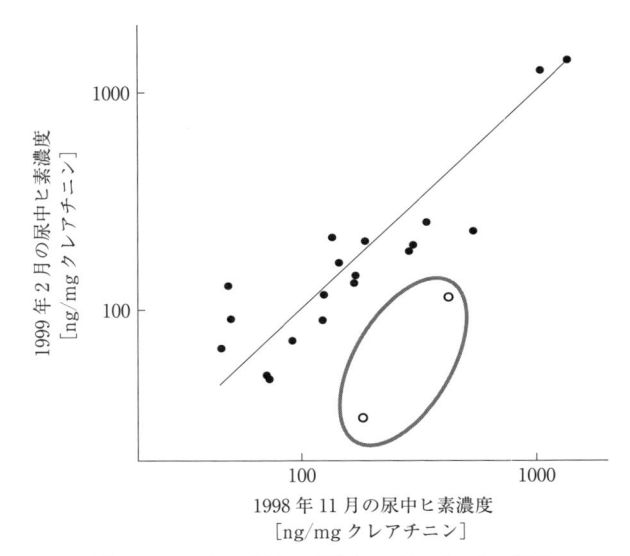

図 15.5 スポット尿中ヒ素濃度 2回スポットの相関
2回のサンプリングの相関はきわめてよく，2回の調査の間に井戸を新設した人（○で囲んである）だけ，値が大きく変わった．

いた．新設の井戸水にはヒ素はほとんど含まれなかったことから，この2名の変化はヒ素が比較的短期間の曝露量を反映することをよく示している．一方で，排泄量がゼロに近づかない理由が，自宅の井戸水以外からの曝露によるものなのか，代謝回転の遅い体内のプールがあることを示唆しているのかは不明である．いずれにしても，対象地において尿中ヒ素は個人の日常の平均的な曝露の程度を把握するのに有効であるといえそうである．

2回目の調査では，それぞれの集落で民家の一部を借り，住民たちによびかけて集まってもらい，尿を提供してもらいヒ素の曝露程度を知るとともに，その影響についてもデータを集めることとした．ヒ素の主要な供給源は地下水である．それぞれの世帯が使用している井戸水に含まれるヒ素濃度と世帯構成員の尿中ヒ素濃度とはおおむねよい相関を示すが，同じ井戸水を使用していてもきわめて大きな個人差があること，また，井戸水中の濃度がゼロに近い場合でも，相当量の尿中排泄があることがわかる（図15.6）．各対象者は，自宅の井戸以外から水を飲むこともあるし，飲水量の違いも当然反映されているのであるが，回帰からのズレはそれぞれに意味があることについては後述する．

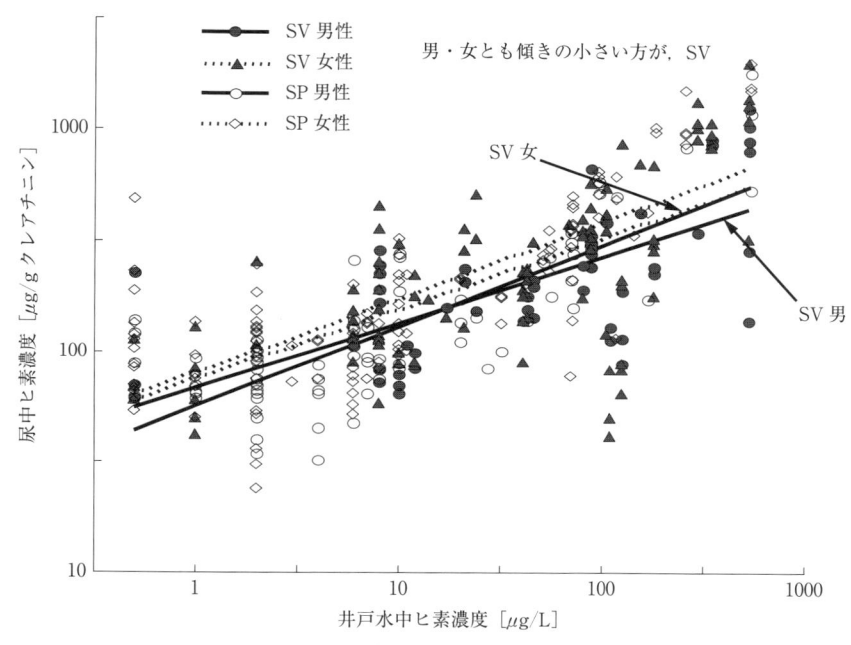

15.3 汚染と影響の実態を調べる　　277

図 15.6　井戸水のヒ素濃度と尿中ヒ素濃度
SV，SP は集落．ヒ素をほとんど含まない井戸水を使用している人でも，相当量のヒ素を尿中に排出している．スポット尿は尿の希釈・濃縮の影響を受けるので，尿中ヒ素濃度は，クレアチニン濃度で補正して示している．

15.3.3　影響の定量化・性差

すでに述べたように，ヒ素の毒性表現は多彩である．この調査では皮膚症状を影響評価に用いた．フィールドにおいて，採血など侵襲の大きな手段に頼らず，特別な機械も用いず（用いる方法もあるが）にデータがとれ，また報告されている影響の中でも比較的早い段階に出現するとされていることが皮膚症状を選んだ理由である．主要な皮膚症状は，掌や足裏に生ずる角質化（ケラトーシス）と胸部や腹部に認められる色素代謝異常（色素沈着＝メラノーシスおよび色素の脱離＝ロイコメラノーシス）である．当時存在した報告の多くは，皮膚症状の有無という2値的な扱いが多く，その判定も記述的・主観的で，皮膚症状有りと判定する条件に「過去にヒ素曝露があったこと」が含まれるなど，改善すべき点が多かった．そこで，日本の皮膚科の医師に調査に参加してもらい，これら2つの症状をできるだけ客観的・定量的に記述することを考えてもらった（Kadono et al., 2002）．結果として，掌・足裏の角質化および体幹部の色素代謝異常についてそ

れぞれ，（無症状を含めて）4, 5, 3段階のスコアがつくことになった．これら3つのスコアを，各個人についての総合的なスコアとして1つにまとめる際に，① 症状の出現には曝露の程度と相関する一定の順序がある，② 高頻度でみられる症状ほど早い順序で出現してくる症状である，という2つのことを仮定した．それぞれの仮定は自明ではなく，多くの地域で検証されなければならない（①については個体差が当然考えられるし，②は曝露が高度あるいは長期間続いたような集落では，ほとんどの人が高度の症状を呈すので，有用でないかもしれない）．この仮定に基づき，掌・足裏・体幹部の症状を発現頻度でランクづけし，その最高ランク（最もまれ＝重篤な症状）をその個人の総合スコアとした．こうして得られた総合スコアは，皮膚科医が3つのスコアに基づいて直感的に判定した総合的な評価と，よい相関を示した（スピアマンの相関係数；$r=0.7$）．

　曝露指標と影響指標とには何らかの関連が見出されるはずである．図15.7は，尿中ヒ素排泄の順に対象者を上位，中位，下位に3分し，それぞれの区分における皮膚症状の総合スコアの分布を示している．最も興味深い点は男女で曝露–反応の関係が異なることであり，簡単にいえば，観察された曝露の範囲では，男のみに量–反応関係が認められ，女は曝露が大きくなってもほとんど皮膚症状の増加が認められなかった．この曝露評価法では，実は女のほうがわずかに過大評価されてしまうのであるが，それを割り引いて考えても，性差は明確である．夫婦

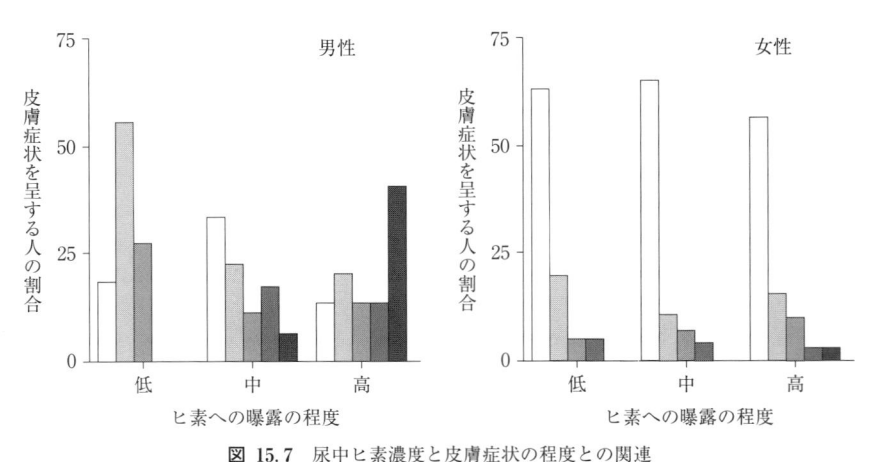

図 15.7　尿中ヒ素濃度と皮膚症状の程度との関連
横軸＝尿中ヒ素濃度によって，曝露の程度を低・中・高の3群（互いに同人数）に分けた．縦軸＝皮膚症状（程度別）を呈する人の割合．皮膚症状は5段階に分かれており，それぞれの曝露群で左が無症状，右へいくほど症状が重い．

は同一の井戸を使用するので，夫婦間の尿中ヒ素排泄には高い相関があるが，夫婦でこの濃度を比較するとほとんどの場合妻のほうが（過大評価を反映して）高い一方で，総合皮膚スコアは夫が上回る場合がほとんどであった．ネパールで同様の調査を行った結果でも，やはり男性の方が皮膚症状を強く表した．同様の性差は，その後いくつかの報告で確認された（例えば Vahter *et al.*, 2007）．

なぜ性差が生ずるのであろうか．一般的には，喫煙や飲酒など，性差のある生活習慣が関与している可能性が考えられるが，宗教的理由もあって，どちらの習慣もまれである．子どもでも成人ほど顕著ではないが同様の性差がみられたこと（Watanabe *et al.*, 2007），農作業への就労に性差がないネパール（5章参照）でも同様の症状の性差があることから，農作業就労の性差による機械的刺激の差という可能性も低い．性差には何らかの生物学的理由があると思われる．

性差の生物学的な説明の1つとして考えられるものが，ヒ素代謝に性差がある可能性である．すでに述べたように地下水中に存在するのはほとんどが亜ヒ酸あるいはヒ酸という無機のヒ素であるが，これがヒトの体内に取り込まれると，酵素の働きも受けてメチル化される．代謝経路の全容についてはいまだ議論があるが，おおむねメチル化が2回起こり，メチル基が1つあるいは2つついた有機ヒ素（ヒ素と炭素の結合が含まれている）化合物を生ずる（図 15.8）．こうした有機型のヒ素化合物を動物に投与するとその毒性は無機のヒ素に比較してきわめて

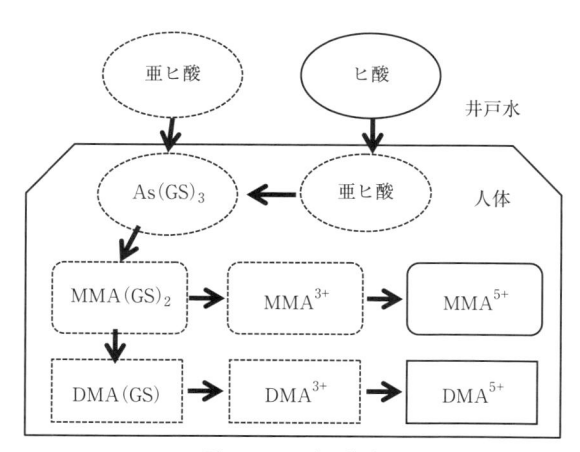

図 15.8 ヒ素の代謝
環境中（井戸水中）には亜ヒ酸とヒ酸があり，摂取されるとグルタチオンと反応するとともに，メチル化される．MMA はモノ体，DMA はジ体．

表 15.2　ヒ素代謝の性差　　　　　　　　　　（吉田ら，未発表）

	n	総ヒ素 [μg/L]	% iAs	% MMA	% DMA	M/I	(M+D)/I	D/M
男性	45	270	16.5(7.7)	11.3(3.9)**	72.2(7.7)	0.8(0.5)**	6.4(3.4)*	7.4(3.4)**
女性	42	258	22.3(13.7)	8.2(2.9)**	69.5(13.7)	0.5(0.3)**	5.0(3.2)*	9.5(3.8)**

*t-test, p<0.05　**t-test, p<0.01　平均値と標準偏差（カッコ内）を示す．

弱いため，メチル化代謝は解毒の方向に働くと考えられていた．しかし，最近になって中間代謝で生ずるⅢ価のモノメチルヒ素は，多くのアッセイ系において無機ヒ素よりも強い毒性を示すことがわかり，毒性と代謝とを関連づけようとする研究が進められている．代謝で生じたヒ素化合物も尿中に排泄され，これをHPLC-ICP-MSという装置で区別して測定することができる．試料の一部について，このような「化学形態別定量」を行ったところ，男でモノメチル体の割合が有意に高かった（表 15.2）．多くの報告は有機型のヒ素化合物のⅢ価とⅤ価とを区別せずに解析を行っているが，それでもモノメチル体の割合が多いと，毒性が強まるという結果が複数報告されている．代謝における性差が生ずる理由は不明だが，これが毒性の性差の原因となっている可能性が示唆された．

　毒性に性差がある原因はいまだ明確にはなっていない．原因が特定されれば，毒性を軽減あるいは治療するための薬剤や予防法の開発につながる可能性もあるとともに，ヒ素毒性メカニズムの解明においても重要な情報をもたらすことが期待される．属性による感受性の違いの原因を究明することは，実践的・基礎的両側面において有用なのである．

15.3.4　小児における影響

　多くの化学物質で，小児（胎児までを含む広い意味での）が成人よりも感受性が高いことが知られている．典型的な例がメチル水銀であり，妊婦が魚を食べる（ただし，食物連鎖で高い位置にある魚を偏って多量に食べるという意味である）ことによって胎児がメチル水銀に曝露された場合，神経系の発達に影響が及ぶことが懸念されている．これは神経系が発達するプロセスに特異的な影響であるため，妊婦自身には何の健康障害も起こらない．

　ヒ素について，小児の健康障害のデータは少なく，上記の調査を行った時点で，小児と成人の比較が可能な唯一の報告は，西ベンガル（インド）のもので，皮膚

症状の出現頻度は，10歳未満の小児で最低であったとしていた．

同じ調査地において，4〜15歳の小児を対象に成人と同様の調査を実施した．皮膚症状の評価は，小児の軽微な症状を拾うように成人用の指標を少し変え，総合スコアは成人と同様の手順で求めた．指標を変えたために成人と頻度を比較はできないが，足裏の角質化が最も頻繁（242名中100名）に認められ，ついで手のひらの角質化，体幹部の色素代謝異常の順に認められるという点は共通していた．また，成人同様に尿中ヒ素濃度の高いグループにおいて，BMI が低い子どもの割合が有意に高かった．皮膚症状に関する量－反応関係は，成人男性のように明確ではなかった．これらの結果から，成人同様，小児においてもヒ素毒性の症状が現れていると思われるが，これらのエンドポイントで評価した場合には成人に比べて感受性はせいぜい同程度，おそらくはそれより低いと思われた．

最近の実験的研究から，ヒ素がグルココルチコイド系の情報伝達を阻害するということが明らかになりつつあり，ヒ素もいわゆる「環境ホルモン」の作用をもつ疑いが強まってきた．もしそうであるならば，小児については，成人とは異なるエンドポイントに着目する必要があろう．その点で，神経行動学的な発達あるいは成長に影響を及ぼすとした最近のいくつかの報告は注目できる．しかし，情報としてはまだまだ不足しているのが現状である．

15.3.5 栄養と毒性―性差の問題点

先に述べたように，地下水のヒ素汚染はその多くが開発途上国で起こっているため，汚染地域の住民の栄養状態がよくない場合も多い．栄養状態が悪い場合に，有害物質の影響が強く現れることはないのだろうか．図15.9はネパール低地の汚染地域における調査で，対象者のヒ素への曝露量と BMI との関連を調べたもので，両者の明らかな負の相関がみえる．同様の相関はバングラデシュの調査地においても確認できた．

毒物への曝露程度が大きいと BMI が小さくなるのは当然のように思えるが，このようなデータは意外に少なく，ヒ素毒性を考える上では2つの意義をもつ．第一に，ヒ素への曝露が皮膚症状あるいはがんなどというヒ素特異的な問題以外にも，低栄養という形で途上国の疾病負担を増加させている点である．ネパール調査の対象を曝露レベルで3群に区分してみると，曝露レベルが最も低いグループを基準として，レベルが中位および上位のグループでは，BMI が 18.5 未満の

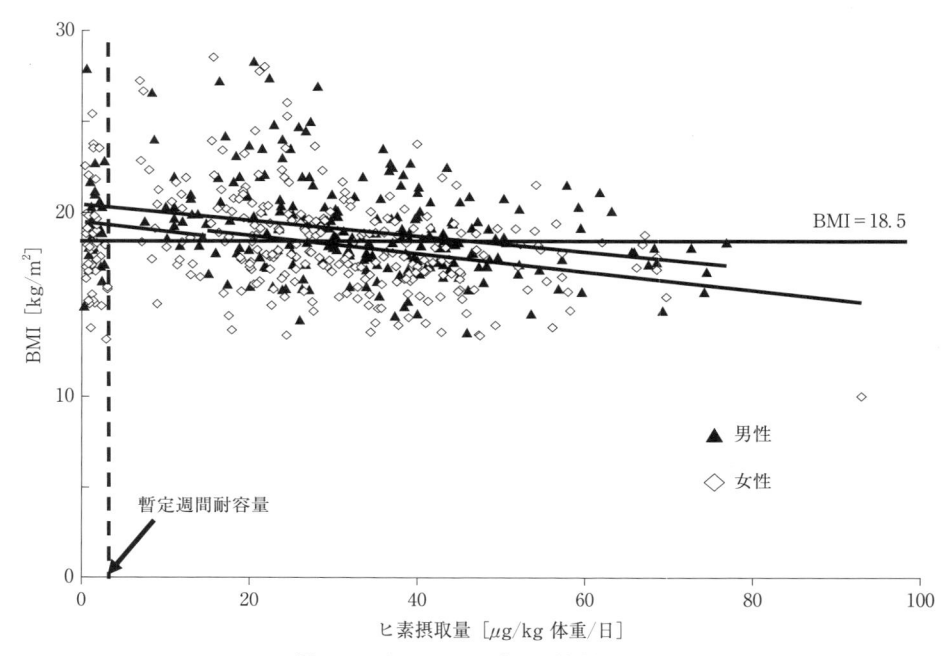

図 15.9 ネパール：ヒ素への曝露と BMI
摂取量は，井戸水のヒ素濃度と飲水量とから算出した．($n = 539$)

人の割合が，それぞれ 1.4, 1.9 倍高い．ヒ素に起因する疾患が低栄養の原因となっている可能性もあるので一概にはいえないものの，ヒ素汚染の健康リスクを量的に計算する場合，こうした影響も考慮に入れなければならない．もう一点は，この相関関係には性差がないことである．皮膚症状については，ネパールでも明確な性差を認めるが，BMI への影響について，ヒ素曝露の程度と低体重の頻度の増分との関係をみると性差がない．このことは，性差が皮膚症状特有のものである可能性を示唆している．ネパールの例では，飲水量と井戸水のヒ素濃度とから曝露レベルを推定しているので，BMI がヒ素の摂取レベルに影響するということは考えにくい．一方でバングラデシュのデータは，尿中排泄量と BMI との関連であり，BMI の相違が尿中排泄量に影響する可能性も考えなければならない．

　ヒ素毒性と低栄養との関係を，反対向きに眺めることもできる．すなわち，同じ曝露レベルの人で，低体重のグループとそうでないグループとに分け，それぞれの中で皮膚症状の有症率を調べると，低体重グループのほうが，同程度の曝露にある標準的体重のグループに比較して，有症率が有意に高い．曝露レベル下位

のグループでは，皮膚症状の頻度は栄養状態による差を認めないので，この有症率の差は，ヒ素曝露への反応の差に由来すると考えられる．有症率の差はたかだか2倍であり，中位の曝露グループでその差が最も顕著であった．上位の曝露グループでこの差が小さいのは，こうした栄養状態による修飾が，曝露程度がそれほど強くない場合にみえやすいことを反映していると思われる．同様の観察は西ベンガルでも報告されている（Mitra *et al*., 2004）．栄養改善で皮膚症状の軽減が得られた場合の効果もそれくらいということになる．バングラデシュで行われた調査では，ヒ素毒性を修飾するとされる栄養素をリストアップしているが，そこでも得られた効果はせいぜい2倍にすぎない．

例えば栄養改善が行われて皮膚症状がある程度軽減されたとして，発がんも軽減されるのかどうかはわからない．皮膚症状は痛みを伴うなど人びとのQOLを低下させているのだが，栄養で症状が軽減されればそれでよしとできるかどうかも実は明確ではない．皮膚症状の発現が人びとにとって「警告信号」の役割を果たしているならば，栄養状態ならびにQOLが改善されるというベネフィットは重要であるものの，長期的にみて改善が逆効果になる可能性さえあるかもしれない．皮膚症状の改善が根本的な毒性緩和につながるのかどうか，このような性差や栄養の効果が何によって起こっているのか，メカニズムを明らかにしなければならない．

15.3.6　ヒ素はどこから来るのか

バングラデシュにおいて地下水が主要なヒ素の摂取源となっているのは間違いないが，このヒ素はもともと地殻（土壌・岩盤中）に存在している．それが地下水の中に溶出するのは，それほど「あたり前」のことではなく，少なくともバングラデシュの場合，そこに灌漑という人間活動の影響がある．灌漑によって生ずる水と溶存物質の動きにより，地下の土壌−帯水層の酸化還元状態が還元側に傾くことによって，土壌と結合したヒ素が地下水中に動員されることをMITのグループが解明した（Harvey *et al*., 2000）．つまり，土壌と結合して存在するヒ素が地下水中に溶け出すプロセスを，灌漑が促進したことになる．

すでに述べたように，特に汚染のない井戸を使用している人でも，一定量のヒ素が尿中に排泄されている．このヒ素はどこから来るのであろうか．ほかの世帯の所有する井戸や公共の井戸を利用することによる可能性は無論あるが，食物か

ら来るのかもしれない．食物という目でみると，バングラデシュはカレーの国である．日本人にとってのメシ（御飯）という言葉と同様に，彼らにとってカレーという言葉は食事とほぼ同義である．最初に食事調査をやろうとしてつくっていった質問票では，1日にカレーを何回食べるかと聞く予定だったのだが，これは役に立たないことがすぐに判明し，かわりにカレーの具が何だったかを尋ねることにした．村の食堂に行くと，トリ，ヒツジ，ウシ，魚，パルス（マメ類），トウモロコシのカレーなどを食べることができるが，村の人びとが肉類あるいは魚を使用することはまれであり，パルス（豆類）やあるいは野菜のカレーが主である．そして，コメを大量に消費する．90年代に実施された大規模な政府調査によると，バングラデシュの人びとは総摂取カロリーの9割をコメから摂っており，コメからもヒ素が入ってくる．水田は，多くの場合揚水ポンプつきの井戸で灌漑されていて，ヒ素に汚染されている可能性がある．コメ自体のヒ素濃度も日本などに比較して高いが，問題は摂食量が多いことで，そのためにコメからの摂取量が無視できない．主要な食品からどれほどヒ素を摂取しているのか，食事調査と食品中のヒ素濃度定量との結果から推定したところ，成人男性で1日およそ210 μg，女性はおよそ半分の120 μgと試算された（Watanabe *et al.*, 2004）．このおよそ4割がコメ，残りをコムギと川魚がそれぞれ半分ずつ占めていた．食事からのヒ素摂取量を調べた例は比較的少ない（表15.3）．西ベンガルやバングラデシュのほかのヒ素汚染地域の調査で報告されている値と我々の調査の値とはほぼ同程度で，台湾で行われた2つの調査の3〜4倍高値であった．一方，非汚染地域と考えられるアメリカやカナダでの食品の調査では，無機ヒ素としての摂取量はおよそ10 μgで総ヒ素摂取量の2〜4割を占めているという．日本では，総ヒ素摂取量について厚生労働省が調査（トータルダイエット調査）しており，過去30年間ほどを通じて150〜220 μg程度の摂取がある．ただしその大半は海産魚介類に由来する毒性の弱い有機ヒ素が占めており，これを無機ヒ素に限ると0.18 μgという陰膳調査の結果がある．バングラデシュの調査地で海産物はほとんど消費されておらずヒ素摂取は無機に限られていることを考慮すると，非汚染地域のおよそ数十倍を食品から摂っている．WHO・FAOの専門家委員会（JECFA）による暫定耐容週間摂取量（PTWI）は15 μg/kg体重で，体重を50 kgとした場合，1日あたりではおよそ100 μgということになる．もしコメやコムギに含まれるヒ素のほとんどが無機態ということになれば，食事からの摂取

表 15.3 食事からのヒ素摂取量（Watanabe et al., 2004 より改変）

対象集団	食物からのヒ素摂取 [μg/日]*1	飲料水からのヒ素摂取 [μg/日]*2	総ヒ素摂取量 [μg/日]	計算方法・留意事項	報告者
バングラデシュ	214/120	460/395	674〜515	飲料水中濃度 100 μg/L, 飲水量*3 3.0/3.0 L とした場合	本研究
インド（西ベンガル）	285/285	1000/800	1285/1085 (1271/1071*4)	飲料水中濃度 200 μg/L, 飲水量 4/3 L とした場合	(Chowdhury et al., 2001)
バングラデシュ	171/189	NA	NA	食事調査と一部食品の分析に基づく（94％はコメからと試算）	(Roychowdhury et al., 2002)
台湾	50（15〜211）	NA	NA	ヤムおよびコメのみヒ素を分析	(Schoof et al., 1998)
台湾（黒脚病流行地域）	84（62〜292）*4	NA	NA		(Schoof et al., 1999)
米国・カナダ	8.3〜14（USA）*4 4.8〜12.7（カナダ）*4	NA	NA	無機ヒ素は総ヒ素の21〜40％	(Yost et al., 1998)

NA＝データなし．***/***は，男性/女性の値を示す．
*1 調理に使用された水は含まれていない．
*2 飲用および調理に使用された水の両方を含む．
*3 飲水量＝直接飲用された水の量．
*4 無機ヒ素のみ

だけでも PTWI を超えてしまう．最近の報告では，コメからのヒ素の摂取が総摂取の約 4 割に相当するとしたものもある一方で，汚染された灌漑用水で育ったコメでも穀粒の部分のヒ素は 9 割程度がジメチル体であるという報告（Smith et al., 2008）もある．コムギについてはさらにデータが限られる．食品に含まれるヒ素の化学形態について詳しい情報が必要であろう．

直接飲用する水のみに限っても，ヒ素濃度がバングラデシュの許容濃度（50 μg/L）に等しい井戸水を体重 50 kg の人が 1 日 2 L 飲用すると，ほぼ上記の PTWI に達してしまう．米国環境保護局による Reference Dose（RfD）は 0.3 μg/kg/日であり，WHO/FAO の基準よりさらに数倍厳しい．多くの安全に関する基準値が相当な余裕を見込んでつくってあるとはいえ，汚染による健康リスクがいかに大きいかが想像できる．

コメは日本同様に釜で「炊く」のであるが，非常に大量の水を使用し，炊きあ

がると釜全体をさかさにして，余剰の水を捨てて，その状態で数分蒸らした後に食べる．炊きあがったメシに含まれるヒ素の量は，コメにもともと含まれていたヒ素と，調理に用いた水に含まれていたヒ素との合計から，捨てられた水に含まれるヒ素の量を引けばよいのだが，捨てられる水と，もともと加えられた水とでヒ素の濃度が同じかどうかはわからない．コメ粒の表面へのヒ素吸着が起こったり，コメに含まれていたヒ素が溶出してきたり，加熱中に水分が蒸発することによって濃縮が起こったりということが考えられる．そこで，住民に頼んで，実際にメシを炊いてもらったところ，コメの量とコメに吸収された水分量から計算されるヒ素濃度よりも，炊きあがったメシには10～30％多いヒ素が含有されていた．調理中の水分の蒸発が多いほど，この"excess"が大きかった（Bae *et al.*, 2001）．

15.3.7 緩和のための工夫

　バングラデシュの地下水汚染は，井戸の敷設とともに1970年代に始まったわけであるが，問題が明らかになってからは15年ほどしか時間は経過していない．その間に考案されてきたさまざまな対策は，基本的に2つに分類できる．1つは，水源をほかに求める方法であり，もう1つは汚染水からヒ素を除去しようとするものであって，その有効性もさまざまである．バングラデシュやネパールの対象地域で導入されていた方法を表15.4にまとめた．

　ヒ素汚染は地下水でのみ問題となり，表層水の汚染はほとんど問題にならない．ただし，もともと表層水の微生物学的汚染を避けて現状に至ったのであるから，表層水を使用するには，それなりの処理が必要となる．表層水を用いた上水処理を含む給水設備が理想的であろうが，建設のコストとともに設備を維持するコストや体制も問題となる．表層水に類するものとして，天水の利用もオプションの

表 15.4　ヒ素汚染対策

・マークによる安全な井戸の識別
・周囲に存在する安全な井戸の使用
・天水の利用
・フィルターによる除去
・堀井戸
・深井戸
・水道（表層水利用）

1つである．バングラデシュは雨期・乾期がはっきりしており，1年中雨に恵まれているわけではないが，曝露量を大幅に減らすことは可能であろう．しかし藁葺き屋根では天水は有効に集められないし，適切な容器をもっていない家も多い．また，ダッカ近傍の8つの集落の住民達にどんな代替水源が望ましいかを議論してもらった結果では，味や安全性への懸念を理由に天水を好むと答えた集落はなかった．

　既設の井戸が使用できるならば最も簡便である．上記の住民による議論でも最も好まれる選択であった．汚染井戸と非汚染井戸とが混在する場合は，自宅の井戸がダメでも，数分も歩かずに汚染されていない井戸が存在するので，単純に近傍の井戸を使うことを勧める研究者もある．短期的な解決としては有効かもしれないが，水量自体が必ずしも十分でない地域で，他人の所有する井戸を借りることがそう簡単ではない場合もある．井戸の使用年数が長いと次第にヒ素濃度が高くなるという統計的関係が，バングラデシュ全土にわたる数千本の井戸のデータを用いて示されている（Yu *et al.*, 2003）．いくらか深い帯水層に井戸を掘るという方法は比較的多用されている．コストがかかるのでコミュニティ単位で敷設されている場合もあるが，途中のパイプに漏水があると浅い帯水層から汚染された水が混入するため，リークのない確実な工法も必要になる．このほかに，掘井戸で，最も浅い帯水層を用いるという選択もあることはすでに述べた．

　一方，ヒ素を除去する手段は規模によって分けられる．世帯レベルで汲み上げポンプに装着する簡便なもの，数十世帯で共同使用するタイプの濾過装置についてはさまざまなものが提案されて用いられている．濾過の原理は，多孔質の素材によってヒ素の吸着を起こさせるもの，樹脂を用いた化学的な濾過フィルターを用いたものなどさまざまであるが，いずれの場合も濾過に用いるフィルターの定期的な交換あるいは清掃が必要であり，保守・管理にかかわる体制とコストが問題である．バングラデシュでは素焼きの壺を数段重ねて，中に砂利や時には鉄釘を詰めた濾過装置を使っている世帯も多かったが，ヒ素を測定してみるとその除去効果はまちまちであった．調査対象の1つの集落には，数十世帯で使用されている濾過装置とモーターポンプのついた井戸が敷設され，NGOの出資もあって，使用世帯の月あたりの出費は無理のない費用に抑えられていた．

15.4 ヒ素の健康リスクとは何なのか

　地下水のヒ素汚染は未解決の問題である．これを化学物質による環境汚染の問題としてみると，最終的にはヒ素とどうつきあっていくのかを決めるのが，基礎的な科学の仕事であろう．もう少し厳密にいうと，つきあい方を決める（リスク管理）のは住民であって，科学は意志決定のために情報提供をする（リスク評価とリスクコミュニケーション）という立場にある．工学などの応用科学は，住民がヒ素とつきあう方法を技術的にどう実現するのかを検討し，行政やNGOの力を借りて住民がそれを実現していくと考えられる．

　今のところ，ヒトにおけるヒ素の必須性は認められていないので，環境中から排除しても特に問題はないように思われる．その意味では，環境工学者が頑張って飲料水から完全にヒ素を除去する方法，あるいは代替水源を安価に供給する方法が考案されれば問題は解決といえるかもしれない．この「ゼロ・リスク」型の解決への大きな障壁として，汚染問題が途上国を中心に起こっているため経済的・行政的基盤が弱い場合が多く，対策が進みにくいこと，国や地域によっては毒性学的な知識が普及していないために，被害を受けている住民自身がリスクを意識していないということがあげられよう．一方で，ヒ素が地殻に豊富に含まれ，我が国でも許容基準を超過する井戸が多いことや，許容基準程度の曝露でも健康リスクの上昇を示唆する報告があることなどを考えると，ヒ素汚染の問題は途上国だけにとどまらないともいえる．

　ヒ素曝露の健康リスクを明らかにするという作業は，最終的には曝露指標と影響指標の関数関係をみつけることを目指している．簡単かつ（その社会にとっての）コストをかけずにゼロ・リスクが達成できるならば問題はないが，それが難しい場合，この関数関係に基づいて目標を決め，それにあわせて対策をたてる必要がある．本章で述べた通り，この関数関係を明らかにするには，多くの要因に注意を払う必要があることがわかる．

　第一に，毒性の個体差がきわめて大きいと思われることである．属性を選ばず，集団の構成員が全て曝露されるヒ素汚染のような問題で個体差は避けて通れない．すでに述べたように，少なくとも性および栄養状態が個体差に寄与する．また，本章ではふれなかったが遺伝的背景の関連を指摘した報告も増えてきた．近

年，遺伝的背景と化学物質の作用（薬効あるいは毒性あるいは栄養機能）に注目が集まる中で，米国の環境保健研究所による Environmental Genome Project などの研究はあるが，個体差の問題は，実験研究での取り組みが遅れがちな分野である．実験研究の多くが個体差をノイズとして扱っているので，なかなか研究デザインになじみにくい部分がある．そもそも，どんな個体差要因を評価すべきかというフィールドのデータがないと，実験をデザインすることもできない．個体差を実験的に研究するもう 1 つの難しさは，最終的にはヒトでの評価が必要であるという点である．というのは，個体差を問題にすべきかどうかは，さまざまな属性によるバラツキのサイズと平均的な反応との相対的な大きさに基づいて決定されるからである．実験的研究の結果を外挿する際に，こうしたいわば誤差に関する量的な情報を「翻訳」することはきわめて難しい．例えネズミの実験で，雄が雌に比べてヒ素毒性に敏感という結果が得られたとしても，それをヒトのリスク評価で取りあげるべきか否かは，結局ヒトのデータをみないとわからない．

　栄養によって毒性に差が生ずることは一見あたり前のように思えるが，2 つの点で重要である．1 つは，ヒ素によって低栄養状態の個人の割合が増加すると，それ自体が集団としての疾病負荷（disease burden）となる点である．Young (2005) によれば，世界的にみた場合，低栄養による負荷はきわめて大きい．ヒ素はそれに拍車をかけ，ヒ素特異的な毒性以外にも問題を引き起こしていることになる．また，毒性の強さとは何かという問題を提示している点も重要である．ヒトのデータに基づいてリスク評価を行う際，対象は「健常者」であればよく，その集団の栄養状態までは考慮されないであろう．例えば耐容週間摂取量（TWI）のような安全の目安となる値を設定するにあたっては，不確定係数によって，こうしたバラツキも「織り込み済み」ということになるが，ヒ素のように実際の曝露量と無毒性量（NOAEL）あるいは最小毒性発現量（LOAEL），すなわち毒性が発現しないか発現する最小の量，が近い，あるいは実際の曝露が NOAEL/LOAEL を上回るようなケースでは，不確実性係数自体が意味をもたない．すると，集団側の属性の相違は，集団で観察される健康事象にも反映されることになる．このような観点から，不確実性係数が常に毒性の集団間差を吸収してくれるわけではなく，地域の状態に即したテーラーメイドの安全基準が必要なのかもしれない．また，ヒトのデータが得られず，動物実験などのデータから外挿が行われる場合，栄養など修飾要因は通常見逃されていることを注意しておくべきであろう．

個体差に関するもう1つの問題は，エンドポイントによって個体差も変わってくるという点である．性差は皮膚症状に特有で，過剰曝露による低体重割合の増加には性差がないことは，ヒ素毒性の発現に複数の経路が関与する可能性を示唆しているのかもしれない．

　第二に，何が実際にヒ素曝露の源になっているのかである．水を通じてのヒ素曝露以外にも，食物を通じて取り込まれるヒ素があり，その寄与は特に総曝露量が低い範囲では相対的にはもちろんのこと，絶対量としても重要である．こうした結論を得るには，どれくらい何を食べて，何を飲むのかという調査が必要になってくる．食物中のヒ素については，報告も少ない上に，含まれる化学形態が何かという点についてもデータが限られている．例えば，コメの中には無機ヒ素由来のヒ素が多いという報告もあり，バングラデシュのようにカロリー摂取の大半をコメに頼っているような地域では，考慮されなければならない要素である．水に限定した対策ではヒ素の健康被害がなくならないという可能性もあるという意味で，食物のヒ素については今後も十分注意を払う必要があるだろう．

　上述した栄養の問題とも重なるが，エネルギー・タンパク質以外の栄養素にもヒ素の毒性を修飾するものがいくつかある．中でも微量栄養素のセレン（Se）については介入研究も実施されているし，両者の相互作用機序解明を目指した実験的報告も数多く，両者が化学的に結合することあるいはセレン含有酵素の有する抗酸化作用がヒ素の酸化ストレスを緩和するなどといった説明がされている．また，葉酸の不足が，ヒ素のメチル化代謝を阻害して毒性を促進するという報告もある．これらの相互作用は，いずれも解明途上といったところであるが，ヒ素の曝露がどのような食生活をバックグラウンドとして起きているのかによって，毒性の重篤度も変わる可能性が示唆されるといえよう．

　このように曝露と影響の関数関係はさまざまに修飾される．というよりも，さまざまに共存する条件によって関数関係が決まってくると考えたほうがよいかもしれない．したがってどのような対策が最適であるかは，集団・地域によって異なってこよう．ある場合には栄養の改善が有力な手段となりうるかもしれない．灌漑水源を地下水に頼らないという方法がよい結果をもたらすこともあるかもしれない．そうした解決を発見するためには，一方で毒性および毒性修飾メカニズムの解明が必要であると同時に，集団のおかれた環境と集団の生活自体をよく理解しなければならない．

15章 引用文献

Bae, M., Watanabe, C., Inaoka ,T., Sekiyama, M., Sudo, N., Bokul, M. H. and Ohtsuka R. (2002) Arsenic in cooked rice in Bangladesh. *Lancet* **360**: 1839–1840.

British Geological Survey (1999) *Groundwater Studies for Arsenic Contamination in Bangladesh. Phase I. Rapid Investigation Phase. Final Report.* Department for International Development (UK).

Harvey, C. F., Swartz, C. H., Badruzzaman, A. B. M., Keon-blue, N., Yu, W., Ali, M. A., Jay, J., Beckie, R., Niedan, V., Brabander, D., Oates, P. M., Ashfaque, K.N., Islam, S., Hemond, H. F. and Ahmed, M. F. (2000) Arsenic mobility and graoundwater extraction in Bangladesh. *Nature* **298**: 1602–1606.

Kadono, T., Inaoka, T., Murayama, N., Ushijima, K., Nagano, M., Nakamura, S., Watanabe, C., Tamaki, K. and Ohtsuka, R. (2002) Skin manifestations of arsenicosis in two villages in Bangladesh. *International Journal of Dermatology* **41**: 841–846.

Kumagai, Y. and Sumi, D. (2007) Arsenic: signal transduction, transcription factor, and biotransformation involved in cellular response and toxicity. *Annual Review of Pharmacology and Toxicology* **47**: 243–262.

Levin, R. J., Khan, M. R., D' Souza, S. and Nalin, D. (1976) Failure of sanitary wells to protect against cholera and other diarraheas in Bangladesh. *Lancet* **2**: 86–89.

Mitra, S. R., Guha Mazumder, D. N. and Basu, A. (2004) Nutritional factors and susceptibility to arsenic-caused skin lesions in West Bengal, India. *Environmental Health Perspectives* **112**: 1104–1109.

Ohtsuka, R., Sudo, N., Sekiyama, M., Watanabe, C., Inaoka, T. and Kadono, T. (2003) Gender difference in daily teima and space use among Bangladeshi villagers under arsenic hazard: application of the compact spot-check method. *Journal of Biosocial Sciences* **36** (3): 317–332.

Smith, E., Juhasz, A. L., Weber, J. and Naidu, R. (2008) Arsenic uptake and speciation in rice plants grown under greenhouse conditions with arsenic contaminated irrigation water. *Science of Total Environment* **392**: 2–3.

UNDP (2006) 人間開発指標 2006, pp. 36.

Vahter, A., Akesson, A., Liden, C., Ceccateli, S. and Berglund, M. (2007) Gender difference in the disposition and toxicity of metals. *Environmental Research* **104**: 85–95.

Watanabe, C., Matsui, T., Inaoka, T., Kadono, T., Miyazaki, K., Bae, M. J., Ono, T., Ohtsuka, R. and Bokul, A. T. M. (2007) Dermatological and nutritional/growth effects among children living in arsenic-contaminated communities in rural Bangladesh. *Journal of Environmental Science and Health* **A42**: 1835–1841.

Watanabe, C. Kawata, A., Sudo, N., Sekiyama, M., Inaoka, T., Bae, M. and Ohtsuka, R. (2004) Water intake in an Asian population living in arsenic contaminated area. *Toxicology and Applied Pharmacology* **198**: 272–282.

Young, L. (2005) *Population Health: Concepts and Methods* (2nd ed.). Oxford University Press.

Yu, W. H., Harvey, C. M. and Harvey, C. F. (2003) Arsenic in groundwater in Bangladesh: a geostatistical and epidemiological framework for evaluating health effects and potential remedies. *Water Resources Research* **39**: 1146–1162.

16章
病気と健康への生態学的アプローチ
―アフリカでの住血吸虫対策

　本章では，ケニアにおけるビルハルツ住血吸虫症の流行把握と対策についての経験から，健康と疾病に対する生態学的アプローチの実際例を紹介する．健康と疾病への生態学的アプローチとは，人間が生態系の中で生きている存在であることを理解し，人間集団の健康状態や疾病の発生をその生態系の特性とみなして，疾病対策，健康増進対策を考えることである．このような理解は長期的な疾病対策と集団の健康水準向上にとって特に重要である．

16.1　住血吸虫症

　住血吸虫症（schistosomiasis）は扁形動物門・吸虫網・有壁吸虫目・住血吸虫科・住血吸虫属に属する寄生虫を原因とする疾患である．ヒトに寄生する住血吸虫は，ビルハルツ住血吸虫，マンソン住血吸虫，日本住血吸虫，メコン住血吸虫，インターカラーツム住血吸虫の5種が知られており，前3種の感染が広範に及ぶ．現在，住血吸虫には世界で約2億人が感染し，感染地帯には約7億人が暮らしている（WHO, HP参照）．ビルハルツ住血吸虫はアフリカと中東，マンソン住血吸虫はアフリカと南米，日本住血吸虫は中国，フィリピンが主な流行地である（図16.1）．ビルハルツ住血吸虫の感染者はアフリカを中心に1.1億人にのぼる．日本住血吸虫症はかつて甲府盆地，筑後川流域，広島県片山地方（現福山市）などで局地的に流行していたが，1977年以降，日本での新たな感染者は発生せず，最大の流行地であった山梨県では1996年に流行の終息を宣言した．

　住血吸虫成体は雌雄異体で，体長はビルハルツ住血吸虫の雄10～15 mm，雌16～20 mm，マンソン住血吸虫の雄6～10 mm，雌7～16 mm，日本住血吸虫の

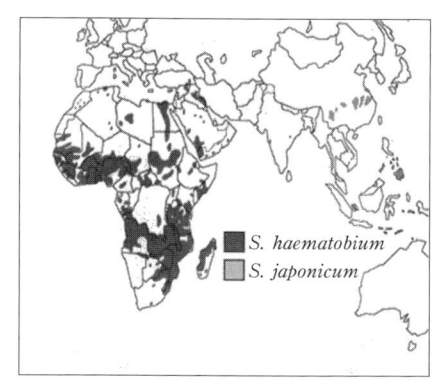

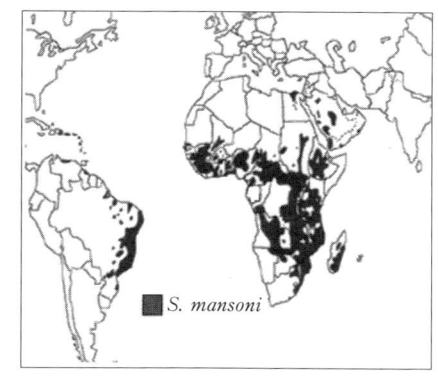

図 16.1 ビルハルツ住血吸虫症（左図・*S. haematobium*），日本住血吸虫症（左図・*S. japonicum*），マンソン住血吸虫症（右図・*S. mansoni*）の世界分布（世界保健機関）
(http://sprojects.mmi.mcgill.ca/tropmed/disease/schisto/geo.htm)
(http://www.dpd.cdc.gov/dpdx/HTML/Schistosomiasis.htm)

雄 12〜20 mm，雌 25 mm で細長い．ヒトの血管内で雄が雌を抱え込んだ状態で生活している．日本住血吸虫は門脈から肝臓に，マンソン住血吸虫は主に大腸の腸管膜静脈に寄生し，雌が細血管で産卵し，卵は壊死組織とともに 8〜12 日で便から体外に出る．ビルハルツ住血吸虫の虫卵は 110〜170 μm×40〜70 μm で，マンソン住血吸虫もほぼ同様の大きさで，日本住血吸虫はそれよりやや小さい．

ビルハルツ住血吸虫は膀胱静脈に寄生し，虫卵は膀胱から尿とともに体外に出る．その際，血尿を伴い，尿路住血吸虫症といわれる．ほかの種では虫卵は便とともに体外に排出され，腸管住血吸虫症といわれる．排泄された虫卵は，水中で孵化しミラシジウムとなって中間宿主の巻貝に侵入し，無性生殖によって多数のセルカリアとなって中間宿主から水中に泳ぎ出る．最終宿主であるヒトが水と接触すると皮膚から侵入し体内で成虫となる（図 16.2）．ビルハルツ住血吸虫とマンソン住血吸虫は宿主がほぼヒトに限定されているが（一部のサルも宿主となる），日本住血吸虫はヒト，ネズミ，ウシ，ウマ，ネコ，イヌなどを宿主とする．

症状は，まず，セルカリアが侵入した皮膚に発疹が現れ，痒みを感じる．免疫をもたない旅行者が流行地の川や湖で水泳・水浴びをすると顕著に現れ，水泳皮膚搔痒（swimmer's itch）といわれる．流行地の住民では発疹はほとんどみられない．感染後 6〜10 週間に発熱，呼吸器症状，リンパ腺，肝臓，脾臓の炎症などの急性期症状が起こる．非流行地からの旅行者は症状が重く旅行医学では重要な疾患である．住血吸虫流行地では水との接触を避け，水と接触して帰国後に具合

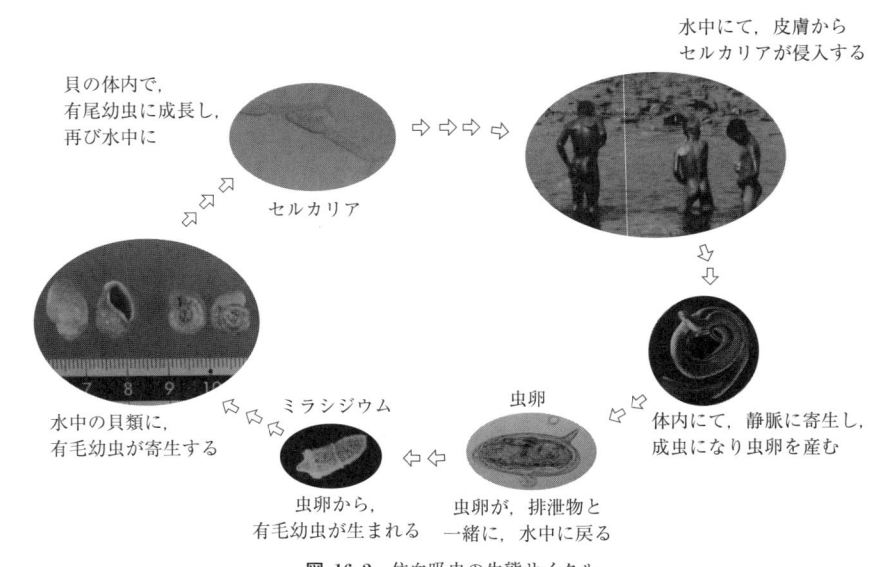

図 16.2 住血吸虫の生態サイクル
マンソン住血吸虫とビルハルツ住血吸虫の生活史.虫卵はマンソン住血吸虫.(出典:長崎大学熱帯医学研究所)

が悪くなった場合はその旨を医師に伝え,正しく駆虫剤を服薬することが求められる.服薬して親虫が死ねば症状は消える.

　住血吸虫症は,慢性の寄生虫疾患であり,駆虫しなければ最長 30 年間体内で生き残る.雌は 3〜12 年産卵を続ける.長期間寄生状態が続くと,ビルハルツ住血吸虫症では血尿,尿路障害が起こり,膀胱がん発症のリスクが上昇する.ほかの住血吸虫症では腸管壁,肝臓,脾臓に障害を起こす.これらの症状は虫体そのものが原因ではなく,虫卵の体内蓄積を原因とする組織の繊維化によってもたらされる.日本住血吸虫の症状が最も重い.ビルハルツ住血吸虫症では,学業成績,発育,体力,生産性への影響が報告されている.流行地ではこの慢性期の症状が問題となる (Gryseels *et al.*, 2006).

　腸管住血吸虫症の診断は検便によってなされる.ビルハルツ住血吸虫症では尿中の虫卵を遠心分離するかフィルター上に集め,顕微鏡で観察する.ビルハルツ住血吸虫症では血尿がみられるため,多くの場合,感染を肉眼的に自覚することができる (図 16.3).

図 16.3 ビルハルツ住血吸虫症検査における肉眼的血尿陽性(右:尿が赤く,検査紙もヘモグロビンに反応し,濃い色になっている),尿検査紙による血尿陽性(中:尿からは判断できないが,検査紙は濃い色を示す),陰性(左:色は正常,検査紙も変化なし.約9割の確率で虫卵は検出されない)

16.2 日本における住血吸虫症対策

　住血吸虫は1852年にエジプトでビルハルツによって初めて記載された.その後,1904年に日本住血吸虫が桂田富士郎によって発見された.また,皮膚からの侵入は,藤浪鑑,桂田らによって証明され,中間宿主が巻貝であることは1911年に宮入慶之助らによって発見された.その後,ビルハルツ住血吸虫とマンソン住血吸虫の中間宿主の巻貝が同定された.寄生虫学は当時の先端科学であり,その発展に日本人が貢献した.

　寄生虫疾患を含む感染症の対策は,「感染源対策」・「感染経路対策」・「宿主対策」が3本柱である.住血吸虫症の場合,感染源はヒトあるいはほかの動物の中にいる成虫であり,それが産む虫卵である.したがって,駆虫剤で成虫を殺し,虫卵をなくすことが感染源対策となる.感染経路対策は,中間宿主である貝の数を減らすこと,貝が感染しないようにすること,および感染の恐れのあるセルカリアが存在する水と人との接触を少なくすることである.ヒトが適切にトイレを使用し,虫卵を環境中に放出しないことは,感染経路対策であり,感染源対策でもあ

る．宿主対策とはワクチン予防接種によって感受性のある人を減らし，感染サイクルを止めることであるが，多細胞生物である住血吸虫の場合，効果的なワクチンの作成は成功していない．

かつては治療としてアンチモン剤の静脈注射も実施されたが，副作用が強く，全患者を治療するまでに至らず，感染源対策としては有効ではなかった．現在使用可能なプラジカンテルという特効駆虫薬が利用できるようになるのは1970年代からであるが，それ以前に日本はほぼ感染経路対策のみによって制圧に成功した．これは，医学的知識，寄生虫生物学的知識を利用してはいるが，医学的な疾病コントロールというよりは，下記に述べるように生態学的な疾病コントロールの例だといえる．

寄生虫のライフサイクルが解明され，① 汚染された水（川，湖，灌漑水路）との接触を分断する，② 中間宿主の貝を殺す，あるいは貝が住めない環境にする，③ 貝が感染しないように糞尿処理を行う，などの対策が流行阻止に有効なことが理論的にわかった．日本はそれを実践し，住血吸虫症の撲滅に成功した唯一の国である．有効な駆虫剤がない時代に日本が対策に成功した理由と，有効な駆虫薬があるにもかかわらず現在の途上国で対策が成功しない理由は以下の通りである．

16.2.1　国民の衛生・健康意識の高さ

ある疾病対策が開始され成功するには，それが解決されるべき衛生上・健康上の問題として住民と為政者に理解され，社会の合意が形成されねばならない．日本住血吸虫症は重篤な風土病として恐れられていた．特に徴兵制が施行されてからは，日本住血吸虫症の流行地で徴兵検査成績が悪いことが地域，行政の課題と認識され，地方での対策が推進された（小林，1998）．1920年ごろまでの日本は乳児死亡率が出生1000対180と今の途上国よりも高率だった．そのような状況の中でも日本住血吸虫症が問題とされたのは，ほかの住血吸虫症より症状が重篤なことも関連している．

一方，サハラ以南のアフリカ諸国では，ビルハルツ住血吸虫症やマンソン住血吸虫症が撲滅すべき疾患として政府や住民に十分に認識されていない．漠然と認識されているが，十分に行動に活かされない．ビルハルツ住血吸虫症やマンソン住血吸虫症が日本住血吸虫症に比べ症状が軽く，急速な死をもたらさないことが

理由の1つだとされる．また，ほかに多くの急速な死をもたらす疾患があることも理由だとされる．

一般に途上国での疾病対策は，植民地時代からの発展の経緯があり，都市部に重点がおかれ，農村部では対策が遅れている．特に遠隔地に住む焼畑農耕民や，遊牧民，森や砂漠で暮らす狩猟採集民などに対する対策は十分に実施されていない．新たに水田化が進んだような地域でも医療サービス，公衆衛生対策は遅れている．住血吸虫症は農村の病気の典型であり，また，罹患するリスクは貧困者に高い．そのため，十分な対策が実施されてこなかった．

また，病気に対する考え方が異なっていることも大きな要因である．アフリカのビルハルツ住血吸虫の場合，月経と同じように，「血尿は，成長に伴う生理的な現象」と受け止められている場合がある．このような場合,「川との接触によっておこる寄生虫疾患である」ことを理解してもらうことが対策の第一歩となるが，学校教育が十分に行きわたっていない地域では，「寄生虫」とは何かという基礎から丁寧に教えていく必要がある．一般教育が普及していない地域で健康教育だけを効率的に行うのは困難であり，改善は短期間にできるものではない．

さらに，それぞれの土地に，病気の原因についての伝統的な考え方があり，それを十分に理解した上で，病原体説に基づいた説明を理解してもらう必要がある．

16.2.2　環境衛生と媒介貝対策，人間以外の最終宿主対策

戦前，日本の甲府盆地などの流行地では媒介貝の買取りが行われた．生息地がある場合，そこで貝を採集してもあまり効果はないが，住民啓発と住民参加意識の向上には貢献した．また最終宿主の野鼠を退治した．戦後，人肥の利用がなくなり，便所設置により虫卵が川や水田に混ざらない努力が進められた．馬，牛の野外飼育が減少したことも対策に役立った．さらに，貝の生息地をなくすため水田の畦をコンクリート化した．これは畦面積が減りコメが増産できるので住民も喜んで協力した．流行対策につながる環境改変に対して政府が資金を提供するシステムがあり，それに住民も協力する体制が日本では構築されていた．現在のアフリカでそれを求めることはまだ難しい状況にある．

筑後川周辺では戦後の食糧難時代に媒介貝のいる川原が水田や畑に利用され患者が増えた．そこで，殺貝剤や火を利用して貝の駆除に努めた．その後，川原に土を運びゴルフ場化して貝の生息地をなくした．

日本での日本住血吸虫症の流行地は非常に限定されていた．それは，媒介貝の分布域が限定されていたためである．なぜ生息域が限定されていたかは不明である．中国やサハラ以南アフリカの場合，媒介貝の生息地と流行地が広いため，媒介貝対策はきわめて困難である．

16.2.3　川の汚染と生活様式の変化

　日本では以上のような対策とともに住血吸虫症は減少していった．しかし，筑後川周辺の場合，対策以外の環境変化と生活変化が住血吸虫症の疫学に大きな影響を与えた．戦後，工業化が進展し，工場排水処理が不十分で川が汚染された．家庭に電気洗濯機が導入され，洗剤を含む家庭排水も川を汚染した．それによって媒介貝の生息数が減少した．さらに川が汚染されたので，人びとと川との接触が減った．水道が普及し，産業・職業構造も変化して，生活上，川と接触する機会が減少し，感染者の減少につながった．川と人びととの距離が遠くなった．これは，社会の近代化や産業・工業化がもたらすプラスの面とマイナスの面がともに疾病の疫学に影響を与えた例である．

　一方，途上国の農村では，自然が残り，川は人びとの生活とともにある．このような状況で川との接触を少なくすることは困難である．

16.2.4　研究者と技師の育成と関与

　寄生虫研究は20世紀初頭の最先端学問であり，前述の通り，日本にはそれに真摯に取り組む研究者が育っていた．さらには，その活動を支援する地元の医師や教師，役場関係者の理解があった．科学的疾病対策の基本は，顕微鏡下で便中の虫卵を検査し住血吸虫感染を地域で正しく診断できることである．日本は戦前から県レベルでそれが可能であり，第二次大戦後は多くの元衛生兵がこの任務にあたった．このような科学者や技師は途上国では育っていない．特に地方では決定的に不足している．研究者と技師の養成はなされているが，政府給与が安いために，アルバイト収入のある都市に住みたがり，地方での対策を担う人材と，それを保障する制度が構築されていない．

16.3 日本以外における住血吸虫症対策

16.3.1 中国の戦後の事例

中国では日本住血吸虫症が長江流域の中流から下流の水田地帯に広範に広がり，さらに，広東省，福建省，雲南省でも流行し，数千万人の生命と健康の脅威となっていることが1924年に報告されている．しかし，対策が国家的な課題となったのは戦乱が治まった1950年代からであり，1950年代初めには患者数3000万人を超えると推定されていた．1959年には流行地人口1億人，罹患者1000万人と報告されている（佐々，1978）．いくつかの地域では20世紀になって流行が広がった．中国では，川，湿地，池，運河・灌漑水路が媒介貝の生息地であった．対策として，人海戦術で水路を埋めて脇に新しい水路をつくる埋没法や，湿地干拓，排水，焼払いが行われた．貝を10cm以上の深さに埋没させると貝は出てこられずに死亡する．埋没法や湿地干拓では人海戦術により媒介貝の個体数を物理的に減少させ，流行地面積は1割以下となった．初期の対策には日本の寄生虫学者が協力し，日本と同様に環境改変による感染経路対策を中心として成功した（飯島，2009）．1989年には患者数152万人と報告されている．新たな患者発生を阻止・減少しても，これまでに多くの患者が累積しており，その人たちに対する治療・ケアが課題となっている．

近年，駆虫薬プラジカンテルが行きわたり，流行はさらに減少した．しかし，僻地では，環境対策が実施されないため流行が継続している．次のアフリカの例でも同様であるが，安全な駆虫薬ができたことにより環境対策が進まず，住血吸虫症を制圧できないという逆説的な現象が起こっている．

16.3.2 アフリカにおける対策

サハラ以南アフリカでの住血吸虫症対策は1970年代までほとんど実施されなかった．当時は貝対策が中心であり，それを流行地域が広く人口が稠密でない地域で実施することはほぼ不可能であり，経済的にも成り立たなかった．それを実施するだけの社会インフラも保健医療インフラもアフリカ農村部にはなかった．住血吸虫症は貧しい農村の人びとの病気であり，アフリカでの全国レベルの公衆衛生対策は不可能だと考えられていた．住血吸虫症による急性死亡もなく，優先

順位の低い疾患とされ，植民地時代も独立後も全国レベルの対策はほぼなされなかった．1950年代以降はメトリフォネート（有機リン化合物）の3回投与が治療に導入されたが，集団治療には応用されなかった．

　近年，世界保健機関は「顧みられない熱帯病（NTD；neglected tropical disease）」という概念を打ち立て，エイズ，結核，マラリアの3大感染症（ATM）以外の世界に蔓延する寄生虫症，感染症への世界の注目を喚起している．NTDには住血吸虫症や腸管寄生虫症など熱帯地方の風土病的な疾患が多く含まれる（19章参照）．NTDは顧みられない人びとの病気でもあり，途上国で10億人以上の人間の生活の質に大きく影響している．多くは急性致死率の高い疾患ではないが，途上国の多くの人びとを実際に苦しめている疾患である．1980年ごろから徐々に世界的対策が話題となり，NTDキャンペーンにより「貧困のなかで生きながら体験する病苦」が世界的に注目されるようになった．

16.3.3　開発原病としての住血吸虫症

　エジプトではナイルの周辺に人口の9割が集中し，1930年代には農村部の60％が感染していたために住血吸虫症は古くから国民病と認識されていた．主にビルハルツ住血吸虫症が流行していたが，1971年にアスワン・ハイ・ダムが完成し，水流の変化，洪水の減少による媒介貝の増殖，灌漑の発展，住民の移動によりナイルデルタを含む下エジプトでマンソン住血吸虫の感染者が増加した．一方，ビルハルツ住血吸虫症は減少した．これは，生態系が変化したことによって媒介貝の生息状況が変わり，疾病の流行に影響を与えたもので，興味深い例である．2000年には，流行地の感染率は，ビルハルツ住血吸虫が上エジプト4地域で5〜14％，マンソン住血吸虫が下エジプト5地域で18〜43％だった（El-Khoby et al., 2000）．

　エジプト以外では，ガーナのボルタ湖（アコソンボダム）やスーダンのブルーナイル灌漑プロジェクトなど大規模開発プロジェクトで住血吸虫の研究と対策が実施された．水開発に伴って人口流入が進み感染者も増加する．小さな溜池，水田，灌漑用水路の建設によっても住血吸虫症は流行地を拡大させた．「開発原病」に対する対策が必要であり，新たな流行地，感染者を最小限に抑えるために開発前の環境・健康リスクアセスメントが不可避となっている．

16.3.4　1990年以降の住血吸虫症対策

世界保健機関（1985）は1984年に「住血吸虫症は貝によってではなく人間によって起こる疾病である」と宣言し，「貝対策」から「治療を中心とした対策」へと転換を図った．この転換の背景にはプラジカンテルの開発があった．プラジカンテルが1970年代に開発され1回の投与で安全に駆虫ができることから集団投与による疾病対策が脚光を浴びた．当初は高額で，1990年の1人あたりの治療の費用は5～10ドルだったが，製造特許が切れるとともに価格が低下し，現在では成人1人あたり0.2ドル程度で治療が可能となった．また，ビルハルツ住血吸虫が膀胱がんの発生を増加させていることがエジプトで明らかになり，定期的駆虫による重篤化予防に力点がおかれた．

2001年のWHO総会決議（WHA54.19）で，2010年までに流行地の学童期の子どもの75％が定期的なプラジカンテルの投薬を受けられるようにし，流行地の医療機関でプラジカンテルを利用可能にすることが目標にされた．学童を対象とするのは血尿や虫卵陽性率のピークが10～14歳であり，彼らが主要な感染源だからである．駆虫薬の開発は疾病対策の出発点である．それが効果を発揮するには，住民が利用できるように末端医療機関に薬が配備され，学童の駆虫が定期的に行われる必要がある．そのためには，住民が病気の存在を知り，対策の必要性を共有し，対策に積極的に参画，協力することが必要である．また，集団投薬だけではなく，トイレの設置，安全水供給，感染危険行動の回避，媒介貝対策が進められる必要がある．WHOはそれらを提言してはいるが，現状はそうなっていない．実際に現時点での流行地での学童へのプラジカンテル投与は，部分的に実施されているにすぎない（WHO，HP参照）．

16.3.5　医学的アプローチの限界

駆虫薬によって寄生虫成体を殺し虫卵の生産を阻止することは，慢性症状の進行を止め，環境中の虫卵を減らす．プラジカンテルの出現は多くの生命を救い，住血吸虫症対策を根本から変えた．WHOの目標には達していないが，投薬を受けた人数は年々増加している．しかし，サハラ以南アフリカで流行地は減少していない．人口増もあり患者数も減少していない．1人あたりの感染者の平均成虫数（感染強度）は治療により減少していると想定されるが，全体像は明らかでない．プラジカンテル投与の実施率をもっと上げなければ，環境中に虫卵は残り，

媒介貝の中で増殖し，人間に感染するサイクルは続く．すると，いつまでもプラジカンテルを投与し続ける必要が生じ，やがて薬剤耐性も広がる可能性がある．この事実は，保健医療体制が不十分な地域では，駆虫薬だけに頼る対策は不十分であることを示している．環境改変，貝対策，便所の設置，住民，施政者，医療従事者の根本的意識改革，生活条件の向上がない限り，日本のように住血吸虫症をなくすことはできない．医学的アプローチを中心としながらも，それ以外の対策を総合的に実施しないと対策には成功しない．人びとは住血吸虫が生息している環境の中に組み込まれて生活している．それを理解した上で，人間へのインパクトを減らす方略を考えるべきである．むしろ生態学的なアプローチを中心として，そこに医療を組み入れるパラダイムシフトが求められている．

医学的アプローチは，先進国で成功した方法がそのまま途上国各地で適用でき，持続可能だと考える過ちを犯す．先進国の成功例から途上国が学ぶことは多いが，それを直接に適用できない場合が多い．途上国間でも同様で，世界均一の方法で対策を進めることが合理的，科学的，民主主義的であると考える前提を疑うべきである．特に，地域の文化，社会，経済，政治，自然環境への十分な理解，その地域の人間生態系についての十分理解ぬきに疾病対策を成功させることは困難である．

環境改変，貝対策，便所の設置，住民，施政者，医療従事者の根本的意識改革，生活条件の向上などは，1つの医学プロジェクトやプログラムによって可能となるものではない．将来にむけて，どういう世界をつくるかについての，世界規模，地球規模の長期的ビジョンとそれに基づく施策が求められている．それに沿った形で，地域ごとに長期的対策が検討されるべきである．

16.4 ケニア・クワレ地方における対策研究の試み

以下では住血吸虫対策研究の実際をケニアを例として紹介したい．

1979年に日本の援助によりケニア中央医学研究所がナイロビに発足した．それとともにJICA（国際協力機構，当時は国際協力事業団）の「ケニア感染症プロジェクト」が開始され，その中で寄生虫班はモデル地区をケニア沿岸州クワレ県に設け，住血吸虫の感染と対策に関する研究を開始した（図16.4）．1990年までに寄生虫学的メカニズム，医動物学的メカニズムはかなり明確になった．対象

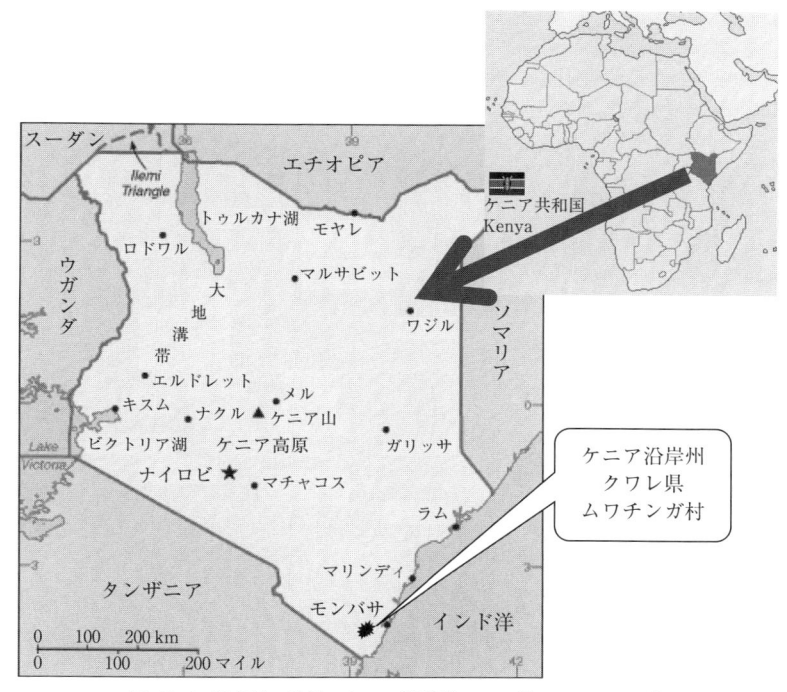

図 16.4 調査地の位置：ケニア沿岸州クワレ県　ムワチンガ村
(http://www.2m.biglobe.ne.jp/%257eZenTech/world/map/Kenya/index.htm より作成)

地域のムワチンガ村では JICA による安全水供給がなされ，感染危険のある川の水との接触も理論的には回避できるようになり，村人の一般的衛生状態の改善と生活の利便さにおおいに寄与した．しかし，現実的には対象地域の住血吸虫虫卵排泄陽性率は低下したものの，決して十分といえるまでには低下しておらず，再感染率も高かった．

16.4.1　調査地の一般的状況

ムワチンガ村には 1991 年時点で 190 世帯約 1500 名が登録されていた．そのうち 600 名程度が村と都会を不定期に往復する生活を送っており，実際の居住人口は 1995 年で 1270 名であった．調査地は乾燥したサバンナウッドランドで，焼畑によるトウモロコシの栽培と，牛，ヤギの飼育が主な生業である．家屋は 60 km^2 ほどの領域に散在している．バスケットを編んだり，カシューナッツ，ココヤシ，マンゴを売ったりするが大きな収入源ではない．村内にそのほかの産

業，収入源はない．畑地が荒れると2～3年で住居ごと移動する家族が多い．村での仕事や貯えがなくなると町に出かけて何らかの職を探し，町で職がなくなると村に帰るという暮らしをしている．ケニアの中でも貧しい村で，食料を自給することが困難であった（図16.5）．

この村で全世帯を訪問し，世帯主あるいはその配偶者，男性98名，女性92名に聞き取り調査を実施した．男性の平均年齢は48歳，女性は40歳だった．男性の80％と女性の54％が村の出身者である．無学歴（無就学）が男性54％，女性79％を占めた．伝統的に一夫多妻制であり，イスラム教の信者が多くなって妻は4人までに制限された．子どもは多く，避妊は普及していない．離婚も多い．屋敷地内に住んでいる人数を聞いてすぐに返事が返ってこない場合もしばしばあった．村の小学校は1968年に設立され，1990年代は学童期の子どもの6割が通っていた．2000年代になって就学率は上昇した．人口の流動性が激しいこと，住所，年齢，姓名が定まらないことが長期的な対策や研究の支障になった．2年後の調査では，190名のうち6％が死亡し22％が転出あるいは出稼ぎに出ていた．村には長老がおり，伝統的な掟はあるが，その機能は日本とは異なっている．長老のよびかけは投薬への参加動員には限定的な役割しか果たさなかった．

図16.5　ケニアの調査地の風景と活動の様子　沿岸州・ムワチンガ村

16.4.2　安全な水の供給における課題

　ムワチンガ村では安全な水を供給するために公共水道栓を1984年に設置した．村から約10km離れた地点にキリマンジャロからの伏流水の取水場・上水道施設があり，そこからの水をケニア第二の都市であるモンバサに送るための水道管がムワチンガ村を通っている．イギリス植民地時代の施設である．ムワチンガ村は岩盤の上に位置し，井戸掘りが困難である．掘れたとしても塩分が多く，住民は飲用せず洗濯にも用いない．小さな丘陵が連なり，その間を多数の小川が流れる．人口密度も低く，小川を流れている水は清潔にみえる．住民は，飲用，食事，水浴，洗濯に使う（図16.6）．井戸水に比べおいしい．洗剤の泡立ちもよく，水浴びや洗濯によい．ただし，ビルハルツ住血吸虫に感染する危険がある．JICAプロジェクトでは数ヵ所に水販売所を設置した．水道料金を払うために蛇口をキオスクの中につくり，村人を雇って20L 0.5円で販売した．村の2/3の世帯が水道水を利用していた．ところが，農作業や家事が忙しいと販売員はキオスクに鍵をかけて出かけてしまい，遠くから来ても水が入手できない．また，現金がないために多くの村人がツケで水をもらうために水道局への支払いが滞る．貧しく子どもが多い家庭などでは飲料用には水道水を使うが，洗濯や水浴は川の水を使う．特に水販売所が遠く川が近い場合にその傾向が強い（Noda et al., 1997）．村の女性グループに運営を任せ，利用を促すことによって1世帯あたりの水道水使用量は1991年の1日1人あたり10Lから1995年には20Lに増加した．しかし，

図16.6　ムワチンガ村の川での洗濯・食器洗い
皮膚から住血吸虫のセルカリア（有尾幼虫）が侵入する危険が大きい．こうしてビルハルツ住血吸虫に感染する．

16章 病気と健康への生態学的アプローチ―アフリカでの住血吸虫対策

結局20年間かけても水販売所は定着せず，プロジェクトとそれにかかわった日本人の援助が終わるとともに廃れた．安全水の供給は住血吸虫症対策の基本の1つだが，貧しい地域では水道の設置・維持すら困難だった．

ムワチンガ村から南西に20kmほど離れたムサンガタム村では，住民が利用する川の水場近くに井戸を掘り，井戸の近くに洗濯場，水浴び場をつくった．川の水が地中で濾過されて井戸に溜まり安全水となる．しかし，住民は井戸を使わなくなった．その場に川の水があるので，それを利用した方が簡単というわけである．ムサンガタム村で成功したのは，隣接する自然保護地区で湧水を発見し，そこから重力を利用して村の中心までパイプラインを引いたことであった．これは消毒のされていない水であったが，清潔で住血吸虫に感染する危険もなかった．ムサンガタム村は幹線道路沿いに家が密集し，中心地域があり，そこから川までも遠いなどの地理的条件がムワチンガ村と異なる．村人は水源のメンテナンス，キオスクの管理を積極的に実施している．

16.4.3 感染状況の推移

ムワチンガ村の虫卵陽性率は，治療がまったく行われていなかった1982年でおよそ70％だった（図16.7）．1984年にメトリフォネートを用いた集団治療を実施したが，虫卵陽性率は54％に低下したのみだった．1986年に初めてプラジカンテルで集団治療し，虫卵陽性者の85％が陰性となり，村全体の虫卵陽性率

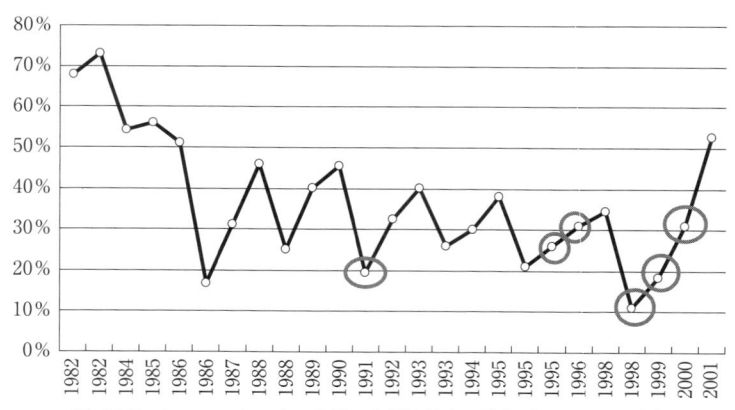

図 16.7 ケニア・ムワチンガ村の虫卵陽性率の推移（1982〜2001年）
各回の集団尿検査参加者の値であり，必ずしも同一集団の変化ではない．
丸で囲った値は推定値である．

は20％以下となった．しかし，2年後には治療前の9割程度の虫卵陽性率に逆戻りした．その理由は，① 川の水を利用して再感染する者，② 集団治療に参加しなかった者（特に集団治療時に不在でUターンしてきた者），③ 集団治療の時に偽陰性と判断され投薬されなかった者がいることによる．その後2〜3年おきに集団治療を繰り返したが，1991年の時点でも虫卵陽性率は46％と高かった．1992年から健康教育や住民参加を取り入れ，1998年には集団投薬後3年で33％まで下がった．しかし1996年以降，JICAプロジェクトは終了し，2001年の検査では虫卵陽性率は53％まで上昇してしまった．上昇の理由は1997年のエルニーニョによる洪水で貝の分布が広がり感染が増えたこと，および，症状のある患者が選択的に検査治療を受けに来たことによると思われる．プロジェクトが動いている間は不完全ながら虫卵陽性率は減少傾向にあったが，それは持続可能ではなかった．ただし，連続的な治療によって平均感染強度は低下しており，その点ではプロジェクトの効果はあった．

16.4.4 集団治療と検診・治療参加率

駆虫薬による集団治療（mass-chemotherapy）は個人に対する治療と集団の感染対策の両面で有効である．しかし，その効果は参加率（カバー率）に左右される．かつては治療薬が高価だったために検査して虫卵陽性者に投薬するという二段階方式がとられていた．しかしこれだと感染者は検査と投薬のために二度，村の中心まで来なければならず，参加率が下がり，運営コストがかかり，偽陰性の見逃しもある．そこでWHOは近年，多くの疾病に対して集団投薬（MDA；mass drug administration）を薦めている．しかし，集団投薬は自分が感染しているか否かを知らないままに実施される点で教育的効果が少ない．実際にムワチンガ村のように広い土地にポツンポツンと家屋が散らばっている地域で，二段方式で参加率80％を維持することは容易ではなかった．集団治療の効果を高めるには住民が病気に対する正確な知識を獲得し，治療（あるいは検尿・治療）の重要性を十分に理解し，検診投薬に積極的に参加する必要がある．サービスを提供する側は住民の参加率を高めるためにさまざまな工夫をする義務がある．プライマリ・ヘルスケアの一環として地域でプラジカンテルが利用できるようにすることも大切な施策である．住民だけでなくサービス提供者側にも行動変容が要求される．途上国でみられるサービス提供側の傲慢で不親切な態度は住民の参加率を

低下させる．

　ムワチンガ村では当初，参加率はよかったが1991年には658人に低下した．その後，検診と治療に参加することの重要性を丁寧に説明し，住民が参加しやすいように早くから情報を流すなどサービスを改善することにより，1998年には957名，2001年には1089名が検診に参加した．

16.4.5　学校保健の活用

　学校は投薬への高参加率が期待できる．住血吸虫症は10〜14歳で感染率，感染強度がピークに達するので小学校での集団治療プログラムが推奨されている．就学率が低い場合には，地域の学齢期の子ども全員を対象としたプログラムが必要である．小学校在学中に尿検査，集団治療と健康教育を経験すれば，住血吸虫症に関する認識も行動も変化することが期待できる．ジンバブエではJICAの援助によってこの様な試みが地域保健所によって実施され効果をあげた．

　しかし，学校がもつ機能はそれぞれの社会で異なり，日本の学校保健をそのまま途上国に導入できると考えるべきではない．学校が学童生徒の心身の健康を育む場でもあるという認識を，社会，政府，教師，父兄，生徒が共有することが前提条件である．途上国ではその共通認識が形成されていない場合が多く，保健分野が効率だけを考えて学校を利用することには持続可能性が乏しい．教師は学童生徒の健康を自分の責任外だと考え，保健スタッフも学校は自分の責任外だと考える．教師養成課程では，健康教育・指導の具体的方法は教えられず，医療従事者養成課程では，学校保健サービス・健康教育の具体的方法は教えられていない．そのため，学校保健サービスと健康教育は実際に行われていない．ムワチンガ村でもプロジェクトが学校保健活動を実施するまでは何も実施されていなかった．教育分野と保健分野が協力し，学校保健年間計画を作成し，学校カリキュラムと連動した学校保健サービスを実施する体制を構築することが必須である．

16.4.6　環境保健的アプローチと住民参加

　便所をつくり，川での排便・排尿を減らすことは重要な感染経路対策である．回虫や鈎虫の寄生や全般的衛生面からも便所建設と使用促進は意味がある．しかし，便所を清潔に維持し，継続して利用することは難しい．住民は焼畑のために移住するため立派な便所はつくらない．穴を掘っただけの便所は臭く，ハエも多

く不衛生で，使う気になれない．人口密度も低いので野原で用をたすことを好む傾向も理解できる．便所の保有率は1991年で11％，1998年で32％だった．

匂いが少なく，ハエも少ない換気改良型簡易便所（VIP；ventilation improved latrine，別称Blair式トイレ）が開発されたが，内部が暗く，ドアがない点も好まれなかった．また，家族で1つの便所を共有することは文化的に受け入れられないともいわれ，世帯主の専用便所になってしまったりする．さらに，呪術を避けるために排泄物を隠すことが求められ，便所の穴は必要以上に深く掘らなければならないとされる地域もある．したがって，人口密度が増えて，便所以外に適当な排泄場所がなくならない限り，便所とその使用の普及は簡単ではない．また，川での排尿を減らす方法としても便所の効果は限定的である．以上のような状況で排尿のためにわざわざ便所に行く住民はさらに少ない．

健康教育と住民参加はプライマリ・ヘルスケアの不可欠な要素と認識されている．どのような対策も，住民の理解を得るための教育・対話・参加なしに実施することは倫理的に許されなくなっている．教育の内容・方法も，情報・教育・コミュニケーション（IEC；information, education, communication），健康学習，行動変容のためのコミュニケーション（BCC；behavior change communication），参加型社会評価（PRA；participatory rural appraisal），プリシード・プロシードモデル（precede/proceed model）へと広がっている．このような，住民の自主性重視は，保健医療サービスの本質を変えるものであり，従来の，無知を正したり，住民を利用したりすることとはまったく次元の異なるものである．自然環境と社会環境を含む生態系の中で自主的に生きている人間として対象をとらえ，その中での疾病に彼らが対処することに力を貸すという視点が求められる（Moji *et al.*, 1998）．

日本で成功したような環境改変は今のところムワチンガ村には応用できない．生業に関連した環境改変で，生産性と収入が上がり，かつ，住血吸虫も減らせるような方策は思い浮かばない．プロジェクトでは，貝が住めないように水草を刈ったり，川さらいをやったり，水流を早めたりして一定の効果をあげたが，それは長続きはせず，プロジェクトからの資金がなくても住民が継続するものではなかった．自然に対して人口も少なく，環境改変に投資するだけの見返りが期待できない状態にあり，住民は貝と住血吸虫とともに生きているように感じる．

16.5 ビルハルツ住血吸虫症対策が成功しない理由

　ムワチンガ村は，ビルハルツ住血吸虫症の対策を実施するにはきわめて困難な場所であった．その理由は列挙すればきりがない．土地は痩せ，生きていくのがやっとなのに，野生のゾウやヒヒによる作物被害がある．農業以外の就業機会はなく，住民は貧しい．プライマリ・ヘルスケアが不完全であり，診療所もなく，病院は遠い（1998 年に診療所を設置した）．保健の人材も育っていないし，彼らを育て働かせるシステムがない．住血吸虫症対策を始める前にしなければならないことが山ほどある．

　疾病は，人間集団が生活している自然環境の中にどのような社会を構築するかによって決定される．ムワチンガ村の人たちは，媒介貝が生息し，ビルハルツ住血吸虫が生息する生態系に生きており，この 3 者が接触してビルハルツ住血吸虫症が発生している．その発生には，ムワチンガ村の人びとが構築している社会のあり方，生活のあり方（livelihood）が関連している．医学的対策も人類生態学的対策もこの枠組みを逃れることはできない．

　そして，この枠組みによって成功する医学的対策は限定される．社会が変化し，生活環境が変わっていけば，健康状況や疾病構造も変遷していく．それが健康転換である．社会が変化し生活環境が変化しなければ，疾病は存在し続ける．内部から利用可能で持続可能な医学的アプローチが実施できるためにも社会が変化しなければならない．人類生態学的アプローチは，自然環境の中で健康増進と疾病対策に望ましい社会環境を考え，自然環境，社会環境との関係の中で，より健康的な生活ができる全体像を構築する方向に変化を促進させようとする．実際にムワチンガ村も変化している．しかし，ビルハルツ住血吸虫を制圧するまでに変化するには，多くの時間を要すると思われる．

16 章　引用文献

El-Khoby, T. *et al.* (2000) The epidemiology of schistosomiasis in Egypt: summary findings in nine governorates. *American Journal of Tropical Medicine and Hygiene* **62** (2 Suppl): 88–99.

Faust, E. C. and Meleney, H. E. (1924) Studies on schistosomiasis japonica. *Monographs of the American Journal of Hygiene* **3**.

Gryseels, B. *et al.* (2006) Human schistosomiasis. *Lancet* **368**:1106-1118.
飯島　渉（2009）『感染症の中国史』中央公論新社.
小林照幸（1998）『死の貝』文藝春秋.
Moji, K. *et al.* (1998) Health education approaches to control urinary schistosomiasis in developing countries. *The Acta Medica Nagasakiensia* **43**:1-11.
Noda, S. *et al.* (1997) Effect of piped water supply on human water contact patterns in a Schistosoma haematobium-endemic area in Coast Province, Kenya. *American Journal of Tropical Medicine and Hygiene* 1997 Feb **56**(2):118-126.
佐々　学（1978）『中国大陸の住血吸虫症』新宿書房.
World Health Organization (1985) The control of schistosomiasis. Report of a WHO expert committee, *WHO Technical Report Series* **728**.
World Health Organization　http://www.who.int/schistosomiasis/en/（2010年12月）
World Health Organization　http://www.who.int/neglectedtropicaldiseases/preventive_chemotheraphy/sch/en/index.html（2010年12月）

17章 アジアにおける生業転換と化学物質の導入

　アジアの多くの国々は農業国であるが，その農村部は過去半世紀の間に著しい変貌をとげてきている．その内容は国・地域によってさまざまであるが，基本的には「伝統的」な自給自足型の農村のスタイルが崩れ，市場を意識し，生産力の向上を目指し，ひいては経済的な状況の改善を意図した農業への転換が起こったと考えられよう．このような転換を本章では「生業転換」とよぶことにする．生業転換は，後に述べるように，広い意味での環境（物理化学的・社会的）に，意図しないものも含むさまざまな変化をもたらし，結果として，生業転換の主体となった集団自身の生存や健康にも新たなチャレンジをもたらす．この意味で，生業転換は人間集団（の活動）⇒環境変化⇒人間集団（の生存・健康）という相互作用のプロセスそのものであって，相互作用の多様性やそのメカニズムについて多くの示唆が得られると考えられる．

　この章では，2006～2008年度にかけてアジア・オセアニアにおいて実施した一連の調査について述べる．この調査では，生業転換に伴って導入されるさまざまな化学物質に着目し，導入の影響と生業転換の道筋との関連を明らかにすることを目的とした．試料の分析やデータ解析は執筆時点でも進行中であることを最初にお断りしておきたい．

17.1 調査のフレームワーク

　ライフスタイルの変化と人びとの健康とを関連づけようという試みはこれまでも数多くあり，途上国においても食生活をはじめとする「近代化」(modernization) あるいは西洋化が慢性疾患のリスクを高くしたことが指摘されている．ここで生

業転換とよぶのもこうした「近代化」の一側面としてとらえられようが，そのプロセスが必ずしも一様ではなく，多様性があることを想定し，複数の地域で定量的なデータを集め，比較することを目指したのが，本調査の大きな特徴である．もう1つの特徴は，想定される変化の中で，化学物質の導入を取りあげたことである．7章で述べた通り，化学物質の利用はほとんどの場合，リスクとベネフィットをもたらす．2009年に国際共同研究によって，地球生態系の存続にかかわる9つの領域（planetary boundaries）が提唱されているが，化学物質による環境の汚染は，気候変動や窒素循環の攪乱などと並んで領域の1つにあげられている．ただし，現状での汚染がどの程度，「限界」に近いのかという評価には至っていない（Rockström *et al.*, 2009）．すでに多種類の化学物質を導入した生活を送っている先進諸国とは対極にありそうな途上国の，特に農村部において，人びとがどの程度化学物質を利用し，曝露されているのかを知ることは，人間の生態学という観点からも重要であると考えられる．

　調査にあたっては，生業転換をドライブする要因（X），生業転換の実態（Y），生業転換の影響（Z）という3種類の情報を，生業転換の程度が異なると考えられる複数の集落から比較可能な形で集めて解析し，これら3つの変数群の関連を明らかにすることを最終目標とした．生業転換の道筋が多様であるとすれば，負の影響（Z）をなるべく小さくするような道筋が同定できるかもしれない．対象としたのは，バングラデシュ（中部と北西部），中国（海南島），インドネシア（西ジャワ山間部と盆地），ネパール（カトマンズ渓谷とテライ平原），パプアニューギニア（沿岸部と高地），ベトナム（南部の平野と高原）のそれぞれで，生業転換の進行程度が異なるという条件で4～6集落を相手国のカウンターパートに提案してもらい，調査を実施した（図17.1）．各集落では，原則として子どものいる50世帯を選び，各世帯から成人・小児それぞれ男女1名ずつ，計4名を対象として，血液・尿などの生体試料収集と，聞き取り調査を行ない，さらに生体試料についてはさまざまな生化学的・化学的分析を行なった．また，各集落で起こった生業転換の様子を知るために，それぞれの集落の長老やあるいはそこに長年居住する人びとからも聞き取りを行い，過去50年の生態史を復元することを試みた．

　集落は無作為抽出されたわけではなく，それぞれの国を代表することを意図したものでもない．しかし，国という単位は，政治や社会の仕組みを通じて人間の生態学にも当然影響を及ぼしており，同一の国の集落は，全体として国の特徴を

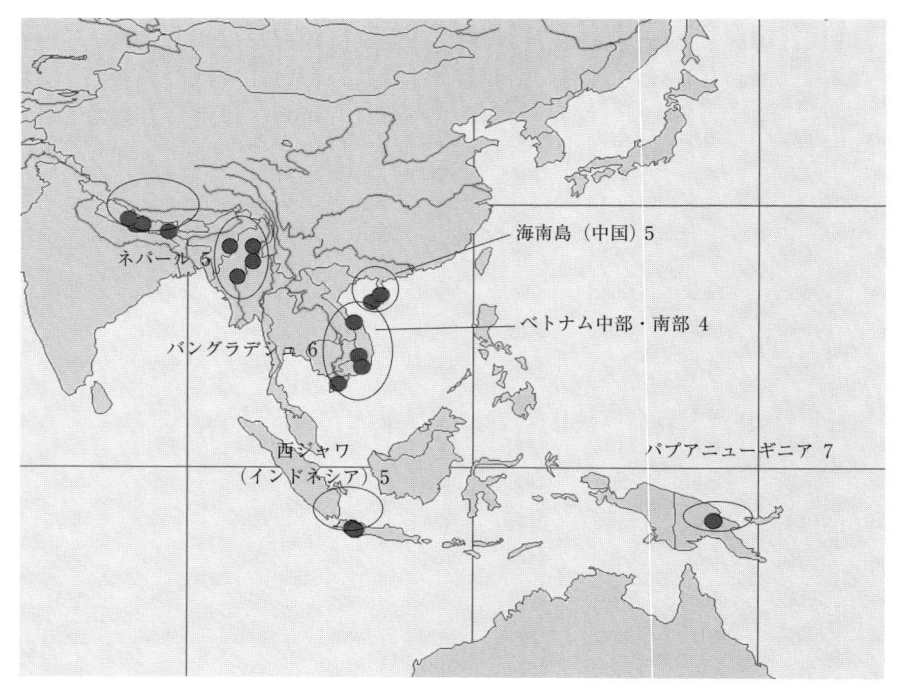

図 17.1 調査対象集落の位置
地域名（国名）の横の数値は集落数．

一定程度反映していると考えるのは不自然ではないであろう（20章参照）．表17.1には対象集落が位置する国々の国レベルでの関連する統計数値を示した．国連の提唱する人間開発指標（human developmental index）は，平均寿命，1人あたりGDPと識字率・就学率から計算され，GDPなどに代わって福祉（well-being）の指標として用いられることを意図しており，1〜0の間の値（1が最も評価が高い）となる．日本を除く各国は，世界（177ヵ国）の中で中位分類（64〜146位）に区分されている．1950年までデータがさかのぼれていないが，人口の急増と急速な都市への集中が起こり，1人あたりGDPは約30年で2.5〜30倍の伸びを示していることからも，急速な変化がうかがわれる．

以下，まず各地域の生業転換のドライブ要因（X）と転換の実態（Y）について，簡単にふれた後，特に解析の進んでいるインドネシアの事例についてやや詳しく述べる．次に生業転換の影響（Z）の解析からどのようなことがわかるのか，いくつかの影響指標を取りあげて解説し，最後にX/YとZとの関連についての現

表 17.1　調査対象集落の属する国々の人口・健康関連指標

	人間開発指標（順位）	人口 [百万人]		平均寿命		老齢人口割合 [%]		都市人口割合 [%]		GDP PPP 1人あたり [US$]	
	2004*	1975*	2009	1990	2006	2004*	2006 a)	1975*	2006 a)	1980 b)	2009
バングラデシュ (1971)	0.530 (137)	73.2	165	55	63	4	6	10	25	307	1470
インドネシア (1945)	0.711 (108)	134.4	232	60	68	5	8	19	49	727	4149
ネパール (1768)	0.527 (138)	13.5	28	54	62	4	6	5	16	297	1197
パプアニューギニア (1975)	0.523 (139)	2.9	6.3	58	62	2	4	12	13	862	2175
ベトナム (1945)	0.709 (109)	48.0	87	66	72	6	8	19	27	299	2933
中国 (1949)	0.768 (81)	927.8	1334	68	73	8	11	17	42	251	6546
日本	0.949 (7)	111.5	128	79	83	19	20	57	66	8378	32817

＊は国連人間開発指標（Human Development Index）2006. a) WHO World Health Statistics, 2008.
b) Nationmaster.com

状での展望を示そうと思う．

17.2　生態史と生業転換の実態

17.2.1　生態史の復元

それぞれの集落において過去の歴史をよく知る人びとに聞き取り調査を行い，過去50年の生業の変化にかかわる出来事のシークエンスを再構成することを試みた．これは，大塚柳太郎らによってソロモン・海南島・沖縄において実施された大規模なプロジェクト（日本学術振興会報告書，2003）にヒントを得て，それを簡略化したものである．その詳細についてはここでは省略する（環境省地球環境局，2009）が，いずれの地域をとっても過去50年はきわめて変化に富む期間

であったといってよい．

　どの地域でも，国家の政治体制は大きな変化をとげた．その中でライフラインに関するインフラの整備がおおむね1980年代以降に行われ，農村部の景観は相当程度変化したものと思われる．同時に，緑の革命に象徴されるような農業技術革命によって生産力が向上し，食糧供給が安定したことが多くの地域・集落で共通しており，インフラ整備で外の社会とつながったことにより，収入の機会を求める出稼ぎなどによる都市部への人の流出，農作物などの出荷，購買力のついた住民をターゲットとする食品や家財の流入などによって外部とのモノの出入りが起こったことも，それぞれの集落にとって物理的・社会的に大きなインパクトとなった．

　一方，このような激しい変化に対する社会の反応は，それぞれの地域によって異なり，海南島やベトナムのように，比較的短い時間の中で，生業の大きな変化（換金作物の導入）をとげた地域と，パプアニューギニアのように，伝統的システムを併存させつつ新しい農業（コーヒー栽培）を長期間かけて受容した地域がある．また，こうした生業転換をサポートする仕組みも，地域によってまちまちである．以下，西ジャワ（インドネシア）を例に，どのような情報を集めたかを解説しよう．

17.2.2　西ジャワ対象集落における生態史

　インドネシアは大小約1万7500もの島々からなる島嶼国家であり，行政上は33州に分かれて統治されている．民族・文化は多様であり，総人口は世界第4位を占める．首都ジャカルタのあるジャワ島は，全人口の約6割が集中し，最も人口密度が高い島である．本プロジェクトでは，ジャワ島に居住する2民族の1つ，スンダ民族の中心地である西ジャワ州の州都バンドン周辺を対象地とした．調査対象地として選択したバンドン県の農村部4集落とバンドン市域の1集落は，バンドン県にまたがるチタルム川流域に位置している．チタルム川の流水域は6000 km^2に及び，3つの貯水池が存在する．過去30年間にわたって，川の下流域は都市化・産業化が急速に進行した．一方で，上流域では，換金作物栽培のための耕作地拡大が進行し，森林区域の不法伐採すら行われている状況にある．それに伴って，さまざまな化学物質が新規に使用，廃棄されるようになり，工業や農業，生活排水中に含まれる農薬や重金属などの化学物質によって，環境が汚染

されていることが報告されている（Parikesit et al., 2005）．州都バンドン市の人口は236万人で，急速な都市化・産業化に伴い，大気汚染，水質汚染，廃棄物処理などのさまざまな環境問題を抱えており，2006年には国から「最も汚い都市」として指定を受けたほどである．

17.2.3 インドネシアおよび西ジャワの生業転換と市場経済化—歴史的背景

　インドネシアの産業においては，農業がきわめて大きな比重を占めるが，それは自給的農業とプランテーション農業の両輪で発展してきた．後者は，オランダによる植民地化時代に開始されたものであり，その歴史は17世紀にまでさかのぼる．オランダ東インド会社がジャワ島に進出したのは1602年のことであり，当初は香辛料の交易を目的としていたが，後に有利な熱帯作物としての価値が注目されたサトウキビ，コーヒーを栽培する土地を獲得して領土拡大した．18世紀末に同社の所有地をオランダ政府が管轄するようになり，世界市場のニーズにあわせて作物を栽培させる方法（強制栽培制度，オランダ語でcultuurstelsel）で紅茶・コーヒーを栽培して莫大な利益を得た．スンダ人の中心的な居住地域であるプリアンガン山地とバンドン盆地は，もともとは焼畑農耕が生業の中心であったと推測されているが，これによって，コーヒー・藍などの商品作物が強制的に栽培されることとなり，今日でも，茶の大プランテーションがバンドン南部の山地に多く残っている．強制栽培制度は1830年から始まったが，40年後にその収奪性が批判の的となって廃止され，民間企業者のプランテーション経営参入を認める農業法が制定された．この法律のもとに，インドネシアはますます強く農産物輸出経済の枠組みにはめ込まれていった．インドネシア独立後には，植民地のシンボルでもあった外国人所有の大農園は政府に接収され，多くの農園経営者はインドネシアを脱出し，経済が混乱する中で熱帯作物の生産は減少した（酒井，1966）．

　インドネシア農業におけるもう1つの重要軸は自給的農業であり，スンダ地方にも19世紀に国家主導の灌漑・排水事業が導入されたことにより，自給的稲作が始まった．独立当時，インドネシアは，米をタイ，ミャンマー，ベトナムなどの近隣地域から輸入したが，スハルト体制下の1960年代後半以降には，米の自給化を目指した「緑の革命」が進行し，大規模灌漑の開発・改修，高収量品種の利用，化学肥料と農薬の多投，農業金融の整備などが遂行された．その結果，米

輸入大国から自給国へと変貌をとげ，1984年に米の自給を宣言した．西ジャワにおいても，「緑の革命」以降，稲作技術が飛躍的に向上し，収量も増加した．1970年代から1980年代初頭，石油に依存していたインドネシアは，世界的な石油価格の低迷により財政が逼迫した1980年以降脱石油の政策に転換，1986年ごろからは繊維や合板などの石油以外の輸出が急増し，安定した経済成長をとげるようになる．バンドン周辺には伝統的繊維産業が発達していたが，80年代以降大規模な繊維工場が次々に進出し，インドネシア繊維産業の中心地となっている．IMF・世界銀行による構造調整政策は，農業生産の多様化を促し，経済成長に伴い，農産物の需要も多様化，1990年代には，畜産物や野菜の需要の伸びが特に都市部で著しくなった．この多様化に対応して，インドネシアの農業政策は，絶対的な米自給化政策から，米以外のトウモロコシや大豆，あるいは野菜類をも加えた食料需要全体を勘案するものに転換した（米倉，2003）．西ジャワでも冷涼な気候を生かした高原野菜や果物の栽培が盛んとなっており，また新しい作物栽培の可能性を求めた試行錯誤が続けられている．1997年の後半から発生した通貨危機と経済危機，1997年のエルニーニョ現象による乾期の長期化，米が1997年から1998年にかけて2年続きで大幅に減産し，米の大量輸入という食糧危機により，インドネシアの農業・農村部は大きな影響を受けた．この経済危機に対応してIMFなどの支援を受けるため，インドネシア政府は，急速な市場自由化，規制緩和を行った後も政府による農業政策改革は継続しており，特に2000年代に入ってからは，グローバル化する市場経済への対応が最重要課題となっている．

インドネシアで最大の人口を擁するジャワ島でも西ジャワを流れるチタルム川流域は人口稠密地帯として知られている．この川の水源に近い山間部から2集落（TとC），電力用に開発されたサグリン湖周辺の2集落（PとB），ならびに対照として，インドネシア有数の人口規模（250万人程度）を有するバンドン市内の1地区（S）を対象として調査を実施した．

<B村>　（図17.2）

B村はバンドンの南30 kmに位置する，人口8034人，世帯数2133の村であり，村民の主な生業は，養殖業，農業，商業，建設労働，出稼ぎ労働（海外を含む）である．

1950年以降，村の主な生業は天水田稲作と伝統灌漑を用いた果樹園であり，収穫物はほとんど自給用であったが，1985年に村にダム湖が建設されたことに

17.2 生態史と生業転換の実態　　　319

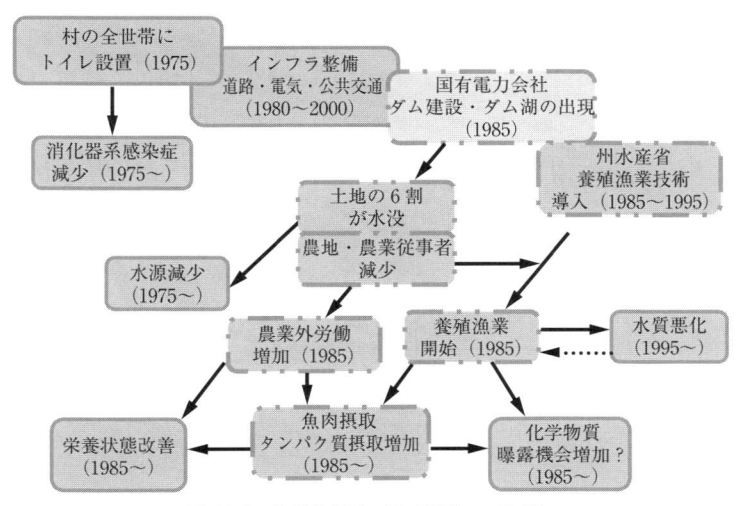

図 17.2　生態史復元の例（西ジャワ B 村）
本文 17.2.2 項も参照．二点鎖線で囲まれた事象は，ダム建設の結果として，比較的早期に起こったと考えられる．矢印は聞き取りにおいて，関連があるものとして認識されている．点線の矢印は負の影響を示す．

より，村の生業が急激に変化した．ダム湖は，インドネシア国有電力会社によって建設され，その主目的は，ジャカルタをはじめとするジャワ島西部への電力供給であった．ダム湖建設以前は，村民の 7 割が農業従事者であったが，ダム湖建設により村の土地の 6 割がダム湖下に沈み，多くの農業用地が失われた．その結果，農民の 7 割が，農業からダム湖での養殖業へと職を変えた．ダム湖での養殖業は，西ジャワ州の水産省の指導によって開始され，開始当初は利益率が高かったために，村人の多くが本業に参加した．その後 1995 年ごろまでの約 10 年間，ダム湖での養殖業には活気があり，村の経済状況は大きく向上した．しかし，1995 年ごろからダム湖の水質悪化が深刻化し，魚の大量死が頻発，漁獲量が激減した．現在ではダム湖で働く者は，村民の 5％程度にすぎず，かつての養殖漁業者は建設労働や商業，出稼ぎ労働などへ生業を転向している．

　ダムでの養殖業が衰退した一方で，村人は，ダム湖で皿洗いや洗濯をしたり，ダム湖の水を汲み取って自宅にもち帰り生活用水にしたりと，日常的にダム湖を使用している．村の耕作地には，個人所有地とインドネシア国有電力会社からの借地の 2 種類があり，多くの場合は後者を利用する．また，乾季にはダム湖の水位低下により出現した土地を利用した作物栽培が行われる．そのような土地は，

土地の栄養分も高く，耕作に適しているが，収穫物の多くは自給用である．

<C村>

C村はバンドンの南東35 km，Puncak cae山の西の麓，標高1200 mから1500 mに位置する．人口は5070人，世帯数1300の村であり，村民の主な生業は畑作と畜産業である（兼業の場合が多い）．

オランダ統治時代は茶栽培が広く行われていたが，インドネシア独立後，茶畑は野菜畑に転換され，主に自給用の零細な野菜栽培が行われた．しかし，1979年に村に道路が敷設され，市場へのアクセスが改善されたことにより，換金作物としての野菜栽培が盛んとなり，村の経済状況も向上した．現在の主要作物は，ジャガイモ，長ネギ，ニンジン，ササゲ，キャベツ，唐辛子などであり，バンドンやジャカルタの市場で販売される．一方，1985年に大統領支援基金として村民10名に無料で牛が配布されたことを契機に，村では畜産業も開始された．牛乳は南バンドン酪農協同組合へと出荷されるのだが，その販売額が当時の平均収入以上であったこと，牛の餌は野草やバナナの葉など自生のものでコストがかからないこと，牛の購入資金がない者に対する賃借が積極的に行われたことなどから，乳牛が多くの世帯に普及し，現在に至っている．

なお，村の土地の多くは国有林であり，耕作地は村の敷地の18%を占めるにすぎない．また，村の耕作地のうち9割が小作地であり，個人所有地は1割にすぎない．さらに，村民1人当たりの耕作面積は，個人所有地が0.25 ha，小作地が0.1 haと，村の野菜栽培は大変零細なものである．

<T村>

T村はバンドンの南東40 km，Puncak cae山の西の麓，標高は1500 mから1600 mに位置する．人口11545人，世帯数3226の村であり，主な生業は畑作，ティープランテーション労働，畜産業である．

19世紀前半にオランダ人が入植して以降，村ではティープランテーションが継続的に行われている．現在，ティープランテーションは主に国有企業によって経営されており，村に存在するプランテーションの土地の8割は国有企業の所有，残り2割が村所有となっている．

村では，1950年ごろにはすでにキャベツやジャガイモの栽培が始まっていたが，換金作物としての野菜栽培が本格化したのは，農薬が村に導入された1980年以降である．主要作物はキャベツ，ニンジン，ジャガイモ，白菜，ネギであり，

バンドンやジャカルタなどの市場で販売される．キャベツについては，輸出用に特化した世帯が10世帯程度あり，台湾や韓国などに輸出されている．野菜栽培は収穫量が増えているが，肥料や農薬の費用が増加しているため，利益は減っているという．一方，1965年に村民が牛を数頭個人購入したことが契機となり，村で畜産業が開始された．その後，1980年に大統領支援基金が設立されて100世帯に乳牛が無料配布されたことや，南バンドン酪農組合が組合員に対して割安で牛の賃借を行ったことなどから，村民の多くが乳牛飼育に従事するようになった．

現在の生業は，村民の2割が自作農，2割が畜産業，6割が農業労働者あるいはティープランテーション労働者である．自作農と農業労働者の多くは，畜産も兼業している．村の土地の38％が国有林，58％がティープランテーションであり，農地は3％にすぎない．農地は1割が個人所有地，9割が小作地であり，村での野菜栽培は大変零細なものである．小作地には，森林局の土地，村の土地，ティープランテーションを経営する国有企業の土地の3種類ある．

<P村>

P村は，B村と隣接する，人口5448人，世帯数1246の村である．村民の3割は自作農（稲作と畑作），7割は農業労働者と建設労働者である．この職業構造は，1950年のころからほとんど変わっていない．

村で稲作が始まったのは1950年以前のことであるが，1955年ごろから，人口の増加に伴い水田が増加し，伝統灌漑を用いた2期作が行われるようになった．田は低い平地や小川の側につくられていたが，1980年に建設された道路によって小川の流れが遮られるようになり，水田を増やすことができなくなった．村で行われている稲作には，天水田，伝統灌漑水田，陸稲の3つのパターンがある．天水田は1期作，伝統灌漑は2期作で，収量は伝統灌漑が天水田の1.5倍程度である．また，天水田では，稲を収穫した後にキャッサバなどの裏作を行うことがある（全体の1/4程度の水田で行われる）．一方，畑作も1950年の時点ですでに開始されており，現在ではキャッサバ，トウモロコシ，大豆，落花生などが主な作物である．2000年には，村の自作農のうち10名程度がトマト，チリ，ショウガなどの換金作物の栽培を開始したが，あまりうまくいっていない．稲は昔も今も，ほとんどが自給用である．販売されるとしても，それは村内部でのやり取りであり，村外部から仲買人が来ることはない．キャッサバ，トウモロコシなどは

ほぼ自給用であるが，大豆，落花生などは，村の近くの市場で販売される．

建設労働者は，1950年代に増加し，ジャカルタやそのほかの大都市で働いていた．そのような機会が得られたのは，戦後の退役軍人でジャカルタ治安局で働いていた村人のつてによるものだった．1960年には，建設労働者を運ぶため，村とジャカルタとを結ぶバスまで出るようになった．P村の建設労働者が携わったプロジェクトは，ホテルインドネシアなどジャカルタを代表する建築物が多い．1997年のインドネシア経済危機の後，ジャカルタでの建設労働者としての仕事が減ったため，海外に出稼ぎ労働に出る者が出てきた．

<S町>

都市部であるS町は，バンドン市内のパジャジャラン大学の側に位置する村である．先述の農村部4村は，ほぼスンダ人が占めているが，都市部S町においてはスンダ人は人口の8割で，残りの2割はジャワ人（ジャワ中部・東部），バタック人（スマトラ北部），パダン人（スマトラ西部）などである．住民は，公務員，会社員などのホワイトカラーから，建設労働者，清掃業者などのブルーカラーまで多様な就業形態であり，その社会的地位や経済的状況もさまざまである．また，大学に近いことから，小売店，食堂や屋台，学生を対象とした宿舎や洗濯屋などを営む者も多い．

1970年代まで，村の土地の多くは水田であった．稲作は，Sekeloa川の水を引いた伝統灌漑を用いて行われ，二期作であった．当時は化学肥料や農薬を使用することはなく，家畜の糞や藁などを肥料として使用し，収穫物はほぼ自給用であった．S町の土地は，1970年以前から全て個人所有地であり，その運用は地主に委ねられていたが，1978年ごろから，数人の土地売買業者が村の土地を買収し，水田を畑地へと転換し始めた．その目的は，いずれ住宅地として販売することであった．土地利用形態の変化とともに農業従事者は減少し，建設労働者が増加した．また，1982年に道路が建設され，バンドン市中心部へのアクセスが改善されたことにより，村は市内の諸大学に通う学生の宿舎街として発展し，村の経済状況が大きく向上した．

現在，村には15の集落（インドネシア語でRWとよぶ）があるが，うち3つのRWは公務員用の集合住宅地である．また，村には3つの高級集合住宅地と700の学生用宿舎が存在する．S町は，1983年にほかの村から分岐して独立，10のRWから構成された．当時の世帯数は3000世帯，人口は18000人であった．

2007年3月の時点では，世帯数は5000世帯にまで増加している．

　以上が，各対象村の概況および生業転換プロセスをまとめたものである．インドネシアが完全独立をとげた1950年には，低地にあるB村，P村，S町は自給的稲作を，高地のC村，T村は自給的畑作と市場用のプランテーション栽培を行っていた．その意味では，市場との接点が古くからあったのは，高地の2村といえる．1950年以降現在に至るまで，5集落は外部とのさまざまなかかわりの中で，生業パターンを多様化させてきた．その変化をもたらしたドライブ要因として特に影響が大きかったものは国の政策であり，B村ではダム建設により村の職業構造が一変し，C村やT村では政府援助により畜産業が発展した．また，T村では政府による農薬導入によって，市場用の野菜栽培が本格化した．さらに，道路などのインフラ整備も，市場経済化を促進した．一方，P村とS町においては，政府の介入よりも企業や住民の主導によって生業転換がもたらされたといえる．また，B村やS町の生業転換は，プロジェクト開始当初に想定していた「伝統的・自給的農業から市場化農業への転換」という生業転換の図式にはあてはまらず，単に脱農業への方向転換である．

　集落によっては，生業の転換のきっかけとなった要因がまったく予期しないような結果をもたらす例が見出される．その典型例がダムで水没したB集落の事例である．つまり，国のエネルギー（電力）政策という，B集落とは直接には関係しない事情によって，ダム建設，集落の水没，生業の放棄，転職・養魚産業の導入，養魚（生簀）の乱立による水質悪化（＋上流の工業地域からの排水流入による水質汚染），養魚業の衰退といった一連のイベントがおよそ10年のスパンにまたがって続いた．養魚産業の導入までは，「予定された」変遷だったと思われるが，その先は，養殖漁業の運営の方法や，近隣の工業発展など不確定性の高い要素が加わって，比較的長期間の後に，想定されない結果を産み出したといえる．生業転換が，社会の広い側面にわたって影響を及ぼすことを考えるとき，こうした「不測の事態」が，とりわけ比較的長い時間が経過した後に起こるのは当然ともいえる．表17.2は，西ジャワを含め，このような例についてまとめたものである．環境の保護，生業の安定化などを目指して，政府やNPOなどが実施した事業が，それぞれ人びとの健康，環境に影響を及ぼしてきたことは明らかである．

表 17.2 生業転換のドライバによって，多くの普及効果が起こった例（梅﨑昌裕によってまとめられたもの）．

海南島：環境保護政策（1980 年代）
- Z1：バイオマスの増加（1980 年代から現代まで）
- Z2：水田の可食植物利用増加（→化学物質曝露増加？）（1990 年代以降）
- Z3：観光産業の振興による収入増→タンパク質・脂質の摂取増加（2000 年以降）
- Z4：焼き畑の放棄による労働負荷の軽減（1990 年代）

パプア・ニューギニア：教会活動によるコーヒー栽培の導入（1960 年代）
- Z1：除草剤への曝露機会の増加（1980 年代以降）
- Z2：収入増加によるタンパク質・脂質の摂取増加（1990 年代以降）
- Z4：ブラジルの不況→コーヒー価格の高騰→コーヒー生産の急激な活発化
  →生産工程におけるコーヒーマメの水による洗浄→飲料水の汚染（2000 年以降）

西ジャワ：水力発電用ダム建設（1985）
- Z1：農業外労働者の増加（出稼ぎを含む）（1985 年以降）
- Z2：養殖業の開始による収入増→タンパク質・脂質の摂取増加
  （→化学物質曝露の増加？）（1985 年以降）
- Z4：養殖漁業過剰によるダム水質の悪化（1990 年代以降）

バングラデシュ：飲料水確保のための井戸（tube-well）敷設と灌漑の促進（1970 年代）
- Z1：糞便感染による細菌性消化器感染症の減少（1970 年代）
- Z2：地下水中に含まれるヒ素による中毒の発生（1980 年代終盤から）

17.3 バイオモニタリングデータの地域・集落・性差

17.3.1 健康への影響をどうとらえるか

　生業転換は，生活のさまざまな側面に影響を及ぼすと考えられるが，健康と生業転換（ならびに化学物質の導入）との関連を重視して，以下のような項目をできるだけ定量的に調査した．すなわち，食生活（食物摂取頻度調査FFQ による），栄養状態（BMI，Hb，Se など），化学物質への曝露（As, Cd, Pb ならびに有機リン系農薬への曝露を，それぞれ尿中排泄で評価），血圧ならびに臨床化学検査（潜血や糖尿など，健康診断の尿検査でわかるような簡単なもの），身体活動の評価（加速度計と GPS とを組み合わせた生活時空間調査）．化学物質への曝露については，農薬などの使用状況を聞き取り調査するとともに，途上国においてどのような物質への曝露が起こっているのか不明であるので，ガスクロマトグラフィー–質量分析（GC–MS）と相対定量データベースとを組み合わせたシステムを用いて多成分同時検出による探索的な分析を行った（分析は，熊本県立大学・

17.3.2 肥満・血圧の問題

1980年代に研究された,「近代化」においても,肥満・高血圧など生活習慣病のリスク要因への影響が多くのデータによって示された.表17.3には,西ジャワおよびネパールの各集落成人における過体重・低体重の人の割合を示す.いずれの地域,集落においても過体重と低体重の人がともに無視しえない比率で存在する状況がみえる(8章参照).インドネシアのS,ネパールのWは,いずれも大都会の中の一地域で,耕地はなく,農業従事者も皆無の都市部の集落である.これらの集落で過体重の割合が高いことは,これが身体活動とかかわりが深いことを示唆している.中国では,1980年代から90年代にかけて職業の変遷,同一職業における活動内容の変化,移動方法の変遷(歩行のような能動的な移動から,車のような受動的な移動へ)によって,身体活動が大きく減少したことが報告されている(Monda et al., 2006)が,ここでは職業の違いが最も大きな原因であろう.実際,西ジャワS集落住民の昼間の身体活動量(加速計を装着してもらっ

表 17.3 過体重低体重の人の割合

集落	男性				女性			
	n	平均 BMI	低体重 (<18.5)	過体重 (>25)	n	平均 BMI	低体重 (<18.5)	過体重 (>25)
西ジャワ								
B	47	21.3	17%	13%	50	24.1	2%	38%
C	51	20.8	6%	2%	52	23.2	6%	25%
T	48	21.3	6%	8%	52	24.8	4%	44%
P	50	20.5	16%	4%	50	22.6	10%	26%
S	26	21.7	19%	19%	40	24.2	8%	43%
ネパール								
C	62	19.9	42%	5%	98	22.2	20%	28%
I	57	21.0	16%	7%	64	22.9	13%	27%
K	50	23.0	8%	26%	60	22.8	8%	23%
P	47	20.8	19%	13%	61	20.2	23%	5%
W	67	23.5	6%	33%	86	23.9	9%	35%

西ジャワとネパールの各対象集落における割合を成人男女について示した.WHOに従い,BMIで18.5未満を低体重,25超を過体重としている.

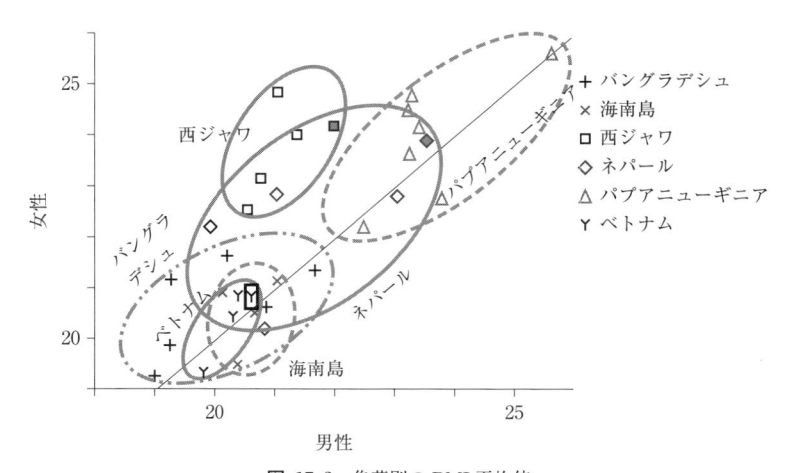

図 17.3 集落別の BMI 平均値
横軸に男性，縦軸に女性の値をとってある．西ジャワとネパールで塗りつぶしてある集落，ベトナムで四角で囲んである集落は都市部．

て実測)は農村部のいずれの集落と比較しても2～3割ほど少なかった．図17.3は，対象各集落の成人男女のBMIの平均値をプロットしたものであるが，それぞれの地域がひとまとまりをなしていること，それぞれの地域内においては男女ともに都市部集落のBMIが相対的に高いことがわかる．都市の対象集落数が少なく結論は出せないものの，身体活動に乏しい生活への転換が，肥満などを通じて慢性疾患のリスクを高めるという図式がアジアでもすでに進行中であることがよく現れている．

　表17.3で男女を比較すると，インドネシアではS以外の農村部を含めて，過体重の割合が女性で大きい．集落別に男女のBMIの平均を比較しても全ての集落で女性の値が有意に高かった．ほかの地域でも，女性のほうが高い値を示す場合が多いが，インドネシアはこの傾向が最も強く，逆にベトナムや海南島の対象集落ではBMIに性差がない．このことは図17.3からも読み取れる．こうした性差が身体活動との関連で説明できるかどうかは，食事調査などを重ねてもう少しデータを集めないとわからないが，地域（国）によって性差があったりなかったりするのは，性による分業のシステムあるいは食習慣などの地域差が関与していることは間違いないだろう．

　ここで，やや話をそらすことになるが，血圧について一言ふれておきたい．血圧は加齢の影響を受けるが，その程度には文化的背景が強くかかわることはよく

知られていて，現代的（西洋的）文明との接触が限られている社会では，加齢に伴う血圧上昇がみられない場合がある（鈴木ら，1990）．今回の各対象地域で，集落をまとめて，収縮期血圧と年齢との関連を成人男女についてみると，ほとんどの場合は有意な直線回帰が得られ，加齢による血圧上昇が確認された．ただし，地域によって回帰直線の傾きに違いがあり，また，女性のほうが大きな傾きを示した．図17.4に，回帰の傾きが最も小さなパプアニューギニアと，最も大きなベトナムについて，血圧-年齢の関係を示す．パプアニューギニアは年齢の影響が明確ではなく，特に男性では年齢との回帰直線が唯一有意にならなかった．

17.3.3　鉄とセレン

BMIはエネルギーにかかわる摂食量と身体活動とを反映する指標であるが，微量元素（8章参照）は食習慣に加えて，土壌（地質）や水などのローカルな物理化学的条件を反映しやすい点，汚染金属などと似ている．鉄の栄養状態は，フェリチンなどの鉄結合タンパク質などさまざまな指標で評価されるが，貧血の指標でもあるヘモグロビン（Hb）は，指を細い注射針で刺して得られる微量の血液でその場で測定が可能である．ただし，貧血には銅欠乏性や再生不良性など鉄欠乏以外の原因があること，Hbはタンパク質栄養の問題も反映されることで，必ずしも鉄の栄養状態だけをみているわけではない点は注意が必要である．今回の対象を地域レベルでみると，海南島，パプアニューギニア，ベトナムの3地域で

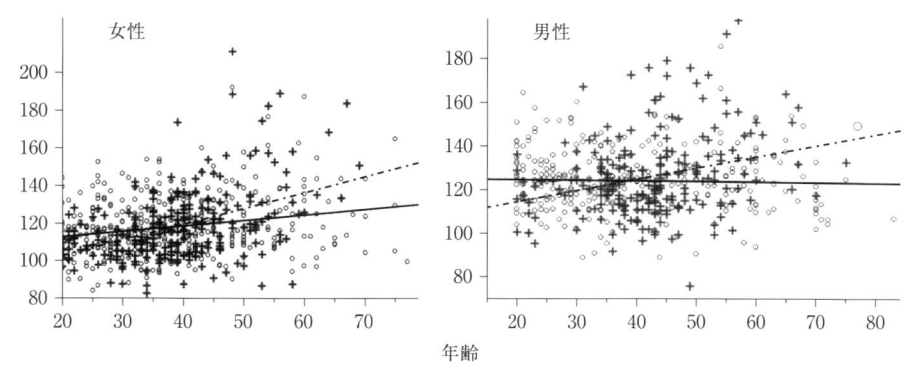

図 17.4　血圧と年齢との関係

パプアニューギニアの集落（○）は，ベトナム（＋）と比較して加齢による血圧上昇（縦軸＝収縮期血圧［mmHg］）が弱い．実線はパプアニューギニア，点線はベトナムの回帰直線．

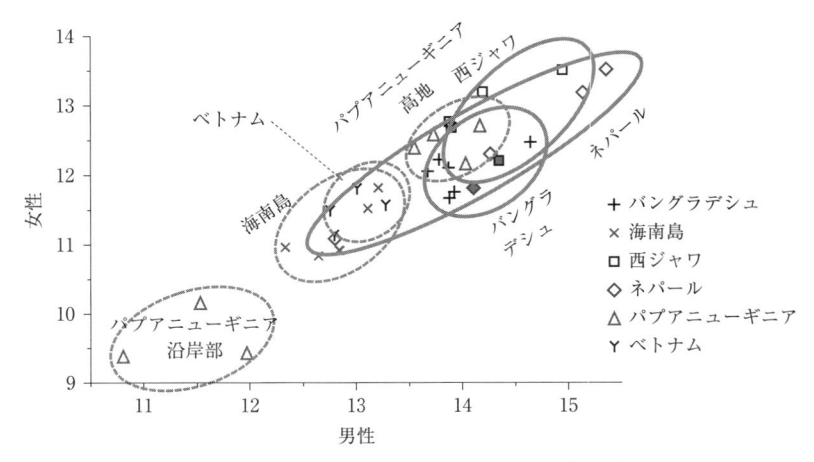

図 17.5 血中ヘモグロビンの集落別平均値 [g/dL]
横軸に男性，縦軸に女性の値をとってある．西ジャワとネパールで塗りつぶしてある集落は都市部．パプアニューギニアは高地と沿岸部で値が大きく異なる．

は，平均値が男女とも WHO の定める貧血（男性 13，女性 12 g/dL 未満）の境界レベルであった．地域別に集落ごとの平均値（図 17.5）をみると，バングラデシュでは集落間差が小さく，海南島（中国）では漢族＞（少数民族である）リー族という民族差，パプアニューギニアでは山間部＞沿岸部という地理的な差がある．ネパール・インドネシアの集落間差には，標高差と生活スタイル（食習慣）の双方が関与していると考えられる．インドネシア，ネパール，ベトナムはそれぞれ都市部集落も対象としたが，それぞれの地域の中で都市部が必ずしも高 Hb というわけではなく，この点 BMI とは異なる．BMI と Hb について，集落別の平均値を対応させてみると，両者の相関は高くなく，それぞれが独立した要因によって決定されることが推測できる．

セレン（Se）は，抗酸化機能あるいは甲状腺ホルモン代謝にかかわる多くのタンパク質の活性に必須の元素（Watanabe, 2005）で，多くの集団では，野菜を除く植物性食品と動物性食品がそれぞれ半々程度，全体の摂取量に寄与している．かつて中国でみられた克山病とよばれる心筋症が，欠乏症としては有名である（Combs, 2001）．その時の調査で，セレンの少ない土壌で育った植物，それを飼料として育った家畜，これらを食するヒトがいずれも低セレン状態であったことが知られている．微量元素の場合，ローカルな地質条件がヒトの栄養状態に強く反映され，特に食物の流通が限られた社会でこの傾向が顕著である．セレン

については執筆時点においてインドネシア，ネパール，ベトナムの3地域のデータがあるが，地域による差が大きく，いわば微量元素らしい特徴をもっている．都市部と農村部を比較すると，ネパール，ベトナムでは都市部の集落がそれぞれの地域内では最高値であったのに対し，インドネシアでは都市部集落は相対的に低値であり，Se 栄養についても単純に都市のほうがよいとはいえないようである．尿中 Se は Se 栄養状態の指標としては，血中 Se のように鋭敏ではないが，ネパールの多くの集落が準欠乏領域にあると判断された．

17.3.4　どのような化学物質に曝露されているのか

　生業転換によって生活のスタイルが変化する中で，それまで伝統的な農耕社会では使用されなかった多くの化学物質が導入され，使用されるようになる．代表的な例が農薬あるいは化学肥料であるが，それに伴って，撒布機や耕耘機などの農業機械と，それを動かすための燃料，農薬などの包装に用いられるプラスチックの包装・容器類，ビニルハウスに用いるビニルなどが集落に入ってくる．農作物を売って現金収入を得るようになれば，食品を購入するようになるし，輸送のための車やバイクも購入する．家財も次第に増えてさまざまな耐久消費財がもち込まれる．加えて，石鹸・洗剤・医薬品なども珍しくなくなってくる．こうして，集落の外部からさまざまなモノが流入するようになり，それが時として集落やその周辺の環境中に放出されたり，放棄されたりすることになる．

　途上国に起きているこうした一連の変化の中で，どのような化学物質がもち込まれるかはわかっても，住民の健康や近隣の環境に何らかのリスクを及ぼすのかどうかは別の問題である．そこで，住民から得た尿試料にどのような化学物質が見出されるのかを，ガスクロマトグラフィー－質量分析（GC-MS）と相対定量データベースとを組み合わせたシステムを用いて分析した．使用した化学物質のデータベースには，農薬・環境汚染物質が600種弱，容器・包装用物質160種ほどが登録されており，尿中濃度が10 ppb以上のものを検出するシステムとなっている．

　インドネシア・ネパール・ベトナムの3地域，計400サンプル程度についてこのスクリーニングを行ったところ，実際に検出された化学物質は数十種類を超えていた．検出された化合物には農薬および農薬の溶剤の代謝物などが含まれており，人びとが実際にそれを体内に取り込んでいることを示している．注意すべきことは，尿中の化学物質を測定しているため，脂溶性の高い化学物質は検出され

表 17.4　探索的な化学物質曝露スクリーニング解析の結果

	ネパール $n=103$	ベトナム $n=101$	インドネシア $n=200$
Lauryl alcohol	1	3	2
BHT	2	1	3
Stearyl alcohol	3	–	6
Methyl Stearate	4	2	5
Myristic acid	5	–	–
Palmitamide	6	7	9
Steamide	7	5	–
Stearic acid	8	10	–
Tinuvin328	9	–	7
2, 4-Di-tert-butyl phenol	10	6	1
DIBA	–	8	8
Lauric acid	–	4	4
Methyl Palmitate	–	9	5
2, 4-Dichloroaniline	–	–	10

3地域で得た尿試料の一部を半定量的に解析した．10 ppb 以上の濃度を「検出」と判断した．各化合物の数値は検出率の順位．3地域に共通の物質が多いことがわかる．

ない点で，例えば，残留性が高く，毒性の強いものもある有機塩素化合物の多くがここでは検出されない．また，体内に入ってから代謝を受けてほかの形に変わる化合物も多いが，グルクロン酸抱合体については，前処理によってグルクロン酸を外して検出したものの，ほかの抱合体は検出できず，さらに親化合物から代謝による変化が大きいものも検出されない．したがって，ここで数十種というのはかなり過小評価していると考えてよい．検出件数が多い順に化合物を並べてみる（表17.4）と一見して気づくのは，地域を超えた共通性である．それぞれの地域で上位に入る化学物質は，ほかの2地域でも上位で検出されている場合が多い．このように，まったく関連のない広範な地域に居住する人びとが，同時に同種類の化学物質に曝露されることは興味深いことである．それが，グローバリゼーションの影響の一側面を示している（工業製品の生産方式や流通の実態で説明できる）のか，あるいはニーズの側からの必然性なのかは，さらに調査を重ねないとわからない．

17.3.5 尿中へのカドミウム排泄でわかること

　尿中には，前項に述べた以外にも多くの物質が排泄され，それをさまざまな方法で検出することが可能である．尿を誘導結合プラズマ質量分析（ICP-MS）という方法で測定することにより，金属を測定することができる．金属は環境中に放出されると何らかの形で積極的に除去あるいは固定しない限りは分解されることがなく，現代の人間が持続的に曝露される可能性が高い化学物質群である．カドミウム（Cd）については，日本が欧米よりも曝露量が多いが（IPCS, 1992），コメが主要な曝露源である．その意味で，同じくコメを主食とするアジアの諸地域に住む人びとの健康リスクを考える場合には，無視することができない汚染物質の1つである．ただし，コメがCdを特異的に蓄積するわけではなく，肥料に使うリンなどに不純物として含有され，土壌中濃度が高くなることで作物への蓄積が起こる．このほかにも石灰や有機肥料からの寄与もある（Bjerregaard and Andersen, 2007）．

　およそ半世紀前にその存在が注目されるに至ったイタイイタイ病以来，Cdによる健康影響については多くの研究がなされた結果，ほかの汚染物質同様，安全（「影響がない」）とみなしうる量が次第に小さくなってきた．尿中のCdは，Cdの体内負荷量（body burden）を反映するとされる．2003年に行われたWHO・FAOの専門家会議では，健康に障害をもたらさない尿中Cd濃度としてクレアチニン1gあたり2.5 μgが提案されたが，0.5〜3 μg程度を提唱する意見もある（Jarup and Akesson, 2009）．欧米の非汚染地域では1 μg未満という報告が多い一方で，日本では特に顕著な汚染がない地域でも1〜4 μg/gクレアチニンと高い値が報告されている．本調査の対象をみると，インドネシア，ネパール，ベトナムの計14集落において，尿中Cdの（算術）集落平均が0.5 μg/gクレアチニンを下回るのは1集落のみであり（図17.6），個人レベルでも半数をはるかに上回る人びとがこれ以上の曝露を受けている．また，2.5 μg/gクレアチニンを上回る集落も1ヵ所存在する．実際にCdによる腎機能障害があるのかどうか，現時点で明確なことはいえないが，当面監視しておく必要はありそうである．

　Cdは蓄積性の高い汚染物質であり，一般に加齢とともに尿中濃度が高まることが知られている（Nordberg et al., 2007）．上記3地域の成人について，地域別男女別に年齢と尿中Cd濃度との関連を調べると，いずれの地域でも男女ともに両者の間に正の有意な相関関係が得られた．ちなみにほかの元素（Se, As,

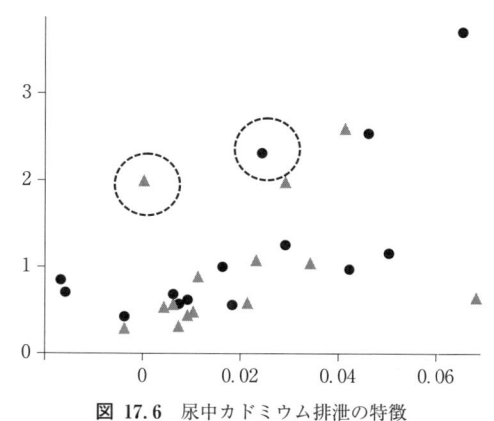

図 17.6 尿中カドミウム排泄の特徴
横軸に濃度の年齢に対する回帰係数 [μg/g クレアチニン/年] を,縦軸に濃度の平均値 [μg/g クレアチニン] をプロットしてある.●が女性,▲が男性.ほとんどの集落で回帰係数と濃度に相関がある中で,ネパールのI集落の男女(点線で囲んである)のみ年齢に依存しないが平均値が高い.

Pb) でこうした関係を検討すると,ネパールの女性における Se を唯一の例外として,年齢に依存する元素はないので,Cd と年齢との関係は特異的であるといえる.

　例数が少ない点に注意しつつ集落ごとに Cd と年齢との関連をみると,集落によって両者の関連がさまざまであることがわかる.すでに 3 章(3.1.1.c)で述べた通り,インドネシアの 5 集落のうち,2 集落では年齢とともに Cd 濃度が増加する.同様に,ネパールでは 5 集落中 2 集落,ベトナムでは 4 集落中 3 集落が年齢との有意な相関を示す.これらの結果は男女を別にしてもまとめても大きくは変わらない.Cd 濃度の平均値が高い集落では年齢との相関がある中で,ネパールのI集落はその例外であり,最近になって比較的高いレベルでの曝露が始まった可能性が高い.子どもについてみても,これら 14 集落の中でIの値は最も高く,このことを裏付けている.このように年齢を広くとって調べることにより,横断的なデータから集団全体の過去の経過を推測できる可能性がある.ちなみに米国 CDC(Centers for Disease Control and Prevention;米国疾病予防管理センター)による一般住民 1000 名以上を対象とした調査(1999〜2002)において,尿中 Cd の中央値と 95 パーセンタイル値は,それぞれ 0.3,1 μg/g クレアチニン程度で

あり，今回の対象地域よりもかなり低い．

17.3.6 だれが農薬に曝露されているか

　農薬は，生業転換に伴って導入される化学物質の代表ともいえる．それぞれの地域で農薬取り扱いの経験の有無についてたずねると，西ジャワのように農薬の散布は男性に限られる場合と，ベトナムやネパールのように男女ともに農薬を扱う場合とがあり，農薬散布後に自覚症状を経験した人の割合も使用頻度と相関していた．このように性による分業が地域によって異なることは注意が必要である．つまり，生業転換が人びと，特にその健康にもたらす影響を考える際に，ある地域では男女に同等に影響を及ぼすのに対し，別の地域ではそうではない，という違いが起こりうる．

　農薬については，西ジャワにおいて集中的に調査を行った．成人男性において農薬撒布経験者は都市部では5％以下であるのに対し，山間部において野菜の近郊農業を営む集落ではおよそ2/3が撒布経験ありと答えた．上記の通り女性はほとんどこの撒布に関与していない．

　使われている農薬の種類は多岐にわたるが，ピレトロイド系，有機リン系，ジチオカーバメート系が主体であり，有機塩素系は使用されていない．もっとも，住民の母乳，あるいは集落の中にある池で育てられた魚からは，それぞれ数検体で高濃度ではないがDDT（ジクロロジフェニルトリクロロエタン）の代謝物であるDDEが検出され，少なくともかつてはDDTが使用されていたことがわかる．有機リン系農薬は多くの種類があるが，共通の代謝産物が尿中に排泄されるので，曝露状況を知ることができる．対象集落の成人男性については，農村・都市部にかかわらず対象者の50〜60％の尿から代謝物が検出された．一方で伝統的な水田耕作が中心の集落での検出率は30％にとどまった．成人女性においては，男性の2/3程度の検出率であった．注目すべきことに，農薬撒布の経験と尿中からの代謝産物の検出にまったく関連がない．これらの代謝産物の半減期は短く，農薬撒布に直接由来する曝露を捕まえることは難しいとはいえ，撒布経験者がほとんどいない都市部や女性からも代謝産物が検出できることは，曝露が農作業とは無関係に起こっていることを示している．

　同一の方法で，農作業に直接従事することのない日本の事務職員（成人男女）を調査した結果では，検出率は90％近かった．前出のCDCによる米国住民の調

査でも，検出率はきわめて高い（測定方法の違いから直接検出率を比較することは難しいが，測定感度としては今回とCDC調査はそれほど違わない）．

これらのデータから，農村部を含む西ジャワにおいて，有機リン系農薬への曝露は，日米の一般住民よりははるかに低いレベルにとどまっていたといえる．米国の環境保護局（USEPA, 2006）が行った有機リン系農薬の健康リスク評価では，一般の人における曝露は食物・水・住居などにおける使用から起こりうるが，食物からの寄与が圧倒的に大きいと推定している．西ジャワでの観察もこれと矛盾するものではなく，少なくとも現在，有機リン系農薬については彼らは「クリーンな」状況にあるといってよいであろう．その一方で，農薬を直接撒布する人びとにおいて，いわゆる個人衛生（personal hygiene）は遵守されておらず，症状を訴える頻度が高い点は忘れてはならない．

17.4 生業転換と生体から得られた情報との関連

17.4.1 集落の特徴をどうまとめるか

冒頭に述べた通り，この調査の当初の目標は，アジア地域で起こっているライフスタイルの急速な変換が，人びとの健康とローカルな環境にどのような影響を及ぼすのか，負の影響を抑えた変換の道筋があるのかどうかを探ろうというものであった．前項までは，健康に絞ってその実態をみてきたわけであるが，「生業転換」そのものについて，それぞれの集落がどのような特徴をもっているか，という点について，インドネシアでの解析を中心に紹介しよう．

生業転換を評価する方法は，過去にもいろいろ考えられている．道路・上下水道・電気などライフラインの整備，農業の集約化や工業の導入，集落の形態の変化などの個々の項目をアリ・ナシのレベルで判断して，その合計スコアを用いるといったおおまかな方法（Bradley et al., 1990）もある．本プロジェクトでは，生業転換と関連しそうな多くの項目についての変数を，統計的に束ねて表現することとした．

インドネシアで対象とした集落は，バンドンという大都会の中にある一集落を除くと，全て農村風景が広がる集落である．住民に聞き取り調査を行って，彼らが主として農業で生計を立てているのか否か，耕地を所有しているか，集落の外に長期に出稼ぎに出たかなどを調べる（表17.5）と，バンドンに近い平野部（と

17.4 生業転換と生体から得られた情報との関連

表 17.5 生業転換の様相：西ジャワの例

	B (養魚)	C (野菜)	T (茶農園)	P (伝統水田)	S (都市部)
農作業・土地所有					
集落外就労>1月（過去1年）[%]	17	4	4	32	0
主な就労が農業以外（過去1年）[%]	51	40	54	75	85
主な就労が農業（畜産・養殖除く）[%]	10	10	4	14	0
水田を所有 [%]	27	0	0	32	5
Garden を所有 [%]	23	40	24	28	2
化学物質の農業使用					
化学肥料使用 [%]	18	48	28	30	0
殺虫剤使用 [%]	10	58	28	8	2
農業化学製品使用 [%]	4	65	31	10	4
社会経済状況					
家の建材：コンクリ or レンガ [%]	80	12	22	56	95
家財品所有 （0-5点）	3.1	2.3	2.7	2.8	3.6
燃料（kerosene，＋電気・ガス）[%]	80	21	64	32	99
交通（バイク有）[%]	39	17	20	16	44
教育年数 [年]		5.2	8.0	7.4	11.1

いっても海抜は 600 m 程度ある）と山間部（海抜 1200～1500 m）では，かなり違いがある．また，農業における化学技術の利用では山間部が平野部より依存度が高い．家屋の建材や家財の所有などをみると，山間部・平野部という対照以外の要素が効いてくる．こうした特徴を統計的にまとめてみると，5 つの集落は脱農業度と化学製品依存度という 2 つの軸で特徴づけることができた（図 17.7）．都市部の集落は，脱農業的だが化学製品への依存が強く，山間部農村は化学製品を多用，平野部の伝統的水田農村は農業依存度が高く，化学製品を使用しない．平野部のダム湖沿いの集落は，都市近郊らしく中間型の特徴を示した．脱農業が進むと，家電・バイクなど耐久消費財の所有が増え，「社会経済状態が向上」する．複数の軸が抽出されて 5 つの集落が直線上に並ばなかったことは，我々が生業転換と関連するだろうと考えたさまざまな変化が平行して起こっているわけではないことを示している．生態史の項で述べたように，西ジャワでは人間−生態学的な条件がそもそも違っていたわけであるから，これはある意味で当然ではあるが，ほかの地域においてはどうなのかは，今後の分析の結果をみないとわからない．

ちなみに，ここで使われた変数のうち，モノの所有について，「所有する」家

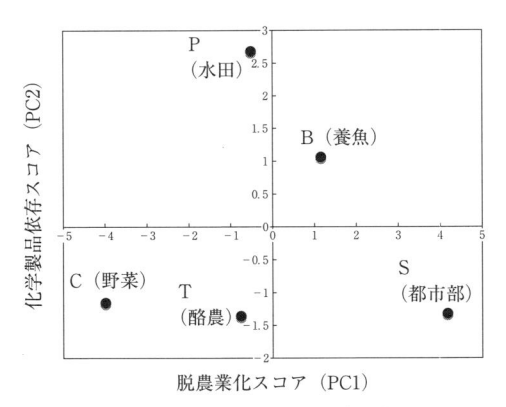

図 17.7 インドネシアの5集落の生業転換における位置づけ
聞き取り調査によって得られた生業転換に関する情報を整理し，脱農業化（横軸）と化学製品依存化（縦軸：ただし，図では数値が小さいほど依存度が高い）という2つの主成分を抽出し，各集落の相対的な位置を主成分得点としてプロットした．

財（全8品目中）の数を数えると，地域全体の平均値として，ベトナム，ネパール，インドネシア，バングラデシュ，パプアニューギニアの順序となった．ネパールで対象とした集落が，ネパール全体の中では，比較的「進んだ」集落であった（人口学的な特徴からもそのように判断できる）ことを考慮すると，表17.1にある人間開発指標の順位づけとまずまず一致していたといえる．

17.4.2 集落の特徴と健康影響との関連

このように各集落を特徴づけた上で，主として健康との関連を検討した．西ジャワの調査で得たデータは，食生活（FFQによる），栄養状態（BMI，Hb，Seなど，すでに前項で述べたもの），化学物質への曝露（As，Cd，Pbならびに有機リン系農薬）に，臨床化学検査の結果（潜血や糖尿など，健康診断の尿検査でわかるような項目の簡単なもの）を加えた，合計50項目ほどであった．これらのデータを5つの関連する領域にまとめ，それぞれの領域でのデータの主成分（各領域で1あるいは2成分のみ）得点が，それぞれの集落でどのような値となるのか，男女別に検討した．

食物摂取と栄養状態の2つについては比較的シンプルな結果を得た．脱農業・

化学製品依存の傾向が強い「都市型」に近い集落では，動物性食品の摂取が多い傾向が男女ともに明らかであり，BMI が大きいなど，高エネルギーの栄養状態にあるのも明確であった．栄養状態の中で高エネルギー状態と関連している第一主成分をプロット（図 17.8）すると，都市域の集落 B, S が BMI や体脂肪率の「頂点」にあることがわかる．このような関係は，生業転換の 2 つの軸で構成される平面上に集落をプロットすることによってみえているが，生業転換とその影響を考える時に，単一の軸の上だけで考えないことが有効であることを示唆しているといえよう．

同じ栄養状態でも，必須微量元素と関連する軸についてはこうした関連は認められなかった．また，化学物質への曝露については，それぞれ農薬曝露あるいは重金属曝露と強く相関する 2 つの主成分が得られたが，いずれについても，集落の特徴との関連は明確でなかった．このうち農薬については，男女でかなり違うパターンとなり，重金属については性差は目立たず，全体としては必須微量元素とよく似た集落間差を示した．

以上の結果は，5 集落のデータにすぎないが，西ジャワにおける生業転換と健康影響との関係について，いくつかの示唆を与えている．影響指標の中で，「西洋的」食品摂取パターンおよび高エネルギーを示唆する栄養状態は，それぞれ「都市化」（脱農業化＋化学製品依存傾向）と密接に関連していた点で，これらの指

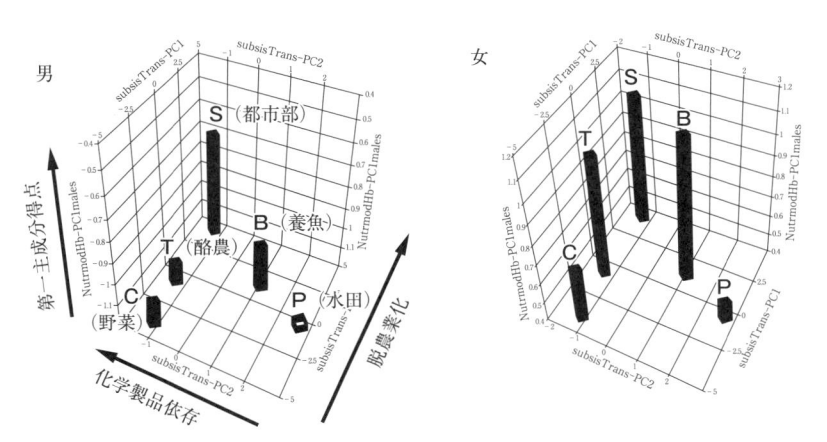

図 17.8 生業転換によって特徴づけられた各集落における健康影響の比較
栄養状態についての第一主成分の得点をプロットしてある．この成分は，BMI，％脂肪など高エネルギー状態を反映する．男女ともに，脱農業化・化学製品依存型と高エネルギー状態とが関連している．

標が，ライフスタイルそのものの影響を受けやすいことを示している．これに対して，微量元素や汚染金属への曝露と，生業転換・都市化との関連は明確ではなく，地質などローカルな自然環境要因を反映することが考えられる．農薬曝露も，生業転換・都市化との関連は明確でなく，農作業での直接曝露というより食物などを介した曝露が大きいことが推察され，先進国での結果と一致している．農薬曝露における集落間差のパターンが男女で異なる理由は不明であるが，生業転換の影響を，集落をユニットとして評価することに限界があることが示唆されているといえる．

　以上の結果を一言でまとめるとすれば，影響の中には人の行動パターンがより強くかかわってくるものと，地域の（自然）生態学的要因の効果が大きいものがあり，当然のことではあるが前者において，生業転換の影響がとらえやすかったことになる．

　最初にも述べた通り，本調査についてはまだデータ解析が進行中であって，生業転換と影響変数との関連のとらえ方もいまだ十分ではない．そもそも生業転換というからには，ある程度安定的な起点と終点とがあり，その中で比較的急速な移行がみられるはずだが，実際にそのような状況であるといえるのかどうか，あるいは，最も急速に変化している瞬間こそいろいろな問題が起こってくるので，それぞれの集落の生業転換の（静的な）「程度」と影響とを関連づけるのは難しいのではないか，という批判もある．確かにそのような「速度論」的な検証が片方で必要であろうが，本研究のように生業史を辿ることによって，現在（観察時）の過去に対する位置づけをある程度明確にできる．例えば，ある集落の栄養状態がほかよりよいという場合，それが改善中なのか，あるいはもっとよい状態から悪化しつつあるところなのか，純粋に横断的な観察ではわからない．横断的データの解析に生業史の情報がもたらす時間的な厚みをどう活かすかが課題である．

17.4.3　文化的適応としての生業転換

　生業転換を文化的適応の1つとしてみると，次のような2点が注目に値する．第一に，繰り返し言及したことであるが，同一の集落の中でも男女によって影響・応答が異なり，さらにこうした性差が地域によって生じたり生じなかったりする点である．環境変化に対する性差は，生物学的なメカニズムで生ずることが当然考えられるが，地域によって性差の有無が分かれるのは，その背景にある文化が

性差と関連することを示している．農薬散布についての性による分業のように両者の関連が単純な場合もあろうし，インドネシアにおける女性の相対的な肥満のように関連がそれほど単純でない場合もあるが，生物学的な側面と文化的な側面が関連しつつ影響が決まる例といえるであろう．

　加えて過体重者割合の性差（女＞男）が西ジャワで顕著である原因は，今のところ明らかではない．その原因がみつかったとして，これが過去西ジャワにおいてどのような「適応的」な意味があったのかを考えるのは興味深い．

　第二に，生業史の復元において，予期せざる変化や帰結がみられた点である．文化的適応が，本質的には問題解決型の行動であること，したがって「近視眼」的で，「問題→解決手段→問題の解消」というシステムの外への波及効果や，外からの入力を想定しないことを考えると，当然であるともいえる．環境に対して何らかの働きかけを行う場合，ある1つの変数だけを変化させ，ほかを動かさないことはほとんど不可能であろう．どのようにして，予期せざることの発生を防止できるか，あるいは発生してもそれによる被害を最小に食い止められるのかが問われている．大きくとらえれば，気候変動のような問題も，無数の文化的適応がもたらした予期せざるできごとの1つといえる．

　化学物質への曝露に関する途上国の情報の多くは，問題があった上で調査され報告されたものであり，本章の中でも紹介した米国CDCによる曝露評価のような「一般レベル」の曝露情報はきわめて少ない．探索的な化学物質のスクリーニングにより，対象地域においてもすでに広範な化学物質への曝露が起こり，それが体内負荷となっていることが示されただけでなく，国を超えて共通の汚染物質に曝露されている実態が示されたことは，今後の化学物質の流通や規制のあり方に対する示唆が大きいだけでなく，化学物質利用という1つの技術とのつきあい方という人間の生態学的側面からも興味深い事実である．パプアニューギニアのような，ほかに比較して化学物質の浸透が遅いと思われる地域でどのような曝露が起こっているのか，ほかの地域と同じ種類の物質への曝露があるのか，など工業製品の導入が始まってまもない地域での化学物質への曝露をモニターしていくことは，公衆衛生や環境科学的な意義をもつのみならず，人間の生態学としての意義も大きいのである．

BOX 7

遺伝子組換え作物

　遺伝子組換え（GM；genetically modified）作物は，当初は収量を上げるためにつくり出され，後に付加価値を増やす方向に発展してきた．伝統的な育種・品種改良では，突然変異は運任せで（放射線照射などで突然変異を誘導することはあっても，どういう変異が起こるのかは不明で），たまたま役に立つ形質をもつ個体が得られたら，その種を選んで播くという操作を繰り返して新品種を得るしかなかった．しかし，GM 技術を使えば，役に立つ形質を発現するはずの遺伝子を直接挿入した種を得て，その形質発現が安定しているような新品種にできるわけで，開発速度が飛躍的に異なる．収量を上げるには，作付面積あたりの作物ができる量が多いこと以外にも，病気や害虫の被害を受けにくいことも寄与する．そのためには，直接，病気や害虫への耐性をつける（例えば殺虫成分を葉などに含ませる）ほかに，強力な除草剤や殺菌剤への耐性をもたせ，それらの薬剤を使えるようにするという方法もとられている．付加価値としてはいわゆる栄養強化食品のほか，保存性を高めたものや，花粉症対策イネなど，医薬品的な機能をもたせたものも開発されている．

　米国での GM 作物は，農薬と化学肥料の使いすぎによって土壌が荒れてしまったことを反省し，統合農薬管理戦略（IPMS；integrated pesticide management strategy）を推進する一環として開発されたという経緯があるので，GM 作物が人びとにもたらす不自然な印象は緩和され，むしろ自然に優しい作物という受け取られ方をすることが多かった．一方，EU や日本などにとっては米国を中心とする多国籍企業が工学的に開発した製品であるため，作物としての不自然さがクローズアップされた側面がある．強力な除草剤である「ラウンドアップ」とラウンドアップ耐性 GM 作物の両方を開発したモンサント社は，農薬開発よりも GM 作物開発のほうが高効率なことと IPMS が推進される流れがあったことから，今では新規に農薬を開発するのを止めて GM 作物を主力商品としている．

　GM 技術は，生産，流通，消費という商品経済の流れの中で，その 1 つの局面についてのみ語られることが多い．代表的な遺伝子組換え作物の 1 つである Bt トウモロコシ（殺虫成分であるが人間には無害とされる Bt を主に葉に含むトウモロコシ）の利点は，生産段階で農薬消費量を減らすことができる点にあり，それに反対するのは，少しでも危険な可能性があるものは食べたくないという消費段階での理由，あるいは GM 品種の遺伝子が交雑によって広まってしまうことによる生態影響への懸念という生産段階での理由が主である．フレイバーセイバートマト（鮮度がなかなか落ちないトマト）を推進する利点は主に流通段階にあり，ラウンドアップに耐性をもった（ラウンドアップレディと

よばれる）ダイズをラウンドアップとセットで使うことは，草取りの手間が要らず生産地を拡大できるという生産段階での理由づけがなされる．ターミネータ技術（GM作物に種子ができないようにする技術）への反対は，生態影響という生産段階での懸念に加え，巨大企業による種子の寡占と，それによる生産の支配に基づく，搾取的流通の構造化を懸念してのものが主である．

しかし，実はこれらの事象は独立したものではない．生産者だってトウモロコシは食べるし，ラウンドアップを使われる農地の近くに住んでいる消費者もいる．これらは相互につながっているので，切り離して考えてはいけないのである．人類生態学の視点からすれば，新しい技術の導入は，ヒトの生存の仕方全体に影響するし，その影響の仕方は人びとの生業や地域生態系によってさまざまである．

自給自足農業を行う人びとは，主食となる作物についてはその地域の自然環境条件に適した，持続的に生産可能な形で栽培し，物流に載せるための商品作物が入ってきても，主食とはまったく別のものとして扱うのがふつうである．世界を見渡すと，多くの自給自足農業に共通してみられる現象が3つあげられる．第一は，主食となる作物の品種が多いことである．これは，認知分類あるいは機能分類に基づく人為選択によって，まれな突然変異が保存されやすくなってきたということである．パプアニューギニア高地には何十種類ものサツマイモがあるし，アンデスでは100種類以上のジャガイモが存在する．第二は，農耕の集約度が低いということである．このことによって，畑の畝の間や田圃の畦に，野生有用植物を維持する余裕があった．第三は，作付けされている品種の創出が生産者自身の手になることである．現代先進国ではすでに生産者と育種者は乖離しているが，伝統社会での従来型育種（突然変異の発見，交雑，隔離）によって主食の多様な品種を維持してきたのは，生産者自身である．これとは対照的に，GM作物生産では，経済効率を追求するためにモノカルチュアになるのがふつうだし，ラウンドアップを使った土地にはラウンドアップレディなGM作物しか育たないし，GM作物の育種を生産者自身がするのは不可能である．

また，自給自足農業では，ヒトの側でも適応が起こっている場合が多い．遺伝子文化共進化（BOX 3参照）には長い時間が必要である．マラリア流行地で抗マラリア薬の一斉投与（MDA；mass drug administration）によるマラリア対策がなされると，鎌状赤血球貧血，サラセミア，G6PD欠損といったマラリア抵抗性遺伝子の頻度が低下する可能性がある．マラリア原虫がその薬剤に耐性をもったとき，マラリア抵抗性遺伝子の頻度が低下してしまっていたら，マラリアの被害は大きくなる．こうした，遺伝子文化共進化関係を攪乱することで起こる問題は，MDAの代わりに，主食として抗マラリア薬を成分として

含む GM 作物を広めたとしても,間違いなく起こるだろう.

　一方,もっぱら消費者として存在する（例えば,2008 年度の東京都のカロリーベース食料自給率は 1％にすぎない）都市住民は,集約的な大規模農業生産とワールドワイドな流通によって初めて生存が可能になっているにもかかわらず,生産にも流通にも関心をもたない人が多い（高価でも生産農家と直接取引をする産直販売は例外であり利用者も少ない）.GM 作物の安全性に疑問を感じる反対派の多くが都市住民なのは,こうして生産の現場が生活から離れてしまったために,どうやってつくられてどのように運ばれてきた作物なのかわからないでいるため,少しでも不安を引き起こす情報があると,不安感に歯止めがかからなくなる,という側面がある.それだけでなく,放射性廃棄物や廃炉の完全な処理を達成する前に推進されてきた原子力や,難分解性であることの生態影響を考えずに広汎に利用されてしまった PCB などという経験から,我々は,「新技術の実用化を急ぐのは,先駆的好奇心であると同時に,市場原理の要請であり,それは往々にして意図した用途を達成するという一面しか考えていない」ということを学んできた.GM 技術への漠然とした不安は,こうした技術不信の表れでもある.このことは,リスクコミュニケーションが十分にできていない状況を意味する.その意味で,リスクコミュニケーションを担う食品安全委員会の役割は大きい.今後,トレーサビリティシステムが一般化したり,インターネットなどの情報通信技術を活用した直販システムが拡大したりすると,生産と消費の距離が近づくと考えられる.その場合,生産者と消費者をひっくるめた状況が,自給自足農民に近づく可能性もある.

　最後に,技術開発者（バイオ企業）の立場を考えてみる.GM 技術そのものは,狙った遺伝子を確実に発現させることができるという意味では,従来の育種よりも確実に,有用な形質をもった家畜や作物を得ることを可能にした.このことは開発コストを下げることにも寄与したが,それ以上に,開発速度を上げることに寄与した.市場原理の下では他社よりも速く開発することが利潤を生むため,狙っていない遺伝子にまで影響がでるかどうかについては,十分な検討がなされないまま実用化された（米国 FDA もそこまでチェックせず許可を出した）ものが多かった.生産効率を上げるために組み込んだ枯草菌遺伝子がもたらした副生成物のせいで,トリプトファンサプリメントを摂取した人に健康被害が出た昭和電工トリプトファン事件とか,Bt トウモロコシをオオカバマダラが食べて死んでしまうといった予期せぬ事故が起こったのは,このためであった.このような事故を防止するためには,ゲノム全体を調べて予想外のエクソンができないかということや,新しい物質がその生物の代謝系に入り込んだことの副作用をチェックする必要がある.しかし,現状では GC-MS などで予想外の物質がごく微量にでもできていないかを網羅的に確かめねばなら

ず，多くの物質についてナノグラムレベルの検出をするには天文学的な時間と手間と費用がかかるため，実は，ほぼ不可能なのである．なお，予期せぬ化学物質が含まれている可能性については，従来型の育種でも自然の食べ物でも同じように存在するが，これらはGM作物に比べると段違いに変異蓄積の速度が遅く，ヒトの側が適応してきた側面もあるので同列には扱えない．

GM作物と生態系との相互作用についてはほとんど検討されていない．BtトウモロコシがBt毒素を長期間産生するために，細菌としてのBtが産生する（細菌としてのBtは有機農法でも使われている）よりも多量のBtが環境中に出ていき，害虫の側でもBtに曝露する機会が増えて耐性種が出現しやすいとか，近縁種との自然交配による遺伝子汚染とか，土着種の絶滅によって生態系のバランスが崩れるといった広汎な生態影響の可能性がある．こちらの評価は個体への毒性評価よりもずっと難しいし，さらに時間もかかるので，現状では不可能であり，GM作物を圃場外に出さないように厳密に管理するしかない．しかし，花粉が圃場外に飛ぶことで雑種ができる危険はあり，実際に雑種発生が観察されている事例も多いのが問題である．

GM技術も含めた新しい技術を開発するのは，市場原理の要請である以上に，脳化による人間の本性であるところの知的好奇心の発露なので，技術開発そのものが止まるわけはない．現在のグローバル化した世界は，ここで述べたさまざまな立場の集団をすべてひっくるめて構成されているので，1つの立場だけでの主張が合意形成に至らないのは当然である．GM作物の社会的受容については，多様な立場でのメリット・デメリット論を摺り合わせる必要があるだろう．

[中澤　港]

17章　引用文献

Bjerregaard, P. and Andersen, O. (2007) Ecotoxicology of metals-sources, transport, and effects in the ecosystem. In : *Handbook on the Toxicology of Metals* (3rd ed.) (eds. Nordberg, G. *et al.*), pp. 251-280. Academic Press.

Combs, J. (2001) Selenium in global food systems. *British Journal of Nutrition* **85**：517-547.

Bradley, C., Moore, C. C., Burton, M. L. and White, D. R. (1990) A cross-cultural historical analysis of subsistence change. *American Anthropologist* **92**：442-457.

江崎光男（1990）インドネシアにおける逆オイル・ショックと構造調整政策―CGEモデルに基づく1980年と1985年の比較静学分析―．東南アジア研究**27**（4）：389-405．

IPCS（1992）*Environmental Health Criteria 134. Cadmium*.

環境省地球環境局総務課研究調査室（2009）アジア地域における経済発展による環境負荷評価およびその低減を実現する政策研究　平成18-20年度（研究代表者：渡辺知保）．

Monda, K. L., Gordon-Larsen, P., Stevens, J. and Popkin, B. M. (2006) China's transition : the effect of rapid urbanization on adult occupational physical activity. *Social Science and*

Medicine **64**：858–870.

日本学術振興会未来開拓学術研究推進事業研究報告書（2003）地域社会に対する開発の影響とその緩和方策に関する研究（研究代表者：大塚柳太郎）．

Nordberg, G., Nogasa, K., Nordberg, M. and Friberg, L. T. (2007) Cadmium. In：*Handbook on the Toxicology of Metals* (3rd ed.) (eds. Nordberg *et al.*), pp. 251–280. Academic Press.

Parikesit, S. H., Triharyanto, E., Gunawan, B., Sunardi, Abdoellah, O. S. and Ohtsuka, R. (2005) Multi-source water pollution in the Upper Citarum Watershed, with special reference to its spatiotemporal variation. *Environmental Science*. **12**：121–131.

Rockstrom, A. *et al.* (2009) A safe operating space for humanity. *Nature* **461**：472–475.

酒井敏明（1966）インドネシアにおけるプランテーション農業の問題点．東南アジア研究 **3**(5)：110–121.

鈴木継美，大塚柳太郎，柏崎　浩（1990）『人類生態学』東京大学出版会．

UNDP (2006) Human Development Report 2006.

USEPA (2006) Organophosphorus Cumulative Risk Assessment 2006 update.

米倉　等（2003）構造調整視点から見たインドネシア農業政策の展開―80年代中葉からの稲作と米政策を中心に―．アジア経済 **44**(2)：2–39.

Watanabe, C. (2005) Role of selenium in function of the brain. In：*Nutritional Neuroscience* (eds. Lieberman *et al.*), pp. 307–327. Maney Publishing.

第 4 部

人間の生態学の課題

18章　環境学と人間の生態学—環境問題との接点
19章　人間の生態学の保健学への応用
20章　都市の生態学

　第4部では，人間の生態学が取り組んできた，あるいは，これから取り組むべき課題について，その応用的側面を重視した3つのテーマを取りあげて解説する．

　環境学は，環境問題の解決を目標に多くの関連分野で展開された科学の総称である「環境科学」に社会科学・人文科学が加わって統合的な視点をもつに至った学問としてとらえられる．18章では，このようにとらえた環境学に人間の生態学の視点がいかに有効であるのかを，イースター島の歴史的事例，水俣病，地球温暖化というきわめて異なる3つの事例を取りあげて考察し，さらに人間活動と環境負荷との関連についてふれる．これらを通じて，環境問題の解決には，環境と人間活動とが深くかかわっている事実の認識と，そのかかわり方の理解が重要であることが示される．

　国際保健は，世界のさまざまな集団を対象として，その健康改善や疾病対策を目標として研究を行う分野であり，人口・食糧・環境のいずれにおいても大きな比重を占める途上国の将来にとって，きわめて重要な領域である．19章は，国際保健における実際的な課題に対するいくつかのアプローチを，その歴史的な変遷も踏まえて取りあげ，それらの限界について論じた上で，ここに生態学的視点を導入することがなぜ重要であるのかを示す．そして，新たな健康のとらえ方として，生態学的健康観あるいはエコヘルスという立場を提唱する．

人間の生態学にとって，都市は未開拓の領域である．しかし，現在，地球人口のおよそ半数が「都市」に居住しており，都市は人間の habitat として重要であると同時に，環境に多大な負荷をかけている点から環境問題においても重要である．20章では，伝統的なコミュニティと比較した場合，環境としての都市と，そこに居住する住民，あるいはその健康状態がどのような特性をもっているかを考察する．さらに，これまでの都市に関する研究について概観し，人間生物学的な視点の重要性を指摘する．

18 章
環境学と人間の生態学
―環境問題との接点

　20世紀半ばごろから，環境劣化に対する危惧が高まり，さまざまな学問分野で環境を強く意識した研究がなされるようになった．この傾向が初めに顕在化した米国では，1960年代から1970年代にかけて，地球物理学，生態学，衛生工学，分析化学，自然地理学など自然科学の諸分野で，環境に焦点をあてた研究が盛んになった．ただし，このころの研究はそれぞれの分野における既存の枠組みの延長線上で展開されていた．そのため総合性に欠けることから，これらの研究は「環境学」(environmental studies)というよりも「環境科学」(environmental sciences)とみなされている．その後，経済学や政治学などの社会科学分野，さらには歴史学や哲学などを含む人文科学分野でも環境に関する研究が活発になったことを受け，自然科学・社会科学・人文科学の視点が交差・連動した研究が環境学とよばれる傾向が強い．

　人間の生態学は，人間と環境との相互作用の解明を目的とし，自然科学と人文社会科学の発想を同時にもつことから，環境学と類似した特徴が多い．人間の生態学も環境学も，独自の方法論に基づいて形成されたのではなく，現実の課題に対し原因の究明や解決策を見出すために提唱された点でも共通している．あえて両者の違いを強調すれば，環境学の対象が「環境」なのに対し，人間の生態学の対象は「人間-環境系」であるといえよう．もっとも，「人間-環境系」という言葉は明確に定義されないまま，いくつかの異なる意味合いで用いられている．本章では，人間が意識的にしろ無意識的にしろ環境に働きかけ，環境がそれに応答するなかで人間の健康や生態系に影響し，さらにそれに対して人間が応答するという，人間と環境とが密接にかつ不断に関係し合っている状態という意味で用いることにしたい．いいかえると，自然生態系が人間活動により修飾されることを

前提に，自然生態系の健全さを表す物質循環機能に着目し，対象とする空間における環境特性と人間の生存との関係性について考えたい（図18.1）．

本章の主眼は，環境学と人間の生態学の違いを検証することではない．環境学の分野で典型的な環境問題として扱われるテーマについて，人間の生態学の視点から考察することである．ここでは，南太平洋に浮かぶイースター島民の生存史，日本で起きた典型的な公害である水俣病，地球温暖化を取りあげよう．

18.1 イースター島民の生存史

人間を生態系の一構成員としてとらえる発想に基づく研究は，Arthur G. Tansleyが生態系概念を提唱した1935年からしばらくして盛んになった．その好例は，1961年にホノルルで開催された第10回太平洋学術会議（Pacific Science Congress）における"Man's Place in the Island Ecosystem（島嶼生態系における人間の位置）"と題するシンポジウムであろう．このシンポジウムのプロシーディングスには16の論文が掲載されているが，それぞれの著者は生物学，遺伝学，地理学，人口学などの専門家であり，人間が生態系に及ぼす影響と生態

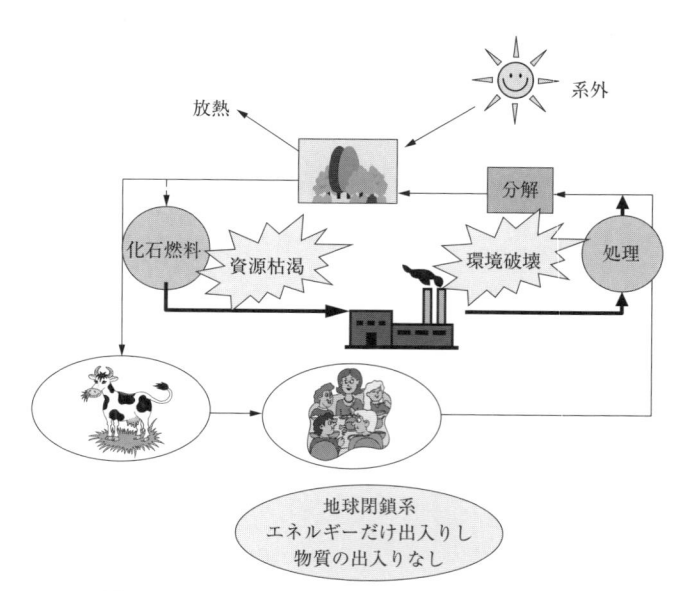

図 18.1 閉鎖系としての地球における物質循環の模式図
外側が自然生態系での循環，内側が人為生態系での循環を指す．

系（の変化）が人間の生存・健康に及ぼす影響について議論している（Fosberg, 1965）.

このシンポジウムの論点は多岐にわたるが，編者の F. Raymond Fosberg は島嶼生態系の特徴として，相互にやや矛盾するような2つの点を強調している．第一は，島嶼生態系は長期にわたり外部から孤立した状況でつくりあげられてきたので，それなりに安定性が高いことである．第二は，島嶼生態系は一般にサイズが小さいために生物多様性が低く，緩衝機能が弱いために外来種などが侵入すると不安定化しやすいことである．これら2点からも示唆されるように，無人島に人間が移住し居住するときに起きる島嶼生態系の変化には，大きな関心が寄せられるようになった．

モアイ像でよく知られるイースター島（ラパヌイ島）は，面積が $170 km^2$ にも達しないだけでなく，南太平洋の中でもポリネシアの東端に位置し，最も近いピトケアン島からも2000 km も離れている正真正銘の孤島である．イースター島をヨーロッパ人が最初に訪れたのは1722年のことであり，調査団を率いたオランダの提督 Jacob Roggeveen の報告書によると，約3000人の住民が日常の食物にもこと欠くような悲惨な暮らしを送っていた．その50年後に James Cook（キャプテン・クックとして有名）が訪れた時には，人口は約2000人に減少し人びとの生活はさらに困窮の度を深めていた．

イースター島は，先史学の研究によって，1500年ほど前にポリネシア人によって最初に居住されたことが明らかにされている．移住者たちは，東南アジア起源のイモ類の農耕とイノシシとニワトリの飼育技術をもち，移住後に沿岸域での漁労技術を発達させ，島嶼環境に適応していた．移住したのはせいぜい20名くらいと推測されているが，15～16世紀の最盛期には，イースター島の人口は少なくとも7000を超えたと推測されている．そのころのイースター島では，権力をもったチーフを中心とする階層的な社会がつくられ，モアイ像が宗教的な意味合いから数多く建造されたようである．その後，人びとの生活が困窮し文明が衰退し，さらには人口も減少したが，その原因は森林が全て伐採され海に出るためのカヌーをつくる樹木もなくなり，一方では土壌が劣化し農耕の生産性が低下したためと考えられている（図18.2）．

イースター島の事例が，人間の生態学に与えた最も重要な点は，人間が人口支持力（環境収容力）を超えて生存できないという事実である．動物を対象とする

図 18.2 現在のイースター島の一風景（撮影：片山一道）

　生態学の研究で，個体群が環境収容力を超えると破滅的に減少することはよく知られているが，人間の場合にも同じ現象が起きるのである．動物の場合は，それぞれの種の被食者である植物あるいは動物の減少が環境収容力の低下の主因であるが，人間の場合には，食物とする動植物の減少は人間活動に起因する土地被覆や動植物相の変化によって引き起こされる．人間の人口支持力を理解するには，人間が生存のために利用するものの総称である資源という概念を用いるとわかりやすい．

　イースター島では，樹木という自然界の重要な資源を，建材・カヌー材・燃材として大量に利用（伐採）したため，本来は更新資源であった樹木が非更新資源のように枯渇することとなった．イースター島の悲劇の第二の理由は，イモ類の農耕という食糧資源の生産技術をもっていた住民が，集約的な耕作を繰り返したために土壌を劣化させ，食糧自給もできないほど土地生産性を低下させたことである．2つの原因に共通する背景として，移住した人びとの環境適応が進み，人口が急増するとともに人びとの生活レベルが向上したことがあげられる．人間の「過適応」が，自然界が本来もっている物質循環能を崩壊させたといえよう．ちなみに，イースター島の最盛期の人口密度は $1\,km^2$ あたり約45人であり，現在の地球全体の人口密度とそれほど変わらない．

18.2 水　俣　病

　水俣病は，日本で高度経済成長が始まった1950年代に起きた典型的な公害病である．人間への被害が確認されたのは1953年であった．水俣市は熊本県南部に位置し，八代海（不知火海）に面している．水俣病の原因物質は，化学工場（チッソ水俣工場）の廃水に含まれていたメチル水銀化合物である．メチル水銀化合物を体内に取り込んだ魚介類を摂取することにより，人間だけでなく水鳥やネコなどに運動系・感覚系の神経障害が引き起こされた．水俣病は，原因究明のための環境研究と臨床研究の必要性と，一方では法制度の整備を含む社会制度の改革の必要性などを広く認識させたが，ここでは人間と化学物質とのかかわりを中心に人間-環境系の視点から考えることにしたい．

　第一の特徴としてあげられるのは，原因物質であるメチル水銀は，肥料である硫安の製造過程で意図せずに生成されたことである．すなわち，アセチレンと水からアセトアルデヒドを合成する際に使用される硫酸水銀が一部，アセチレンと反応し塩化メチル水銀になり工場廃水として海に放流された．したがって，水俣病は非意図的に生成された化学物質による水質汚染が，多くの一般住民に被害を及ぼした世界で最初の事例ともいえる．また，メチル水銀による感覚機能・運動機能を含む神経系への毒性が強く，重篤な症状を引き起こし，多くの死者を出したことも特異的といえよう．

　第二の特徴は，生態系の基本的な特性である食物連鎖の機構が，水俣病の発症に深くかかわっていることである．海水中のメチル水銀は，エラなどを介して魚類の体内に濃縮して取り込まれ，さらには食物連鎖に従い栄養段階が高い魚類に取り込まれるたびに濃度が上昇した．このような機構は生物濃縮とよばれるが，生物濃縮による健康影響として以前から知られていたのは，季節性が強いフグやカキなどによる中毒くらいであった．このように，水俣病は人為的に環境中に放出された化学物質が，生物濃縮を介して人間に重篤な害を及ぼす最初の事例でもあった（図18.3）．

　第三の特徴は，胎児が発症した水俣病の存在であり，このような症例は先天性水俣病とよばれる．妊娠中の母親がメチル水銀を大量に摂取すると，メチル水銀は胎盤を経由して胎児に移行する．そのため，妊娠中の母体に異常が認められな

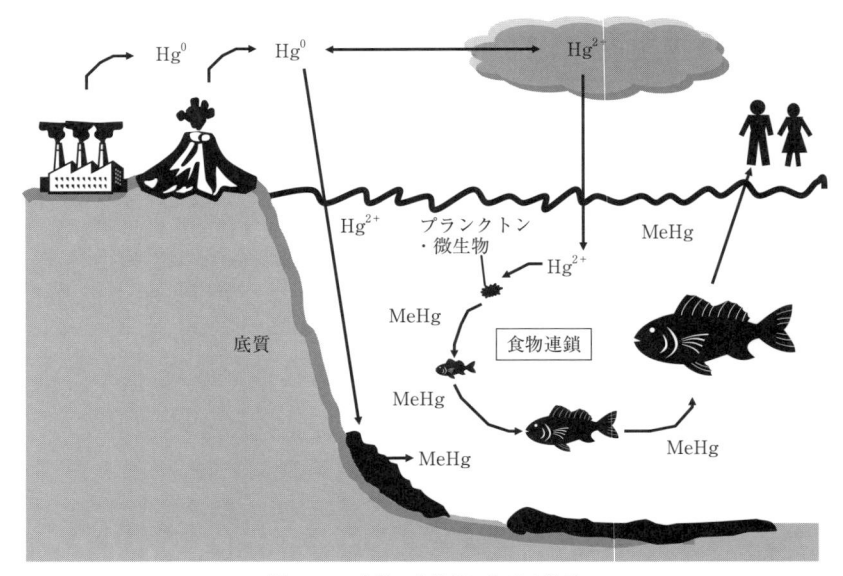

図 18.3　水銀の自然界における挙動
Hg^0：金属水銀，Hg^{2+}：イオンまたは無機水銀，MeHg：メチル水銀.

かったにもかかわらず，胎児が成人よりも化学物質への感受性が高いために，誕生した子どもに精神機能や運動機能に障害が起きたのである．先天性水俣病は，人間の生殖医学をはじめとする臨床・基礎医学だけでなく，人間の世代を超えた生存機構の理解を目指す人間の生態学，特に個体群レベルでの生態学（11章参照）にも重大な課題を提起することとなった．

18.3　地球温暖化

　地球環境問題とよばれる地球規模での環境変化による影響が，最初に具体的に立証されたのはオゾン層の破壊であろう．オゾン層の破壊は，空間スケールからも地球環境問題の典型といえる．1970年代に，南極で観測を行っていた研究者の多くが，上空でオゾン層が減少していることに気づき始めた．1982年における日本チームの観測を皮切りに，オゾン層が穴があいたかのように減少していることが確認され，オゾンホールと名づけられた．国際気象機関（WMO）と国連環境計画（UNEP）が1996年に刊行した「オゾン層保護研究管理者報告書」に

よると，このころにオゾンホールが史上最大になったこと，北半球でもオゾン層の減少が新たに観測されたことなど，研究者が予測していた事象が確認されている．

　オゾン層を減少させた主因は，1930年ころから製造が開始され，先進国を中心に広く使用されていたフロン（クロロフルオロカーボン）である．フロンは自然界には存在しない化学物質である．化学的に著しく安定なため，冷媒・噴射剤・洗浄剤などとして利便性が高い．しかし，この特徴のために，大気中に放出されたフロンガスは変性せずに成層圏まで達し，オゾン層を破壊したのである．人間－環境系としてみると，自然界に存在しない化学物質がもつ危険性を如実に示している．なお，フロンは先進国では製造が中止されたものの，一部の途上国では現在も生産・使用が続いている．

　オゾン層の減少以外にも，1970年代後半から地球規模でのさまざまな環境変化が指摘され始めた．中でも危惧されているのが地球温暖化である．地球温暖化の議論をリードしている「気候変動に関する政府間パネル（IPCC）」は，国際気象機関と国連環境計画によって1988年に設立され，1990年に第一次評価報告書を，2007年に第四次評価報告書を刊行している．評価報告書が新しくなるにつれ，地球温暖化が進行していること，そして原因の大半が人間活動に求められることに対し，確実性が増大したと表明している．ここでは，IPCCの報告書に基づき，地球温暖化を人間活動との関係から考えてみたい．ただし，ここでいう人間活動とは，人間が身体を動かすというような意味ではなく，人為的な二酸化炭素をはじめとする温室効果ガスの発生量（主として化石燃料の消費量）に反映される産業活動などを包括的に指している．

　世界の多くの地点における気象観測の結果，地球表面の平均気温は，1906年から2005年までの100年間に$0.74\,^\circ\mathrm{C}$（$\pm 0.18\,^\circ\mathrm{C}$）上昇したと推定されている．さらに，2100年までに$1.8 \sim 4.0\,^\circ\mathrm{C}$上昇すると予測されている．その主たる原因は，IPCCが指摘するように，温室効果ガスの大気中濃度の上昇であることは間違いないであろう．二酸化炭素の関与が特に大きく，石油などの化石燃料の消費量の増加が強く影響してきた．なお，熱帯林をはじめとする樹木の大量伐採も，樹木が蓄積していた炭素を大気中に放出することから，二酸化炭素濃度を上昇させる要因である．

　IPCCの第四次評価報告書によると，化石燃料の燃焼によって排出される二酸

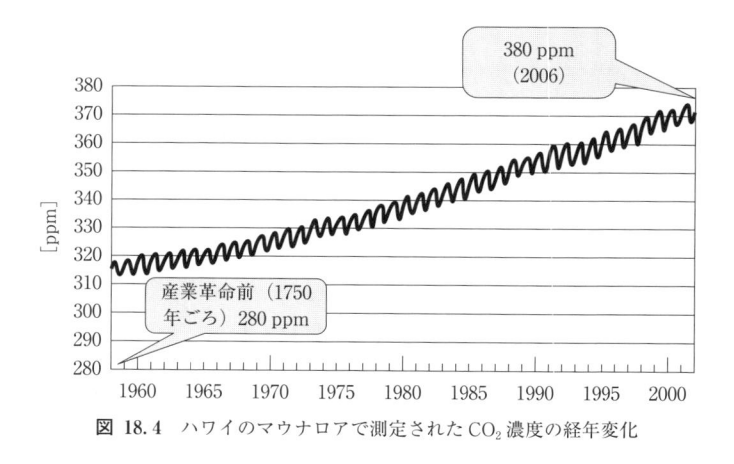

図 18.4 ハワイのマウナロアで測定されたCO_2濃度の経年変化

化炭素は，2000〜2005年までを平均すると72億炭素tであった．そのうちの9億tが陸域に，22億tが海洋に吸収され，41億tが大気中に放出されたことになる．陸域での吸収とは光合成を行う植物によるものであり，海洋での吸収とは，炭酸イオンや炭酸水素イオンへの変化，プランクトンによる光合成，深層への移動などを指している．多くの研究の結果，大気中の二酸化炭素濃度は，産業革命が開始された18世紀までほぼ280 ppmで一定であったとされる．2006年の大気中濃度は380 ppmなので，産業革命前に比較すると100 ppmも上昇したことになる（図18.4）．すなわち，二酸化炭素の大気中への放出は長年にわたり加速的に増加し続けてきたのである．

18.4 人間-環境系の視点から

　本章で取りあげた3つのテーマは，自然界では起きるはずのない環境変化が人間活動によって引き起こされた点では共通するものの，変化した環境特性も原因となった人間活動も大きく異なっている．ここでは，これらの環境問題の類似性と相違性を通して，人間-環境系の視点から掘り下げてみたい．
　それぞれの環境問題を時間軸と空間軸から見直してみよう．時間軸に着目すると，水俣病の発症は，化学工場からメチル水銀の放出が始まって数年後に起きていることから，問題発生に至るまでの時間がきわめて短い．短時間での問題発生という特徴は，いわゆる公害問題に共通し，問題となる空間だけでなく原因も特

18.4 人間−環境系の視点から

定しやすい．この特徴とも関連するが，多くの公害問題と同様に，メチル水銀中毒に対する科学的な原因究明と問題解決のための方策つくりは，この半世紀に先進国で大きく進展した．とはいえ，水俣病発症に至る機構が十分に解明されたとはいえない．例えば，メチル水銀の動態に及ぼす海中での海洋微生物の影響，メチル水銀の動態，先天性を含む水俣病のさまざまな臨床症状の発症機序などに，未解明の部分が数多く残されている．さらに，メチル水銀中毒の発生は現在でも多くの途上国から報告されているし，日本でも水や大気の環境中の水銀濃度は一貫して上昇を続けていることも事実である．

イースター島民の生存史と地球温暖化は，空間スケールは異なるものの，長い時間の中で徐々に環境が悪化した点で共通している．第二の共通点は，環境を悪化させた物理化学的な変化を引き起こした人間活動が，人びとに恩恵をもたらしたことである．イースター島では，環境劣化の原因となった農業の集約化と樹木の伐採が，農業生産性の向上と魚介類の獲得量の増加をもたらし，イースター島の人口を増加させたのである．一方の地球温暖化も，最大の原因と考えられる化石燃料の消費量の増加が，人びとの生活の利便性を向上させたのは間違いない．第三の共通点は，イースター島の居住者集団と全人類集団という違いはあるものの，環境変化（劣化）が性・年齢などを問わず全ての成員の生存にかかわることである．

人間−環境系の視点から，資源利用に焦点をあて地球環境への負荷の程度を評価する試みもなされてきた．人間活動により消費される資源量を扱うエコロジカル・フットプリントは，それぞれの社会（通常は国）における生活を持続して送る場合，人間1人あたりが必要とする生産可能な土地面積（水産資源の利用を含めて計算する場合は陸水面積）として表される．広く用いられているエコロジカル・フットプリント指標は，① 化石燃料の消費によって排出される二酸化炭素を吸収するために必要な森林面積，② 道路，建築物などに使われる土地面積，③ 食糧の生産に必要な土地面積，④ 紙，木材などの生産に必要な土地面積，を合計した値として計算される．

ヨーロッパ環境庁が2002年のデータから計算した結果，人間1人が必要とする生産可能な土地面積は米国で5.1 ha，カナダで4.3 ha，日本で2.3 haになり，先進国ではすでに資源の過剰消費が進んでいることがわかる（図18.5）．一方，途上国ではインドが0.4 haというように1未満の国が多いものの，世界平均が

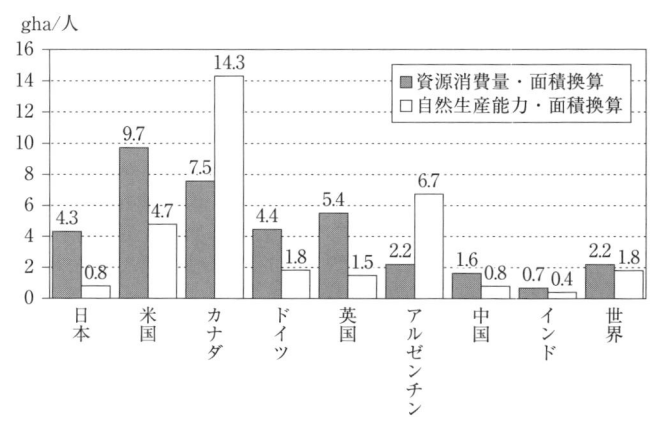

図 18.5 ヨーロッパ環境庁が推定した，いくつかの国におけるエコロジカル・フットプリント（2002年）
数字は，1人あたりグローバル・ヘクタール．(http://www.eea.europa.eu/)

1.8 ha であることに示されるように，将来世代が利用すべき資源をも利用しているか，将来には資源の再生に支障をきたすような状況をつくりだしている可能性が高い．

環境劣化を引き起こしている原因を，要素に分解する試みもなされてきた．広く知られているものとして，環境への負荷（I）を，人口（P），1人あたり消費量を反映する「豊かさ」（A），技術（T）の積として表す I＝PAT という考え方がある．なお，ここでいう「技術」とは，消費単位あたりの資源消費量を指す指標であり，同一の恩恵を受けるとしても，技術的あるいは行動的な努力により省エネルギーや省資源消費を実現し，環境への負荷量を減少できるとみなされている．I＝PAT に基づいて，将来の持続的な環境利用について考えてみよう．

人口については，途上国では少なくとも今後数十年間は増加が続くので，世界人口が2050年には90億を超えると推測されている．すなわち，人口の変化は地球レベルでの環境負荷を増大させるのは間違いない．I＝PAT の式のAで示される「豊かさ」は，1人あたりの資源の消費量を指している．そのための3R（リデュース＝reduce，リユース＝reuse，リサイクル＝recycle の略）運動は世界中に広がっている．とはいえ，途上国の住民の多くは生活水準の向上が必要とされており，途上国全体としてみればAの値が上昇するのは避けられないであろう．

最後のTで表される「技術」が，環境への負荷量を低下させる上で最も期待さ

れている．実際には，TだけでなくTとAとを組み合わせ，技術革新とライフスタイルの変更が求められている．ここでは，温暖化防止を例に環境負荷の低減について考えてみよう．そのためには二酸化炭素の排出量の減少が不可欠で，そのための技術開発・普及が各国で本格化している．例えば，家庭・業務部門では太陽光などの自然エネルギー利用，高効率の給湯・照明設備の導入，長期耐用タイプの建築など，運輸部門では天然ガスやハイブリッド・タイプの車・船舶・航空機の利用，産業部門では炉・ボイラーなどの高効率化，消費生活では地産地消の拡大など，多岐にわたっている．とはいえ，新技術の開発にかかる費用はもとより，新たな製品の普及に必要な経費など，経済的な負担が大きくなることは避けられない．

さらに重要なのは，現代文明はいわば石油に依存して成り立っているので，石油への依存度を大きく低下させるには，産業構造やライフスタイルの変更など価値観の変革が必要になる．さらにいえば，今まで深く考えられてこなかった，途上国の住民と先進国の住民との資源利用に関する平等性，さらには未来世代への責任など，環境倫理にかかわる合意形成の重要性がきわめて大きくなっている．

環境問題は，人間の生存に深く結びついている．それは，環境を劣化させてきたのが人間活動であることと，劣化した環境による影響を受けるのが人間を含む生物であることに象徴されている．いいかえると，人間-環境系として人間活動を理解することがますます重要になっている．

18章　引用文献

ポール・エーリック，アン・エーリック（水谷美穂訳）（1994）『人口が爆発する！』新曜社．
江守正多（2008）『地球温暖化の予測は「正しい」か？―不確かな未来に科学が挑む』化学同人．
Europe Environment Agency　http://www.eea.europa.eu/
Fosberg, F. R. (ed.) (1965) *Man's Place in the Island Ecosystem: A Symposium.* Bishop Museum Press.
原田正純（2004）『水俣病講義』日本評論社．
原田正純（2005）『水俣病講義（第2集）』日本評論社．
原田正純（2007）『水俣病講義（第3集）』日本評論社．
レイチェル・カーソン（青樹簗一訳）（1974）『沈黙の春（生と死の妙薬）』新潮社．
国立環境研究所地球環境研究センター（2009）『ココが知りたい地球温暖化』成山堂．
シーア・コルボーン，ダイアン・ダマノスキ，ジョン・ピーターソン・マイヤーズ（長尾　力訳）（2001）『奪われし未来（増補改訂版）』翔泳社．
大塚柳太郎，篠原　徹，松井　健編（2004）『生活世界からみる新たな人間―環境系』東京大学

出版会.
ラジェンドラ・パチャウリ，原沢英夫（2008）『地球温暖化―IPCCからの警告』NHK出版.
クライブ・ポンティング（石　弘之・京都大学環境史研究会訳）（1994）『緑の世界史（上下）』
　　朝日新聞社.
住　明正（2007）『さらに進む地球温暖化』ウェッジ.

19 章

人間の生態学の保健学への応用

　人間集団の健康や疾病，死亡の状況は，人間と環境との相互作用の結果であり，その把握とメカニズムの解明は人間の生態学の主要テーマである（10章参照）．先進国では既存データから健康状態や疾病構造が把握できる．しかし，発展途上国では既存データの信頼性に問題がある．人間の生態学のフィールド研究では，現地で環境と人間との関係についてのデータを収集するとともに，健康や疾病，死亡情報を収集し，両者の関係を分析する（16章参照）．一方，世界の人びとの健康改善や疾病対策は保健学，特に国際保健学の主題である．本章では，人間の生態学の保健学への応用を考える．

19.1　国際保健アプローチの多様性

　ある地域の健康水準を上昇させようとする場合に，個別の疾病対策を中心とした医学的・疾病特異的アプローチと，地域全体の衛生状態・健康状態を改善しようとする公衆衛生的・地域保健的アプローチが存在する．かつては，それぞれ，垂直型アプローチ，水平型アプローチとよばれた．熱帯地域の発展途上国における対策では，それぞれの起源は，個別疾病対策を中心とした熱帯医学と，公衆衛生学的アプローチを試みる国際保健学のアプローチに対応する（門司，2008）．公衆衛生学的アプローチには，保健セクターに焦点をあて地域保健医療サービスの総合的実施を目指すものと，地域の発展・開発による「地域づくり」に重点をおくものがある．後者は，安全水や食料の供給，地域社会の構造改革も対象に含まれる．人間の生態学的アプローチはそれを発展・拡大させたものだといえる．医学的アプローチにも公衆衛生的要素が内包され，公衆衛生学的アプローチにも

医学的要素が配慮されており，両者を厳密に切離すことはできない．

19.2 疾病特異的アプローチ

1955年から1969年まで実施されたWHO主導のマラリア撲滅プログラムは，疾病特異的アプローチの代表とされる（Desowitz, 1991）．マラリアがマラリア原虫による疾患で，ハマダラカによってヒトが感染することが19世紀末に明らかになった（BOX 5参照）．これらの発見によって対策が加速し，湿地干拓，水路整備，網戸使用によるマラリア対策が20世紀前半に北米やヨーロッパで成功する．1939年にDDT（ジクロロジフェニルトリクロロエタン）の殺虫効果が発見され，温帯のマラリアはほぼ制圧される．この経験をもとに世界規模でのマラリア撲滅プログラムがDDTによる室内残留噴霧（標準的には年2回）を中心に実施された．

プログラムは部分的に成功したが，総体として「撲滅」に失敗した．室内の壁に止まらない媒介蚊の増加，DDT抵抗性をもつ媒介蚊の出現，DDT利用への社会的反対，活動資金の継続困難が失敗の原因だった．DDT使用をマラリア対策の残留噴霧に限定できれば環境汚染よりも人的被害軽減の意義が大きかった．しかし，DDTが綿花栽培などの農業に大量に使用され環境汚染が社会的問題となった．また，マラリア撲滅プログラムは住民教育・住民参加が欠如していた．

1969年以降は抗マラリア薬（クロロキン）による対策（control）が実施された．しかし，薬剤耐性マラリア原虫の出現と遠隔地への薬供給システム不備からサハラ以南のアフリカでは流行地は減少しなかった．マラリアがある地域の主要な公衆衛生上の問題でなくなることを意味する排除・制圧（elimination）という点では，マラリア撲滅プログラムはいくつかの地域で成功した．しかし，マラリアの伝搬を完全になくすことを意味する撲滅（eradication）という目標が不適切だったために，失敗と認識されてしまった．

途上国で疾病対策を広範囲に，かつ持続的に実施することは現在でもきわめて難しい（16章参照）．環境が整い，人材も資金も物資も豊富にあれば撲滅も可能だが，条件の悪い地域では何十倍もの努力を必要とし，机上の計画通りには進まない．先進国での成功をそのまま熱帯の途上国に輸出できると考えたことが頓挫の原因であった．また，科学的に理解された「疾病」を対策の対象とし，現地の

人びとが罹っている「病気」の社会的意味を考慮しなかった点も，住民のニーズに対応していない外部からの援助であった．

19.3 地域保健的アプローチ

1978年にWHOとUNICEF国連児童基金が開始したプライマリ・ヘルスケア（PHC）は，現地のニーズにあったサービスを地域社会で総合的に提供しようとした．PHCは，住民主体の地域づくりアプローチと，保健医療サービスを現場で提供しようとする地域保健的アプローチの合作であった．内容は，食料や安全水の供給，衛生的なトイレの設置など生活必須要素（BHN；basic human needs）の充足，地域診療所への必須薬の配備，一般的傷病の治療，風土病対策，母子保健・家族計画・予防接種サービス提供，保健ボランティア育成，健康教育実施，住民参加促進であった（表 19.1）．しかし，PHCに十分な人材と資金が提供されず中途半端に終わった．そもそもPHCは疾病特異的対策よりも資金が少なくて済むと誤解されて採択された感がある．社会インフラの整備されていない途上国全体にPHCを展開し維持するには膨大な予算が必要である．その認識が

表 19.1 プライマリ・ヘルスケアの当初の具体的活動項目（1978）とGOBI-FFF

1) 健康教育
2) 食物供給と適正な栄養の推進
3) 安全な水の十分な供給と基本的環境衛生
4) 家族計画を含む母子保健
5) 予防接種
6) 風土病の予防・管理
7) 普通の病気・外傷の適切な処置
8) 不可欠な薬（必須医薬品）の供給

後に，口腔保健，精神保健，障害者の健康，HIV／エイズ対策，リプロダクティブ・ヘルス，スタッフ・ヘルスボランティア教育，高次医療機関への搬送が追加された．

GOBI-FFF（国連児童基金 UNICEF の「子ども健康革命」の主要項目の頭字語）

1) 発育観察	Growth monitoring
2) 下痢に対する経口補水療法	Oral rehydration therapy
3) 母乳哺育	Breast feeding
4) 予防摂取	Immunization
5) 家族計画（出産間隔の延長）	Family planning（birth spacing）
6) 女性教育	Female education
7) 栄養補助（母子への食糧供給）	Food supplementation

GOBI-FFF は，PHC と連携してユニセフが展開した活動（1982）．

欠如していた．疾病特異的アプローチと同様に，地域保健的アプローチも，無条件にどこにでも簡単に適用できるものではない．

　国際機関で働く人たちは，新しい政策コンセプトを出さないとそのポジションにとどまることすら困難な場合が多い．そのため頻繁に政策コンセプトと内容が変化し，政策の継続性が保証されず，その都度，現場が混乱する．PHC も 1980 年代には早くも古いコンセプトになってしまったといわれる．

　PHC に対する資金が不十分なので，PHC の枠組みの中で選択的に疾病特異的対策を進めようとする「選択的 PHC」が提唱され，その延長上に，障害調整生命年（DALY；disability adjusted life year）の損失による疾病負担を基礎とした費用対効果で疾病対策を選択していく方法が 1990 年代に世界銀行を中心に提供された（世界銀行，1993）．さらに，国家レベルで統合できる対策を組み合わせて最も費用対効果の高い国家必須保健パッケージを作成し，それに対して海外からの援助も統合させ，限られた保健予算をうまく割りあてて健康水準を変えようという試みが，セクターワイドアプローチ（SWAps）という名で検討された．しかし，海外支援国（ドナー）からの援助を 1 つのバスケットに入れること（資金集約）が国際政治的に困難なため，成功には至らなかった．現在でも海外からの援助を効率的に利用する仕組みは不十分のままで，地域医療・地域公衆衛生の改善は部分的にしか進んでいない．

　外交と国際協力は目的が異なる．したがって手法も異なるべきなのだが，それが混同されているところに国際保健分野をはじめとした現在の国際協力一般の限界がある．

19.4　統合的アプローチ：国際保健の近年の潮流

　そのような状況の中で 1980 年代中盤からサハラ以南アフリカ，タイ，カリブ諸国でエイズの流行が広がった．エイズの流行とともに結核の流行も拡大した．

　ハーバード大学の感染症専門医で医療人類学者でもある Paul Farmer は，貧しい人たちにも最高の医療サービスを行きわたらせる社会正義アプローチを主張し，その実現可能性を自らハイチで実証した（Farmer, 2001, 2005；Kidder, 2003）．Farmer は，結核の投薬中断者が出る要因を研究し，月 5 ドルの補助（食費・交通費）を支給し，患者との信頼関係を構築し，結核の直接服薬確認療法

(DOTS；directly observed treatment, short-course) を完璧に成功させた．結核の治療のための投薬は，短期化学療法でも6ヵ月かかるため，途上国では完全な治療を実施することが難しい．Farmer は，「治療あっての予防」を主張し，利用しうる最新技術を目の前の患者に与え，それを患者が利用できる条件までそろえて結果を出した．

Farmer が，「不平等こそがエイズや結核蔓延の原因であり，世界が意志さえあれば疾病を減らし，病苦に苦しむ人を減らせる」と実証したことは，その後のグローバル・ファンドとよばれる世界エイズ・結核・マラリア対策基金（GFATM）の設立につながった．また，2000年以降，ゲイツ財団のグローバルヘルスプログラムや大統領エイズ救済緊急計画（PEPFAR）など，「グローバル・プレーヤー」といわれる組織の国際保健への莫大な資金提供につながり，WHO，UNICEF，世界銀行の存在がかすむまでの変化が起こった．2000年に国連ミレニアムサミットで採択された「ミレニアム開発目標（MDGs；Millennium Development Goals）もその流れに貢献した．

巨大資金は，途上国に住む多くの人びとに恩恵を与えた（Cohen, 2006）．しかし，各国が巨大資金を有効に使えず，人材も不足し，制度も弱体化するなどの問題が指摘され，Farmer の事例のようにはいかない現状も明らかとなった．エイズ・結核・マラリアに資金が集中し，一般的な母子保健やそのほかの病気に人材や資金が廻らないなどの問題も起こっている．

19.5 貧困と，生きて体験する病苦

近年，3大感染症といわれる，エイズ・結核・マラリアへの資金提供が進む中，熱帯途上国の貧しい人びとの間で慢性的に流行しているそのほかの疾患を「顧みられない熱帯病（NTD；neglected tropical disease）」として，その対策が促進

表 19.2　WHO が対策に取り組む主要な NTD

ブルーリ潰瘍	シャーガス病	デング熱・デング出血熱
メジナ虫症	肝蛭症	アフリカ睡眠病
リーシュマニア症	ハンセン病	フィラリア症
動物由来感染症	オンコセルカ症	狂犬病
住血吸虫症	土壌伝播寄生虫	ヘビ咬症
トラコーマ	フランベジア	

されている．WHO は NTD 部局を作り対策に取り組んでいる（表 19.2）．また，フリーアクセス電子雑誌 *Public Library of Science* は 2006 年から *PLoS Neglected Tropical Diseases* を発行し，この分野の研究と対策促進に貢献した．当雑誌は，食物由来寄生虫，アメーバー症，日本脳炎など 37 疾患（群）を主要対象としている．

NTD は，風土病として慢性的に熱帯の住民の間に流行しているか，あるいは繰り返し流行を起こしている．感染者は 10 億人以上と推定される．しかし，直接の死因になることが少なく，蔓延しているが故に仕方がないこととして無視されてきた．対象者が途上国の貧しい人たち，「顧みられない人たち」であるため新薬開発も遅れていた（16 章参照）．

DALY 損失を用いて疾病負担を測定した場合，死亡に比べて障害が軽く扱われる傾向がみられる．特に貧困状態では，同じ障害でも患者本人や家族の負担は重くなる．また，途上国ではインフラが脆弱なために，介入当初に健康改善が期待できず費用対効果が低く見積もられる．例えば，医療介護福祉サービスが享受できる先進国と，安全網がない途上国では寝たきりになった場合の負担が異なる．当然，貧困状況でのほうが悲惨さは大きい．そのような貧困な状況で生きて体験する病苦は，死亡と同じように最小化されなければならない．結核の DOTS を成功させる費用は，保健サービスが行き届き，交通費を支出する余裕があるところで低く，最貧地帯では高い．Farmer が実施したように必要な追加経費を出さない限り成功しない．それを費用対効果が悪いからと後回しすることは「健康の不平等」につながる．以上の視点から，貧困な人びとの疾病負担を減らそうという流れが出てきた．日本の 1990 年代の国際寄生虫対策（通称, 橋本イニシャティブ）や，2000 年沖縄サミットでの感染症イニシャティブなどがこの流れに貢献した（Kobayashi *et al.*, 2007）．

19.6　熱帯医学・国際保健の限界

3 大感染症や NTD 対策への資金投入は望ましいことである．しかし，多くは薬やワクチンに頼った医学的・疾病特異的対策であり，地域の全般的は生活改善，健康改善，環境改善という点からは以下の問題を含んでいる．

a. 政府の制度確立と人材確保の立ち遅れ

　患者本人・家族，医師にとって病気が治療できることは望ましい．結核やインフルエンザ，HIV（エイズ）など，ヒトからヒトに感染する疾病の場合，治療は感染源対策として流行予防となる．マラリアにおいても早期治療は，感染源対策となる．その意味からも治療は公衆衛生的に大切であり，徹底的に実施されるべきである．しかし，それらの治療が各国の制度として安定的に供給できるような建設的・継続的な方向でプログラムが運営されている保証がない．各プログラムがエイズなどの同一疾患でも対策を競い合う事態が起こり，スパゲティのように多くの組織の命令系統が錯綜し，統一的で明確な医療サービスの提供を困難にしている．有能な人材が高額な給与で引き抜かれ，政府の人材不足を招く．現場では垂直型のプロジェクトにスタッフが巻き込まれ，ルーチンの仕事ができず，中央は書類作りばかりが増える．各プログラムがガバナンス（good governance）を要求するが，それ自体が保健セクター全体のガバナンスを低下させる．これらは，かつてのマラリア撲滅プログラムとなんら変わらない状況であり，疾病特異的アプローチが総合地域保健的アプローチに転換しない危険性がある．

b. 地域づくり支援の立ち遅れ

　資金が，エイズ治療薬や，マラリア予防のための薬剤浸漬蚊帳など医学的対策のみに使用され，地域住民が貧困なままに放置されている．「地域づくりアプローチ」の視点が欠如している点もマラリア撲滅プログラムに類似している．PHCが不徹底だったことに関する反省も不十分である．また，マラリア対策や結核対策，NTD対策において環境への配慮が少ない．結核は風通しがよく日光が入る家屋に住み，栄養状態がよければ流行を抑制できる．若者が危険なセックスに巻き込まれないような社会環境の構築はHIV感染を抑制する．マラリアも蚊の侵入を防ぐ網戸つきの家屋に住めば感染リスクは減る．スラムの周辺環境を改善して蚊の個体数を制限することも可能である．そのような居住環境や社会環境の改善は多くのプログラムに組み込まれていない．

c. 地域環境や地球環境の変化による健康影響への配慮の欠如

　上記とも関連するが，先進国でも途上国でも人びとの暮らしと環境が変化しており，感染症や非感染症のリスクも変化している．有害化学物質による健康被害，温暖化や洪水・渇水などによる健康への直接的・間接的影響について，原因を除去・緩和したり，影響を最小化するために脆弱性への対策が必要であるが，それ

らが組み入れられていない．

　以上を考えると，住民の視点に立った対策が実施されていない状況がわかる．住民に十分なインフォメーションを与え，健康教育を通して基礎知識を教えた後にコミュニケーションを図って対策を立てるというプロセスがない．健康に対する評価・管理（リスク低減）・コミュニケーションが不十分である．つまり，疾病リスクが個別に扱われて，総合的な健康保持に対するリスク管理になっていない．さまざまな個別疾病リスクについて，住民がどうすべきかを全体の健康保持の中で，評価し，コミュニケーションを図って，管理していかなければ，住民は，本当の行動変容や対策をとらないであろう．

　Farmerは，その情熱と行動力，資金調達能力で世界的水準の治療を僻地で可能にした．グローバルプレーヤー達はFarmerの表面上の成功しかみていない．

　以上の結果，ミレニアム開発目標に関連した開発途上国の指標は思うようには改善していない（表19.3）．

19.7 健康改善への人類生態学的アプローチ

　国際保健・熱帯医学が途上国の疾病制圧・健康改善に取り組んできたことによって，途上国の乳幼児死亡率，妊産婦死亡率，粗死亡率が低下し，平均寿命も延長している．しかし，先進国と途上国の間には，依然として死亡指標に大きな差が存在し（10章参照），さらに，途上国内においても一部では差が拡大している．現在の対策はほとんどが外部からのものであり，持続可能性が保証されていない．これは30年前からいわれ続けてきたことである．

　James Riley（2001）は先進国が経験した健康転換と寿命延長の要因として，医療，公衆衛生，経済発展（富），栄養状態の改善，個人・家族の健康意識・健康行動，教育の6領域をあげた（16章参照）．確かに医療はその一部ではあるが，疾病構造が変わり，健康状態が変わり，死亡率が低下してきた原因は医療を含む社会が内発的に変化したからであり，それによって，環境と人間とのかかわり方が変化してきたからである．内発的な変化による健康水準の改善はさらに好ましい社会変化をもたらし，健康水準が改善される．少なくとも多くの感染症が減少していった過程ではこのような相乗効果が発揮された．また，このような社会変化は出生率低下へも影響を与え，人口転換が推進されることが知られている．

表 19.3　ミレニアム開発目標に関連した開発途上国の指標

ミレニアム開発目標に関連した開発途上国の指標	1990～2000年*	2005～2007年*
・労働年齢人口に占める就業者の割合：2007年男性	−	77%
・労働年齢人口に占める就業者の割合：2008年女性	−	49%
・1日1ドル（購買力平価）未満で暮らす就業者の割合：1997年と2007年	31%	20%
・体重不足の5歳未満児の割合：1995年と2006年	33%	26%
・総純初等教育就学率：1990/1991年と2005/2006年	80%	88%
・男子に対する女子の小学校就学率：1990/1991年と2005/年（男子100人に対する女子の割合）	87%	94%
・出生千人あたり5歳未満死亡率：1990年と2006年	103	80
・はしかの予防接種を受けた12～23ヵ月児の割合：1990年と2006年	72%	80%
・出生10万人あたり妊産婦死亡率：1990年と2005年	480	450
・熟練医療従事者が立ち会った出産件数の割合：1990年ごろと2006年ごろ	47%	61%
・妊娠中に少なくとも1回，熟練医療従事者のケアを受けた女性の割合：1990年ごろと2005年ごろ	54%	74%
・15～19歳の女性による出産数：1990年と2005年（女性千人あたり）	67	53
・15～49歳の既婚女性のうち家族計画の必要性が満たされていない者の割合：1995年と2005年（サハラ以南アフリカ）	26%	24%
・15歳以上の成人HIV感染者に女性が占める割合：1990年と2007年（サハラ以南アフリカ）	54%	59%
・治療を必要とするHIV感染者のうち抗レトロウイルス治療を受けている者の割合：2006年と2007年	22%**	31%
・サハラ以南アフリカ20ヵ国で殺虫剤処理済みの蚊帳を使用する子どもの割合（20ヵ国平均）：2000年と2006年	4%	19%
・人口10万人あたり新規結核患者数（HIV感染者を除く）：1990年と2006年	150	151
・人口10万人あたり結核患者数（HIV感染者を除く）：1990年2006年	369	256
・二酸化炭素排出量：1990年と2005年の比較［単位：10億t］	6.7	13.1
・保護対象となっている陸域と海域：1990年と2007年の比較	6%	11%
・便所を利用する人の割合：1990年と2006年	41%	53%
・改良飲料水源を利用する人の割合：1990年と2006年	71%	84%
・人口100人あたりインターネット利用者数：2000年と2006年	2	11

*数値の該当年はそれぞれ異なっており，左欄の説明に記載されている．**2006年の値である．
（国連　The Millennium Development Goals Report 2008 より作成）

　これに対し現在の途上国での健康改善はまったく異なった状態で実施されている．外部からの医療に頼った死亡率の低下は，それ自身に持続可能性が乏しく，健康改善が社会発展に結びつかず，人口転換にも結びつきにくい．その結果，社会が発展しないまま，人口が増加し，環境が悪化する．かつては資金不足が途上国の健康状態が改善しない要因だとされた．現在では，資金は存在するがその使い方が間違っていて，一部の人びとの生活はよくなるが，社会全体の生活がよくならない．アジアでは経済発展が起こり，健康状態が改善され，内発的な健康改善がみられている．サハラ以南のアフリカでも，資金が利用できるうちに，その

方向にむかうことが必要である.

19.8 生態学的健康観とエコヘルス

　近年,エコヘルス（ecohealth）という概念が着目されている.地球環境問題の顕在化によって,これまでの短期的・直截的な医学的アプローチの限界が認識されだした.近代医学は,西洋的近代思想の個人主義に基づき,疾病を個人単位で治そうとする.健康も個人の属性としてとらえる.近代思想,近代医学に慣れた我々は,「アフリカの伝統社会では子どもが病気の時に母親が伝統薬を飲む」と聞くと,それをナンセンスと感じる.しかし,個人の病気は,個人ごとに切離した事象として考えるべきなのだろうか.例えば,がんや心疾患は個人が罹患するが,ある時代のある社会で一定の確率で発生し,社会ごと時代ごとに発生確率は異なる.感染症も同様である.疾病の発生を集団事象と考えれば,その集団が暮らしている自然環境や社会環境,それに対応する行動様式・ライフスタイルが発生のリスクを決定していると考えられる.結核のように貧困と強く結びついた疾病は,個人に対する治療的アプローチのほかに,集団のありようを変えることで発生を抑制できる.特に治療技術が進歩していない時代では集団の栄養状態,居住環境の改善が集団の罹患率を低下させた.さらに,気象や風土などの影響までも含めて考えれば,人間が住んでいる生態系が保全されることがヒトの集団の健康や疾病発生に根本的にかかわっていることがわかる.この場合の生態系は,物理化学的環境,生物学的環境,社会的環境をすべて含んだシステムである.

　鈴木継美（1982）は,「生態学的健康観」の中で「まず生態系の中にいる人間をとらえ,そしてその人間のもつ環境がなんであるかを知り,さらにそこで人間が環境を把握している様式に従って生態系が変化する姿をとらえること」を人類生態学の仕事であるとした（BOX 2参照）.健康や疾病への人類生態学的アプローチとは,人間が生態系の中で生きている存在であることを理解し,人間集団の健康を生態系の特性とみる点にある.鈴木庄亮（1979）は,環境と健康が切り離せないことを強く主張し,医学が個人の健康だけでなく集団のエコヘルスを考え改善に寄与することの大切さを主張した.個人としても集団としても,健康でありたいと考えるならば,自分のまわりの環境まで含めて長期的に保全していくことが不可欠である.

この考えに従えば，人間の安全保障とは「人間とそれを取り巻く環境の安全保障」でなくてはならない．それは，ある地域で人びとの生活・生業が成り立ち，一定の健康が長期的に持続される状態でなくてはならない．これは産業化され，ヒトとモノとカネと情報の流れが世界規模・地球規模になった人工的環境の中で暮らしている我々にもあてはまることである．

　この生態学的な立場に立って，世界の人びとの健康を研究し，改善に貢献することが国際保健における人類生態学的アプローチである．それを社会が認知するためには，人口学や，栄養学，環境中毒学など多方面からの実証的研究の蓄積が不可欠である．この論を進めると，それぞれの生態系の中で暮らす人びとにとっての望ましいエコヘルス像があり，それは，人類としての共通性をもちながらも，決して人類普遍的なものではない．また，現状から望ましいエコヘルス像に至るプロセスも世界の多くの地域で異なったものになる．人類は，今，地球環境問題に直面し，グローバルヘルスとエコヘルスの両立させるアプローチを模索しなければならない状況に至った．

　本書の各章で紹介した事例は，健康事象を生態学的にとらえようとする点で，人間の生態学の保健学への応用例だといえる．20世紀以降，健康や疾病を取り扱うことは，即，普遍的な医学的・医科学的アプローチをすることだと短絡的に考えられてきた．これは，専門家の間でもそうであり，一般にもそのように理解されてしまった．しかし，地球環境問題の顕在化などからもわかるように，生涯にわたる健康や，次世代の健康などほんの少し長期的な視野に立てば，医学を超えて健康を理解することの重要性に気がつくだろう．地域環境と地球環境が急激に変化する中で，人間の生態と健康の関連についての多くの実証的研究が必要とされている．

19章　引用文献

Cohen, J. (2006) The new world of global health, news focus. *Science* **311**：162–167.
Desowitz, R. S. (1991) *The Malaria Capers: More Tales of Parasites and People, Research and Reality*. WW Norton and Company.（邦訳：栗原豪彦訳（1996）『マラリア vs. 人間』晶文社．）
Farmer, P. (2001) *Infections and Inequalities: The Modern Plagues, Updated with a New Preface*. University of California Press.
Farmer, P. (2005) *Pathologies of Power: Health, Human Rights, and the New War on the Poor*. University of California Press.

Kidder, T. (2003) *Mountains Beyond Mountains: Healing the World: The Quest of Dr. Paul Farmer*. Random House.

King, C. H. and Bertino, A-M. (2008) Asymmetries of poverty: why global burden of disease valuations underestimate the burden of neglected tropical disases. *PLoS Neglected Tropical Disease* **2** (3)：e209. ［doi: 10.1371/journal.pntd.0000209］

Kobayashi, J. *et al.* (2007) Beyond deworming: the promotion of school-health-based interventions by Japan. *Trends in Parasitology* **23** (1)：25-29.

門司和彦 (2008) 熱帯医学と国際保健における人類生態学的アプローチ.『人類学と国際保健医療協力』(松園万亀雄，門司和彦，白川千尋編), pp. 176-199. 明石書房.

Riley, J. C. (2001) *Rising Life Expectancy: A Global History*. Cambridge University Press.（邦訳：門司和彦他訳 (2008)『健康転換と寿命延長の世界誌』明和出版.）

世界銀行 (1993)『世界開発報告 1993 人々の健康に対する投資』イースタン・ブック・サービス.（英語版オリジナルは，オックスフォード大学出版会から発行されている）

鈴木継美 (1982)『生態学的健康観』篠原出版.

鈴木庄亮 (1979) ヒューマン・エコロジーの視点.『講座現代の医学 5 生存と環境』(小林登編). 日本評論社.

20 章

都市の生態学

　人間と環境との相互作用を記述し，その多様性と共通性とを抽出することによって人間がどんな生物であるかを明らかにするのが，人間の生態学であると冒頭の章に書いた．都市における人間の生態学では，人間と「都市」という環境との相互作用について，これらの解析を行うことになろう．都市という環境が人間の生存・健康・福祉に及ぼす影響という方向と同時に，人間が都市という環境をどのように整備し，変化させていくのかという方向の研究が必要になる．当然のことながら両者は互いに結果をフィードバックする関係にある．ほかの多くの科学技術の産物と同様，都市は多くの場合，長期的展望を欠いていて，人間にとって適応的であったり，そうでなかったりする．そういう意味で都市は人間の長期展望の試金石であるともいえよう．都市はそれ単独では維持できないものでもあり，いわゆる都市-農村の関係も重要な課題である．

20.1 ヒトの主要な生息地としての都市

20.1.1 人口からみた都市の重み
　人間は，新しい技術の発見・発明によってさまざまな新しい環境を産み出してきた．大規模な人口集中と人工構造物の集中がみられる「都市」はその代表格であろう．都市は，農耕革命以前には存在せず，集団定住が起こり，集団規模が拡大し，食糧生産の余剰が出て社会階層の分化が生じた後，社会規範や法体系がある程度整備できる状況となった今から 8000 年ほど前（河野，1986；McMichael, 1999）に出現した．都市がなぜ興ってきたかについては多くの議論があり，本章の範囲を超えるが，それが何らかの形でだれかの利益になったからこそ，以

後多くの都市が誕生し,維持され続けてきたのであろう.Jared Diamond (2000) は,国家(state)の成立についての考察の中で,職業の異なる集団が互いに近接して大人数で居住することのメリットを述べており,その内容は都市の成立についてもあてはまる.すなわち,多くの人間を使って大規模な公共建造物を構築できること,遠方との交易により多様な物資を入手できるようになること,職業分化により都市で生産された製品を同じ都市内で原料として使用するなどモノの合理的な流通がはかれること,集団あたりの生活面積を小さくできること,が指摘されている.都市が小規模な街や農村よりも1人あたりの資源需要を小さくできる可能性も指摘されている(Grimm et al., 2008)ほか,都市への人口集中は,農村や郊外で「贅沢な」生活をするよりも環境負荷の点からは望ましいという(横浜国立大学21世紀COE翻訳委員会,p.114,2007).

都市の出現後,長い間,人間の居住環境の中で都市の占める位置はわずかであり,全人口に占める都市住民の割合が10%を最初に超えたのは,16世紀初頭のオランダであったという.表20.1にみるように,都市に住む人間の割合は1800年に至っても少なかった.しかし,過去2世紀の間に都市人口は急激に増加し,2007年のUNICEFの統計では地球人口のおよそ2人に1人が都市に居住している.都市居住者の割合には地域差があり,早くから都市化が起こったOECD諸国では75%,開発途上国では42%であり,後者の中でもラテンアメリカ・カリ

表 20.1　歴史的に見た都市人口の変遷

BC5000〜3500:	都市の形成
古代ギリシャ・ローマ:	人口10万人超の都市の出現
3000年前ごろ:	人口5万人超の都市=4
2000年前ごろ:	人口5万人超の都市=40(全人口の1%)
1700年:	人口50万人超の都市=5(東京,北京,パリ,ロンドン,コンスタンチノープル)世界の都市人口は全人口の10%以下
1800年:	人口1万人以上の都市人口=全人口の5% 人口100万人超の都市の出現
1900年:	人口50万人超の都市=43,100万人超=16. 世界の都市人口は全人口の10% 人口100万人超の都市=17
1950年:	人口100万人超の都市=約400
2000年:	人口100万人超の都市=388
2007年:	世界の都市人口は全人口の49% 先進諸国では80% 世界の人口増加の95%は途上国の都市における増加

(河野,1986;Berry,2008;Grimm,2008;McMichael,1999)などによる.

ブ地域（77%）と南アジア（30%）には大きな開きがある．日本では，市部の人口割合でみると2008年で89.6%である．途上国の都市人口の急激な増加を考えれば，今や人間は都市に住む生物となったといえる．

20.1.2　人口増加期における都市の変化

都市はむろん昔から現在のような形をとっていたわけではない．図20.1はBrian J. L. Berry（2008），Anthony McMichael（1999）の記述に沿って，過去300年の都市の変遷をまとめたものである．1700年ごろオランダを中心に進んだ都市化において，都市は交易センターである中心地域，食糧生産を担う中間農村地域，燃料や牧場が広がる遠隔の広大な森林地域で構成される人口規模数十万の自立的なユニットであった．当時のヨーロッパにはこうした都市域が6ヵ所存在し，各都市域は1つのコアのみをもっていた．ちなみに，同時期の中国の都市は政治・統治的機能が強いなど，地域による特色があったという．18世紀の間，世界の主要都市の勢力地図にはあまり大きな変化がなかったが，19世紀に入るとオランダに代わって，海外植民地の資源と経済を土台にイギリスが台頭した．工業化（産業革命）の影響を受け，炭鉱を基盤とするエネルギー生産型の都市，

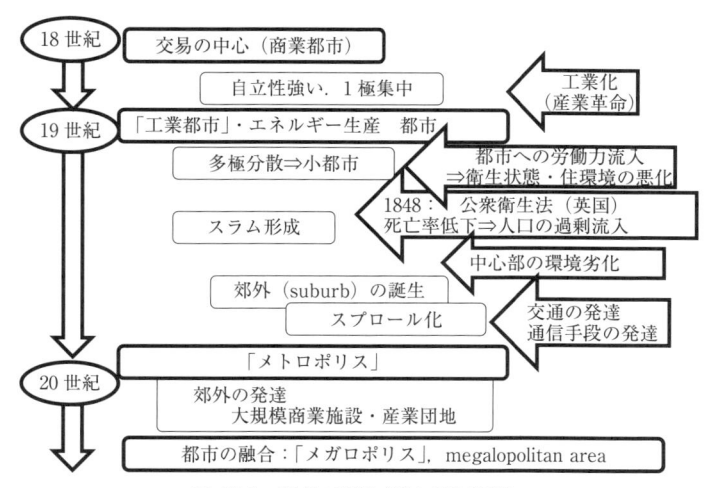

図 20.1　都市の変遷（過去300年間）
1700年ごろからの「都市」の機能と形態の変遷を示す．右側の矢印は，変遷に関連のあった社会的・人口学的要因を表している．（Berry, McMichael *et al.* をもとに作成）

工場を擁する都市などが発達し,一都市集中の構造が崩れて多くの小都市が生まれた.こうしたタイプの都市は,モノに加えて労働力としてのヒトを必要としたため,都市への人口流入を招き,都市人口が増大することとなった.

人口の増大は,インフラが未整備だった当時の都市で,感染症の増加や栄養状態の悪化という結果を招き,都市の衛生・福祉のレベルは低下した.19世紀前半に効率第一で考案された住宅(back-to-back house)は,地域によっては20世紀初頭まで使用されたが,衛生・プライバシーなどあらゆる点できわめて劣悪であったという.福祉の低下に対し,1848年の公衆衛生法(英国)が施行されて以降,住宅の改善,教育の普及,感染症の緩和とコントロールなど公衆衛生の改善が実現した.この結果,都市域の死亡率は減少し,イングランド・ウェールズにおいて1850年に40歳であった平均寿命が,その後50年には10歳も伸びた(McMichael, 1999).その結果,都市は農村部からの人口流入がなくても人口を維持できるようになった.

一方でこのような人口学的変化は,都市に後から流入してきた人口を余らせることになり,余剰人口によってスラムが形成されるようになった.富裕層は,こうしたスラムや大気汚染などで環境の劣化した中心域を避け,郊外(suburb)に移り住むようになり,郊外と中心部(inner city)からなる新しい都市の形態が生まれた.郊外と中心部とは最初は馬車で結ばれたが,動力機関の発達とともに交通手段が急速に発展し,道路・鉄道が整備された結果,19世紀末にはいわゆるメトロポリスが誕生した.20世紀には会社や企業も郊外に移動し,中心部には政治・経済に関連する施設が残るようになった.自動車の普及と道路網の発達の結果,郊外には中心部を支える住宅地区のみならず,大規模商業施設や産業団地が建設されるようになった.このような都市の拡大化の結果,隣接する都市どうしが融合し,オランダのRandstad,日本の京浜・阪神工業地帯,米国東海岸などに代表されるような大都市圏が誕生した.現代に至って,都市は「独立した存在ではなく,複数の都市中心域とそれらの間をつなぐ人工的な地域とで構成される少数の『巨大都市域(megalopolitan region)』があるだけ」という見方もある.一方で,このような都市の急速な発展は,大気汚染などの環境問題が続発するという事態を生んできた(McMichael, 1999).特に都市の成長が,先進諸国と比較して急速に起こっている途上国において,弊害の部分が大きい.

現在の都市がもつ機能は多岐にわたり,例えば商業都市,工業都市,行政都市,

観光都市，港湾都市などといろいろなラベルを貼ることできるが，食糧生産地である農村と対比するならば，食糧を含めたモノ・エネルギー・情報が集散・消費される場所であり，サービスの提供を行う施設・組織が集中していることが，その共通項であるといえよう．こうした機能を営むために都市に政治・行政の中枢機能や企業が集中し，就業機会が豊富になる，逆にこのことによって都市の機能が強化されるといえよう．

20.1.3 都市の多様性と不均質性

ここまで定義することなく使用してきた「都市」は，定義しようとすると意外に厄介な言葉である．都市は urban の訳であり rural と対比される．後者は農村以外に山村，漁村なども含まれ，「非都市部」というニュアンスに近い（河野，1986）（ただし，本章では簡便のため，これらを一括して「農村部」とよぶ）．urban に関連する用語として urbanization と urbanism がある（河野稠果は，それぞれ「人口都市化」と「[生活様式としての] 都市主義」と訳している）．urbanization は人口が農村部から都市部に移行する現象であり，数値的には全人口に都市人口が占める割合を示す．したがって100％を超えることがないという意味で有限なプロセスである．urbanism は都市部におけるライフスタイルや価値観（およびその受容）を意味する，社会学的なニュアンスをもつ用語である．

一定の人口あるいは人口密度を基準とするような世界共通の都市の定義はない（表20.2）．世界各国の定義も，人口規模・密度，経済活動の内容，サービスや施設の状況などさまざまな基準によっており，人口を基準とする場合でも200名

表 20.2 さまざまな都市域のとらえ方

人口集中地域（日本）
人口密度が4000人/km^{2}以上で人口が5000人を超える地域（最小ユニットは国勢調査の調査単位区）．

Metropolitan Statistical Area（米国）
人口5万人以上の郡（county）を含む地域．範囲の決定は主観的．

都市システム（UNESCO，-「人間と生物圏計画」；1970年代）
2万人以上の人が接近して住み，ある程度，社会的・経済的・政治的に組織されている人間の居住地．

都市システム（ミレニアム生態系評価，2005）
人口5000人以上の既知の居住地を対象として，衛星画像でとらえた夜間の町の明かりの観測によって境界を設定．

以上から50000名以上まで大きな開きがある．国際機関の統計では，このように定義の異なる都市のデータが一緒に並ぶことになるので解釈には注意が必要である．同一国内であっても，都市像には大きな開きがある．日本でも，東京の人口（市域として）は800万人を上回るのに対し，人口が2万人に満たない市も10市程度（2008年）存在する．日本における都市的地域として定義された「人口集中地域」，あるいはその米国版ともいえるMetropolitan Statistical Areas（Rozenfeld, 2008）など必ずしも行政的境界で制約されないとらえ方もある．

　国際機関による事業で，統一的な都市の基準が用いられることがある．UNESCOが1970年代から行った「人間と生物圏」計画で用いられた定義（沼田，1987）は，人口の絶対値はさておくとして，都市という語のもつ一般的なイメージを無難に表現している．人間の活動と（自然）生態系との関連について，多数の研究者が国連主導のもとに共同で取り組んだ試みであるミレニアム評価（MEA；Millennium Ecosystem Assessment）で用いられたリモートセンシングとGISの組み合わせで都市域を設定するなどの方法は，これから盛んに用いられるようになるであろう．MEAの都市システムは，森林・農耕地・乾燥地・極地の各システムなどとともに，地表と海洋を構成する10個のシステムの1つと考えられている点に特徴がある（横浜国立大学21世紀COE翻訳委員会，2007）．最近，GISを利用して，都市的地域の拡大を客観的に把握する試みが報告された．GIS上で対象地域を細かいメッシュに区切り，メッシュ内の人口が0でないメッシュを出発メッシュとし，隣り合うメッシュの人口が0でなければ隣り合うメッシュに拡大する．この単純な手順を繰り返して得られるメッシュのクラスターを大都市地域と定義して，経年的な大都市地域の拡大を解析した（Rozenfeld, 2008）．英国全域を500万以上のメッシュに分割し，経時的データを用いた分析を行った結果，都市地域の人口増加率は人口規模に依存しないという，一般的に信じられている予想に反する結果を得た．同様の結果が，米国およびアフリカ全体を対象とした分析においても得られている．

　都市という言葉で表される内容に大きな幅がある一方で，同一の都市内部も均質ではなく多様性に富んでいる．すなわち，同一の都市の中には，商業地区・行政地区・住宅地区・風致地区など機能も景観も異なる空間が隣接していたり，異なる民族（ethnic group）や社会経済的階層の集団が住み分けていたりすることは珍しくなく，むしろ，その中のどこにいっても等質な都市というものを想像す

るほうが困難なくらいである．多くの研究者が，この不均質性（heterogeneity）を都市の特徴であるとして注目している（Ulijaszek, 1999；Alberti, 2008；Grimm et al., 2008；Pickett, 2008）．人間生物学者の Stanley Ulijasek は，不均質性と人口密度が都市の特徴であるとしているし，多くの都市生態学者達も，都市という生態系の特徴として，その構成要素の不均質性を指摘（後述）している．一方，都市社会学者は，都市内部の不均質性を都市の活力源として重要であると指摘している（玉野，1999）．こうした不均質性は都市機能の安定化に役立っていることが想像されるが，それが都市居住者の適応にもつ意味とともにこれからの研究課題である．

20.2 物理化学的環境としての都市

20.2.1 都市のインフラと物質代謝

物理的な環境としての都市の最大の特徴は，その大半の土地が，人間が意図をもってつくり出した構造物で覆われているという点であろう．これによって，都市独特の景観がつくられるだけでなく，ヒートアイランドのような物理的環境の形成，生物多様性，一次生産量，土壌の質，雨水の流れ，環境汚染の起こり方など多くの生態学的に重要な要因に影響が及ぶ（Alberti, 2008；沼田，1987）．キャンベラやブラジリアなどに代表される近代的な計画都市を除けば，一般に都市は長い年月をかけて成長するものであり，全体の構造を貫くような設計のビジョンなどは存在しない．都市では，予想の難しい空間的・人口的な拡大（時には縮小）に対応しつつ，住民の生存と活動に不可欠な食物・水および生活資材を外部から供給する必要があり，運搬・流通・保存の仕組みと施設，上水処理・給水のシステムがそれぞれコストをかけて敷設される．必須な資源供給のコストは，時としてきわめて高くつき，例えばメキシコ市では，標高が 1000 m も低い水源から飲料水を確保しているという．一方，都市内部で活動の結果生産される代謝物・廃棄物を人工的に処理したり運び出したりする仕組みも必須である．下水路やその処理施設，廃棄物の回収制度と焼却場や埋め立て処理場が機能しなくなったために都市機能全体に多大な影響を及ぼす例は，最近でも多くの都市でみられている．

こうしたモノの流れは，都市の代謝（urban metabolism）と表現され，多くの定量的研究が行われてきた（古典的な例として，沼田，1987）．図 20.2 はその

図 20.2 都市の代謝 (urban metabolism)
点線のボックス内が「都市部」の空間,実線の矢印はモノの流れ,点線の矢印は,再生利用の流れを表す.あみかけのついた項目については,都市部のボックス内におけるフローも存在するが図では省略されている.

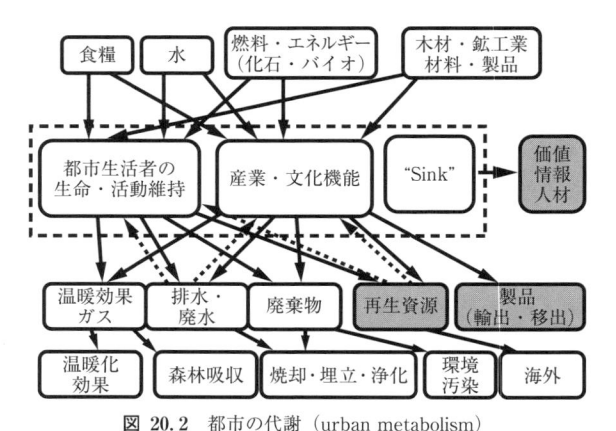

概念図である.都市の機能を,そこに住む人間の生存をサポートする機能と,その活動の結果生み出される機能に分けて表現してあるが,両者の境界はあいまいである.価値・情報・人材といったoutputは通常,都市の代謝に含めないが,このようなoutputとそれを支えるモノやエネルギーとの関連についても注意を払わないと,都市の機能は理解できないのではないだろうか.

　モノのフローに関する都市の代謝が生物地球化学的循環(biogeochemical circulation)に与える影響の大きさを推定する研究が最近になって進展した結果,それらが決して小さくはないことがわかってきた (Grimm *et al.*, 2008). 地球全体で都市の面積は陸地面積の3％以下にすぎないが,炭素排出の78％,住居地域における水利用の60％,森林の産業利用の76％を都市が占めるという.例えば米国において,主要20都市が排出するCO_2は,それ以外の全ての地域が排出する量より大きい.元素の循環をみると,窒素・リン・金属類については都市に蓄積が起こりやすいと試算されている.窒素は,食料や肥料として都市域に運び込まれるほか,燃焼に伴うNO_xの生成も加わり,全体として出納はプラスになるという (Kaye *et al.*, 2008). 都市からの生活排水に含まれる窒素やリンが湖沼や湾などの内水面に流入し,富栄養化によって生態系や水産業に多大な変化を及ぼした例は,日本でも霞ヶ浦や琵琶湖などの内水面で多く記録されている.一方で,こうした都市代謝の有効利用も検討されており,使用された水を適切な処

理の後に中水道として再利用するのはその代表例である．米国アリゾナ州フェニックスを対象とした試算では，硝酸塩の形で窒素を豊富に含む水を周辺耕作地の灌漑に使用することで，窒素肥料の投入を劇的に減量できるという．過去において，江戸から屎尿が運び出されて周辺の農村部に還元されていたのも，こうした都市代謝の有効利用の試みであったともいえよう．屎尿の農村還元は戦後になっても行われていたが，衛生的見地から批判されている．都市で多量に消費される製品の廃棄物には希少金属を含む金属類が相当量含まれており，その資源利用のポテンシャルを指して都市鉱山（urban mine）などという表現が用いられることもある．

環境負荷における都市のウェイトが大きいことは，裏を返せば人間活動が都市域に集中していることのあらわれである．タイ（2000年当時）を例にとると，首都バンコクとその周辺地域がGDPについては国全体の半分以上，主要な工場数についても国全体の半数，株式上場している企業の97％（348）がバンコク周辺地域に集中している．都市部への経済活動の集中は，グローバル化によって海外市場にアクセスしやすい地理的場所が有利になったことに起因しており，タイに限らず多くの発展途上国で共通して認められる傾向であるという（Kidokoro, 2004）．

20.2.2 都市のエコロジカル・フットプリント

すでに述べたように都市には食料・水・森林資源などが流入する一方，都市域内で処理のできない CO_2 や廃棄物・廃水が流出する．食料の供給には耕地および家畜を飼養するための牧草地が必要であり，紙・建材や薪燃料を提供する森林に加えて CO_2 を吸収してくれる森林も必要である．つまり，都市の代謝にかかわるモノ，いいかえれば都市居住者の生存と活動は，行政的な都市の境界をはるかに超えた広大な土地によってサポートされている．この土地の広さは，都市代謝の規模を表す指標と考えてよいだろう．ある集団（コミュニティ）の生存と生活の維持に必要な土地の面積をさまざまな仮定のもとに計算したものはエコロジカル・フットプリント（生態学的足跡）とよばれ，集団が環境に及ぼすインパクトを直感的に表現する便利な指標である（ワケナゲル，2004）（表20.3）．提唱者のMathis Wackernagelらの試算では，カナダ西岸のバンクーバー市（1991年人口47万2千人）のエコロジカル・フットプリントはおよそ200万haであり，

表 20.3 エコロジカル・フットプリントの要素

あるコミュニティ（国，自治体，事業所，特定の事業や活動について考えることも可能）の生活に必要なものを土地の面積として表し，合計したもの．

主要構成分と土地への換算方法
- 食糧： 必要な食糧を生産する耕地・畑地の面積，家畜飼養のための牧草地
  - 平均的な土地生産性を仮定して計算する．
- 住居： 住居が被覆する土地面積
  - 建設資材のための森林面積（cf. コンクリート製の家屋であれば，それを製造するための消費エネルギーを CO_2 に換算）．
- エネルギー： エネルギー消費で発生する CO_2 を吸収するのに必要な森林面積．
  - 森林が吸収できる CO_2 の量を仮定して計算する．

行政区画としてのバンクーバーの約 180 倍の面積に相当した（Rees and Wackernagel, 2008）．同様に，Carl Folke らが計算したバルト海沿岸の主要 29 都市のエコロジカル・フットプリントは，行政区画面積合計の約 200 倍であったという．エコロジカル・フットプリントを国単位で計算すると，領土面積のたかだか数倍であり，最大の米国でも 10 倍にとどまる．都市がいかに外部に強く依存する存在であるかがよくわかる数値である．

エコロジカル・フットプリントは，都市が環境に与える負荷の一部を評価できるにすぎない．例えば都市域では多くの地表がコンクリートなどで覆われ，それによっていわゆるヒートアイランドが観察される．ヒートアイランドは局所のできごとであって地球温暖化に大きな影響を及ぼすことはないが，都市とその周辺地域の気温へのインパクトとしては温暖化のそれを上回る（Grimm et al., 2008）．さらに，インパクトは気温のみならず，水資源・大気汚染・生態系への影響（多様性喪失ならびに生態系機能の低下）と広範に及ぶ．しかし，こうした環境負荷はフットプリントには現れてはこない．また，都市排水による富栄養化，有害廃棄物による土壌や水質汚染の影響も評価されていない．

20.3 都市における人間の生態学

都市居住が人間（集団）に与える影響は 2 つの側面から考える必要がある．1 つは，都市の環境が都市住民に与える影響，もう 1 つは，都市という居住形態そのもの，すなわち，さまざまな職業の集団が集合し，生存・生活物資は外部に依存するという居住形態が，都市およびその都市にかかわる人間集団全体にもたら

す影響である．

20.3.1 都市居住者の生存と健康
a. 死亡率

かつての都市が人間の生存にとって好都合な場所ではなかったことにはすでにふれたが，もう少し詳しくみてみよう．17世紀ごろから，多くの都市には農村から多くの人が流入したが，この社会増がなければ都市が人口を維持することは困難であった．例えば，1650～1750年の百年間に，ロンドンの人口は27.5万人増加したが，この時期のロンドンの死亡率は出生率を上回っており，周辺部（出生が死亡率を5‰上回っていた）からの人口流入が人口増を支えていた．他国においても都市の環境はやはり劣悪で，19世紀のパリでも劣悪な栄養状態を反映して低身長者の割合が高かった．18～19世紀の日本では，江戸・大坂・京都など大都市を含む地域の人口増加率がそうでない地域に比較して低かった．これは，大都市周辺の人口が大都市に流出し，そこで高い死亡率と低い出生率に曝されていたためとの推察がある（鬼頭，2000）．このころの都市部における死亡は，主としてコレラ・結核・チフス・はしかなどの感染症の頻発および低栄養によるものが多かった．こうした劣悪な環境にもかかわらず，農村部における飢饉で押し出された人や，都市部における就業機会を求めた人が都市に流入するという移動のパターンは長い間続いた．ヨーロッパの都市がこのような「墓場」の地位を脱却したのは，前述したように1848年の公衆衛生法により上下水道が整備され，その波及効果として住宅，緑地，道路などの環境が改善されたことによる（Dye, 2008）．このように，住民の生存と健康を守るためのインフラ整備が確立されたのは19世紀後半になってからであった．日本では，都市の死亡率が農村のそれより低くなったのは日露戦争の後であったという（鬼頭，2000）．個人や世帯の生き残りには不利だったにもかかわらず，死亡率の高い都市に人口が流入する状況は世界的に広く認められたことになるが，これによって都市では人口と機能が維持され，農村の側でも都市に人を送り出すことによって人口圧を減らし，相対的に低い死亡率が実現していたのであろう．

現在はどうであろうか．保健衛生や医療に関するインフラは，明らかに都市のほうがよく整備されている．UNICEFが2006年に途上国25ヵ国を調査したところでは，衛生設備を利用できる人口の割合は，各国とも都市部が農村部より高

かった．特にその差が大きかったイエメンではその割合が都市部で85％，農村部で30％以下，中国では70％と25％であった．一方で，都市部は，交通事故，犯罪の頻発，大気や水の汚染，地域や国によっては劣悪な住環境など健康に関するリスクファクターを抱えている（表20.4）．都市部と農村部のどちらが生存に有利かはこの両面のバランスで決まることになる．2005年の国連データを用い，90ヵ国の乳児死亡率について整理した結果では，ほとんどの国で農村部が都市部を上回った（Dye, 2008）．WHOの保健統計2007では，67ヵ国についてのデータが紹介されており，5歳未満死亡率で都市部が農村部を上回るのは2ヵ国にすぎない一方で，農村部と都市部の比が1.5を超える国は20ヵ国にのぼる．WHOのデータでは，5歳未満の低身長児の割合（低栄養の指標としてよく用いられる）についても都市－農村比較データが紹介されている（図20.3）．共通してデータを用いることのできる58ヵ国のほぼ全てで両方の指標について，都市部のほうが成績がよい．さらに，都市部，農村部の格差は，低身長児割合においてより大きい国が多い点が注目される．全出産に占める安全な分娩（専門的な介助者がつき添う分娩）の割合やはしかワクチンのカバー率などにも都市－農村格差があり，こういった保健衛生の水準の違いが背景にあることが示唆されている．しかし，国連統計部のDemography Yearbook（2008）（以下DYB）でみると，データが利用できる36ヵ国中，都市部の死亡率が農村部より低いのは約半数の17ヵ国にすぎず，この種の統計に伴う曖昧さを示している．都市部の定義もまちまちであることとあわせて，留意すべき点である．

どちらが有利かという比較はひとまずおくとして，多くの国の乳児死亡率を並べてみると，都市－農村の間に正の相関がある．一見して当然のように思えるが，都市がそれぞれの国の中でまったく独立した存在ではなく，国全体の状況

表 20.4 都市居住による健康・生存上のベネフィットとリスク

ベネフィット	衛生施設の利用可能性　大 医療施設へのアクセスが容易 安全な水の供給が得られる
リスク	大気汚染（周辺地域の10～50倍程度の汚染物質） 交通事故，高犯罪地区の存在 温度（ヒートアイランド） 洪水の頻度 過密による感染症リスク スラム居住

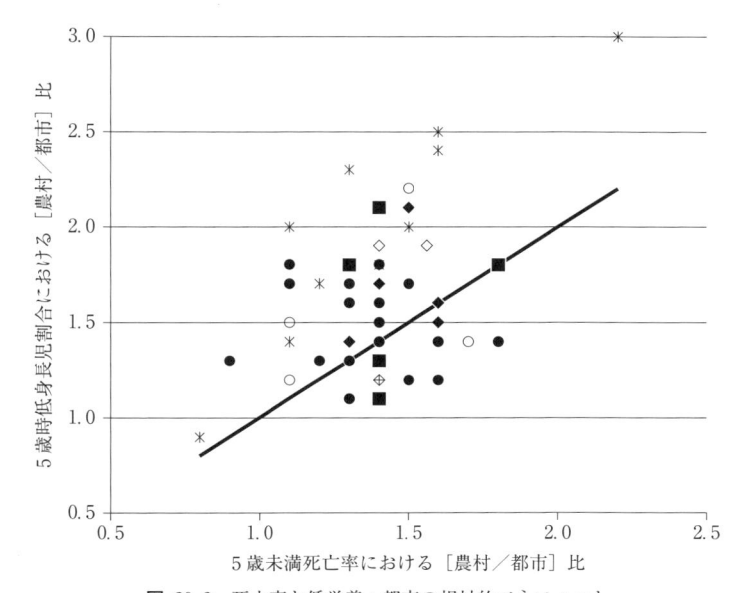

図 20.3 死亡率と低栄養：都市の相対的ベネフィット
5歳未満死亡率（横軸）と5歳時における低身長児の割合（縦軸）のそれぞれについて，国ごとに農村部／都市部の比をとって比較したもの（WHO, 2007に基づく）．異なるシンボルは異なる地域を表す．

(national metabolism) を反映する存在であることを示しているとの指摘がある (Dye, 2008) が，同時に各国住民の生物学的な違いも反映しているのであろう．

b. 出生率

出生率において都市と農村に違いはあるのだろうか．2002〜2005年にかけて，DYBにデータがある43ヵ国中では都市部が農村部よりも（粗）出生率が低いのは25ヵ国でおよそ半々ということになる．都市部の方が出生率の低い国は，アジアでは13ヵ国中で9ヵ国だが，ヨーロッパでは20ヵ国中10ヵ国にすぎない．ただし，DYBの出生率には，報告漏れや統計方法の国による違いなどに起因するさまざまな誤差が含まれていることはDYBにも述べられているし，（特に途上国において）都市部のデータには農村部からの移住者が相当数含まれている点には注意が必要である．前述のChristopher Dye (2008) は再生産年齢女性人口あたりで94ヵ国の出生率を比較しており，大半の国で都市部のほうが低値であったとしている．人口転換を迎えているアフリカでは，出生率低下は都市部で急速に起こり，その結果，エチオピアでは都市部の子供数が農村部より4人も少なかっ

たという報告がある．こうした差は，避妊の普及やAIDSの罹患率の差では説明ができず，資源に恵まれた都市部で出生率が低いことは逆説的だと考える進化生物学者もいる．Ruth Mace（2008）は，都市においては子供への経済的投資が高いため，それを避ける結果として出生率が低くなるという仮説を提唱している．日本でも19世紀末までは都市の出生率が農村部より低かったが，この理由としては，性比が男に偏っており，独身男性が多く，農村部に比較しておそらく有配偶期間も短く，有配偶出生率も低かったことがあげられている（鬼頭，2000）．農村-都市という二分法で評価する限り，都市は出生率がやや低く，その原因は時代と地域によって異なるということになる．

c. 都市内部の不均質性

都市を特徴づける大きな要素として，不均質性が注目されていることはすでに述べた．前項までのように，都市対農村として都市を1つの数値で代表する比較では，この特徴は見逃される．例えば，オランダで1993年に行われた調査では，同じ都市部居住者の間でも，経済階層の違いによって平均寿命に5年の差があったという（McMichael, 1999）．こうした内部の格差が最も極端な形で現れているのが，密集した人口，狭い居住空間，水・衛生を含むインフラの未整備，居住者の社会経済的地位の低さなど多くの問題が集中するスラムであろう．スラムの定義も標準化されているわけではないが，全世界では都市居住者のおよそ1/3がスラムに居住し（Dye, 2008），サハラ以南のアフリカや南アジアではその比率はさらに高いとされる．1998〜2000年にかけてナイロビで行われた調査では，スラム居住者における5歳未満死亡率（出生1000あたり150.6）は，スラムを除く都市部の死亡率（同61.5）の2.5倍であり，農村部を含む国全体の平均と比較しても1.5倍であった（McMichael $et\ al.$, 2004）．結核などの罹患率においても，都市内部の地域集積性を示した報告がある．このような都市内部における不均質性を考慮すると，都市-農村比較はあくまで平均的なレベルの話でしかない．実際の問題はもう少し細かく，個々の都市の多様性や都市内部の不均質性に気をつけてみていかねばならないことがわかる．

20.3.2 都市の人間の行動

a. 身体活動：エネルギーと時間

多くの人は，農村居住者と比較して都市居住者がいわゆる身体活動の少ない

(sedentary な）生活を送っていると想像しているであろう．歴史的にみると，都市住民の活動レベルは，従事する産業の中心が第一次産業から第三次産業にシフトしたことによって低下した．国レベルで見た場合，この就業構造のシフトは都市人口割合の増加ともよく相関している．

活動レベルについての都市部−農村部の系統的比較はそれほど例があるわけではないが，中国で実施された大規模な縦断的調査では，職業の変遷に加え，同一職業における活動内容の変化，移動方法の変遷（active から passive へ）が，身体活動の減少に寄与していた（Popkin, 2006）．我々がインドネシアの西ジャワ州農村部と都市部とで，成人男性に加速度計（いわゆる歩数計）を装着してもらって行った測定（蒋，未発表データ）でも，勤労者の多い都市部が，近郊農業，水田耕作，野菜栽培，酪農業と生業の異なる農村部のいずれよりも，日中の活動レベルの集落平均値で 20〜30％低かった．バングラデシュ農村地域にある小都市の住民（事務作業や小規模工場の勤労者が多い）と農村（水田と小規模な畑作）の住民との比較でも，激しい身体活動に従事する時間数は明らかに異なっていた（Watanabe et al., 2004）．これらの調査対象となった農村部では農作業の機械化は遅れており人力に頼っているため，このように明確な差が得られたものと思われる．途上国農民の身体活動レベル（PAL）に関する 26 編の研究を整理したところ（Dufour and Piperata, 2008），男性では季節変動が大きく，女性では環境条件や扱う作物が共通でも社会・文化的条件で PAL に大きな差が認められた．都市住民の活動レベルのレンジは農村部よりさらに広い（Ulijaszek, 1999）という指摘もあることを考えると，都市対農村という単純な比較は意味を失いつつあるといえよう．

身体活動レベルには，活動のエネルギーの大きさとともに，活動に従事する時間の両方がかかわってくる．生業に限って考えた場合，都市住民の従事する職業はエネルギー的には小さいが，就労時間は長い．最近（2005 年）の日本における職業別の就業時間調査では，農林漁業者の平日における仕事時間の平均が約 6 時間であるのに対し，「勤め人」は 7 時間半を超え，特に男の勤め人では 9 時間近い．男の「有識者」というカテゴリーでは平日に 10 時間以上働く人の割合が 3 割を超えている．これらの統計は地域別ではないが，こうした職種の違いは地域別の身体活動パターンの差にも反映されることは間違いない．身体活動の軽度化は，肥満などを通じた生活習慣病のリスクと結びつけられて論じられることが

多く，就業時間の長期化のもたらす影響については，過度の残業や連続した深夜勤務による過労死・ストレスなどの極端な例を除くと体系的な研究は進んでいない．

都市の特徴である多様性を考えると，活動レベルにも都市間あるいは都市内部で開きがあるに違いない．Reid H. Ewing ら（2008）は，米国の都市住民21万人を対象に，居住地域の「スプロール指数（居住密度，土地利用の混淆度，開発の中心部への集中度，街路へのアクセスしやすさを総合的に評価した指数）」と健康関連行動との関連を調べた．その結果，スプロール指数の高い地域の住民ほど身体活動レベルが低く，これが高血圧や肥満など生活習慣病のリスクが高いことと関連していた．都市のスプロール化は，人間が行動や健康とはまったく異なる目的のためにつくり出した環境の一形態が人間の行動や生存に影響を及ぼすよい例といえよう．

身体活動の起こる時間帯も，人間自身へのインパクトと環境インパクトの両面から注目すべきであろう．国によっては，農村部に行くと現在でも太陽とともに寝て起きる毎日を送っているところがある．一方で先進国の都市部では，交通（空港・公共交通）・小売店舗・飲食店・娯楽施設（放送も含む）・公共施設（病院・警察など）・工場の生産ラインなど24時間稼働体制をもつ機関・施設がかなり一般的になりつつある．さらには，いわゆるグローバリゼーションの影響で，情報産業あるいは情報通信そのものには昼夜がなくなってしまった．こうした終夜体制に職業として従事するいわゆるシフトワーカーについては，ストレスや生理的リズムなど昔から多くの研究が行われているが，非職業的な生活においても深夜に及ぶ活動が一般的になりつつあることの影響についての研究は十分とはいえず，適応という観点からの評価あるいは環境負荷との関連など課題は多い．

b. 移動と通勤

都市の人間行動のもう1つの特徴は，移動に費やす時間とエネルギーの大きさである．中でも遠隔地からの通勤・通学は都市と関連する特有の移動ともいえる．東京圏の勤め人の平均通勤時間（2005）は片道50分であり，地域別に通勤時間分布を見た統計（2001）では東京圏の男性雇用者の32.6％が片道1時間以上を費やして通勤していた（平成13年社会生活基本調査）．1980年代のバンコクでは，自動車が急激に増えため，往復の通勤時間が8時間を超える人が通勤者全体の10％を超えていたという．このような長時間の移動が，人間の生活にも影響を及

ぼすことは容易に想像される．実際，東京首都圏在住で，片道 1.4 時間以上をかける長距離通勤者は，そうでない通勤者に比較して，睡眠時間や自宅で過ごす時間の長さが短かった（Umezaki et al., 1999）という．しかし，連日の長距離・長時間の移動が人間の健康に及ぼす長期的な影響は明らかになっていない．

多くの人間が多量のエネルギーと資源を費やして移動する通勤は，環境にも負担となる．スペインのバルセロナ市域の 163 の municipality において 1986 年から 10 年間にわたる通勤の実態が調べられた（Muñiz and Galindo, 2005）．この期間，市の人口自体に増減はなかったが，周縁部（内環）から外周部（外環）への人口移動（拡散）が起こり，内環の人口は半減した．通勤活動のエコロジカル・フットプリントを試算したところ，10 年間に 2 倍に増加し，バルセロナ市域の総エコロジカル・フットプリントにも大きな影響を与えていた．

すでに述べたように（1 章参照），都市居住者の多くは，通勤を含めて，他人からみればまったく脈絡のない複数の空間を渡り歩いて毎日を送っている．これは農村を含む伝統的な社会における人びとの行動の空間的広がりとはかなり異なっているが，Ulijaszek と Lawrence M. Schell（1999）は，こうした空間利用（urban pathway）が適応にどんな意味をもつのかが不明であると指摘している．最近，携帯電話の通話時に発信される電波の位置情報を用いて，6 ヵ月にわたる 10 万人の行動の空間分布が調べられている．この研究において対象者の活動内容は一切不明だが，純粋に空間分布のみの情報から活動パターンの規則性を抽出することが試みられている（González et al., 2008）．

20.3.3 個体群としての都市住民

都市は人口の流出入が盛んな地域であり，一定地域に生息する個体の集まりという意味での個体群があったとしても，遺伝子プールを共有し再生産を繰り返す集団という意味での個体群は，特殊な例を除いてみつかりにくい．世界の多くの都市にあるチャイナ・タウンのように，移住者が独立性の高い集団を維持することはあるが，その都市の居住者を代表しているとはいえないだろう．では，都市の居住者とはだれなのか？

イングランドでは 15 世紀から都市部に人口が流入していた．そのころの都市人口の約 14％は移民であり，ほとんどは現在のイギリス国内，フランス，および北欧の出身者だった．現在，これらの移民の子孫達は，元々のイングランドの

人びとと一体化し，識別も困難であるという．第二次世界大戦後には，遠距離の交通手段が比較的安価に利用できるようになり，ヨーロッパ外から大量の移住者が流入している（Schell and Ulijaszek, 1999）．このような状況では，かつての移民はイングランドのコアの集団と認識されるであろう．日本全国で約3万人を対象に行われた人口移動の調査（国立社会保障・人口問題研究所，2008）では，全国を12のブロックに分け，出生ブロックと現住ブロックの異同が調べられた．これによると，東京圏在住者のうち東京出身者は73％で，首都圏への人口流入の大きさを反映して12ブロック中最低であった．つまり東京圏では在住者の4人に1人が「よそ者」ということになる．逆に，東京に出生した者の89％は東京圏に住んでおり，12ブロックの中では中京圏と並んで最も高率であった．これらの例は，都市居住者のコアが存在するとしても，それが時間とともに変質していくことを示唆している．なお，都市部の人口の流動性について鬼頭は，元禄時代（18世紀初頭）の対馬藩の調査を例にとり，都市部である府中（現在の厳原にあたる）では住民の3割が他国出身者だったのに対し，郷村での他国出身者の割合は5％にすぎなかった（鬼頭，2000）ことを紹介している．パプアニューギニアのギデラ人の場合でも，彼らの「領分」の外で出生し転入してきた者は全既婚者の5％であった（11章参照）．

　先に述べた通勤・通学は，移住と比べてはるかに短いタイムスパンで起こる人口移動であるが，人口を考える上でも無視できない．東京都では，昼間人口の2割強が他県から通勤・通学で流入する一方で，夜間人口の4割弱が，在住している市区町村の外に流出する．最も変化の大きい千代田区では夜間の人口は4万人で，昼の人口はこの20倍以上に膨れ上がる（いずれも2004年）．

　移住や通勤・通学による人口流動の程度は，もちろん都市によって異なるであろうが，都市に居住あるいは生活する集団が外にむかって開けたものであることは明確である．このような流動性・開放性があるので，多くの場合，都市居住者は居住者集団への帰属意識が弱いであろうし，また，内部の不均質性を考えれば，共通の目標などももちにくいと考えてよいだろう．都市の集団を研究する際に，対象を在住集団に限定すべきか，通勤して都市に昼間だけ生活する集団を含めるべきかは，問題設定に応じてということになろうが，外部との出入りが少ない伝統的なコミュニティの居住者集団とはかなり異なった方法でとらえるべきであることは間違いない（図20.4）．

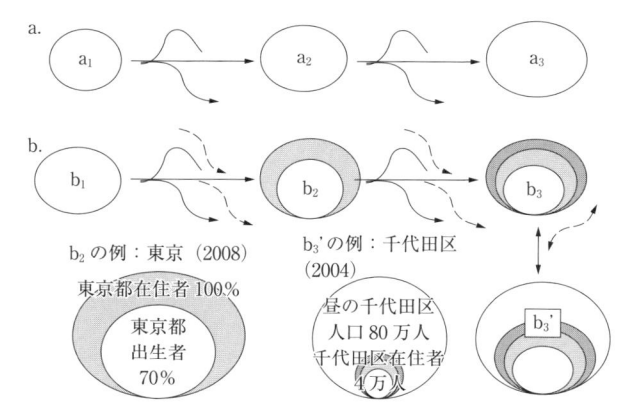

図 20.4　伝統的コミュニティと都市の居住者集団
仮想的な伝統的コミュニティの個体群 (a) と都市居住の「個体群」(b) それぞれ1から3へ時間の経過（世代の交代）を表し，実線の曲線は自然増減を，点線の曲線は社会増減を表す．b_3 と b_3' では，通勤・通学などによって都市に流入する人口があることを示している．

20.4　人間の生態学における都市研究の方向性

20.4.1　都市生態学

　既に述べたように近年になって，都市の活動が生態系，特に地球という生態系に対してきわめて大きな意味をもっていることが定量的に明らかにされつつある．伝統的な生態学から都市へのアプローチは，対象の複雑さもあって未開拓の分野であったが，中で急速な発展をとげているのが都市生態学（urban ecology）である．沼田真による「都市の生態学」（沼田，1987）では，都市の土壌・大気・水から，都市住民の環境意識までを広くとりあげて解説しているが，中心となっていたのは都市における動植物の生態であった．一方，John M. Marzluff らによる "*Urban Ecology*" (2008) では，都市を行政的境界の内側に限定せず，その後背地を含めた全体をまとめて森林や湖沼と同様に1つの生態系（human-dominated ecosystem あるいは Nancy B. Grimm によれば socioecosystem）としてとらえ，この生態系を変化させるヒトの作用を解明することをゴールとしている．そして，都市における単一の動植物種の生態を主に扱ってきた従来の「都市における」生態学（ecology *in* cities）に対して，「都市についての」生態学（ecology *of* cities）という視点を強調している．簡単にいえば，これまで伝統的

な（動植物の）生態学が軽視してきたヒトという種を，単なる系の攪乱者にとどまらない形で生態系モデルに取り込もうという点に特色があり，ヒトを「正当に」位置づけた生態系生態学であると考えてよい．

"*Urban Ecology*"において紹介されているいくつかのアプローチはそれぞれ少しずつ異なるが基本的アイデアは類似しており，図20.5のようにまとめることができるであろう．Grimmによれば，伝統的な生態系は，エネルギーの流れ，情報の流れ，および物質循環によってドライブされているが，これらに加えて，社会システムのドライバーとして，情報と知識の流れ，価値と認識，制度と組織の創生と維持を重視すべきであるとしている．方法論としては，従来の生態学でも用いられている階層的パッチ動態（hierarchical patch dynamics）アプローチが提唱されている．これはパッチという景観の単位（landscape unit；例えば住居地区，商業街区，工業団地など）を基本に構成されているので，場を基本とする生態系生態学の考え方である．同じ1つの都市域に，異なる変数を基準としたパッチに基づく複数のマップを描くことができ，これを重層的にみることによって，図20.5の流れに沿った説明を組み立てようというのが，基本的な考え方で

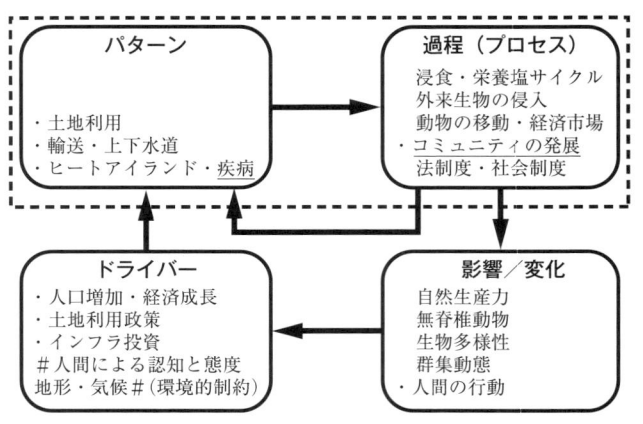

図 20.5 Urban Ecology（Marzluff *et al.*, 2008）における都市生態系のモデル．

同書の中の，MarzluffらによるIntroduction，ならびにAlbertiらのモデル，Grimmらのモデルから，共通部分を示したもの．Grimmらのモデルは，点線で示した2つのコンポーネントが1つとして扱われ，各コンポーネントを人間と自然の部分に分け，さらに「パターン」の中にある「土地利用」を独立したコンポーネントとして扱っているなどの違いがある．#の要素は，Grimmでのみ明示的に扱われている．

ある．従来の生態系生態学に社会学が重層されたようなこのアプローチは，従来から世界各地で実施されてきた大規模プロジェクトである長期生態学研究（LTER；long-term ecological research）のいくつかのサイトに適用され，研究が進行中である．

20.4.2 人間生物学的側面からみた都市の機能

前項で述べた都市生態学のアプローチは大変意欲的なものであるが，図20.5に提唱されているような統合的なモデルを用いた解析の結果が蓄積されてくるのはこれからであろう．しかし，従来の（自然）生態学にベースをおいているため，人間の生態学という観点からみると限界があると思われる．その第一点が，最終的なアウトプットの重点をヒト以外の動植物や（都市を含む）環境に置いていることである．人間にかかわる項目をみると，もっぱら生態系プロセスのドライバーとしての要素が強く，かつ社会科学的要素に重点が置かれており，健康やQOLへの言及があるものの，人間自身への影響および出生や栄養などに関しての人間生物学的要素が弱いようにみえる．すでにみたとおり，過去，都市の機能・構造は何度か大きく変遷し，人間の人口学的・公衆衛生学的・生物学的状況に影響を及ぼし，逆にこれらの状況が都市のさらなる変遷の引き金となってきた．また，都市-農村関係の変化，スラムの形成，スプロール化など現代の都市を特徴づける現象は，いずれも人間生物学的な要素との関連が強い．こう考えると，都市の生態学において，人間の生物学的側面がもっと強調される必要があると思われる．第二点は，この図で取りあげられる生態系の境界がどこかという問題である．ある生態系の機能とは，「周囲の文脈の中で，その生態系が行っていること」（Grimm, 2008）だとすれば，都市の「周囲」にあたる部分がどこかを考えねばならない．エコロジカル・フットプリント，人口の社会増減や短期の人口移動（通勤・通学），あるいは（Grimmが強調するように）知識や情報の流れに着目すると，現代の多くの都市生態系の「周囲」は世界に広がっており，そのような広がりや文脈を1つの生態系に構成分として取り入れることが可能なのかという疑問が残る．これらの点を解決するには，都市の生態学の展開において，場を出発点とする都市生態学の流れに並行して，集団に立脚した人間生物学的なアプローチが有効ではないかと思われる．

都市と農村が補完的に存在するという現在の人間の居住パターンは数千年の歴

史をもち，章の冒頭に紹介した主として経済的なメリットによって，その間の人口増加を可能にしてきた．農耕の起源以降の歴史を考えても，農村のみを居住ユニットとした期間に匹敵するか，あるいはそれを超えるほどの期間，都市−農村型というパターンが続いてきたことになる．そして現在の経済体系の下での人間の生存を支えるには，都市は必須であろう．本章で考察した通り，都市が人間生物学的な背景と技術発展という背景の中で，どちらかといえば無計画に機能と形態を変化させつつ「発展」してきたこと，そのために多くの副作用が生まれてきたことは明らかである．しかし，都市居住者集団にとっての適応とは何か，都市−農村型居住パターンは適応的なのか，将来的にも望ましい居住形態なのかといったことはわかっていない．人間の食料生産の中心は農村であるから，都市にウェイトをおいた居住パターンがいろいろな意味でのコストを伴うことも明らかである．本章の中でみてきた通り，都市−農村という二分法は，先進国・途上国を問わず有効でなくなりつつある．将来的な都市像として，自立機能をもつユニットや，やや小規模な都市群の緩やかなネットワークなどが提唱されているが，人間生物学的な観点からこれらの提案を吟味する必要があろう．これまで，人間がそれぞれの時代の必要に応じて都市の機能を変化させてきたことを考えると，将来的な都市像も，人間が都市に何を求めるかに依存している．

　農村が食料を生産し，その生産は農村以外の広い地域の居住者に恩恵をもたらしてきた．一方で，都市の魅力については，研究者によるものも含め，実に多くの出版物，小説，芸術の中で語られてきた．それでは，都市の生産してきたものは何で，だれがどれほどの恩恵にあずかったのであろうか？　人間の適応という観点から，それらはどのように評価できるのであろうか？　都市の機能を「周囲の文脈」の中で理解するためには，都市で膨大な物理的エネルギーと人間の労働・時間とをかけて生産されるさまざまなモノ・サービス・情報が，どこに分配されてきたのか，また，これから分配されていくのかを定量的に把握した上で，その全体の集団について，適応的意義を考えることになろう．これらは大変にチャレンジングな課題であると同時に，都市を考える上で最も魅力的な課題でもあろう．

> BOX 8
>
> ### 人間の生態学に関する学界の動向
>
> 　学問の世界もある程度,「仲間」がいないと成り立っていかない.学会というものが存在するのは,そういう関心を同じくする研究者どうしが集まって,少しでもその方面の知識と理解を深めようとするからにほかならない.人間の生態学がかかわる領域はきわめて広いので,例えば栄養・人口・疫学・環境科学など,そのどこかに関心のある研究者は数多くいるし,この分野の研究者が読んだり発表したりする論文の掲載される学術誌もさまざまな分野にまたがっているのが現状である.そのあたりの事情は,BOX 1 を参照してほしい.一方で,人間の生態学という枠組みを意識して研究を行っている研究者の数はそれほど多くはない.
>
> 　日本では,人間生態学あるいは人類生態学を名乗る学会は存在していない.フィールド系の関心という点では,生態人類学会とかなりオーバーラップしており,国内の学会では最も近い領域にあるといえよう.しかし,より自然科学的な領域については,これに相当するものがなく,比較的観点の似た研究者は衛生学や環境保健領域の中にいる(例えば Suzuki and Suzuki, 1991 を参照).世界的にみても人類生態学や human ecology を名乗る学会がたくさんあるわけではない.アメリカ生態学会(Ecological Society of America)は,その中に 20 あまりの Section(専門領域別の研究会)をもつが,Human Ecology の Section が最近になって立ちあがったところであり,human ecologist はもちろん,生態人類学・考古学・文化人類学・環境保全などさまざまなジャンルの研究者によって構成されている.Society for Human Ecology(SHE)は国際的・学際的組織であり,International Conference of Human Ecology を隔年開催している(この学会の歴史については,Borden, 2008 に詳しい).学術誌としては,*Human Ecology* が Springer 社より発行(1972~)されており,この分野での老舗的な存在である.2010 年現在,編集局は米国にあり,編集委員の多くも米国の人類学畑の研究者が多い.また上述の SHE は,*Human Ecology Review* を発行(1993~)している.
>
> 　これらの学会や学術誌の紹介をみていると,いずれも学際性,多くは国際的であることを明記しており,その関心の中心はいずれも人(people)と環境(environment)とのかかわり方,文化と自然とのかかわり方であるとしている.こうした記述からも人間の生態学の最も広い意味でのプロファイルをうかがうことができるが,本書で取りあげた全体の分野と比べると,これらの学会・学術誌とも,やや人文社会系にウェイトが大きいようにも思われる.今後,自然科学系からのインプットが重要となってくるのではないかと思う.
>
> 　教育の面では,学部ならびに大学院レベルで人間の生態学あるいは人類生態

学の講義を開講している大学は日本にもいくつかあるが，実際のスコープはまちまちである．世界的には，SHEが大学院レベルでのプログラムを12紹介しているが，ほとんどが米国の大学である．米国では学部でhuman ecologyの名前をもつところがあるが，多くが被服・インテリアなどの家政学の流れをもつもので，本書で取りあげたような人間の生態学とは無関係である場合もある．ある研究者がまとめたところでは，これら米国のものを含め，世界にhuman ecologyの名を冠する学部・研究室などは40程度存在するという．

[渡辺知保]

引用文献

Borden, R. J. (2008) A brief history of SHE: reflections on the founding and first twenty five years of the society for human ecology. *Human Ecology Review* **15**：95-108.

Suzuki, S. and Suzuki, T. (1991) Human ecology in Japan and environment. In : *Human Ecology-Coming of Age: An International Overview*. (eds. Suzuki, S. Borden, R. J. and Hens, L.), pp. 165-181. Vrije Universiteit Brussel Press.

20章 引用文献

Alberti, M. (2008). Integrating humans into ecology: opportunities and challenges for studying urban ecosystems. In : *Urban Ecology* (eds. Marzluff. J. M. *et al.*), pp. 143-158. Springer.

Berry, B. (2008). *Urbanization*. In : *Urban Ecology* (eds. Marzluff J. M. *et al.*), pp. 25-48. Springer.

ジャレッド・ダイアモンド（倉骨　彰訳）(2000)『銃・病原菌・鉄（上下）』草思社．

Dufour, D. and Piperata, B. (2008). Energy expenditure among farmers in developing countries：what do we know? *American Journal of Human Biology* **20**：249-258.

Dye, C. (2008). Health and urban living. *Science* **319**：766-769.

Ewing, R., Schmid, T. *et al.* (2008) Relationship between urban sprawl and physical activity, obesity and morbidity. In: *Urban Ecology* (eds. Marzluff. J. M. *et al.*), pp. 567-582. Springer.

Gonzalez, M.C., Hidalgo, C. A. and Barabasi, A. L. (2008) Understanding individual human mobility patterns. *Nature* **453**：777-782.

Grimm, N. (2008a). Interrated approaches to long-term studies of urban ecology systems. In: *Urban Ecology* (eds. Marzluff J. M. *et al.*), pp. 123-141. Springer.

Grimm, N., Faeth S., *et al.* (2008b). Global change and the cology of cities. *Science* **319**：756-760.

河野稠果 (1986)『世界の人口』東京大学出版会．

鬼頭　宏 (2000)『人口から見た日本の歴史』講談社．

国立社会保障・人口問題研究所 (2008). 第6回人口移動調査．

Kaye, J. P., Majumdar, A., Gries, C., Buyantuyev, A., Grimm, N. B., Hope, D., Jenerette, G. D., Zhu, W. X. and Baker, L. (2008) Hierarchical Bayesian scaling of soil properties across urban, agricultural, and desert ecosystems. *Ecological Application* **18**: 132–145.

Kidokoro, T. (2004) Formation of sustainable urban development strategies in Asia. In: *Nature and Human Communities* (ed. Sasaki, T.). Springer.

Mace, R. (2008) Reproducing in cities. *Science* **319**: 764–766.

Marzluff, J.M. *et al.* (eds.) (2008) *Urban Ecology-An International Perspective on the Interaction between Humans and Nature.* Springer.

McMichael, A. (1999) Urbanization and urbanism in industrialized nations, 1850–present: implications for health. In: *Urbanism, Health and Human Biology in Industrialized Countries* (eds. Schell, L. and Ulijaszek, S.). Cambridge University Press.

McMichael, A., McKee, M. *et al.* (2004) Mortality trends and setbacks: global convergence or divergence? *Lancet* **363**: 1155–1159.

Muñiz, I. and Galindo, A. (2005). Urban form and the ecological foot print of commuting. The case of Barcelona. *Ecological Economics* **55**: 499–514.

沼田　真（1987）『都市の生態学』岩波書店.

Rees, W. and Wakernagel. (2008) Urban ecological footprints: why cities cannot be sustainable-and why they are a key to sustainability. In: *Urban Ecology* (eds., Marzluff, J. M. *et al.*), pp. 537–556. Springer.

Pickett, S. (2008). Urban ecological systems: linking terrestrial ecological, physical, and socioeconomic components of metropolitan areas. In: *Urban Ecology* (eds. Marzluff, J. M. *et al.*), pp. 99–122. Springer.

Popkin, B. (2006). Global nutrition dynamics: the world is shifting rapidly toward a diet linked with noncommunicable diseases. *The American Journal of Clinical Nutrition* **84**: 289–298.

Rozenfeld, H. (2008). Laws of population growth. *PNAS* **105**: 18702–18707.

Schell, L. and Ulijaszek, S. (1999). Urbanism, urbanization, health and human biology: an introduction. In: *Urbanism, Health and Human Biology in Industrialized Countries* (eds. Schell, L. and Ulijaszek, S.). Cambridge University Press.

玉野　和（1999）巨大都市化の発展類型と地域.『講座社会学4　都市』（奥田道大編），pp. 29–64. 東京大学出版会.

Ulijaszek, S. (1999). Physical activity, lifestyle and health of urban populations. In: *Urbanism, Health and Human Biology in Industrialized Countries* (eds. Schell, L. and Ulijaszek, S.). Cambridge University Press.

Ulijaszek, S. and Schell, L. (1999). The future of urban environments. In: *Urbanism, Health and Human Biology in Industrialized Countries* (eds. Schell, L. and Ulijaszek, S.), pp. 313–321. Cambridge University Press.

Umezaki, M., Ishimaru, H. and Ohtsuka, R. (1999) Daily time budgets of long-distance commuting workers in Tokyo, megalopolice. *Journal of Biosocial Science* **31**: 71–78.

横浜国立大学21世紀COE翻訳委員会（2007）『国連ミレニアムエコシステム評価-生態系サービスと人類の将来』オーム社.

マーティス・ワケナゲル，ウィリアム・ハース（池田真里・和田喜彦訳）（2004）『エコロジカル・フットプリント』合同出版．

Watanabe, C., Kawata, A. *et al.* (2004) Water intake in an Asian population living in arsenic-contaminated area. *Toxicol Appl Pharmacol* **198**：272-282.

推　薦　図　書

■ 人間の生態学—教科書

鈴木継美（1980）『人類生態学の方法』東京大学出版会．
　人類生態学という学問を確立しようというパイオニアワークとしての気概が伝わってきて興奮させられる．環境・人口・生業・消費などを体系的に関連づけることを試みている．

Harrison, G. A., Tanner, J. M., Pilbeam, D. R. and Baker, P. T. (1988) *Human Biology: An Introduction to Human Evolution, Variation, Growth, and Adaptability*. Oxford Science Publications.
　人間生物学の教科書．初版発行が1964年であり，Stinson らの *Human Biology* よりはやや古典的といえる．人類進化についての記載が詳述である．

Stinson, S., Bogin, B., Huss-Ashmore, R. and O'Rourke, D. (2000) *Human Biology: An Evolutionary and Biocultural Perspective*. Wiley-Liss.
　修士レベルの「人間の生態学」の教科書として一読を勧めたい．集団を対象とした人間生物学の重要なトピックを学ぶことができる．

Schutkowski, H. (2006) *Human Ecology-Biocultural Adaptations in Human Communities*. Springer.
　人間のさまざまな社会形態を，生業と資源利用とを軸に環境との関係で考察している．

■ 人間の生態学全般にかかわる方法論

島津康男（1983）『国土学への道』名古屋大学出版会．
　人間化された生態系における生態学・環境科学という視点に立って，フィールドワーク，システム論的な将来予測・評価を行う方法論として本書で提唱される「国土学」は，実は人間の生態学とほとんど重なっている．

Diesendorf, M. and Hamilton, C. (eds.) (1997) *Human Ecology and Human Economy: Ideas for an Ecologically Sustainable Future*. Allen & Unwin.
　環境分野での教科書であり，生態学的観点から現代社会・現代科学技術と人間にとっての環境との関連を分析している．

石　弘之編（2002）『環境学の技法』東京大学出版会．
　編者による環境学の解題に続き，5名の著者が社会科学の手法を駆使し，環境学としての問題の設定，個別現象を一般化する論理，データの収集・解釈などを論じている．

Rothman, K. J. (2002) *Epidemiology: An Introduction*. Oxford University Press.（邦訳：矢野栄二，橋本英樹監訳（2004）『ロスマンの疫学—科学的思考への誘い』篠原出版新社．）
　現実社会における人類の生きる姿を科学的に明らかにするための1つの哲学が疫学である．この本を読むと，疫学という学問の根本的な考え方を理解することができる．

Kedia, S. and Vam Willigen, J. (eds.) (2005) *Applied Anthropology: Domains of Application*. Praeger.
　環境・公衆衛生・栄養などの諸課題に人類学的アプローチを応用することの意義・実例が紹介されている．

Zaidi, A., Harding, A. and Williamson, P. (2009) *New Frontiers in Microsimulation Modelling*. Ashgate Publishing.
　マイクロシミュレーションモデルについての近年の進歩を扱った論文集である．

Brown, V. A., Harris, J. A. and Russell, J. Y. (2010) *Tackling Wicked Problems*. Earthscan Publications.
複雑な問題の解決に必要な超領域的（学際）研究のあるべき姿について社会科学系の研究者を中心に解説しているが，人間の生態学の1つのアプローチとして参考になる．

■ケーススタディ

Rappaport, R. A. (1968) *Pigs for the Ancestors: Ritual in the Ecology of a New Guinea People*. Yale University Press.
ニューギニアの集団を対象に，人びとの文化的行為を生態学的に説明しようと試みた文化生態学の古典である．

Ohtsuka, R. and Suzuki, T. (eds.) (1990) *Population Ecology of Human Survival: Bioecological Studies of the Gidra in Lowland Papua New Guinea*. University of Tokyo Press.
本書でもふれられている，パプアニューギニアに居住するギデラ人を対象とし，多くの研究者が30年近くに及んで行った，人間の生態学の調査研究の成果が集大成されている．

大塚柳太郎編 (2002)『講座生態人類学5 ニューギニア—交錯する伝統と近代』京都大学学術出版会．
本書でもふれられているように，人間の生態学の調査対象となったニューギニア島に居住する諸集団について，現地調査を中心的に担った研究者が書き下ろしたモノグラフ．

大塚柳太郎，篠原 徹，松井 健編 (2004)『生活世界からみる新たな人間−環境系』東京大学出版会．
ソロモン諸島，中国・海南島，沖縄列島を対象とし，近年の開発により急速に変貌する住民の生存を人間−環境系として捉え，問題の所在と解決のための処方箋が示されている．

Ohtsuka, R. and Ulijaszek, S. J. (eds.) (2007) *Health Change in the Asia-Pacific Region*. Cambridge University Press.
多くの著者によるデータに基づき，急速に変化するアジア・太平洋地域の諸集団の健康にかかわる特徴が，医学のみならず生態学や人文社会科学の視点から考察されている．

■栄養と成長

Eveleth, P. B. and Tanner, J. M. (1991) *Worldwide Variation in Human Growth*. Cambridge University Press.
世界のさまざまな民族に関する成長研究のレビュー．横断的な集団間比較のみならず，同一集団のセキュラートレンドについても解説されている．

Willett, W. (1998) *Nutritional Epidemiology* (2nd ed.). Oxford University Press.
食事調査を実施する前に必ず読んでおきたい栄養疫学の教科書．さまざまな食事調査法の利点と欠点を科学的に説明し，研究目的に応じた調査方法を示してくれる．

Bogin, B. (1999) *Patterns of Human Growth* (2nd ed.). Cambridge University Press.
ヒトの成長の特性をほかの霊長類との比較から明らかにするとともに，ヒトの成長のばらつきをもたらす要因について網羅的に解説した，成長研究のバイブル．

Garrow, J. S., James, W. P. T. and Ralph, A. (eds.) (2000) *Human Nutrition and Dietetics* (10th ed.). Churchill Livingstone.
人間の栄養学に関する包括的な教科書．

■人口・再生産

Wood, J. W. (1994) *Dynamics of Human Reproduction*. Aldine de Gruyter.
ヒトの再生産過程について生物学的・人口学的に網羅した本である．

Rosetta, L. and Mascie-Taylor, C. G. N. (eds.) (1996) *Variability in Human Fertility*. Cambridge University Press.
　ヒトの出生力の多様性についてのレビューワークである．

ジョエル・E・コーエン（重定南奈子，瀬野裕美，高須夫悟訳）(1998)『新人口論・生態学的アプローチ』農山漁村文化協会．
　原題は，*How Many People Can the Earth Support* である．将来の世界人口を数理生物学的に予測する意欲的な取り組みである．大著だが，語り口も面白いし，読みやすい．

稲葉　寿編（2007）『現代人口学の射程』ミネルヴァ書房．
　第一線の人口学研究者による現代日本の人口分析からなる第一部，人口学の周辺分野への展開を描出する第二部，方法論としての人口分析の基礎を明快に説明する第三部からなる本書は，紛れもなく現代の人口学を知るためには最適な本である．

河野稠果（2007）『人口学への招待　少子・高齢化はどこまで解明されたか』中公新書．
　人口学の基礎的な考え方を解説している．中でも出生，特に社会経済的側面について非常に広い視点から網羅的なレビューがなされ，少子高齢化の最新の知見にもふれた名著である．

■ 化学物質・環境リスク

シーア・コルボーン，ダイアン・ダマノスキ，ジョン・ピーターソン・マイヤーズ（長尾　力訳）(2001)『奪われし未来（増補改訂版）』翔泳社．
　英文の原著は 1996 年に刊行された．野生生物の減少をもたらす主因が，内分泌かく乱化学物質（環境ホルモン）による生殖機能障害という仮説を提唱したことで知られる．

中西準子，益永茂樹，松田裕之編（2003）『演習：環境リスクを計算する』岩波書店．
　さまざまな実例について，自力で演習できる形で，環境リスクの定量的な解析方法を身につけるのに最適な本である．

レイチェル・カーソン（青樹築一訳）(2004)『沈黙の春（新版）』新潮文庫．
　英文の原著は 1962 年に刊行された．DDT をはじめとする農薬などの化学物質がもたらす人間の健康や生態系への影響を示したもので，環境問題を理解する古典といえよう．

Lippmann, M. (ed.) (2009) *Environmental Toxicants: Human Exposures and Their Health Effects* (3rd ed.). Wiley.
　環境中の主要な化学物質が人間の健康に及ぼす影響についての総説集．

■ 地球環境・サステイナビリティ

高橋　裕，加藤三郎編（1998）『岩波講座地球環境学 1　現代科学技術と地球環境学』岩波書店．
　編者以外に，市川惇信，吉川弘之，中西準子，鈴木継美，内藤正明という環境研究をリードする重鎮が，地球レベルでの環境を理解するための考え方の基盤について論じている．

Allen, R. E. (eds.) (2008) *Human Ecology Economics: A New Framework for Global Sustainability*. Routledge.
　持続可能性に必要な経済学を生態学的視点も取り入れたものとして再構成することを提唱している．

独立行政法人国立環境研究所地球環境研究センター（2009, 2010）『ココが知りたい地球温暖化 1・2』成山堂．
　地球温暖化に関し，地球規模での物理化学的な温暖化の原因，温暖化による健康や生態系への影響，温暖化への適切な対応策など，広範な事象がわかりやすく解説されている．

総合地球環境学研究所編（2010）『総合地球環境学事典』弘文堂．
　地球環境に関するさまざまな問題に対する多様な取組がコンパクトにまとめられている．全体として，これまでの地球環境へのアプローチを拡大し，社会文化的な見方を強調している．

小宮山浩，武内和彦，住　明正，花木啓祐，三村信男編（2010〜11）『サステイナビリティ学（第 1 巻〜第 5 巻）』東京大学出版会．
　持続可能性についての科学を確立しようとする日本における試み．持続可能な社会としての低炭素社

会・循環型社会・自然共生社会というモデルを中心に体系を解説.

■ 生態系と人間活動

酒井　均，松久幸敬（1996）『安定同位体地球化学』東京大学出版会.
　炭素，窒素などの軽元素の安定同位体組成分布を手がかりにした物質の地球化学的サイクルに関する基礎から応用まで幅広く扱った教科書.

松田裕之（2000）『環境生態学序説』共立出版.
　人間と生態系との相互作用を豊富な実例で紹介，これを数理モデルとして表現して分析する．本書の目標は，実は人類生態学と共有している.

松田裕之（2008）『なぜ生態系を守るのか？』NTT出版.
　実践的に生態系保全にかかわってきた著者が，保全生態学のモデルを，数式を出さずにグラフを多用して説明する．問いの多くはオープンクエスチョンであり，読者はいろいろ考えさせられる.

Fry, B. (2008) *Stable Isotope Ecology*. Springer.
　炭素・窒素などの軽元素の安定同位体比分析の生態学への応用に関する教科書．上記の書よりも生物に重点が置かれている.

■ 健康と疾病

Anderson, R. M. and May, R. M. (1992) *Infectious Diseases of Humans*. Oxford University Press.
　ヒトの感染症を理論疫学的に扱う方法を体系的に記述しつくした本である．感染症疫学のバイブルといえる.

Neel, J. V. (1994) *Physician to the Gene Pool: Genetic Lessons and Other Stories*. John Wiley & Sons.
　ヒトの集団遺伝学について多くの先駆的研究を行ったニールの自伝．鎌型赤血球，原子力の遺伝影響，双子研究，ヤノマミ族の研究など興味深い記載が満載されている.

ロバート・S・デソウィッツ（栗原豪彦訳）（1996）『マラリア vs. 人間』晶文社.
　熱帯医学研究者によるマラリアとリーシュマニアの流行と対策の実態．なぜ，熱帯病がなくならないかを考えさせられる.

McMichael, A. (2001) *Human Frontiers, Environments and Disease: Past Patterns, Uncertain Futures*. Cambridge University Press.
　「地球環境と健康」分野の第一人者による人類の生態史・疾病史についての総合図書．ヒトの進化と，その過程での環境や疾病の起こりようを見事にまとめている.

Ewald, P. W. (1994) *Evolution of Infectious Disease*. Oxford University Press.（邦訳：池本孝哉・高井憲治訳（2002）『病原体進化論：人間はコントロールできるか』新曜社.）
　感染症の発症を病原体のそれぞれの個体の生き残り戦略の結果だと考え，病原体の進化の観点から病気を見直す進化医学・ダーウィン医学を提案した．その後，Ewald は，医学的見解と一致しない進化医学的見方の重要性を指摘し続けている.

Mascie-Taylor, C. G. N., Peters, J. and McGarvey, S. T. (2004) *The Changing Face of Disease: Implications for Society*. CRC Press.
　人間生物学の専門家たちが，疾病の歴史と，現在のヒトが直面する疾病についてまとめた書.

中谷友樹，谷村　晋，二塚直子，堀越洋一編（2004）『保健医療のための GIS』古今書院.
　保健医療分野における地理情報システム（GIS）の応用事例が紹介されている.

Moalem, S. and Prince, J. (2007) *Survival of the Sickest: The Surprising Connections Between Disease and Longevity*. William Morrow.（邦訳：矢野真千子訳（2007）『迷惑な進化―病気の遺伝子はどこから来たのか』NHK出版.）
　なぜ，病気を起こす遺伝子が存在するのかについての一般向け読み物．白人に多いヘモクロマトーシスの遺伝子は中世のペスト流行時に死亡リスクを減少させたので選択されて残っている．糖尿病は寒

冷期への適応の名残である，などの説が展開されている．
ジェイムス・ライリー（門司和彦ら訳）（2008）『健康転換と寿命延長の世界誌』明和出版．
　1800年以降の西洋での寿命延長の実際とその要因についての歴史的分析．比較的簡単に読めて，全体を俯瞰することができる．

■ エッセイ

ルネ・デュボス（田多井吉之介訳）（1977）『健康という幻想（新装版）』紀伊國屋書店．
　世界最高水準の微生物学研究者であった著者は，キャリア途中で思想家に転職．このほかに『人間と適応』『地球への求愛』『内なる神』など人間の生態についての時代の先を行く作品を著した．
スティーヴン・J・グールド（鈴木善次，森脇靖子訳）（1998）『人間の測りまちがい――差別の科学史』河出書房新社．
　人種と知能指数に関する考察．科学がいかに社会的偏見に左右されるかがわかるとともに，人間に対する科学の態度を考える契機となる．「人間の生態学」に役立つ著書多数．
ジャレッド・ダイアモンド（倉骨　彰訳）（2000）『銃・病原菌・鉄（上・下）』草思社．
　人類の生存の歴史を，人間-環境系を重視する自然史（博物学）の立場から解説したもので，進化生物学，生物地理学，考古学，文化人類学などの多様な視点が融合されている．
Boyden, S. (2004) *The Biology of Civilization*. UNSW press.
　ヒトという生物の特性やその歴史に基づいて人間の文化や社会がもつ特徴を解説することを試みたエッセイ．
黒木登志夫（2007）『健康・老化・寿命』中公新書．
　医師でがんの基礎研究者である著者が，人間の健康・老化・寿命を中心課題に幅広い視点から考察したエッセイであり，社会的存在としての人間の生態学的理解も重視されている．

■ その他

アビゲイル・アリング，マーク・ネルソン（平田明隆訳）（1996）『バイオスフィア実験生活：史上最大の人工閉鎖生態系での2年間』講談社ブルーバックス．
　ヒトを含む生態系の実験的研究としてはほとんど唯一のものである「バイオスフィアⅡ」に住んだ研究者たちの体験談と実験結果が意味するところについての平易な解説書．
Rogers, E. M. (2003) *Diffusion of Innovations* (5th ed.). Free Press.
　社会に新しい技術が導入され普及していくプロセスを一般理論として整理する試みである．変化を常態とする人類社会の研究においては意味のある分野だろう．

索　引

日本語索引

ア　行

アドレナーキ　124
アフラトキシン　150
アミノ酸　121, 123
　　──スコア　123
　　必須──　123, 124
争い　212
　　土地を巡る──　224
安定同位体　235

育種　340
　　従来型──　341
移住者　30
イースター島　348
居候　228
イタイイタイ病　331
伊谷純一郎　16
一塩基多型　149
遺伝距離　193
遺伝子組換え　340
遺伝子の多型　41
遺伝子プール　189
　　都市における──　387
遺伝子文化共進化　99
遺伝（的）特性　48, 190
移動　225
イベントカレンダー　27
今西錦司　16
インフォーマルセクター　30, 227
インフラ整備　252

植えたもの／育てたもの　256
ウェット・ラボ　12
ウォラ　214
梅棹忠夫　16
運動能（motor function）　74

栄養　68, 289
　　──条件　44
　　──と毒性　281
栄養状態　37, 42, 44, 126, 138,
281, 324, 327, 328, 336, 337, 338
栄養所要量　122
栄養適応　177
栄養転換　140
疫学　31
エコヘルス（ecohealth）　17, 345, 368
エコロジカル・フットプリント　355, 379, 387
エネルギー　120, 122, 137
　　──収支　72
　　──消費量　72
　　──所要量　122
　　──摂取量　137
煙幕抗原　176

オーストラリア人（オーストラリア・アボリジニ）　192
オーストロネシアン　192
汚染物質　331, 339
オゾン層の破壊　352
温室効果ガス　353

カ　行

階層的パッチ動態　390
海南島　247
顧みられない熱帯病（NTD）　300, 363
科学技術　15
科学的理解　52
化学肥料　329
化学物質　38, 44, 68, 329, 330, 339
　　国境を超えた──の移動　41
　　──と栄養状態との相互作用　45
　　──に対する感受性　280
　　──の蓄積性　331
　　──の定義　103
　　非意図的に生成された──　351
　　──への感受性　352

家系図　23, 30, 225
化石燃料　109, 353
家族計画　202
加速度計　26
過体重　132, 133, 325
家畜　212
　　──飼育　127, 128
学校保健　308
活動（行動）　67, 69
　　──効率　75
　　──の性差　74
　　──の年齢差　74
勝沼晴雄　16
カドミウム　38, 111
鎌型赤血球　168
灌漑　283
感覚能（sensory function）　74
環境
　　──試料　34
　　──の総体　266
　　──の内在化　155
環境影響評価法　54
環境科学　345, 347
環境学　345, 347
環境残留性　110
環境収容力　200, 349
環境保健　16, 308
環境保全　247
　　──政策　263
環境モニタリング　143
環境倫理　357
換金作物　251, 257, 259
完結出生力　87
観光開発　247, 253
ガンジス河　269
感受性
　　化学物質に対する──　280
間接効果の非決定性　53
感染経路対策　295
感染源対策　295
感染症　36, 108, 199, 200, 324, 381
飢餓　134

気候変動に関する政府間パネル（IPCC） 353
技術 15
技術不信 342
寄生虫症 37, 137
基礎代謝量 122
吸入（曝露） 144
共同利用規範 256
漁労 195
均衡 245
近交系（inbred strain） 49
金属 104, 110, 331
近代化（modernization） 37, 205, 214, 230, 264, 312
——の影響 201

空気力学的直径 146
薬 108
クロロフルオロカーボン 107
クワシオルコル 37

経口（曝露） 144
携帯電話 264
系統樹 190
経皮（曝露） 144
血圧 326, 327
　　収縮期—— 327
結核 171, 363
健康
　　——影響評価 263
　　——教育 297, 308, 361, 366
　　——転換 172
　　——の定義 157
　　——リスク 288
言語族 189
現生人類の誕生 192
倹約遺伝子 7, 131, 132, 133, 134
倹約表現型 131, 139

小泉明 17
郊外（suburb） 374
公害病 351
工業化（産業革命） 373
航空写真 221
合計出生率 83
合計有配偶出生率 83
高血圧 134, 138, 203
公衆衛生法（英国） 374
工場廃水 351
更新資源 350

合成化学 105
　　——化学肥料 106
抗生物質 108
行動 67, 69
　　——の空間的広がり 387
　　——パターン 338
行動適応 69, 177
口頭伝承 190
国際気象機関（WMO） 352
国際協力機構 302
国際生物学事業計画（IBP） 182
国際保健 345, 359
克山病 37, 328
黒死病 170
国勢調査 227
国連環境計画（UNEP） 352
国連人間開発指標→人間開発指標
5歳未満死亡率 160, 367, 384
五指山 248
個人差 48
個体群（集団） 9
　　都市における—— 387
個体群生態学 183, 189
　　人間の—— 183
　　ヒト—— 183
個体差 290
個体別 261
コミュニケーション 264
コレラ 172
婚資 212
コンジョイント分析 63
コンテクスト 30

サ 行

採集 195
再生産 82
最大無毒性量 112
サゴヤシ 195
サツマイモ 207
　　——の生産性 217, 218
　　——の品種 210
里地里山 231
サラセミア 168
酸化ストレス 40
産業革命（工業化） 19, 104, 205, 245
産業構造（就業構造） 385

産業人口学 60
暫定耐容週間摂取量（PTWI） 284
残留性有機汚染物質（POPs） 110

飼育環境 46
　　——の違い 46
脂質 120, 324
　　——摂取量 229
思春期 124
　　——成長スパート 125
視床下部-下垂体-卵巣系 90
市場経済 16, 250
自然 247
自然保護区 248
持続可能性 14
持続的生産 221
実験科学 43
湿地農耕 211
質的研究 31
疾病 68, 159
四手井綱英 231
シナリオ分析 63
指標
　　影響—— 278
　　酸化ストレスの—— 40
　　集団レベルの—— 9
　　生理的状態の—— 40
　　曝露—— 275
死亡率 381
　　5歳未満—— 160, 367, 384
　　粗—— 83, 203
　　乳児—— 160, 165, 202, 382
　　乳幼児—— 366
　　妊産婦—— 160, 164, 366, 367
　　年齢調整—— 83
　　年齢別—— 83
シミュレーション・モデル 13
斜面農耕 210
重金属 337
住血吸虫症（schistosomiasis） 292
重篤度 58
住民参加 309, 360, 361
集約化 251
就労時間 385
主観的健康観 255
出産間隔 125
出生率

索　引

　　合計── 83
　　合計有配偶── 83
　　粗── 83, 203
　　都市における── 383
　　年齢別── 83
出生力（fertility） 93
出生（力）転換 85, 173
狩猟 195
狩猟・採集 249
循環器疾患 126
純再生産率 84
障害調整生命年（DALY） 160, 362, 364
上水処理 109
昭和電工トリプトファン事件 342
食事調査法 134
植樹 215
植生 218
　　── 攪乱 218
　　── 調査 253
食の安全性 134
食品添加物 107, 134
食物摂取調査 195
食物摂取頻度調査 134, 136, 324, 336
食物の保存技術 107
食物連鎖 45, 351
　　── に沿った有害化学物質の濃縮 242
食糧自給 350
食料
　　── 生産力 221
　　── の分配 223
　　── の余剰 223
人為的な改変 220
心血管疾患 229
人口 387
　　── 増加 220
　　── の置き換え水準 84
　　── の置き換わり率 198
　　── の再生産 67
　　── 爆発 82
人口圧 230
人口学的方程式 82
新興感染症 56
人口支持力 200, 349
人口増加率 198, 207
人口転換 383
人口動態 199
人口密度 350

心疾患 133
新人 19
親族関係 23
親族集団 208
親族との相互扶助 223
身体活動 324, 325, 326, 327, 384, 385
　　── 量 325
身体活動レベル（PAL） 223, 385
身体計測値 37
人民公社 250
信頼性 28
人類進化生態学（human evolutionary ecology） 17

水牛 261
水銀 39, 45, 111
水系感染 170
水田（耕作） 251, 253
水俣村 249
スキル（技倆） 75
鈴木庄亮 17, 368
鈴木継美 17, 64, 368
ストックホルム条約 110
スプロール化 386
スポットチェック法 70
　　簡易── 79
スラム 374, 384

性 49
西欧化 205
生活技術 15
生活時間調査 26
生活習慣病 80, 138, 140, 173, 203, 229, 325, 385
生活の利便性 355
生活必須要素→ベーシックヒューマンニーズ
生業転換 312, 313, 314, 316, 337, 338
性差 49, 278
政策 262
政策的アプローチ 263
精子数減少 91
生殖内分泌学 86
生存戦略 32
生態影響 343
生態学的経済学（ecological economics） 16
生態学的健康観 17, 345, 368

生態学的転換（ecological transition） 10
生態学の目的 3
生態系 205, 389
生態系生態学 390
生態史 245, 262, 315
生体試料 12, 34, 39, 42, 68
　　── の選択 35
成長曲線
　　スキャモンの── 74
性的二形（sexual dimorphism） 74
精度 27
生年月日 27
生物学的適応 6, 129
生物学的有効性 145
生物学的有効用量 145
生物多様性 349
生物多様性条約締約国会議 232
生物地球化学的循環 378
生物的変異 20
生物濃縮 351
生物濃縮の拡大（biomagnification） 45, 114
生物モニタリング 143
生理的早老 165
世界エイズ・結核・マラリア対策基金（GFATM） 363
世界銀行 362
世界保健機関（WHO） 158, 301, 360, 363
石油化学 109
セクターワイドアプローチ（SWAps） 362
摂取量 284
絶滅危惧種 231
セトルメント 30, 227
セレン 37, 38, 45, 290, 328
潜在用量 144
センサス 23
　　de facto ベース 23
　　de jure ベース 23
選択的な除草 217

早期胎児死亡 92
総再生産率 84
粗死亡率 83, 366
粗出生率 83
祖母仮説 88, 167

タ 行

ダイオキシン 113
耐久消費財 335
体細胞廃棄説 88
胎児起源説 139
帯水層 273
大都市圏 374
体内負荷量（body burden） 331
体内用量 145
タイムアロケーション研究 70
太陽エネルギー 205
耐容一日摂取量 112
耐容週間摂取量 289
妥当性 28
ターミネータ技術 341
タリ盆地 29, 208
タロイモ 207, 209
タンパク質 120, 121, 122, 123, 210, 324, 327, 328
　——所要量 123
　——摂取量 137
　鉄結合—— 327
　動物性—— 123
　——不足 199
地域内人口移動 225
地球温暖化 380
地球環境への負荷 355
地球環境問題 352
知識体系 217
地上踏査 25
地図 24
窒素 378
窒素肥料 379
致命割合 58
昼間人口 388
虫卵陽性率 306
直接秤量法 134, 135
直接服薬確認療法（DOTS） 362
賃金労働 215, 223
『沈黙の春』 116

通過儀礼 97
通勤 386

低栄養 137, 381
　胎児期の—— 138
低身長児 382
低体重 325
低鉄血症適応仮説 177
出稼ぎ 334
適応（adaptation） 6
　——している 7
　——する 7
　文化的—— 6, 19, 129, 130, 338, 339
適応システムの持続性 227
適応システムの変化 245
適応度（Darwinian fitness） 7
できちゃった婚 89
適用用量 144
鉄 327
天候不順 222, 225

統合農薬管理戦略 340
島嶼生態系 182, 349
到達用量 145
糖尿病 126, 133, 134, 138
　II型—— 131
動物実験 44
同類婚 89
特異的病因論 159
毒性
　——の個体差 288
都市 14, 346, 371
　——と農村 382, 383, 391, 392
　——における遺伝子プール 387
　——における個体群 387
　——における出生率 383
　——における生産 392
　——の機能 375, 379, 393
　——の公衆衛生 374
　——の興隆 371
　——の人口 381
　——の代謝 42, 377, 378, 379
　——の定義 375
　——の不均質性（heterogeneity） 377
　——の変遷 373
　——のメリット 372
　——部における死亡 381
都市移住者 227
都市鉱山 379
都市システム 376
都市人口 227
都市人口割合 372
都市生態学 391

都市生態学（urban ecology） 389
都市生態系 391
土地生産性 221, 224, 350
土地被覆 25
土地利用 250, 259
　——分類 221
　——変化 220
トラクター 260
トランスジェニックマウス 49

ナ 行

ナイアシン 121
　——欠乏 129
内因性物質 40
内分泌かく乱化学物質 113
ナトリウム 121, 130, 131
鉛 47, 110
II型糖尿病 132, 138
二酸化炭素濃度 353
西ジャワ 313, 316, 323, 333, 339
二次的自然 231
24時間（1日）エネルギー消費量（total energy expenditure） 73
24時間思い出し法 134, 136
二重ラベル水 150
乳児死亡率 160, 165, 202, 382
乳幼児死亡率 366
人間開発指標（human developmental index） 314, 315, 336
人間-環境系 187, 347
「人間と生物圏」計画 376
人間の生態学
　——の教育 393
　——の特徴 9
人間の適応
　個体群水準での—— 64
　個体水準での—— 64
妊産婦死亡率 160, 164, 366, 367
妊孕力（fecundity） 93

沼田眞 389

ネオテニー（幼形成熟） 166
熱帯感染症 200

索　引

熱帯モンスーン林　194
ネパール　270
年齢　332
年齢調整死亡率　83
年齢別死亡率　83
年齢別出生率　83

農業　334
農耕　19, 127, 128
農耕革命　371
農耕システム　221
農薬　105, 320, 323, 324, 329, 333, 337, 338
　　──の害作用　106
　　──の効果　106
　有機塩素系──　333
　有機リン系──　333, 334, 336
ノックアウトマウス　49

ハ　行

バイオマーカー　147
　影響の──　148
　感受性の──　149
　曝露の──　147
バイオマス　261
バイオモニタリング　143
媒介貝対策　298
ハイブリッド品種　251, 257
生えたもの／育ったもの　256
曝露　144
　　──経路　154
　　──指標　275
　　──濃度　144
　　──量　274
ハテライト指標　98
バナナ　258
パプアニューギニア　24, 28, 206
パプアニューギニア医学研究所　220
パプアニューギニア高地　25, 206
ハプロタイプ　192
ハマダラカ　176, 194
ハメイギニ　208
パラゴム　258
バングラデシュ　269
晩成性　165

非意図的生成物　114
非オーストロネシアン　192
東セピック州　24
非更新資源　350
ヒ素　43, 268, 289, 290
　　──汚染の対策　286
　コメの──　284
　　──代謝　279
　地下水の──汚染　267
　　──の毒性　268
　　──の毒性表現　277
　無機──化合物　274
ビタミン　120, 121, 126, 130
非嫡出出生　89
（必須）微量元素　37, 327, 337
　　──の欠乏　37
ヒートアイランド　380
非特異的病因論　159
避妊　202
肥満　126, 132, 133, 137, 203, 325, 326, 339
標的器官（組織）　145
肥料　106
貧血（症）　137, 327, 328

フー　261
フィールド　24
フィールドノート　22
フィールドワーク　12, 135
　　──の科学性　30
不確実性　289
複系統（multi-strain）仮説　176
複雑系科学　53
部族間戦争　226
ブタ　206, 212
　　──の成長段階　213
フタル酸エステル　152
普通死亡率→粗死亡率
普通出生率→粗出生率
物質循環　348
浮遊粒子状物質　146
プライマリ・ヘルスケア（PHC）　307, 310, 361
プラスチック　329
プランテーション　320, 323
　ティー──　320, 321
　　──農業　317
フリ語　208
プリンストン研究　98
フロンガス　353

文化　7
文化進化論　99
文化生態学　245
文化的適応　6, 19, 129, 130, 338, 339
分業（division of labor）　79
分個体群　193

平均寿命　384
米国CDC（Centers for Disease Control and Prevention）　332
米国環境保護局（EPA）　285
平準化機能　229
ベーシックヒューマンニーズ　246, 361
ペスト　170
ベニバナボロギク　253
ベネフィット
　農薬の──　118
　リスクと──　114
ヘモグロビン（Hb）　41, 324, 327, 328, 336
ベンチマークドーズ　112

包括的な実験　43
母集団　28
保全生物学　61
ボディーイメージ　155
ポートモレスビー　30, 228
保力村　257

マ　行

マウンド　209
マラスムス　37
マラリア　36, 109, 168, 175, 194, 360, 365
　　──抵抗性遺伝子　177
　人間-生態系としての──　177
　抗──抗体価　199
　熱帯熱──　176
　三日熱──　175
マルチエージェント・モデリング　55
慢性疾患（生活習慣病）　36, 137, 312, 326
水
　衛生的な──　267

微生物学的汚染　269
表層水の汚染　269
　——の塩素処理　109
ミトコンドリア DNA　190
緑の革命　132, 246, 316, 317, 318
水俣病　351
　先天性——　351
ミーム　100
ミレニアム開発目標（MDGs）164, 363, 366
ミレニアム評価　376

メタボリックシンドローム　80, 173, 203
メチル水銀　351
　魚の——　45
メトキシアゾメタノール　47
メンタルマップ　155

モアイ像　349
モクマオウ　217, 218
モデル
　Gompertz-Makeham——　58, 83
　安定人口——　84
　近接要因（proximate determinants）——　86
　数理——　52, 83
　雪崩——　58
　脳内——　52
モントリオール議定書　107

ヤ 行

夜間人口　388
焼畑農耕　21, 195, 249
薬剤耐性　109
矢毒　104
宿主対策　295
有機塩素化合物　110, 330
有機リン系農薬　113, 324, 333
有病割合　58
「豊かな環境」（environmental enrichment）　47
ヨウ素欠乏　38
用量-影響関係　145
用量-反応関係　145
よく訓練されたフィールドワーカー　27
余剰米　252
「予断なき」観察　20, 22
「予断なき」フィールドワーク　32
予防原則（precautionary principle）　114
予防接種　202

ラ 行

ライチ　258
ライフスタイル　334
ライフヒストリー　231
ラウンドアップ　340
ラクトース耐性　130

リスク　112
　——管理　112, 288
　——コミュニケーション　288
　——とベネフィット　313
　——評価　112
量　45
　——-反応関係　278
利用権　256
理論的飽和　32
リン　378

冷蔵　107
黎族　248
冷凍　107
レッドデータブック　231
レプチン　94

労働生産性　221
労働模範　259
ロンガン　258
ロング島　207

ワ 行

ワクチン　108
渡辺仁　16
ワントクシステム　228

欧文索引

δ 値　236

3R 運動　356

Amartya Sen　246

Barker, David　131, 138, 164
Barker 仮説　164
basal metabolic rate（BMR）→基礎代謝量
basic human needs（BHN）→ベーシックヒューマンニーズ
biomagnification →生物濃縮の拡大
body mass index（BMI）　126, 127, 224, 324, 326, 327, 328, 336, 337
Bongaarts, John　86

C_3 植物　235
C_4 植物　235
Carson, Rachel　116
Cd　331
CRP　36

Dawkins, Richard　100
daughter-mother radio（DMR）　198
developmental origins of health and disease（DOHaD）説→胎児起源説
disability adjusted life year（DALY）→障害調整生命年
DNA 情報　41
Dubos, Rene　7

ecohealth →エコヘルス
Ecological Society of America　393
Ehrlich, Paul R.　85
Ellen, Roy　7

endocrine disrupters (ED) 113
energy equivalent coefficient (EEC) 73

Farmer, Paul 362
Fosberg, F. Raymond 349

G6PD 欠損症 168
GM →遺伝子組換え
——技術 342
GPS（汎地球測位システム）25
grandmother hypothesis →祖母仮説
GRR →総再生産率

Hb →ヘモグロビン
Hbs 遺伝子 7
Henry, Louis 86
HLA（ヒト白血球抗原）89, 190
Homo sapiens 19
Human Ecology 誌 393

IBP →国際生物学事業計画
integrated energy index (IEI) 72
IKONOS 衛星 256
I＝PAT 356
IPCC 353
——の第四次評価報告書 353
IPMS 340

JECFA 284
JICA →国際協力機構

K 戦略 167
Koch, Robert 159

LANDSAT 衛星 25, 261

McMichael, Anthony 175, 374
Millennium Development Goals (MDGs) →ミレニアム開発目標
Millennium Ecosystem Assessment (MEA) →ミレニアム評価

Neel, James V. 131, 164
neglected tropical disease (NTD) →顧みられない熱帯病
NRR →純再生産率

PAL →身体活動レベル
Pasteur, Louis 159
physical activity ratio (PAR) 72
planetary boundaries 313

PM10 146
PM2.5 147
POPs →残留性有機汚染物質

REACH 規則 117
r-K 淘汰 88
r 戦略 167

SAICM 117
Satoyama Initiative 232
Society for Human Ecology 393
socioecosystem 389

Tansley, Arthur G. 348
TDI 112
TFR 83
TWI 289

UNEP →国連環境計画
urbanism 375
urbanization 375
urban metabolism →都市の代謝

Wilson, Edward O. 52
WMO →国際気象機関
World Health Organization (WHO) →世界保健機関

著者略歴 (執筆順)

渡辺 知保（わたなべ ちほ）
- 1955年　東京都に生まれる
- 1989年　東京大学大学院医学系研究科
　　　　　博士課程単位取得済退学
- 現　在　東京大学大学院医学系研究科
　　　　　教授
　　　　　保健学博士

中澤 港（なかざわ みなと）
- 1964年　東京都に生まれる
- 1992年　東京大学大学院医学系研究科
　　　　　博士課程中退
- 現　在　群馬大学大学院医学系研究科
　　　　　准教授
　　　　　保健学博士

関山 牧子（せきやま まきこ）
- 1977年　茨城県に生まれる
- 2004年　東京大学大学院医学系研究科
　　　　　博士課程中退
- 現　在　東京大学サステイナビリティ
　　　　　学連携研究機構特任助教
　　　　　博士（保健学）

門司 和彦（もじ かずひこ）
- 1953年　東京都に生まれる
- 1983年　東京大学大学院医学系研究科
　　　　　博士課程単位取得済退学
- 現　在　総合地球環境学研究所教授
　　　　　保健学博士

梅﨑 昌裕（うめざき まさひろ）
- 1968年　長崎県に生まれる
- 1997年　東京大学大学院医学系研究科
　　　　　博士課程修了
- 現　在　東京大学大学院医学系研究科
　　　　　准教授
　　　　　博士（保健学）

大塚 柳太郎（おおつか りゅうたろう）
- 1945年　群馬県に生まれる
- 1970年　東京大学大学院理学系研究科
　　　　　修士課程修了
- 現　在　自然環境研究センター理事長
　　　　　東京大学名誉教授
　　　　　理学博士

吉永 淳（よしなが じゅん）
- 1961年　東京都に生まれる
- 1989年　東京大学大学院医学系研究科
　　　　　博士課程中退
- 現　在　東京大学大学院新領域創成科
　　　　　学研究科准教授
　　　　　博士（保健学）

人間の生態学　　　　　　　　定価はカバーに表示

2011年5月30日　初版第1刷

著　者　渡　辺　　知　保
　　　　梅　﨑　　昌　裕
　　　　中　澤　　　　港
　　　　大　塚　　柳太郎
　　　　関　山　　牧　子
　　　　吉　永　　　　淳
　　　　門　司　　和　彦
発行者　朝　倉　　邦　造
発行所　株式会社　朝倉書店
　　　　東京都新宿区新小川町 6-29
　　　　郵便番号　162-8707
　　　　電　話　03 (3260) 0141
　　　　F A X　03 (3260) 0180
　　　　http://www.asakura.co.jp

〈検印省略〉

© 2011〈無断複写・転載を禁ず〉　　壮光舎印刷・渡辺製本

ISBN 978-4-254-17146-4　C 3045　　Printed in Japan

書誌情報	内容
東京大学大学院環境学研究系編 シリーズ〈環境の世界〉1 **自然環境学の創る世界** 18531-7　C3340　　A5判 216頁 本体3500円	〔内容〕自然環境とは何か／自然環境の実態をとらえる（モニタリング）／自然環境の変動メカニズムをさぐる（生物地球化学的, 地質学的アプローチ）／自然環境における生物（生物多様性, 生物資源）／都市の世紀（アーバニズム）に向けて／他
東京大学大学院環境学研究系編 シリーズ〈環境の世界〉2 **環境システム学の創る世界** 18532-4　C3340　　A5判 192頁 本体3500円	〔内容〕環境世界創成の戦略／システムでとらえる物質循環（大気, 海洋, 地圏）／循環型社会の創成（物質代謝, リサイクル）／低炭素社会の創成（CO_2排出削減技術）／システムで学ぶ環境安全（化学物質の環境問題, 実験研究の安全構造）
東京大学大学院環境学研究系編 シリーズ〈環境の世界〉3 **国際協力学の創る世界** 18533-1　C3340　　A5判 216頁 本体3500円	〔内容〕環境世界創成の戦略／日本の国際協力（国際援助戦略, ODA政策の歴史的経緯・定量的分析）／資源とガバナンス（経済発展と資源断片化, 資源リスク, 水配分, 流域ガバナンス）／人々の暮らし（ため池, 灌漑事業, 生活空間, ダム建設）
医学統計学研究センター 丹後俊郎・横山徹爾・高橋邦彦著 医学統計学シリーズ7 **空間疫学への招待** ──疾病地図と疾病集積性を中心として── 12757-7　C3341　　A5判 240頁 本体4500円	「場所」の分類変数によって疾病頻度を明らかにし, 当該疾病の原因を追及する手法を詳細にまとめた書。〔内容〕疫学研究の基礎／代表的な保健指標／疾病地図／疾病集積性／疾病集積性の検定／症候サーベイランス／統計ソフトウェア／付録
元東大 山本俊一著 行動計量学シリーズ3 **健　康　の　計　量　学** 12643-3　C3341　　A5判 160頁 本体2900円	健康とは何だろうか？健康を回復し, 維持・増進するには？「健康」を数量的に分析し, 健康・病気の原因の解明, 健康水準の評価, 効果の判定を統計学的手法で行う。〔内容〕健康とは／方法／分布／相関─疫学と健康／因果／指標／数理モデル
農工大 渡邉　泉・前農工大 久野勝治編 **環　境　毒　性　学** 40020-5　C3061　　A5判 264頁 本体4200円	環境汚染物質と環境毒性について, 歴史的背景から説き起こし, 実証例にポイントを置きつつ平易に解説した, 総合的な入門書。〔内容〕酸性降下物／有機化合物／重金属類／生物濃縮／起源推定／毒性発現メカニズム／解毒・耐性機構／他
国立感染症研究所学友会編 **感　染　症　の　事　典** 30073-4　C3547　　B5判 336頁 本体14000円	人類の歴史は, その誕生以来細菌・ウイルスなどの病原体によるさまざまな感染症との闘いの連続であるともいえる。ペスト, 天然痘, 結核, 赤痢, そして最近ではO157など数えればきりがない。本書は, 新興・再興の感染症に関する基礎研究の中心的存在である国立感染症研究所の学友会を編集母体として, 代表的な100余の感染症について, 概要, 病原体, 疫学, 臨床所見, 病原体診断などについて図・表, 電子顕微鏡写真を用いてわかりやすく解説した五十音配列の事典である
環境影響研 牧野国義・ 昭和女大 佐野武仁・清泉女大 篠原厚子・ 横浜国大 中井里史・内閣府 原沢英夫著 **環 境 と 健 康 の 事 典** 18030-5　C3540　　A5判 576頁 本体14000円	環境悪化が人類の健康に及ぼす影響は世界的規模なものから, 日常生活に密着したものまで多岐にわたっており, 本書は原因等の背景から健康影響, 対策まで平易に解説〔内容〕〔地球環境〕地球温暖化／オゾン層破壊／酸性雨／気象, 異常気象〔国内環境〕大気環境／水環境, 水資源／音と振動／廃棄物／ダイオキシン, 内分泌撹乱化学物質／環境アセスメント／リスクコミュニケーション〔室内環境〕化学物質／アスベスト／微生物／電磁波／住まいの暖かさ, 涼しさ／住まいと採光, 照明, 色彩

上記価格（税別）は2011年4月現在